탈정치시대에 구상하는 욕망의 정치

▎ 김겸섭

영남대학교에서 학·석사를, 경북대학교에서 박사를 마쳤다. <Peter Weiss 의 총체극 연구>가 마지막 학위논문의 주제였다. 주 관심사인 공연예술 연구의 외연을 넓히는 일에 흥미를 두고 있다. 현대사상과 문화이론 공부 역시 그 연장선상에 있다고 할 수 있다. 지금은 동무들과 공부 모임들을 통해 어떻게 미디어와 대중문화 등의 문화 현상을 새로운 각도에서 접근할 수 있을까를 고민하고 있다. '현대사상연구소'와 'STUDY-100' 등의 공부 모임을 함께 하고 있다. 저서 『공감과 소통의 게임학』, 역서 『억압받는 사람들을 위한 비디오게임』 및 다수의 논문과 공저가 있다.

탈정치시대에 구상하는 욕망의 정치

2012년 10월 20일 초판 1쇄 발행

지은이 ‖ 김겸섭
펴낸이 ‖ 지성인
표지디자인 ‖ 예인 디자인
펴낸곳 ‖ 도서출판 지성인
주 소 ‖ 서울 영등포구 여의도동 11-11 한서빌딩 1209호
메 일 ‖ Jsin2011@naver.com
연락주실 곳 ‖ T) 02-781-5915 F) 02-6747-1612
ISBN ‖ 978-89-97631-03-2 93340

정 가 ‖ 26,000 원

잘못 만들어진 책은 본사나 구입하신 곳에서 교환하여 드립니다.
이 책은 저작권법에 의해 보호를 받는 도서이오니 일부 또는 전부의 무단 복제를 금합니다.

탈정치시대에 구상하는 욕망의 정치

김 겸 섭

도서
출판 지성人

들어가는 글

> "망루에서 죽은 자에게 빌딩처럼 멋진
> 묘비를 세워주는 도시는 어디있나"
> -진은영, <지도를 찾아서>中-

우리는 '의문을 상실한' 시대에 살고 있다. 문학과 예술 또한 질문의 의지를 급격하게 잃어가고 있다. 정치니 참여를 말하는 것이 시대착오적이라는 비판을 받는 일은 낯설지 않은 풍경이 되었다. 외견상으로 시장에서의 무한 경쟁을 당연시하는 신자유주의적 '시장사회'의 풍토, 현실 사회주의의 붕괴와 유사-민주화의 시대적 흐름 속에 찾아온 탈정치화의 경향, 거대담론에 '원한'을 표하는 포스트주의post-ismen의 유행 등을 원인으로 지목할 수 있을 것이다. 물론 동일성 사유에 대한 비판, 소수자나 하위주체에 대한 관심, 이성의 그림자에 눌려 있던 몸과 욕망에 대한 환기, 일상 정치의 공론화 등의 성과는 포스트주의의 소중한 자산이라 할 수 있다. 그러나 자본주의의 진전과 더불어 그 모순 역시 심화되어 가는 지금, 비판이론의 종언 혹은 근대문학의 종언을 선언하는 것은 섣부른 일이다. 현실 속의 수많은 모순들 혹은 적대antagonism는 그 어느 것 하나 시원하게 해소된 것이 없기 때문이다.

'파국catastrophe'으로 치닫는 지금의 자본주의는 우리에게 무관심과 냉소를 강요한다. 이 상황에서 우리는 현실에 대한 순응 능력, 비굴함, 기민함 등의 자질들을 내면화하고 있다. 이른바 자기계발 신드롬에 맹목적으로 편승하는 우리는 신자유주의적 주체화의 수인囚人들이다. 들뢰즈는 '먹고사니즘'의 자본주의적 공리에 항복한 우리를 '좀비Zombie'라 부른다. 강자에게는 강하고 약자에게는 약한 우리는 권력의 '신민Untertan' 혹은 '충복'이다. 여하튼 우리에게는 지배 체제에 완전히 순응하여 살아남는 것만이 유일한 미덕으로 간주되는 시대를 살고 있다. 독일 철학자 안더스Günther Anders의 말처럼 "네가 알지 못하는 의무들을 이행하라. 튀어라"

는 슬로건은 우리 시대의 공리이다. 김홍중은 이러한 순응적 주체를 '속물snob'이라 명명한 바 있다. 속물은 "타자와의 인정 투쟁에서 승리하고자 자신의 모든 것을 거는 존재"다. 속물의 본질은 "외적 태도의 천박성이 아니라 그가 종속돼 있는 욕망의 메커니즘"에서 찾아져야 하는데, 핵심은 그가 "과도하게 타자의 욕망을 욕망하면서도 자신이 무엇을 욕망하는지 알지 못한다는 것"이다. 이런 관점에서 본다면, 우리는 속물의 전형에 근접해 있다. 강박적으로 타자(기업·시장)의 욕망을 욕망하면서도 그 욕망의 실체에 대해선 어떤 자의식도 갖지 못한 탓이다.

거의 3년 만에 새 책을 내놓게 되었다. 『탈정치시대에 구상하는 욕망의 정치』는 지난 10여 년간 진행해온 이론 공부의 결과물이다. 나는 80년대의 끄트머리에 대학에 들어왔다. 입학 당시 대학사회는 마르크스주의에 대한 관심이 여전했고 사회 변혁에 대한 열기도 뜨거웠다. 그리고 우리는 희망을 버리지 않았다. 하지만 90년대에 접어들면서 '갑자기' 모든 것이 허물어졌다. 이념의 좌표(?)였던 소련이 망하고 그렇게 희망했던 권위적인 정권 역시 바뀌었다. 그리고 80년대에 대한 '성급한' 반성의 흐름이 유행처럼 번졌다. 사실 반성은 필요한 것이기도 했다. 참으로 '소박'(?)했다. 우리가 좌표로 삼았던 이념들은 워낙 투박한 것이었고 현실을 바라보는 우리의 시선 역시 '흑/백'의 도식에 갇혀 있었다. 현실의 복잡한 사태와 급격한 변화를 읽고 그에 적절하게 대응할 수 있는 이론의 부재는 뼈아픈 결핍이었다. 보다 세련될 필요가 있었다. 90년대 초중반 이후 시작된 포스트주의에 대한 한국 지식계의 관심은 선명성의 강박에서 벗어나 입체적인 비판이론을 구상하려는 노력의 일환이었다.

물론 나의 이론 공부가 오로지 거창한 이유에서만 시작된 것은 아니었다. 우선 독일의 비판적 사회주의 작가 페터 바이스Peter Weiss의 『마라/사드』(Marat/Sade)라는 작품으로 석사논문을 쓰면서 욕망과 정치의 함수관계가 과제로 다가왔다. 바이스는 자본주의 사회의 모순과 아울러 현실 사회주의 국가들의 억압을 동시에 비판하면서 대안적 사회

변혁의 새로운 요구들을 고민한 작가였다. '과거 혁명들은 왜 실패했고 이후 우리는 어디로 가야하는가'라는 그의 고민은 필자의 고민이기도 했다. 이때 나에게 고민의 발판을 제공한 이론가들이 빌헬름 라이히Wilheln Reich, 허버트 마르쿠제Herbert Marcuse와 더불어 들뢰즈/가타리Deleuzel Guattari였다. 그들은 모두 욕망과 정치의 상관성을 탐색한 이들이었다. 그리고 자본주의적 주체화의 밑바탕에는 지배 이데올로기의 장난뿐만 아니라 욕망 수준의 왜곡이 작동하고 있음을 간파하고 있었다. 무엇보다도 나는 이들과 함께 거시적인 변화와 미시적인 변화를 아우르는 변혁, 마르크스와 아방가르디스트들이 함께 가는 변화의 도정을 상상할 수 있었다. 과거 한국의 비판이론에 누락되어 있던 욕망의 의제를 통해 새로운 정치를 고민하게 된 것은 소중한 경험이었다. 이후 연극이나 영화 등의 작품을 읽을 때 이들 욕망의 철학자들을 동반하고 다니면서 무던히도 괴롭혔다.

지젝Žižek은 박사논문을 준비하기 위해 독일에 머물던 시절에 처음 알게 되었다. 당시 나는 유학생들의 가톨릭 공동체에서 철학을 공부하는 한 신배를 알게 되었다. 그를 통해 『까다로운 주체』를 소개받았다. 그리고 독일의 유명 신문이나 잡지 등에 실린 글을 보면서 '아, 지젝의 시대가 오겠구나' 절감했다. 이미 우리나라에 앞서 독일에서는 지젝이 대세라는 것을 예감했던 것이다. 칸트, 헤겔, 마르크스, 하이데거 등을 라캉을 경유하여 읽어내고 그 결과를 통해 '탈정치post-politics' 시대의 삶의 현실을 분석하고 질문을 던지는 것이 좋아보였던 것일까? 아마 프랑스 철학에 철학 시장을 내준 독일에 독일철학의 새로운 가능성을 보여주었던 것도 인기의 이유였을 것이다. 그리고 국내에서도 '지젝 소비'는 가속도가 붙기 시작했다. 영화나 TV 드라마, 음담패설 등의 인기 대중문화를 철학의 재료로 삼은 점도 주효했다. 하지만 지젝 열풍에는 지난 20여 년 간 진행된 포스트모더니즘 담론에 대한 의문과 피로가 자리하고 있음에 주목할 필요가 있다. 프레드릭 제임슨Frederic Jameson의 말처럼 '후기 자본주의 시대의 문화논리'로서 자본주의의 알리바이로 기능하지 않았나 하는 의심이 포스트 담론에 제기되기 시작한 것이고 그 가운데에 지젝이 있는 것이다. 바디우Alain Badiou, 랑시에르Jacqne Ranciere, 아감벤Giorgio Agamben에 대한 요즘의 관심 역시 이와 관련이 있다.

지젝은 차이나 다양성 등의 포스트주의적 가치와 글로벌 네트워크의 공모적 관계를 의심하면서 지금의 현실은 근본적 모순과 적대로 이루어져 있음을 역설한다. 국가를 경유하는 혁명의 불가피성을 주장하는 바디우나 발리바르Etiene Balibar 등과 친밀한 관계를 유지하면서도 '정치'는 오직 국가로부터 멀어질 때 가능하다는 것을 고집한다. 특히 랑시에르나 아감벤, 바디우 등이 경제이론을 누락하고 있다는 점을 비판하면서 '정치경제학'의 중요성을 강조하기도 한다. 무엇보다 이 책을 관통하는 '욕망의 정치'와 관련해서도 지젝은 중요한 이론가이다. 그는 라캉주의 좌파 혹은 좌파 라캉주의자로 분류된다. 이는 그가 프로이트 이후의 정신분석학과 어떤 식으로든 중요한 관계를 맺고 있음을 의미한다. 하지만 앞서 말한 욕망의 철학자들과 달리 그는 욕망의 수준에서 작동하는 지배의 논리에 주목한다. 탈정치 시대의 '냉소적 주체'는 사실 우리의 속물적 삶과 겹치는 것이기도 하기 때문이다. 그의 담론은 현란하면서도 근본적이다. 그를 통해 욕망과 정치의 상관성을 다른 차원에서 경험할 수 있었다.

사실 들뢰즈/가타리나 지젝 이외에도 이 책에는 몇몇 이론가들이 들어있다. 그동안 써왔던 글들 중에서 이 책과 관련된 이들이라면 넣어도 좋겠다는 생각을 했기에 포함시키기로 했다. 네그리Antonio Negri는 들뢰즈의 적자이고 바타이유Georges Bataille는 에로티즘의 문제에 천착했던 이론가이다. 이들은 때로는 수렴되기도 하고 때로는 갈라지기도 한다. 그러면서도 이른바 비판이론이 왜 욕망의 문제에 천착해야 하는가를 공통적으로 보여주고 있다고 생각한다.

『탈정치시대에 구상하는 욕망의 정치』를 엮으면서 내내 마음이 불편했다. 사실 이 책은 이론 공부에 자신이 있어 내놓은 결과물은 아니다. 다만 10년 넘게 해온 이론 공부의 결실을 정리해 보고 싶은 생각에 무모한 결심을 하게 된 것이다. 지금 다시 읽고 보니 논의가 들쑥날쑥 제멋대로인 것이 눈에 거슬린다. 하지만 이러한 미숙함의 흔적들을 그대로 두기로 하였다. 그리고 또 다른 아쉬운 점은 작품 분석이 누락된 것이다. 나름대로 이론들을 적용하여 작품 분석을 시도한 논문들도 있었지만 빼기로 했다. 책의 분량도 문제지만 이미 다른 학술지들에 발표한 것들이기 때문이다. 물론 이 책에 실린 대부분의 글들도 다른 지면에 흩어져 있던 것들을 모은 것이기는 하다. 하지만 독자들이 접하기 힘든 지면에 발표되었던 글들이라 책을 묶으면서도 부담을 덜 느낄 수 있었다.

책을 준비하면서 많은 분들의 얼굴이 떠올랐다. 대학에 들어와 많은 선배 선생님들의 가르침을 받았다. 둔재인 내가 그나마 사람노릇을 하게 된 것은 모두 그 분들 덕택이다. 우선 모교의 염무웅 선생님이 생각난다. 퇴직하셨음에도 불구하고 여전하신 선생님의 글들은 매너리즘에 빠져있는 나를 깨우는 죽비 역할을 한다. 지도교수 정지창 선생님은 외국 문학과 이론이 우리에게 무엇이어야 하는가를 고민하게 해주셨다. 하지만 꼼꼼한 읽기와 분석의 중요성을 강조하신 선생님의 기대에는 여전히 못 미치고 있음을 반성한다. 또 한 분의 지도교수 김창우 선생님의 작품 활동이 그립다. 얼마 전 김명곤의 자서전을 읽으며 선생님 생각이 났다. 광대로 부활하시길 간절히 기원한다. 원서 수업을 하면서 번역의 엄밀성을 강조했던 윤세훈 선생님으로부터 많은 가르침을 받았다. 피바다가 된 교정지에 낙담하면서 공부를 계속해야하나 좌절할 때마다 선생님은 소주와 맛난 안주로 못난 제자를 다독여주셨다. 그 시절이 그립다. 최연숙 선생님의 아우라는 지금도 여전하시다. 선생님 덕분에 난 여전히 시집을 손에 든다.

이 책은 특히 대구대학교 홍승용 선생님과 함께 한 공부 모임의 결과물이다. 때문에 이 책에 관한한 선생님에게 가장 크게 감사할 수밖에 없다. 선생님이 사비를 털어 꾸리고 주도하고 계신 <현대사상연구소>가 없었더라면, 그리고 『현대사상』이라는 지면이 주어지지 않았더라면 이 결과물은 없었을 것이다. 선생님과 10년 넘게 공부를 하면서 참으로 많은 가르침을 받았다. 하지만 그 결과물들은 늘 함량미달이었다. 그저 죄송할 따름이다. 그리고 연구소의 선배 선생님들과 선·후배들과도 이 조촐한 결과물을 나누고 싶다. 특히 스터디 자리의 후배들이 무섭게 성장하는 모습은 늘 나를 긴장하게 한다. 이외에도 감사해야 할 분들이 너무 많다. 문화연구의 재미를 맛보게 해주신 대구가톨릭대학교의 박근서 선생님, <스터디 100>의 영원한 동지 임선애 선생님, 무천극예술학회의 선생님들은 부족한 필자를 늘 응원해주신다. 함께 '직장생활'(?)을 하고 있는 대구대학교 글쓰기 과정의 동료 초빙교수들에게도 감사한다. 이렇게 감사를 남발하다보니 연말 방송사 연예대상의 수상 소감 장면이 생각난다. 참 천편일률적인 감사의 변들에 웃음을 짓곤 했는데 내 꼴이 그 꼴이 되어버렸다. 그렇지만 아내 김연주와 딸 보민에게는 꼭 인사를 하고 싶다. 늘 고마운 존재들이다. 대구와 김천의 부모님들이 오랫동안 건강하셨으면 좋겠다. 모자라는 존재다보니 감사할 분들은 넘쳐난다. 양해해주시기 바란다.

2012년 10월
대구의 집에서
동트는 하늘을 바라보며

차 례

들어가는 글

I 탈주의 욕망과 미시정치

들뢰즈/가타리의 주체이론　　　　　　　　　　　　17
　왜 들뢰즈/가타리인가?!　　　　　　　　　　　　　17
　만남 이전, 들뢰즈의 작업들　　　　　　　　　　　19
　정신분석 비판과 생성적 욕망　　　　　　　　　　23
　유속적 방랑자 주체와 '리좀'적 실천　　　　　　　26
　'살아있는' 파시즘에 대응하는 미시정치　　　　　28
　'들뢰즈/가타리' 사용법　　　　　　　　　　　　　32

포획과 탈주의 문턱에선 주체들　　　　　　　　　34
　'자기계발'에 미친 사회　　　　　　　　　　　　　34
　자본주의적 욕망과 마법적 지배　　　　　　　　　41
　들뢰즈/가타리의 욕망이론　　　　　　　　　　　　51
　'소수자-되기'의 정치학　　　　　　　　　　　　　58

사건의 유물론과 소수적 탈주의 미시정치학　　　66
　신 자유주의 시대의 비판이론　　　　　　　　　　66
　생성과 배치: 사건의 유물론　　　　　　　　　　　70
　화용론과 언어정치학　　　　　　　　　　　　　　81
　넘어서기: '절대 기표'와 '주체화의 점'　　　　　　87

    전쟁기계와 소수자 문학   97
    "자신의 길을 가라!"   104

'제국'의 공백, '다중'의 허기   107
    68혁명과 유럽의 자율운동   107
    네그리와 이탈리아 자율주의 운동   115
    다 중   120
    '국민국가'를 넘어선 '제국'   125
    네그리의 과제들   130
    '탈출'과 '덧셈'의 정치학   139

2 위기의 체제와 실재의 윤리

주체의 부활 혹은 주체 너머의 주체   147
    주체의 종언, 그 이후   147
    '근대적 주체', 그것의 배타성?   150
    근대 너머의 주체, 마르크스의 주체 이론   157
    주체화의 무의식적 차원   161
    냉소적 주체를 넘어, 지젝의 '분리'하는 주체   167
    연대와 분리의 윤리   173

소통 자본주의 시대의 변증법과 정치 윤리   175
    라캉을 경유한 헤겔?!   175
    칸트를 경유한 헤겔 읽기   177
    실재계의 변증법   185
    주체와 진정한 행위   190
    '시차'와 진리   192
    로베스피에르와 마오   198

'파국'의 좌표와 실재와의 대면 202

기독교의 귀환 206
기독교의 현실과 신학 206
벤야민과 셸링 210
바디우, 바울과 진리의 정치 217
유대주의의 전유, 욥의 저항 224
사랑과 배반의 사랑 공동체?! 233
'반복'과 '배반' 사이의 가능성 240

정치적인 것의 윤리와 진리 243
2011년, '월스트리트를 점령하라!' 243
<브이 포 벤데타>, 사건과 진리 248
'수동성'과 '실재에 대한 열정' 254
포스트주의적 '탈정치' 비판과 진리 행위 261
'사도'의 진리 267
'바보야, 문제는 정치경제학!' 271

3 부정과 위반의 정치학

마르쿠제의 프로이트 수용과 현실 부정의 시학 277
프로이트를 경유한 비판이론의 재구성 277
부정적 사유와 리비도적 합리성 278
일차원적 사회와 일차원적 사유구조 281
에로스 효과와 위대한 거부 285
새로운 감성과 사회변혁 290
의의와 한계 294

바타이유의 에로티즘과 위반의 시학　　297
　에로티즘의 사상가, 바타이유　　297
　프로이트와 킨제이 비판　　299
　금기와 위반　　304
　존재의 연속성과 죽음의 매혹　　313
　미美의 모독, 에로티즘　　319
　에로티즘과 '소비'의 경제　　322

탈식민주의와 포스트탈식민주의의 정치적 가능성　　327
　탈식민의 시대?!　　327
　탈식민주의의 3총사: 사이드, 스피박, 바바　　330
　　사이드: 오리엔탈리즘　　330
　　탈식민주의와 페미니즘: 스피박　　338
　　식민주의의 정신분석: 파농과 호미 바바　　345
　'포스트 탈식민주의'　　359
　탈민족·다문화 시대의 한국?!　　364

　참고문헌　　369
　국내저서　　369
　국외저서(번역본)　　371
　국외저서　　374
　찾아보기　　377

탈주의 욕망과 미시정치

1

들뢰즈/가타리의 주체이론
포획과 탈주의 문턱에선 주체들
사건의 유물론과 소수적 탈주의미시정치학
'제국'의 공백, '다중'의 허기

들뢰즈/가타리의 주체이론

1. 왜 들뢰즈/가타리인가?!

90년대 한국 지식계를 강타했던 포스트주의의 이론적 쟁점들은 여러 가지로 이야기될 수 있겠지만, '주체' 개념을 둘러싼 문제제기만큼 그들의 입장을 분명하게 보여주는 것도 없을 것이다. 잘 알려져 있다시피 철학 개념으로서의 '주체'는 고대 그리스로까지 소급될 수 있을 만큼 오랜 역사를 지니고 있다. 특히 근대 정신과학이 태동한 이래로 인간=주체의 등식은 의심할 수 없는 진리로 여겨져 왔으며, 이는 데카르트Ren Descartes의 코기토Cogito 개념을 통해 명시되고 있다. 하지만 자신의 실천 행위를 이성적으로 조절할 수 있는 인간으로서의 주체 개념은 마르크스Karl Mark의 실천적 주체 개념, 니체Friedrich Nietzsche의 철학석 사유, 의식 저편의 무의식에 특별한 무게를 두는 프로이트Sigmund Freud의 정신분석을 통해 그 저의를 의심받아 왔다.

68운동을 전후하여 전면에 떠오른 포스트주의 역시 이러한 선배 사상가들의 성과들을 비판적으로 수용함으로써 자율적 주체의 신화를 해체하는 데 전념했음은 여러 연구성과들을 통해 밝혀졌다. 특히 라캉Jacques Lacan과 푸코Michel Foucault, 데리다Jacques Derrida 등은 근대적 주체 개념에 가장 강력한 비판을 가한 이론가들로 손꼽힌다. 가령 라캉에게 있어 주체는 선천적으로 분열되어 있는, 무의식적 상징구조(남근, 아버지의 법)라는 타자를 자신에게 투사시킴으로써만 구성될 수 있는 불안정한 존재였다. 초기와 후기 사이에 이론적 편차를 보이기는 하지만, 푸코 역시 주체를 담론 형성체 내지 권력관계의 효과로 본다는 점에서는 근대적 주체 개념을 한참 벗어나 있다. 이런 맥락에서 일군의 문화적 보수주의자들은 이들을 두고 '주체의 죽음'을 설파하는 이론가들로 비판해 왔다. 이러한 비판은 한편으로는 타당한 점이 있는데, 왜냐하면 이들은 근대적 주체의 종말을 말함에 있어 한 치의 양보도 허락하지 않기 때문이다. 하지만 포스트주의자들에게 주체 일반의 종말, 더 나아가 주체 담론의 포기라는 혐의를 돌리는 것은 아직은 이른 결론이라 할 수 있다. 특히 이들의 주체 비판은 그 바탕에 계몽과 이성, 즉 서구적 의미의 '근대'에 대한 냉철한 반성을 담고 있기 때문이다. 다시 말해 이들의 탈근대적 사유 역시 아도르노/호르크하이머Adornd/Horkheimer가 『계몽의 변증법』을 통해 제기했던 서양의 이성 개념 및 데카르트로부터 헤겔Georg Wilhelm Fredrich Hegel에 이르는 의식철학에 대한 비판, 금세기 대량학살의 결과들과 전체Das Ganze의 허구성에 대한 반성을 공유하고 있는 셈이다. 이러한 이유가 아니더라도, 포스트주의 모두를 주체 이론의 부재라는 식으로 일반화하는 것은 분명 무리가 있다. 포스트주의라는 범주 자체도 확실한 윤곽을 지닌 개념이 아니고, 그에 속하는 논자들조차도 다양한 편차를 보이기 때문이다. 그리고 라캉, 푸코, 데리다처럼 초기와 후기의 입장변화를 확인한다면 더욱더 성급한 판단을 경계해야 한다.

그런 점에서 이 글에서 다루고자 하는 들뢰즈/가타리는 특별한 주목이 필요하다. 이 두 사람은 근대적 주체의 전횡과 허구성을 폭로하면서도 능동적인 실천 가능성을 부정함으로써 이론적 숙명론으로 나아가는 여타 포스트주의자들과는 확연히 다른 모습을 보여주기 때문이다. 더욱이 마르크스 이후 들뢰즈/가타리만큼 혁명 개념에 이처럼 중요한 의미를 두었던 철학자들도 드물었던 것이 사실이다. 뿐만 아니라 이들은 혁명을 편협한 의미에서의 계급 개념에 가두지 않으면서도, '전사회적 관계들의 근본적인 변혁'이라는 마르크스의 혁명관에 근접하고 있다. 다양한 권력관계들의 면면을 놓치지 않으려는 이들의 사유는 변화된 사회에 걸맞는 새로운 변혁이론을 구성하는 데 있어서 뿐만 아니라, 권력들의 다양한 거시적·미시적 작동방식을 함께 고려하는 실천이론을 마련하는 일에 있어서도 중요한 역할을 할 수 있다.

2. 만남 이전, 들뢰즈의 작업들

들뢰즈Gilles Deleuze의 사상적 이력은 가타리Felix Guattari와의 공동작업을 기점으로 전기와 후기로 나누는 것이 일반적인 관례인 듯하다. 그 이유야 여러 가지가 있겠으나, 가장 크게는 실천적 정신의학자 가타리와의 만남 이후 들뢰즈의 철학이 더욱 구체적이고 실천적인 방향으로 선회하고 있기 때문일 터이다. 푸코가 이들 공동 작업의 첫 성과물인 『앙띠 외디푸스』를 일컬어 "비파시즘적 삶의 입문서"[1]라고 했던 것처럼, 이들은 이후의 공동 저작들을 통해 자본주의 내부의 은밀한 지배 및 억압방식을 분석·폭로하고 이에 대한 이론적·실천적 대안들의 마련을 과제로 삼았다. 하지만 이러한 의의를 인정한다 하더라도, 들뢰즈의 작업에서 전기와 후기 사이의 단절, 즉 불연속적인 계기들만을 강조하는 것은 문제가 있다. 왜냐하면 그들의 공동 저작들 모두에는 들뢰즈의 개인적 사유가 그대로 관철되고 있기 때문이다. 그러므로 들뢰즈/가타리의 문제의식에 접근하자면, 들뢰즈의 전기 저작들을 살펴볼 필요가 있다. 하지만 이 글에서는 그의 철학적 입장만을 간략하게 살펴보고자 한다.

들뢰즈에게 철학은 "탈주선을 그을 수 있는 여러 가능성들 중 하나"였으며, "동시대에 대한 분노"와 떨어질 수 없는 것이었다. 그가 자신의 철학을 "전장 없는 전쟁" 내지 "게릴라전"에 비유했던 것도 이런 맥락에서 이해될 수 있다.[2] 그렇다면 그는 누구의 무엇에 대항해 전쟁을 벌이고자 하는가? 그 대상은 바로 플라톤으로부터 헤겔로 이어지는 서구의 주류철학의 전통, 특히 초월적 형이상학의 전통 및 '주체'와 '동일성' 같은 개념들이었다. 그는 이러한 주류철학의 역사를 표상Vorstellung과 재현Representation의 역사로 정의하면서, 이로부터 철학적 사유를 해방

---

[1] M. Chalda: Das Universum des Gilles Deleuze, Alibri Verlag 2000, 10쪽에서 재인용.
[2] 같은 책, 12-13 쪽 참조.

시키는 것을 목표로 삼았다. "철학사는 애초에 철학적 외디푸스에 지나지 않았으며, 아주 명백하게 억압적 기능을 하고 있다"3는 그의 진술은 이러한 사정을 잘 말해준다. 그는 이러한 철학의 기능을 해체하기 위해 철학사의 아웃사이더들, 특히 니체와 스피노자Benedict de Spinoza에게 관심을 보인다.

들뢰즈는 『니체와 철학』(1962)4에서 나치 이데올로그로 여겨지던 니체의 저작들을 새롭게 읽어냄으로써 그의 복권을 시도함과 동시에 그를 철학사적·정치적으로 다르게 자리매기고자 한다. 자신의 말을 따르면 니체는 그에게 "마르크스와 프로이트 그 누구도 주지 못했던 전복적인 취향을 심어준" 인물이다. 물론 『앙띠 외디푸스』나 『천의 고원』을 읽어보면 어렵지 않게 마르크스와 프로이트의 흔적을 찾아볼 수 있겠지만, 니체의 경우 "반문화Gegenkultur의 시작"으로서 이들과는 완전히 다른 인물로 평가된다. 특히 니체는 "가치의 전복을 위해서는 신을 죽이는 것으로 충분치 않음을 가르쳐 준 최초의 인물"이다. 여기에서 들뢰즈는 신神의 자리에 "인간"을 갖다 놓는 근대의 투명하고 자의식적인 주체철학을 경계하고 있다고 할 수 있다.

들뢰즈에 따르면 니체 철학의 열쇠개념은 '권력의지Wille zur Macht'와 '영겁회귀ewige Wiederkunft'이다. '권력의지'는 자주 오해되듯 지배하고자 하는, 즉 권력을 쥐고자 하는 욕망이 아니다. '영겁회귀' 역시 동일자로의 귀환을 목표로 한 원환운동과는 거리가 멀다. 들뢰즈가 니체의 개념들을 통해 말하고자 하는 것은, 이 세계는 불변의 실체 내지 일자一者, das Eine가 아니라 무한한 차이들로 구성되어 있고 끝없는 생성Werden과 소멸을 반복하고 있다는 것이다. 들뢰즈의 니체에 의하면 모든 사물들은 힘들의 관계 속에서 존재하는데, 이러한 힘들은 생성 능력일 뿐이며 능동적/반동적 외양을 띠고 나타난다. 힘은 항상 복수로 존재하고 관계 속

---

3 같은 책, 16쪽에서 재인용.
4 들뢰즈의 니체 해석에 관해서는 Ch. Jäger: Gilles Deleuze: eine Einführung, Wilhelm Fink Verlag 1997, 25-40쪽 참조.

에서만 규명될 수 있다. 들뢰즈에 의하면 권력은 이러한 힘들의 관계이며, 모든 힘들의 관계는 '권력관계'다. 권력의지는 일종의 '변별적 계보학적' 원리로서, 이러한 힘들의 양적 차이 및 개별적인 힘의 질 모두를 포괄하는 개념이다. 힘들이 양적인 차이를 드러낸다는 점에서, 이들은 일종의 지배관계Herrschaftsverhältnis를 형성하며 질적으로 다른 것으로 구분된다. 즉 질적으로 지배하는 힘과 지배받는 힘으로 나뉘어지는 것이다. 앞서 힘들이 긍정적/부정적인 외양을 띠고 있었던 것처럼, 권력의지 역시 긍정적/부정적인 질을 지닌다. 권력의지의 이러한 긍정적/부정적 질은 생성 자체의 질을 말해주는 것이기도 하다. 다시 말해 이는 그 생성이 능동적 생성이냐 부정적 생성이냐를 판가름하는 기준으로서, 가치평가 내지 해석 개념과 연결된다. 정리하자면 들뢰즈는 권력의지를 삶을 긍정하는 능동적인 힘, 불변의 상수로 존재하는 동일자에 맞서 무한한 생성과 차이를 긍정하는 가치평가의 기준으로 본다. 그런 의미에서 영겁회귀 역시 "무한한 차이 및 그 차이의 반복"으로 이해될 수 있다.

들뢰즈는 이미 『데이비드 흄』(1996)에서 "철학은 존재의 이론이 아니라, 우리가 행하는 것에 관한 이론으로 구성되어야 한다"5고 명시함으로써 자신의 철학적 지향점이 실천철학에 있음을 분명히 하고 있다. 그에게 스피노자는 이러한 요구에 부합하는 인물이었다. 그는 스피노자의 삶과 저작(특히 『윤리 Ethik』)을 추적하면서, "우리는 스피노자를 충분히 이해하지 못했다"6고 단언한다. 들뢰즈는 스피노자를 '유물론자', '비도덕주의자', '무신론자'로 평가한다. 스피노자에게 신은 자연의 다른 이름으로서, 이때 자연은 모든 것들의 실체Substanz이자 원인인 동시에 그것들의 양태들Modi이며 결과들이다. 다시 말해 스피노자는 자연을 그 스스로 능산적 자연natura naturans인 동시에 소산적 자연 natura naturata이라고 함으로써 일원론적 자연관을 견지하는 가운데, 의

---

5 G. Deleuze: David Hume, Suhrkamp 1996, 169쪽.
6 F. Balke: Gilles Deleuze』, Westdeutscher Verlag 1997, 42쪽에서 재인용. 들뢰즈의 스피노자 해석에 관해서는 전적으로 이 책에 의존하였음을 밝혀 둔다.

식과 물질 내지 정신과 육체를 구분하는 데카르트식 이원론을 비판한다. 자연의 일원성, 어떤 초월성도 가정하지 않는 자연 자체의 내재성 Immanenz은 스피노자 철학의 핵심이다. 들뢰즈의 스피노자 해석은 바로 이러한 자연의 내재성 자체를 극한으로 밀고 나가려는 지점에서 실천철학 내지 '삶'에 관한 철학으로 된다. 다시 말해 그는 스피노자를 통해 "우리를 삶과 갈라놓는 모든 것, 즉 삶에 반대하는 초월적 가치들과 그로부터 발생한 도덕"의 진면목을 보고자하는 것이다.

나아가 들뢰즈에게 스피노자의 가장 중요한 이론적 성과들 중의 하나는 '신체'를 철학적 사유의 대상으로 삼은 데에 있다. 하지만 들뢰즈는 스피노자의 신체를 끊임없는 차이와 생성을 일으키는 이질적인 힘들의 관계로 본다는 점에서 니체의 그것과 크게 다르지 않다고 본다. 오히려 들뢰즈/가타리의 주체이론과 관련하여 눈에 띠는 것은 욕망과 관련한 부분들이다. 스피노자의 『윤리』는 "필연적으로 욕망의 윤리일 수밖에 없다. 단지 욕망만이 가치가 있고, 그것만이 우리를 활동과 행위의 기쁨 근처로 데려다준다"라는 평가에서 이를 확인할 수 있다. 들뢰즈의 『스피노자 Spinoza. Praktische Philosophie』(1968)는 이미 들뢰즈/가타리의 욕망이론을 선취하고 있다는 점에서, 전기/후기 들뢰즈의 뚜렷한 연속성을 보여주고 있다 하겠다.

이후 저작인 『차이와 반복 Differenz und Wiederholung』(1969)이나 『의미와 논리 Logik des Sinns』는 이전의 철학사 연구를 종합하려는 시도이다. 그는 이 저작들에서 플라톤주의 이후 서양 주류 철학의 허구성을 폭로하고자 하며 동일성 철학, 근대적 주체철학 및 구조주의의 이론적 맹점들을 들추어냄과 동시에 이후 작업들의 중요한 개념들을 도출하고 있다. 가령 '강도Intensität'나 '특이성Sngularität'같은 개념들은 이후 『앙띠 오이디푸스』에도 그대로 수용된다.

3. 정신분석 비판과 생성적 욕망

『앙띠 오이디푸스』는 발간되자마자 "정신분석에 대한 총공격"으로 여겨져 일대 선풍을 불러 일으켰다. 하지만 들뢰즈/가타리의 비판은 정신분석의 이론 체계보다는 정신분석의 실천적 수준에 주로 맞추어져 있었다. 이 작업엔 들뢰즈/가타리가 추구했던 기획, 즉 미시적 파시즘에 대항하는 소수자적 주체 프로그램의 본질적인 요소가 담겨 있다. 이 책의 출발점은 무의식에 대한 비판이었는데, 그런 맥락에서 들뢰즈/가타리는 자신들의 작업을 칸트의 비판철학에 빗대어 "무의식의 형이상학에 대한 ‚비판"이라 명명하였다. 결국 이들의 목적은 무의식에 대한 "너무나도 인간적이고 이성적이며 의식 중심적인 표상들로부터" 벗어나는 데에 있었다.7

이들은 초기 프로이트의 부정적인 무의식 개념을 비판한다.8 알다시피 프로이트는 무의식을 의식적이지 않은 것, 즉 부정적인 것으로 해석한다. 그는 무의식/(전의식) 의식이라는 나름의 체계를 통해 의식 체계 속에 진입하지 못해 계속해서 떠도는 정신영역이 있음을 발견했다. 그가 이해하는 무의식(꿈)의 내용은 본능의 '표상들'이고, 이는 '응축'과 '치환' 메커니즘 속에서 작동한다. 초기 프로이트는 무의식의 내용과 작동기제를 과학적으로 분석함으로써 자명한 존재로 여겨져 오던 '주체'의 허약성을 폭로하였다. 들뢰즈/가타리는 프로이트의 이러한 이

---

7 H. Schmidgen: Das Unbewußte der Maschinen, Wilhelm Fink Verlag 1997, 26-27쪽 참조.
8 하지만 프로이트는 후기에 와서 입장 변화를 겪는다. 그는 이전의 무의식/(전의식) 의식의 도식과 달리 Superego-Ego-Id 도식을 제안하면서, '이드'(Es)가 단순하게 무의식적 본능의 표상으로 환원될 수 없음을 지적한다. 그는 '이드'를 무의식적 본능의 상징 질서로 보는 대신, 그 자체로 역동적 에너지를 지니고 있음을 언급하고 있다. 소위 그의 '리비도 경제학' 역시 이러한 연구 결과를 반영하고 있는 개념인데, 어떤 면에서 들뢰즈/가타리는 프로이트의 후기 이론을 계승, 확대하고 있다고 할 수 있다.

론적 성과를 인정하면서도, (초기)프로이트의 무의식이 상징적 표상의 질서에 고착되어 있음을 비판한다.9

들뢰즈/가타리의 주된 비판 대상인 라캉 역시 이러한 비판을 비켜가지 못한다. 그도 그럴 것이 라캉은 "(초기) 프로이트로 돌아가자!"라고 하면서, 무의식을 언어적 상징질서 내지 표상으로 보고 있기 때문이다. 이는 "무의식은 언어처럼 구조화되어 있다"는 그의 명제가 단적으로 말해준다. 라캉의 견해를 따르자면, 주체는 소위 '상징계'에 포섭되어야만 사회적 주체로 될 수 있다. 다시 말해 주체 외부에는 언어적으로 구조화된 타자가 자리하고 있거니와, 주체는 바로 이 타자와의 상상적/상징적 동일시를 통해서만 자기 정체성을 확보할 수 있다는 것이다. 이는 정신분석의 욕망 개념과도 긴밀하게 연관되어 있다. 프로이트나 라캉 모두에게 욕망은 선천적·절대적 결핍이다. 이러한 절대적 결핍은 현실 세계에 존재하지 않는 팔루스라는 초월적 기표를 통해 설명된다. 이들에 의하면 주체는 바로 이러한 절대적 결핍을 극복하기 위해 아버지의 법(팔루스, 외디푸스의 법)과 자신을 동일시함으로써 사회에 편입될 수 있는 것이다.10

하지만 들뢰즈/가타리는 무의식을 본능의 표상이나 상징질서로 환원시키는 태도를 거부한다. 이들이 보기에 무의식은 심리적 영역에 한정된 것이 아니라 물질적이고 사회적인 것이다. 그리고 욕망 역시 절대적 결핍보다는 생산이다. 그들이 보기에 욕망은 사회적 생산과 동일한 것이고 사회 곳곳에서 기능하고 있는 보편적인 것이다. 그들은 또한 주체의 형성 과정을 오디푸스화Ödipalisierung 과정을 통해 설명하기를 거부한다. 일찍이 정신분석은 어머니-나-아버지라는 외디푸스의 삼각형 도식을 통해 무의식의 과정을 설명해왔는데, 들뢰즈/가타리에게

---

9 S. Freud: Die Traumbedeutung, Fischer Verlag 1982, 132-139쪽 참조.
10 N. Schmidt: Einführung zur Jacques Lacan, Suhrkamp 1991, 24-40쪽 참조. 물론 이것은 초기 Lacan의 입장에 국한된다. 후기의 Lacan은 '실재계'로 강조점을 옮기기 때문이다. 최근 지젝을 비롯한 슬로베니아 학파, 바디우 등은 후기 Lacan의 정치성과 윤리를 해명하려는 노력을 하고 있다.

이는 정신분석과 가족주의의 은밀한 공모관계를 보여주는 대표적인 예이다. 일찍이 프로이트는 '승화Sublimation' 이론을 통해 무의식의 사회적 투여방식을 해명했다. 그에 의하면 욕망은 위험한 것이기 때문에 직접 사회적 장에 투여되지 못하고 외디푸스적 거세(승화)과정을 통해서만 표면화될 수 있는 것이었다. 하지만 들뢰즈/가타리는 이런 식의 승화이론을 거부한다. 왜냐하면 이들에게 욕망은 아무런 매개 없이 사회에 직접 투여되는 것이고, 사회적 장은 사회적 생산과 욕망하는 생산이 일어나는 곳이기 때문이다.11

사회적 생산과 욕망하는 생산은 리비도가 투여된다는 점에서 동일한 생산이지만, 투여의 수준에서는 차이가 난다. 들뢰즈/가타리는 '분자적인 것'/'몰적인 것Das Molare'의 개념쌍을 통해 이를 설명한다. 이 개념들은 크기의 차이를 의미하는 동시에, 무한하게 복수적이고 특이성Singularität을 띠는 분자(무의식적 욕망)가 거시적인 질서와 표준화된 법칙에 포섭되는 과정을 의미한다. 하지만 욕망하는 생산은 횡단적 접속을 통해 무한한 욕망의 흐름과 또 다른 접속들을 만듦으로써 고정된 구조적 질서를 벗어나는 속성을 지닌다. 이는 '욕망기계Wunschmaschine'와도 밀접한 관련이 있는데, 몰적인 사회적 생산을 실행하는 사회기계나 기술기계와는 달리, 욕망기계는 분자적 흐름들을 만들어 내고 이들의 우발적인 접속을 통해 욕망의 생성운동을 가능하게 하기 때문이다. 욕망은 이러한 생성운동을 통해 현실적인 것을 창조하고 직접 사회에 투여됨으로써 사회기계의 몰적 기능을 무효화한다는 것인데, 들뢰즈/가타리는 이러한 욕망의 운동을 '탈주선Fluchtlinie'이라 부른다.

들뢰즈/가타리는 욕망의 사회적 생산적 성격과 그 기능을 밝히기 위해 정신분석의 대안으로 '분열분석Schizo-analyse'을 내세운다. 분열분석은 외디푸스라는 가족의 삼각형을 통해 양산된 주체의 허구성을 밝히는 동시에, 가족주의의 틀을 벗어나 사회 곳곳에서 무한한 전복적

---

11 G. Deleuze/ Guattari: Anti-Ödipus, Suhrkamp 1996, 25-30쪽 참조. 이하에서는 AO로 표기하고 쪽수를 적어둔다.

흐름들을 만들어 내는 욕망의 능동적 힘들을 풀어놓고자 한다. 애초에 욕망의 탈주운동은 고정된 주체나 확고한 목표를 갖지 않고 새로운 접속과 새로운 대지를 향해 무한히 사방으로 뻗어나가는 무정형의 흐름이라는 점에서, 종합을 전제하지 않는 열린 변증법의 운동 양상과도 닮아 있다. 특히 아도르노나 벤야민Walter Benjamin이 제시하는 '성좌Konstellation' 개념과 운동의 무한한 자기 전개를 종합적으로 고찰할 경우, 들뢰즈/가타리가 제시하는 '횡단적 접속'과 '생성'의 긍정적 함의들을 유추할 수 있다. 그리고 이는 과거 변혁운동을 평가함에 있어 많은 시사점을 던져 준다. 특히 마르크스가 공산주의를 "조성되어야 할 하나의 상태나 이상이 아니라, 현재의 상태를 지양해 나가는 현실적 운동"[12]이라고 했을 때, 그는 분명 이 점을 고려하고 있었다고 볼 수 있다.

4. 유속적 발랑자 주체와 '리좀'적 실천

앞서 말했듯이 들뢰즈/가타리가 보기에 투명하고 자의식적인 불변의 주체는 존재하지도 않거니와, 이런 주체관은 다만 억압에 근거한 그릇된 가설에 불과한 것이었다. 그들은 '완결된 자아das geschlossene Ich'라는 표상을 관념론적 환상으로 거부한다. 이들은 근대적으로 형성된 주체 대신에 '소수적 주체Minorität'를 내세우는데, 이들은 욕망의 탈주선을 따르면서 주어진 상태나 질서에 머무는 것이 아니라 끊임없이 분열·생성·접속하는 주체이다. 지금까지 권력은 항상 '다수적 주체Majorität'에 의해 유지되어 왔다. 다수자/소수자 범주는 숫자의 많고 적음에 의해 구분되는 것이 아니라 권력이 표준 혹은 정상적인 것으로 설정해 놓은 모델과의 거리 혹은 간격에 의해 결정된다. 소수적 주체는 끊임없이 "불변적이고 동질적인 다수자의 상수들"을 해체함으로써

---

12 K. 마르크스: 『독일 이데올로기』, 『맑스 엥겔스 저작선집』, 박종철 출판사, 1991, 185쪽.

이것들을 생성과 탈주의 흐름으로 바꾸어 놓는다. 가령 유럽 노동운동(좌파운동 역시)의 경우 백인-성인-남성-대공업 노동자가 '다수자'를 구성하고 체제 내로 편입된 반면, 소수 민족이나 인종 운동 내지 여성이나 청년운동, 이민노동자 집단 등이 소수자 운동의 위치에서 새로운 소수적 삶의 양식들을 자기 증식하고 있는 사실은 그 예라 하겠다.

결국 들뢰즈/가타리의 주체는 유목적 방랑자 주체nomadenhaftes Vagabundensubjekt라 할 수 있는데, 이들은 제반 권력에 맞서 횡단성의 정치를 구현한다. 횡단성Transversalität의 정치는 권력의 극복 자체가 불가능하다고 여겼던 초기 푸코의 생각을 비웃듯, 끊임없는 탈주를 꿈꾸는 정치이다. 유목적 주체는 정착적 삶Seßhaftes Leben의 양식을 버리고 무한한 탈주의 가능성들을 실험하는 주체이다. 다시 말해 횡단의 정치는 주어진 구속과 억압의 경계를 넘는다는 의미와 함께 무한한 접속과 대화, 실천의 가능성을 열어 놓는다는 점에서 유목적 주체의 실천양식이라 할 수 있다. 유목적 주체의 횡단운동은 열린 횡적 조직을 지향한다. 유목적 주체는 국가권력이 요구하는 주체화 양식을 거부하고, 자신의 조직을 무한히 열어 놓는다. 이 조직 내부엔 무수한 접속 창구가 있어 언제라도 다양한 이질적 흐름들이 흘러들 수 있고 그럼으로써 새로운 운동을 만들 수 있어야 한다. 이는 결국 과거의 운동방식과는 다른 욕망의 배치방식을 요구한다. 들뢰즈/가타리는 이러한 배치방식을 일컬어 '전쟁기계Kriegsma-schine'라 부른다. 전쟁기계는 권력의 통제를 벗어나고자 하는 소수자들의 전략적 배치방식으로서 국가기구의 내적 균열을 극대화하고자 한다.

들뢰즈/가타리에게 있어 전쟁기계의 배치는 '리좀Rhizom'의 유형을 따른다. 이들에 따르면 국가기계는 주로 '나무Baum' 모델에 기초해 있는데, 이 유형은 무한한 욕망의 흐름을 이항기계를 통해 경직된 선분으로 재단하고 위계화한다. 반면 전쟁기계의 배치는 지하에서 사방으로 얽혀 뻗어나가는 잔뿌리처럼 수목적 배치의 위험을 벗어나 있으며 다양한 경로들을 향해 항상 열린 형국을 하고 있다. 리좀 모델은 무한히 증식하고 탈주하는 욕망의 탈코드화・탈영토화 가능성을 보여준다. 이렇게 되면 중요한 것은 소수자 주체들이 리좀적(수평적・횡단적)인 상호 그물망을 형성하고 탈영토화의 극을 향해 자기운동을 계속하는 것이며, 스스로 (재)영토화되려는 그 순간에 멈추지 말고 계속해서 자기 갱신(탈영토화)의 운동을 하는 것일 터이다. 이는 결국 국가권력의 내부 잠식을 위한 수평적 연대를 실현하는 문제이며, 제반 권력에 대한 영구적인 변혁의 잠재력을 확보하는 문제이기도 하다.

5. '살아있는' 파시즘에 응하는 미시정치

서구의 경우 이미 60년대부터 다양한 신사회 운동들이 전개되어 왔음은 잘 알려진 사실이다. 이들은 억압의 문제를 단순하게 국가장치나 자본주의 본연의 계급모순으로 환원시키기보다는, 자본주의의 일상적 수준에서 작동하는 권력 메커니즘에 주목하였다. 아마 오늘의 시점에서 이들 운동들이 우리에게 주는 교훈은 근본적인 사회변혁의 실현을 위해서는 국가권력의 전복이나 계급 관계의 일소만큼이나 중요한 문제들이 함께 고려되어야 한다는 것이었다. 이는 결국 총체적인 변혁 가능성뿐만 아니라 운동 자체의 근본적인 민주화와 연관된 문제일 수밖에 없는데, 과거 변혁운동의 진행양상에 비추어 보았을 때 현실 사회주의 국가나 기존의 운동조직들 역시 심각한 내부 억압들에 노출되어 있었기 때문이다. 이런 맥락에서 가타리는 "자본가 돼지들을 몰수하라", "시청-우체국-경찰서를 장악합시다" 따위의 운동방식은 그 자체로 충분치 않다고 역설한다. 들뢰즈/가타리가 제안하는 '미시정치Mikropolitik'는 바로 이러한 문제의식, 즉 과연 국가권력을 포함한 온갖 거시적・미시적 권력들의 극복이 어떻게 가능한가라는 질문 속에서 나온 고육책이라 할 수 있다.[13]

---

[13] I. Armburst u. a. : Kritische Theorie und Poststrukturalismus, Argument

앞서 얘기했던 것처럼, 들뢰즈/가타리는 욕망의 사회성을 강조한다는 점에서 프로이트류의 정신분석보다는 라이히Wilhelm Reich나 마르쿠제Herbert Marcuse의 프로이트-마르크스주의Freudian-marxism의 길을 간다. 특히 라이히는 독일 파시즘을 분석하면서, 대중들의 파시즘에 대한 자발적 복종의 원인이 그들의 왜곡된 심리구조에 있다고 보았다. 라이히에 따르면 욕망은 단일한 흐름보다는 다양한 흐름을 가지고 있는 것이었고, 파시즘의 경우 욕망이 대중들 스스로의 억압을 원하는 방향으로 흐른 결과물이었다. 그가 보기에 이러한 심리적 징후들의 원인은 사회구조 자체에 있는 것이었으므로, 그것의 극복은 병적 사회질서의 해체를 통해 가능한 것이었다. 들뢰즈와 가타리 역시 여기에서 출발하거니와, 그들의 질문은 라이히의 그것과 다르지 않다.14 "왜 사람들은 그것이 마치 구원이라도 되는 양 자신들의 노예상태를 갈구하는가?"(AO 126). 이들은 라이히의 문제의식을 확대 발전시켜 파시즘의 현재적 양상을 분석한다. 이들에게 파시즘은 "다양한 수준에 존재하는 욕망의 억압구조"로서, 주체 내부의 욕망의 흐름을 봉쇄하고 왜곡하는 기능을 한다. 이는 자본주의 아래에서 왜곡·변질된 주체의 형성과정과 연관된 문제이기도 하다.

들뢰즈/가타리에 의하면 지금은 부르주아·자본주의 사회의 기본 모델인 계약Vertrag이 자본주의적 주체화 방식으로 관철되는 시대이며, 이는 사회 논리에 대한 자발적 예속을 낳는다. 이들은 파시즘이 소멸한 것이 아니라 계속 온존하고 있다고 하며, 다만 강제적인 종속Unterjochung이 자발적 방식의 예속으로 바뀌었을 뿐이라고 보았다. 이

-Verlag 1999, 89-94쪽 참조.
14 물론 들뢰즈/가타리가 라이히나 마르쿠제의 입장에 전적으로 동조하는 것은 아니다. 이들은 욕망의 억압과 사회구조 사이에 불가분의 연관을 밝혀내었다는 점에서, 그리고 욕망의 사회적 성격에 관심을 가졌다는 이유에서 이 두 사람을 긍정적으로 평가한다. 하지만 정신분석 특유의 '생식기 우위Genitalprimat'에 대한 집착, 욕망/사회의 이분법에서 기인하는 프로이트주의와 마르크스주의의 기계적 결합에 대해선 비판적 태도를 견지한다. 이에 대해서는 Schmidgen의 책, 36-37쪽 참조.

는 후기 자본주의의 주체화 방식으로서, 이제 자본은 "인간을 주체로 구성하는 주체화의 점으로 기능"한다는 것이다. 지금의 자본주의는 전 세계적인 주체화 프로그램으로서, 그 영향력은 미시적인 영역에까지 미치고 있다. 그런데 중요한 것은 이러한 현대판 노예제 상태는 자발적인 것이기도 하지만 강요된 것이기도 하다는 사실이다.15

가타리는 두 수준에서의 파시즘 분석을 통해 이를 구체화하고 있는데, 그의 결론을 따르자면 현 자본주의 체제에서의 억압은 거시적·미시적 영역 모두에서 일어나고 있다는 것으로 정리될 수 있다. 그는 우선 우리 내부의 파시즘, 즉 '초자아 파시즘'을 다루면서, 이러한 유형의 파시즘은 검열을 통해 죄책감을 양산하는 기능을 한다고 본다. 가령 다양한 형식의 교육방식들과 정상화 장치들은 개인의 욕망을 자본주의의 구미에 맞는 방식으로 차단하거나 왜곡하는 기능을 하거니와, 이는 일상적인 억압을 통해 욕망의 분출을 가로막는 역할을 한다는 것이다. 들뢰즈/가타리에 따르면 자본주의를 살아가는 주체는 상품관계를 벗어나 살 수 없고, 오히려 그 체제를 안정화하는 기능을 맡을 수밖에 없다. 경제는 지배 메커니즘을 전제할 수밖에 없기 마련이거니와, 다만 지배방식이 달라졌을 뿐이라는 것이 그들의 주장이다.16 이제 자본주의는 물질적인 폭력이나 이데올로기 조작보다는, 대중들의 자기검열 메커니즘을 활용함으로써 주체를 정상/비정상으로 가르고 체제에 의해 설정된 틀을 넘어서려는 욕망의 자연스러운 분출을 가로막는 식으로 지배를 관철시키고 있다. 이는 '미시 파시즘Mikrofaschismus'의 작동방식으로서, 이제 억압은 대규모적이고 직접적인 방식으로보다는 주체 스스로 그것을 욕망하게 만드는 방식으로 이루어진다. 하지만 주체 내부에는 다른 유형의 파시즘도 있다. "국가 구조들, 정치구조들, 노동조합 구조들, 우리의 제도 및 가족 구조들에서 전체주의적 화학totalitarian chemistry이 작동하고 있다."17 이는 자본주의적 국가권

---

15 I. Armbrust u. a.: 앞의 책, 96-107쪽 참조.
16 같은 책, 89-93쪽 참조.
17 허재영:「정신분석과 정치는 어떻게 만나는가」,『탈주의 공간을 위하여』, 푸른숲 1997, 144쪽에서 재인용.

력뿐만 아니라 여러 조직과 제도 속에 출현하는 파시즘으로서, 그 조직이 아무리 진보적 목표를 가지고 있더라도 은밀한 지배구조를 통해 성원들의 다양한 욕구의 분출을 억압하는 기능을 한다. 이를테면 이러한 경향은 현실 사회주의의 공산당이나 68운동 당시 프랑스 공산당 및 노조들이 취했던 태도에서 여실히 드러난다.

사정이 이렇다면, 문제는 미시적·거시적 수준 모두에서 작동하는 파시즘의 극복이 어떻게 가능한가라는 것이 된다. 이는 현 시점에서 저항 주체는 어떻게 구성될 수 있는가의 문제와 직결된다. 들뢰즈/가타리는 두 수준에서의 실천을 제안하는데, 왜냐하면 억압이 두 방향에서 이루어지는 한 그에 대한 효과적인 저항 역시 가시적인 파시즘과 내면화된 파시즘의 극복을 목표로 할 수밖에 없기 때문이다. 우선 출발점은 체제와 온갖 제도들에 의해 차단되어 있는 생성적 욕망의 흐름들을 해방시키고 이 욕망들의 횡단적 접속방식들을 풀어놓는 것이다. 이는 또한 조직 내부의 비민주적인 태도들을 일소하는 문제이기도 한데, 열린 조직·열린 의사소통 구조 속에서만 이질적 욕망들의 접속이 가능할 것이기 때문이다.

하지만 문제는 여기에서 그치지 않는다. 들뢰즈는 죽기 직전인 1990년 현 자본주의의 지배방식이 훨씬 더 복잡하고 정교하게 변화했음을 지적하면서, 지금 사회는 신자유주의적 긴축정책의 압력으로 인해 '훈육'과 '통제', '물질적 억압'이 동시에 얽혀 나타나고 있음을 말하고 있다. 그야말로 "진보 및 자본주의의 유연화Flexibilisierung, 자본화의 혼합적 상황"이 전개되고 있다는 것이다.[18] 문제가 이렇다면, 실천은 자본주의에 포섭되고 길들여진 우리의 생산적 욕망에 자연스러운 활로를 만드는 방향뿐만 아니라 전지구적인 자본화의 고리를 끊는 일 또한 중요한 사안이 될 수밖에 없을 것이다. 하지만 들뢰즈는 그 이상의 말을 하지 않는다. 다만 그는 "두려움이나 희망이 아닌, 새로운 무기를 찾는 것"[19] 속에

---

[18] G. Deleuze: Postskriptum über die Kontrollgesellschaften, in: Unterhandl-ungen, Suhrkamp 1993, 257쪽 참조.
[19] I. Armbrust u. a.: 앞의 책, 29쪽에서 재인용.

서만 새로운 실천의 기초가 있음을 말하고 있을 뿐이다.

들뢰즈/가타리의 자본주의 분석은 매우 복잡하면서도 정교하다. 하지만 주체 문제와 관련한 그들의 요구는 '소수자' 주체 구성의 당위성을 설파하는 것 이상으로 논리적 설득력을 갖추지 못한 것으로 보인다. 이는 비유와 반어Ironie를 거침없이 사용하는 그들 특유의 예술적 문체에 그 원인이 있기도 하겠지만, 주체 구성의 가능성을 무한히 열어 놓으려는 의도 역시 작용하고 있는 것처럼 보인다. 그렇다고 해서 그들의 문제제기 자체가 지니는 실천적 함의가 없어지는 것은 아니다. 왜냐하면 그들의 주장은 복잡하게 뒤얽힌 자본주의적 주체화 과정에 맞설 수 있는 실천 주체를 마련하는 일에 이론적 단초를 제공할 수 있을 뿐만 아니라, 실천의 지속적인 자기부정을 요구함으로써 미리 설정한 인위적 목표에 갇히지 말아야 한다는 교훈을 주고 있기 때문이다.

6. '들뢰즈/가타리' 사용법

90년대 이후 우리 학계 역시 들뢰즈와 들뢰즈/가타리의 저작들에 전례없는 관심을 보이고 있다. 그들의 많은 저작들이 번역되었고, 그들에 대한 이차문헌 역시 활발하게 발표되었다. 이는 현 자본주의 체제에 대한 정밀한 분석과 근본적인 비판 및 극복 대안에 대한 갈증의 표현일 수 있겠다. 실제로 현실 사회주의 붕괴 이후 과거 진보운동의 결함에 대해 수없이 많은 반성작업이 이루어져 왔고, 그것의 극복을 위해 여러 철학자들의 작업이 원용되고 있는 중이다. 이는 훨씬 복잡해지고 정교해진 지배방식의 해명을 위해서, 그리고 그에 값하는 다양한 실천방식의 고안을 위해서도 고무적인 현상이라 할 수 있다.

그러나 문제는 그렇게 간단하지 않은 듯하다. 왜냐하면 포스트주의의 주장들은 이미 체제에 의해 수용되어 효력의 많은 부분을 상실하고 있기 때문이다. 가령 현재의 매체산업들은 자본주의를 넘어서고자 하는 제반 운동들보다 더욱 신속하게 변화와 생성을 거듭하는 가운데,

무수한 '차이'의 전략을 만들어 내고 있다. 다시 말해 제반 포스트주의들이 제기하는 질문들의 현재적 유의미성을 인정하더라도, 그들의 주장은 현재 자본주의의 흐름을 따라잡지 못하고 있는 상황인 것이다. 이를테면 서구 '문화연구Cultural Studies'들은 포스트주의들에서 많은 이론적 근거들을 끌어오고 있지만, 과연 그들이 의도했던 목적-가령 문화적 다원주의나 민주주의-에 얼마나 근접했는가 묻는다면 그 대답은 회의적일 수밖에 없다. 문화연구의 많은 성과물들은 이미 '해석'의 정전처럼 간주되어 권력화의 경향에 노출되어 있으며 문화상품들의 일회적 소비를 부추기고 있지 않은지 반성해 볼일이다.

서구에서의 들뢰즈/가타리 수용 역시 이 문제에서 자유롭지는 않다. 그들의 저작은 출간 이후 엄청난 반향을 불러일으킨 나머지, 몇 년 지나서는 '우상의 반열Kult-Status'에까지 올랐다. 이는 문제제기의 참신함과 분석의 설득력에서 기인하는 것이겠지만, 약간 달리 생각해 보면 그들의 이론이 '소수자'에서 '다수자'로 변질되어 수용되고 있는 것은 아닌가 하는 의심을 가져볼 수도 있다. 이는 "모든 이는 각자 자신의 길을 가야 한다."[20]는 들뢰즈의 요구에 반하는 것일 뿐만 아니라, 학문과 실천의 생성운동을 소홀히 한 결과일 것이다. 한국 지식계 역시 들뢰즈/가타리의 논의를 현학적인 지식대상으로 가두고 있는 것은 아닌지, 그들이 줄곧 요구하고 있는 혁신적 실천과 끊임없는 자기부정의 요구를 저버리고 있지는 않은지 면밀하게 따져보는 데서 다시 한번 들뢰즈/가타리와 대결해야 할 과제가 남아 있는 셈이다.

---

20 Chalda: 앞의 책, 10쪽에서 재인용.

포획과 탈주의 문턱에선 주체들

1. '자기계발'에 미친 사회

 서점가 베스트셀러 부문에서 부동의 1위 자리를 지키고 있는 자기계발서 열풍이 대학 사회에서도 위력을 발휘하고 있다. 강의실과 학교 거리에서도 그런 책들을 손에 든 학생들을 쉽게 찾아볼 수 있다. 학교 도서관 대출 빈도에 있어서도 자기계발서의 괄목할만한 증가가 보고된다. 심지어 권장도서 목록에도 버젓이 자기계발서 들이 올라와 있는 것을 보면 그 인기를 실감할 수 있다. 아마 '무한경쟁'의 시대에 '불안'과 '위기'의 감정을 달래주고, 신자유주의라는 '정글'에서 살아남을 수 있는 '생존의 비책'이 들어있을 것이라는 막연한 기대가 주효하게 작용했을 것이다. 기업과 자본의 원활한 성장에만 '올인'할 뿐 사회 구성원들의 생존을 포기해버린 국가 아래에서 생존마저 철저하게 개개인의 책임이 된 현실에서도 그 원인을 찾을 수 있을 것이다. 이제 살아남기 위해 우리는 '스펙'을 쌓아야 하고 외모를 가꾸어야 하며 심지어 정신마저도 개조해야 한다. 그렇지 않으면 우리는 영원한 패배자looser로 살 수밖에 없다. 아니면 '자살'이라는 벼랑 끝으로 내몰릴지도 모를 일이다. OECD 국가들 중 자살률 1위라는 오명은 자기계발이 상품화된 한국 자본주의의 '실재the real'이다.

 요즘 대학생들은 스펙을 관리하느라 여념이 없다. 마치 '미쳐야 된다'는 자기계발서의 주문을 실천이라도 하듯 학점관리, 영어점수관리, 자기 표현능력 함양, 봉사학점 관리 등 필수적인 스펙 관리에 미쳤있다. 이미 한국의 대학들은 영어를 마법의 주문처럼 앞세우고 자산 부풀리기에 여념이 없는 평가 위주, 성장 위주의 외형적 순위 경쟁에 몰두하면서 기업 자본주의의 철저한 체제지향적 부속품·하수인 대량 양성소로 전락한 지 오래다. 대학들이 경쟁력을 키우지 않아서 국가경쟁력을 갉아먹고 있다. '대학이 산업과 기업 즉 수요자들의 요구를 외면하고 있다', '정부지원을 줄이고 산학협동을 강화해야 한다.' 등의 비판과 명령들은 한국 대학의 자본 종속성을 강화하고 있다. 대학의 브랜드 가치를 높이기 위해 기금 모금과 금융자산 불리기에 애쓰는 상황은 한국 대학이 처한 현주소를 말해준다. 대학의 순위는 취업률에서 결정이 나는 바 영어에 대한 자발적 수용은 자본 세계화의 또 다른 통로를 마련하고 있다. 이러한 상황에서 맞춤형 스펙을 내면화한 자기계발이 과연 경쟁력의 올바른 척도가 될 수 있을까 하는 질문은 생뚱맞은 것으로 치부되기 십상이다. 연일 신자유주의적 개혁만이 대학의 살 길이라고 노래하는 보수 매체들의 목소리는 대학의 지상과제가 되어버렸다.

하지만 더 심각한 문제는 개인에게 있어 성공의 잣대가 이미 스펙 관리를 넘어서고 있다는 점이다. 마침내 자본은 '창조성creativity'을 갖춘 인재들을 요구하는 시대로 접어들고 있기 때문이다. 아니 기존의 기본 스펙에 창조적 아이디어와 위기 극복 능력을 갖춘 인재라는 덕목이 추가된 셈이다. 그만큼 부담은 더욱 커졌다. 서울을 중심으로 창조적 자기 경영 학원이나 사설기관이 급증하고 있는 사실에서도 이를 확인할 수 있다. 기업에서는 판에 박힌 업무보다는 창의적인 성과를 요구한다. 학교에서도 글로벌 인재니 창의적 인재니 하는 이야기들이 단골 슬로건으로 자리 잡은 지 오래다. 한국은 '자기계발의 시대'에 접어들었고, 나아가 '자기계발에 미친 사회'로 가는 경쟁의 흐름에 무한 노출되고 있다. 물론 그 목표는 더 많은 부(이윤)의 창출에 있다.

하지만 한국이 오래 전부터 자기계발과 창의성에 대한 사회적 명령에 포획된 사회는 아니었다. 1997년 이전까지만 하더라도 국가와 자본이 요구하는 인재상은 기업에 충성하는 성실한 노동자, 정답을 가장 효율적으로 빠르게 얻어내는 학생이었다. 국가 경제 역시 유사한 논리를 따랐다. 국가의 경제개발계획에 충성하는 기업, 국가가 보증하는 은행의 '묻지마' 대출은 개발독재시대 성장의 디딤돌 역할을 했다. 국가-기업-은행이라는 거시 권력의 3각 편대는 '충성'과 '성실'에 기초한 인재상에 모델을 제공했고, 각각의 개인들은 중앙 집중적 시스템에 맞춰 알아서 기어야 했다. 이 시절 개인의 충성은 국가 전체의 이득과 풍요에 직결되는 것이라는 믿음 속에서 노동의 기쁨은 더욱 배가될 수 있었다. '수출 역군'으로서 애국주의를 몸에 새긴 그런 개인에게 국가는 수많은 일자리와 두둑한 월급, 국민 소득 증가와 국가 경제력 순위의 상승으로 화답하였다. 외견상으로는 노동자들의 충성이 국부國富의 증가로 이어지고, 이것이 노동자 개인의 소득 증가로 이어지는 순환 고리가 작동하고 있었던 것이다. '정의 구현'의 실현 여부와 상관없이 이 시절이 호시절로 기억되는 것은 그 때문이다. 이 시기에도 거시적인 권력은 개개인이 따라야 할 규범과 윤리를 내면화시킴으로써 미시적 지배를 실행했다. 국가와 자본의 욕망은 개인의 욕망으로 자연스럽게 전이되었던 셈이다.

하지만 1997년의 외환위기 사태는 이러한 시스템과 인재상의 추락을 가져왔다. 정경유착의 강고한 고리로 엮여있던 기업들의 연쇄도산은 우리 사회에 큰 충격을 가져다주었다. 과거 성장의 동력이었던 국가-자본-금융의 삼위일체는 이제 위기의 원흉으로 지목되면서 사태의 반전을 예고했다. 기업 구조 조정과 노동 유연화 전략에 감히 저항할 수 있는 주체는 없었다. 이후 수출이 증가하고 국가의 부도 급상승했지만 이것이 개인의 부로 이어지지 않는 기현상이 나타났다. 1:9의 양극화 속에서 부는 소수에게 집중되고 대다수는 상대적 박탈감과 빈곤 속에서 불안한 미래를 감당해야 하는 상황이 도래한 것이다. 게다가 전 지구적 경제 구조 속에서 기업들의 생존마저도 자신할 수 없는 마당에 개인의 생존은 더욱 점치기 어려운 일이 되어버렸다. 매년 최대 경영 성과를 갱신해온 굴지의 기업들마저도 일자리 창출을 꺼려하는 상황이 빚어지고 비정규직이 경제 인구의 절반을 넘어서기 시작하면서 상호 충성의 옛 고리는 끊어지고 말았다. 이제 개인들에게도 충성과 성실이라는 덕목 대신 새로운 인재상의 이상적인 덕목들이 생존의 방안으로 제시되기 시작한다. 시장에서의 '자율'(?) 경쟁을 중시하는 신자유주의는 기업과 은행들의 자유로운 경쟁을 통해 작동하는 국가라는 새로운 비전을 강제했다. 이에 따라서 새로운 시장과 상품을 개척할 수 있는 새로운 인재상으로 '신지식인' 담론이 유행했고 기발한 아이디어를 통해 성공을 일군 벤처 회사들이 '인적자본'을 성공적으로 운영한 사례로 미디어를 물들였다. 이러한 흐름은 지금까지 계속되면서 우리의 일상을 지배하고 있다.

신자유주의 시대에 '자기계발을 하는 사람'은 글로벌 신자유주의의 '비전'을 가장 잘 수행할 수 있는 인재상이다. 이제 관료는 물론이고 기업가, 노동자, 학생, 주부 등 모든 개인들은 경쟁에서 살아남기 위해 과거 계발 시대의 환경에서 벗어나는 '탈영토화'의 모험과 실험을 감행해야 한다. 물론 이는 '비강제적인' 강요, 즉 '자율'이라는 외관 속에서 이루어진다. 급기야 끊임없이 새로운 아이디어를 개발하고 자기혁신을 감행할 수 있는 인재를 길러내는 일은 국가의 정책으로 자리 잡는다. 국가의 교육정책은 그것을 말해준다. '마누라만 빼고 모든 것을 다 바꿔라'라는 삼성 이건희 회장의 요청은 자기계발 시대의 제1복음이라 할 수 있다. 이를 위해서 필연적으로 요구되는 덕목이 '자기경영'이다. 신자유주의 시대의 개인은 1인 기업가라 할 수 있거니와, 이제 그는 시간과 에너지를 적재적소에 투여하고 자신을 효율적으로 경영함으로써 최대의 이윤을 창출할 수 있는 인재로 거듭나야 한다. 모두가 기업가가 되어야 하는 것이다. 이러한 상황에서 "이상야릇한 욕망, 자기 자신에 대한 사랑, 자본 자체 때문에 자본을 사랑하는 일, 관료제 때문에 관료제를 사랑하는 일, 억압 때문에 억압을 사랑하는 일"21이 시대정신이 되었다.

우선 성공적인 자기계발을 위해서는 자신의 목표를 알아서 설정하는 자율적인 목표설정의 자세가 요구된다. 상부에서 부여된 과제나 목표에 만족하는 인간은 경쟁에서 뒤쳐질 수밖에 없다. 자기계발하는 주

---

21 윌리엄 B. 어빈: 『욕망의 발견. 우리가 원하는 것을 우리가 왜 원하는가』, 윤희기 옮김, 까치글방, 2008, 15쪽.

체는 자신의 경제적 가치를 늘리기 위해 자발적으로 끊임없이 고민하고 노력함으로써 기대 이상의 성과를 내어오기 때문이다. 유연 근무제나 성과급 바람은 그러한 흐름을 단적으로 보여주는 사례라 할 수 있다. 위로부터의 지시를 최소화하고 구성원 스스로 목표를 세우고 그것을 추진하도록 독려한다. 출퇴근 시간을 자율화하고 업무 간 경계를 유연화한다. 기발한 방법으로 이윤을 낼 경우 그에 따른 성과급이 차등 지급된다. 회사원은 물론이고 교사나 교수 등도 성과급 경쟁에 뛰어든 지 오래다. 학생이나 주부와 같은 경제에 직접 가담하지 않은 주체들 역시 이러한 흐름으로부터 자유롭지 않다. 자기계발서의 단골 덕목인 '자기소개서 쓰기'나 '유서쓰기' 등 끊임없는 자기반성을 요구하면서 창의적인 학생 혹은 주부로 거듭날 것을 요구하는 프로그램이 사방에 널린 데에서 이를 확인할 수 있다. 효율적으로 가정을 경영하여 더 많은 이윤을 창출하는 일은 바람직한 주부의 덕목으로 자리잡았다. 재테크에 유능한 주부들은 우리 시대의 신사임당이다.

그리고 위기를 기회로 삼는 태도 역시 자기계발의 중요한 덕목이다. 목표를 정하고 이를 실현하는 과정은 위기의 연속이다. 위기를 유연하게 관리하고 이를 성공의 발판으로 삼는 자세야 말로 개인에게 요구되는 자세이다. 미디어의 다양한 성공담들이 말해주듯 실패는 성공의 어머니라는 진부한 격언은 자기 계발하는 주체의 제2복음이라 할 만한다. 실패마저도 성공의 발판으로 삼기에 늘 성공할 수밖에 없는 주체야말로 신자유주의가 요구하는 인재상이라 할 수 있다.

스스로 목표를 설정하고 위기를 새로운 기회로 삼는 자기 계발은 언뜻 능동적이며 자율적인 주체를 길러내는 것처럼 보인다. 말 그대로 '자기 주도적' 학습을 통해 능력을 쌓고 개발하는 이상적인 인재상 육성에서 우리는 순수한 선의를 읽어낼 수도 있을 것이다. 어느 누구도 특정한 역할을 강제하지 않고 자발적인 혁신과 창조의 기회를 준다는 점에서 말이다. 하지만 이것이 무한경쟁 속의 생존을 위한 정글의 법칙이라면 말이 달라진다. 전 세계가 '위기사회'를 향해 추락하고 있는 상황에서 요구되는 덕목이라면, 국가나 사회가 자율성과 능동적 참여를 위한 물적 기반을 전혀 마련하지 못했으면서 개인에게만 생존의 책임을 전가하는 가운데 나온 자율적 자기계발이라면 말이다. 이러한 현실에서 자신만의 삶을 자율적이고 능동적으로 설계하는 주체를 찾아보기란 쉽지 않다. 만일 그렇게만 될 수 있다면 삶이 무척 행복해지겠지만, 자기계발을 향해 아무리 노력해도 불안만 증폭되는 악순환은 그치지 않는다. 분명 자유롭기는 한데 그 자유가 구속으로 느껴지는 것은 바로 신자유주의적 자기계발 논리의 함정이요, 통제사회의 절묘한 지배 메커니즘이다. 사실 자기계발 담론의 실체를 확인해 가는 과정은 유쾌하지 않다. 자기계발을 핑계로 국가와 자본, 지식 권력들이 야합하여 지배와 통제의 새로운 장을 만들어 가는 '불편한 진실'에 직면할 것이기 때문이다. 그리고 신자유주의 세계 질서 속에서 미덕으로 강조되는 것들이 어느새 우리의 욕망으로 자리 잡게 된 것에 불쾌해하면서도 숙명적인 운명으로 치부하고 마는 수동적인 자신의 모습을 확인할 수도 있을 것이다.

우리는 자기계발의 자유가 한갓 환상에 지나지 않는 것은 아닌지 의문을 던져볼 필요가 있다. 저마다 자율적으로 스스로의 목표를 설정하는 것이 사실이라면 그만큼 다양한 목표들을 확인할 수 있어야 할 것이다. 하지만 지금 우리의 목표가 이전 사회보다 다양해졌다고 할 수 있을까? 대체로 우리가 설정하는 목표들이 더 많은 돈과 명예로 쏠려있다는 것은 무엇을 말하는 것일까? 온갖 자기계발서 들이 성공 사례로 소개하고 있는 것들 역시 더 많은 부의 획득과 관련된 것들이다. 최고의 효율과 최대의 이윤이라는 자본주의적 가치는 여전히 신자유주의에서도 최고의 공리이다. 오히려 회사나 공장뿐만 아니라 삶의 모든 영역에서 효율적인 목표 달성을 위한 창조적 역량이 요구된다는 점에서 자본주의적 윤리의 강화를 확인할 수 있다. 대학 사회의 최고 인기 사교 그룹이 취업 스터디 그룹이고 사회에서도 '10억 만들기' 등의 재테크 동호회라는 점은 여러 가지를 말해준다. 사업이나 성공적인 취업을 위한 아이디어가 오고가지 않으면 인간 관계마저도 쉽지 않은 것이 지금의 현실이다. '1등만 기억하는 더러운 사회'에서 연대니 우정이니 하는 가치들은 성공의 걸림돌일 뿐이다.

나아가 만일 누군가 대학원에 간다거나 NGO 학과와 같은 '돈 안되는' 과로 진학을 하기로 결정을 한다면 주변의 우려 섞인 시선을 감내해야 한다. '부'를 향한 획일적인 성공의 잣대 속에 '특이한singular' 자기계발의 아이디어는 질식하고 만다. 이쯤 되면 자기계발이란 자율적인 목표 설정의 기회를 주는 것이라기보다는 '저만의' 갖가지 수단과 방법을 동원하여 목표에 도달하라는 윤리적 요청에 다름 아니다. 미디어와 학교, 기업은 이러한 목표를 닦달하고 우리는 생존을 핑계로 이를 내면화한다. 이 과정에서 주변과 외부에 대한 시선은 철저하게 차단되고 만다. 공동체니 공동선이니 하는 것들은 이미 한가로운 인문학자들의 공허한 한담으로 전락한 지 오래다. 모두 자기 자신만을 돌보고 자기 자신만을 염두에 둔다. 더 좋은 일자리, 더 많은 월급, 더 오래 일할 수 있는 일자리를 향한 자기계발의 비법만이 우리 시대의 화두이다. 과거의 애국주의는 이제 국가 간 스포츠 이벤트나 한류 스타를 바라보는 우리들의 시선 속에서만 자리한다. 취업을 했건 못했건 개개인 모두 국가보다는 자신을 우선 생각하는 거대한 방향 전환이 이루어진 것이다. 이 과정에서 자기계발의 윤리는 우리의 욕망 깊은 곳에 뿌리내린다. 자본 자체 때문에 자본을 사랑하는 일은 우리를 '예속주체'로 만들고, 이로써 국가권력은 우리를 미시적으로 지배할 수 있는 수월한 방법을 획득한다.

위기를 기회로 여기라는 요청이야말로 신자유주의 국가권력과 자본의 요구가 가장 극명하게 나타나는 대목이다. 신자유주의는 불안과 위기가 일상화된 사회를 가져왔다. 항시적 불안사회를 가져온 것이다. 구조조정이니 비정규직의 양산, 청년 실업은 일시적인 현상이 아니라 신자유주의로부터의 방향선회가 없는 한 우리 사회의 '상수'로 자리 잡을 가능성이 크다. 우리는 과거보다 더 많은 실패를 경험할 가능성이 큰 사회에서 살고 있다. 단군 이래로 실패에 대한 사회적 대책이 이 정도로 마련되지 않은 사회는 없었다. 이러한 상황에서 위기와 실패를 기회로 삼으라는 요구는 국가와 사회에 대한 불만을 상쇄하는 작용을 한다. 모든 불행의 원인은 내가 못난 탓이기 때문이다. 이제 모두 자신만을 돌보고 자기 자신만을 염두에 두어야 한다. 위기를 기회로 만들 사회적 기반이 전혀 마련되지 않은 상태에서 실패를 개인의 무능력과 노력 결핍으로 돌리는 우리 스스로의 판단 속에서 저항은 기대하기 어렵다. 이러한 시스템은 이기주의적 주체를 양산한다. 지금까지 이렇게 머리부터 발끝까지 철저하게 이기주의적인 시대는 없었다. 그런 점에서 자기계발의 이데올로기는 자율적 주체를 길러내기보다는 수동적 주체를 양산하는 권력의 장치이다. 이는 '먹고사니즘'을 우리시대의 시대정신으로 받아들이고 '출세 못해 억울하지 않기 위해' 노력하는 우리의 자화상이기도 하다. 들뢰즈와 가타리는 이러한 주체를 가리켜 '좀비Zombie'라 불렀다.

2. 자본주의적 욕망과 마법적 지배

물론 자기계발이라는 담론이 심각하게 오염되었음에도 불구하고 그 말 자체를 거부할 이유는 없다. 거의 불가능에 가까울지라도, 권력과 주류('다수자majority')가 설정한 자기계발의 척도를 벗어나는 삶('소수자minority'적 삶)을 상상해 볼 수는 있을 것이기 때문이다. 존 레넌John Lenon의 노래처럼 우리가 살아보지 못한 삶을 '상상Imagine'하는 가운데 지금 여기에서의 우리 모습을 반성해볼 수 있고, 지금과 다른 삶을 위한 실천적 결실들을 축적해 갈 수 있는 동력을 얻을 수도 있기 때문이다. 물론 '자기계발'의 이데올로기 역시 자기 능력의 개발이 국가와 사회의(물론 '기업사회'에서 국가와 사회의 이익은 기업의 이익으로 환원되기 십상이지만!!) 발전에 기여할 수 있음을 역설한다. 하지만 이렇게 해서 얻은 이익이 개인과 사회에 고루 분배되고, 그것이 사회 구성원 전체의 행복에 기여할 수 있을 때에만 자기계발은 의미를 가질 수 있다. 그러나 국민총소득이 2만 달러가 되고 한국이 선진국에 진입한다 한들 그것이 국민들의 '삶의 질'을 높여 줄 가능성은 요원하다. 권력과 자본은 기업이 살아야 나라가 산다고 입에 거품을 물면서 '기업 프렌들리'를 외치지만, 이는 1:9의 양극화만 심화시킬 뿐이다. 그리고 국가는 신자유주의의 원활한 작동에 걸림돌이 되는 주체들에게 '압제적 포획despotic capture'의 장치들을 강화한다. 지난 쇠고기 파동이나 용산참사, 쌍용자동차 사태 등에서 우리는 과거 민주화의 성취들을 무색하게 할 정도의 국가폭력을 확인한 바 있다. 나아가 국가는 앞서 살펴 본 자기계발의 이데올로기를 통해 저항의 싹을 잘라버리는 '성과'(?)를 거두기도 했다. 물리적 폭력을 통해 다른 목소리를 억압하고, 미디어나 제도 등의 마법적 포획magician capture 장치를 통해 포획을 완성하는 국가가 바로 지금의 대한민국인 셈이다.

물론 우리는 지금의 상태에 만족하며 '잘' 살 수도 있을 것이다. 자기에 대한 철저한 보살핌을 가장한 자기 배려가 사실은 자기에 대한 포기의 다른 이름임을 망각한 채 하루하루 그럭저럭 삶을 연명할 수 있을 것이다. 신자유주의적인 압박 속에서 각자의 다양한 욕망을 포기하며 '하루살이'의 삶을 영위할 수도 있을 것이다. 자기계발 담론들이 주문하는 대로 열심히 처세술을 익히고 자산 가치의 증식에 유리한 관계들로 인간 관계를 도모한다면 잠시 눈앞의 행복을 맛볼 수 있을 것이다. 지금의 자본주의가 노리는 것이 바로 그것이다. 자본의 흐름을 좇는 생활 리듬을 보호하고 거기서 벗어나고자 하는 자유로운 리듬을 억압하는 것이 국가의 임무가 된 것이다. '글로벌 엘리트'가 되기 위해 우리가 벌이고 있는 자기 배려의 운동은 결국 자본으로 회귀하는 운동이기 때문이다.

하지만 우리는 보다 행복해지기 위해 이러한 악순환의 고리를 끊을 필요가 있다. 자본의 완성이라는 국가의 욕망에 대해 개인의 완성이라는 욕망으로 맞서야 한다. 물론 여기서 개인은 이기주의의 감옥에 갇힌 개인이 아니라 결국에는 타자와의 특정한 관계를 맺을 수 있는 주체이다. 삶에 대한 불안으로 개인과 가족의 협소한 울타리에 갇히고 이 울타리를 다시 보험과 같은 미래보장형 자산으로 둘러치는 관행 속에서는 우리 모두가 욕망하는 제대로 된 '안전사회'의 미래가 없음을 직시해야 한다. 물론 여기서 자기를 배려할수록 자기는 박탈되고 삶은 불안해지는 현실을 극복하기 위해 다양한 아이디어와 실천들을 창안해야 한다. 이를 위해서는 자기를 포기하는 자기배려가 아니라 자기계발서들의 처세술이 일러주지 않는 앎과 삶의 방향들을 계발할 필요가 있다.

우선 우리에게는 정치적 냉소주의의 극복이 필요하다. 냉소적 이성은 보수주의 일반의 특성이 되었을 뿐만 아니라 한국 사회의 개혁에 가장 큰 걸림돌이 되고 있기 때문이다. 사실 지금의 대학생들은 과거 대학생들에 비해 월등한 지력知力을 갖추고 있다. 모르는 것이 없고 그렇더라도 별 걱정이 없다. 인터넷이나 스마트폰 등 '친절한' 장치들이 지식의 길로 인도하기 때문이다. 물론 그 지식의 얕음과 비실천성에 대한 이견이 있을 수 있지만 그 이야기는 일단 제쳐두기로 하자. 문제는 '잘 알고 있다'고 가정되는 주체들이 오히려 그 지식을 통해 다른 삶을 일구고자 하는 욕망과 흐름을 막아서기도 한다는 것이다. 이를테면 지난 쇠고기 수입 반대 촛불집회에 참여한 10대들에 대해 일부 20대 네티즌들이 보인 반응은 과거 민주화 운동 시절 기성세대가 20대에게 보낸 것과 흡사한 태도였다. '너희들이 그런다고 세상이 변할 줄 알아?' 물론 냉소적 이성이 만연한 데에는 원인이 있을 것이다. 우리는 김대중·노무현 정부의 집권을 통해 '민주'가 부패할 수 있음을 경험했고 현실 사회주의의 몰락으로 '평등'이 억압될 수 있음을 목격했다. '시민'의 자발성도 사회를 바꿀 수 없고, '생태'로 환경의 파괴를 막을 수 없음도 분명해졌다. 냉소는 이러한 연속된 좌절 경험이 불러온 무기력증의 표현일 것이다.

하지만 냉소는 성공과 출세를 향한 개인의 욕망과 만나 지배의 재생산에 기여한다. 자본과 권력은 이러한 냉소를 부추김으로써 지배를 유지하는 체제이다. 자본주의는 압제적 포획과 마법적 포획의 이중적 전략을 통해 지배를 공고히 해왔거니와, 지금은 후자의 위력이 유감없이 발휘되고 있다. 청년 세대의 냉소 역시 마법적 포획의 위력을 증언해준다. 들뢰즈/가타리Gilles Deleuze/Felix Guattari는 이러한 지배의 고리에 맞서기 위해 욕망과 권력(국가와 자본)의 얽힘 관계에 주목할 것을 주문한다. 그리고 저항의 전략 역시 권력을 차지하는 것과 아울러 욕망의 수준에서 보다 철저하게 구성되어야 함을 강조한다. 돈과 소유물을 늘리는 데 많은 가치를 부여하고, 다른 사람의 눈에 그럴듯하게 보이거나 유명해지는 것에 가치를 두는 사회에서 구성원들의 포획은 욕망의 수준에서 작동하기 때문이다. 들뢰즈와 가타리에 따르면 자본주의는 시장과 접속 가능한 자본의 논리라는 '공리계axiomatics'에 주체들의 욕망을 묶어둠으로써 순항할 수 있는 체제이다.22

물론 발전된 자본주의의 '거대기계mega-machine'에도 경찰과 군대 등의 '압제적 포획' 장치의 위력은 강력하게 작동한다. 이것은 자본의 규범code으로부터 벗어나려는 흐름들(탈코드화decodierung)과 자본 체제 '밖'에 새로운 삶의 시공간을 만들려는 노력(탈영토화)에 물리적 폭력으로써 개입한다. 자본에게 '괴물', '별종', '장애물'로 보이는 온갖 것들이 폭력의 대상이 된다. 하지만 자본주의가 무르익으면 익을수록 '부드러운 지배', 즉 '마법적 포획'의 위력이 더욱 빛을 발한다. 신자유주의적 자기계발 이데올로기가 말해주듯, 이는 사회구성원들의 욕망을 '성공'과 '출세'라는 유일한 코드로 개조할 수 있는 유력한 수단이기도 하다. 특히 포획을 당하면서도 전혀 감지하지 못하는 마법의 성공만이 국가의 보전을 보장한다고 들뢰즈/가타리는 주장한다. 신자유주의 시대 포스트포드주의Post-fordism는 '자기 계발하는 주체'들을 양산하고 끊임없는 변신을 독려(?)한다. 신자유주의적 주체가 지닌 불안하고 끈질긴 성공에의 욕망이야말로 주체를 종속시키고 주체화하는 최상의 '마법적 포획' 장치라 할 수 있다.

22 이진경: 『노마디즘2』, humanist, 2002, 579-580쪽 참조.

잘 알려져 있다시피 자본의 논리를 보호하기 위한 울타리를 벗어나는 주체들에게는 여전히 폭력적인 압제적 포획 장치들이 가동된다. 2008년 전국의 광장에 운집했던 '촛불'들과 용산의 철거민, 쌍용자동차의 노동자들은 바로 압제적 포획 장치의 희생양이었다. 물론 사람들은 '법-계약'을 따르지 않았으니 그러한 물리적 폭력은 당연한 것 아니냐고 반문할 것이다. 하지만 <부당거래> 등의 영화가 보여주듯, 그리고 김용철의 『삼성을 생각한다』가 말해주듯 자본주의 국가에서 중요한 법들은 합법적으로(많은 경우에는 불법적으로) 착취할 권리를 미리 정해둔 것에 불과하다. 국가는 자의적으로 '정상성'의 기준을 정해놓고 '조화'와 '균형'을 깨트리는 가상의 공포상태를 미연에 방지하고자 한다.

하지만 국가는 스스로 '범죄'라고 규정한 폭력을 폭력으로 응징할 수 있는 제도적 장치만으로 움직일 수 없다. 특히 '의사 민주주의 pseudo-democracy'에 진입한 한국의 경우 물리적 폭력은 심각한 저항을 불러올 수 있다. '마법적 포획' 장치는 바로 '예속'과 '종속'에 대한 왜곡된 욕망을 부추김으로써 '예속주체'를 만들 수 있는 유력한 수단이다. 이를테면 삼성에서 과로와 산재로 죽어가는 노동자들이 속출함에도 불구하고, 여전히 삼성을 향한 우리의 태도는 욕망과 신화의 대상이다. 그리고 삼성에 '입성入城'하기 위해 우리는 끊임없이 자기를 계발한다. 물론 알다시피 이때의 '자기'는 스스로를 세상의 주인으로 착각하는 맞춤형 로봇으로서의 '자기'이다. 신자유주의 시대 자본주의적 거대기계의 마법적 실체는 바로 자본을 향한 권력과 우리의 욕망임을 부인할 수 있을까?!

들뢰즈와 가타리에 의하면, 신자유주의적 자본주의의 유연화 전략은 시장 교환, 자유로운 교환 등의 자유 시장 논리를 통해 스스로 포획의 올가미에 말려드는 마법적 포획의 진가를 보여준다.[23] '자기계발'

---

[23] G. Deleuze/.F. Guattari: Tausend Plateaus: Kapitalismus und Schizoph-renie II, Berlin 1992. 631쪽.

에 자발적으로 미쳐 돌아가는 한국 사회에서 이러한 마법적 포획은 일종의 '주문呪文'처럼 기능한다. 저항할 수 있는 주체를 궤멸시킬 위력을 지녔다는 점에서, 그리고 신체적으로나 정신적으로 '불구화된' 주체를 생산함으로써 유지되는 체제라는 점에서 우리 사회는 '통제사회'의 전형적인 사례로 볼 수도 있다. 지금의 자본주의는 포획자(자본이나 국가)가 온갖 제도와 미디어를 통해 포획당하는 자에게 주문을 겂으로써 유지되기도 하지만, 포획당하는 자를 불구로 만들어 포획에 응하게 만들기도 한다. 겉은 정상이지만-사실 놀이를 잃어버렸다는 점에서 이미 불구인지도 모른다- 정신적으로는 온갖 사회적 스트레스에 시달리는 우리에게 '불구'라는 말은 결코 과장이 아니다. 그래서 들뢰즈/가타리는 자본주의를 불구화의 체제이고 모든 주체를 '좀비'로 만들어버리는 체제라고 비판한다.

'기업사회' 대한민국에서도 우리는 늘 부족할 수밖에 없는 좀비들이다. 그런데 마법적 포획의 치밀함은 사회 전 영역을 포획하거나 피지배층을 포획하는 데에서만 그치지 않는다는 점에서 확인된다. 마법은 포획의 1차 대상으로서 좀비 중의 좀비, 노예 중의 노예로 거듭난 모범 좀비로-스스로를 '사회지도층'이라고 명명하는-상위 계층을 양산하기 때문이다. 그리고 그들은 우리가 따라야 할 모범이고 욕망의 대상이다. 자본이라는 거대기계는 인간을 에너지원으로 삼아 작동하는 거대한 '매트릭스'라 할 수 있다. 자본가는 신자유주의적 자본주의라는 거대기계의 가장 비천한 노예이다. 누구 하나 할 것 없이 모두 거대기계의 노예가 되지만 정작 거대기계는 그들을 돌보는 구원자 혹은 지복至福의 땅으로 이끌 목자의 모습으로 나타난다. 이 과정에서 자본의 도구로서의 국가의 모습은 은폐된다. 거대기계의 주인은 유연한 공리들의 체계 즉 자본의 논리로만 남는다.

마르크스 역시 기업도 노동자도 국가도 없이 자본의 논리로만 움직이는, 자본가나 노동자 모두 '주체성'을 상실하고 시스템의 노예로 전락해버린 사회를 경고한 바 있다. 한국의 '기업사회'는 국가를 기업의 시녀로 삼으면서 자본의 원활한 흐름을 도와줄 '매끄러운 공간smooth space'으로 만드는 데 노골적인 행태를 보이고 있다. 국가는 자본이라는 '초코드overcode'에서 탈주하는 '탈코드화decoding'의 움직임들을 외부(변방)로 밀어내고 '비정상'으로 매도한다. 이렇게 신자유주의적 무한경쟁의 게임에서 지거나 이탈하는 주체들은 비정상적 '루저looser'로 전락한다. 자본의 흐름을 지연시키거나 가로막는 개인들을 처리할 수 있는 메커니즘을 도입해야 했던 것이 과거 국가의 역할이었다. 하지만 지금의 자본주의 국가는 여기서 더 나아간다. '외부'로 향하는 욕망의 흐름을 억압하고 통제하는 것이 아니라 오히려 자신의 외부를 수용하고 자기 성장을 위한 거름으로 삼기 때문이다.24 그런 의미에서 자본은 자신의 영토를 팽창하기 위해 수단과 방법을 가리지 않고 외부에서 자신의 에너지원을 찾는 능동적인 구성체로 스스로를 끊임없이 진화시키고 있다. 체 게바라, 핑크 플로이드, 아방가르드 예술, 민중예술, 혁명, 상상력 등 자본에 저항적이었던 성분들이 하나같이 그것의 에너지원이 되고 있는 데서 그것을 알 수 있다.

하지만 이러한 사태를 두고 '외부'의 식민화로 단정 짓지는 말자. 자본은 끊임없이 외부를 자기 진화의 에너지원으로 삼지만 그 외부를 자본주의적인 것으로 만들지는 않기 때문이다. 자본은 그냥 '외부는 외부인 채로' 남겨두고 그것을 '주변부 자본주의화'할 뿐이다. 자본이 경계를 긋고 외부를 생산하는 이유는 그 외부의 운동 속에서 자본의 몸을 보保할 수 있는 좋은 음식들을 지속적으로 제공받기 위해서다. 이를테면 영토적 외부의 경계를 맘껏 넘나들고 있는 글로벌 자본주의는 외부의 소멸이 아니라 외부/내부를 경계 짓는 방식 즉 자본주의적 공리계의 변화를 감행한다. 그런 의미에서 자본주의의 공리계는 무척 유연하다. '추가'와 '배제'의 메커니즘을 통해 끊임없이 새로운 욕망과 탈코드화의 흐름을 자기 입맛에 맞게 재코드화re-coding할 수 있기 때문이다. 자본주의적 공리들은 그 모습을 이리저리 바꿔가며 일상적 인

---

24 같은 책, 639쪽.

간관계를 통해 대중을 지배한다. 물론 그 목표는 국가 권력의 원활한 작동과 전 세계적 자본 지배의 순조로운 운용에 있다.

'시장' 혹은 '자본'에 '프렌들리'한 신자유주의 국가의 지배구조는 독재나 파시즘 국가의 핵심 권력과 같은 '일자一者'적 중심을 가질 수 없다. 푸코Michael Foucault의 말처럼, 신자유주의적 통제사회는 무수한 기능적 관계로 결정된 미시적 인간관계를 통해 움직이는 미시권력의 체계이기 때문이다. 이러한 권력 체계 하에서 자본주의의 마법적 포획은 더욱 완벽해진다. 게다가 한국 사회에서처럼 압제적 포획의 폭력까지 더해진다면 금상첨화이다. 들뢰즈/가타리는 자본주의의 완벽에 가까운 포획 메커니즘 속에서 파시즘 도래의 징후를 읽어낸다. 그들이 말하는 파시즘은 과거 나치Nazi나 박정희 시대의 '파시즘'과는 다르다. 그들은 파시즘과 전체주의를 동일시하는 관행에서 벗어나고자 하기 때문이다.

들뢰즈/가타리에게 파시즘은 미시적 차원의 지배를 통해 거시적 권력의 완성을 도모한다. 그들이 보기에 파시즘은 사회 구성원들을 하나의 '단일체monolith'로 통합시켜 한 목소리로 공명하도록 만드는 '몰적 the molar' 구성체25의 정치적 흐름이다. 물론 전체주의도 대중들의 분

---

25 '몰적인 것das Molar, the molar'은 힘의 흐름에 구조적인 질서를 부여해서 총체화와 통일성을 지향하는 운동이다. 몰적 구성체는 "대수의 법칙law of large numbers에 따르는 통계적 집적을 통해 분자적 힘들의 통일, 총체화를 결과한다." 원래 '몰mole'은 물리학에서 기체의 분자량을 나타내는 단위이다. 그것은 기체 상태의 분자들을 표준적인 상태와 조건 하에서 집계함으로써 얻어지는 것처럼 말이다. 몰적 조직체는 국가나 민족체뿐만 아니라 과거의 공산당이나 노동조합 등을 포괄한다. 진보적인 조직이더라도 단일한 노선이나 통일된 행동을 요구하면서 '다른' 목소리들을 억압하면 '몰적' 조직으로 분류된다. 이는 한국 사회의 운동 세력들에게도 시사해주는 바가 크다. '진정한 진보'를 표방하면서 다른 목소리를 억압하거나 배제하는 태도로는 지금의 위기 국면을 돌파할 수 없을 것이기 때문이다. 이러한 태도는 정책적 방향의 진보성에도 불구하고 운동의 동력을 해치는 결과를 낳기 마련이다. 한국사회의 변화라는 공감대 속에서 이질적인 흐름들이 '결연'을 통해 지금과 다른 가능성을 모색하는 것이 더 현실적이다. 이러한 연대에서 누가 중심이 되느냐 하는 논의 역시 피로감만 증가시킬 뿐이다. 결연을 맺은 모든 세력들이 서로의 '사이에서' 새로운 동일성

자적molecular 욕망의 흐름들을 억압하고 통제한다. 하지만 들뢰즈/가타리가 말하는 파시즘 역시 언제든 전체주의화될 수 있지만 전체주의는 아니다. 그것은 국가가 하나의 목소리로 공명을 요구하기 전에 대중 스스로 상호작용하고 전염시키는 분자들의 정치적 흐름이기 때문이다. 파시즘은 지배에 대한 자발적 욕망의 다른 이름인 셈이다.

물론 한국의 경우 전체주의와 파시즘이 서로를 보완하는 체제이다. 미디어와 학교, 종교, 문화 등에 적극 개입하여 신자유주의적 경제 논리로의 단일한 체질 변화를 강요하고 그 외부에 대해서는 가차 없이 칼을 들이댄다는 점에서 전체주의의 징후를 쉽게 찾아볼 수 있다. 나아가 단일한 자본의 목소리를 대중 스스로 욕망한다는 점에서, 즉 신자유주의의 논리가 자발적 숭배의 대상이 되고 있다는 점에서 파시즘의 징후 역시 농후하다. 인터넷 아고라에 대한 개입, 언론사들의 낙하산 사장 임명, 인터넷이나 SNS(social network system) 등을 수시로 검열하고 처벌할 수 있는 '전자통신법' 제정 등은 전체주의와 파시즘의 동시성을 증언한다. 대학의 신자유주의화에 반대하며 대자보를 남기고 자퇴한 고려대생 김예슬에 대해 폭력적인 댓글로 대응하거나 대학 일용직 노동자들의 정당한 파업에 대해 외부 세력의 개입 금지를 요청한 대학 구성원들의 자발적 순응 속에 파시즘은 숨 쉬고 있다.

들뢰즈/가타리에 따르면 대중의 욕망 흐름을 자본주의적으로 재편('재영토화')하는 과정에서 저마다의 고유한 욕망이 억압될 때 파시즘이 생겨난다. 파시즘은 '암적인' 정치체로서 대중의 욕망을 왜곡한다.

을 형성해야 하는 것이다. 물론 이렇게 획득된 동일성 역시 지속적인 변이와 업그레이드의 대상이 되어야 할 것이다. 반면 분자das Molekular, molecule는 집계되지 않는 최소 단위의 입자이다. '분자적인 것'은 몰적인 운동에 봉쇄되지 않은 힘들의 자유롭고 개방된 상태이다. 따라서 분자적 다양성들을 통계학적인 집계로 조직화하는 운동이 있는 반면, 형성된 유기체를 가로지르면서 그로부터 탈주하는 운동이 있다. 욕망의 분자적 흐름들은 몰적인 힘에 의해 통제되거나 저지되면서 고정된 질서와 구조로 조직되지만, 끊임없이 이로부터 벗어나 새로운 흐름들을 생산한다는 점에서 혁명적이다. G. Deleuze/.F. Guattari: Tausend Plateaus: Kapitalismus und Schiz -ophrenie II, Berlin 1992, 51쪽.

그 결과 굴절되고 왜곡된 대중들의 욕망을 통해 스스로를 억압하고 자신의 욕망을 억압하려는 욕망의 도착 현상이 생겨난다. 이러한 현상은 대중 스스로 '다수자'이고자 하는 욕망의 배치 속에서 가능하다. '다수자'는 '정상' 혹은 '성공'을 재는 주류적 가치들을 좇는 주체이다. 늘 자본주의는 모두에게 다수자로서 '부르주아'이기를 -아니 그렇게 상상하기를- 강요한다. 다수자이고자 하는 욕망은 소수자를 희생양으로 만든다. 파시즘은 대중들의 도착적 욕망에서 에너지를 얻는다. 파시즘을 양육하는 도착적 욕망은 다수자는 물론 소수자마저 죽음의 블랙홀로 빨아들일 위험을 늘 내장하고 있다. 선무당이 사람 잡는 경우처럼 말이다. 4대강과 뉴타운 등의 사업은 일부 사람들 -우리는 그들을 '졸부'라 부른다- 에게 부동산을 통한 축재를 향한 다수자적 욕망을 채워주는 것처럼 보이지만 거의 모든 사회 성원들에게는 '죽음 같은' 재앙을 안겨줄 가능성이 크다. 사실 거기에서 부를 획득하는 것은 토건 자본들뿐이기 때문이다. 사정이 그러한데도 우리 모두는 졸부들의 부를 욕망하고 우리에게도 그런 '천운'이 깃들기를 소망한다. 그런 식으로 상황이 되풀이되는 가운데 '부자공화국' 대한민국은 무사하게 잘 돌아간다. 이처럼 욕망의 분자적 흐름들을 탈주의 흐름으로 만들어 자기 운동의 동력으로 삼고 이러한 욕망의 흐름들을 이윤과 화폐적 부라는 단일 욕망의 추구로 향하게 한다는 점에서 자본주의 자체가 거대한 파시즘적 체제이다.

하지만 자본주의가 끊임없이 생산하고 가다듬고 있는 공리들의 체계에서 벗어나기란 쉬운 일이 아니다. 죽음의 선을 향하는 파시즘처럼, 마법적 포획이 극에 달할 경우 이 시스템은 좀비들에 의해 지탱되는 '신체 없는 기관'이 될 가능성이 크다. 자본주의는 파멸의 위험에도 불구하고 매우 유연하게 자신의 모습을 일신해 간다. 자본은 시장과 국가를 넘나들며 시장과 국가를 변모시키면서 위기를 타개해 가기 때문이다. 자본주의의 유연한 공리계는 공리의 추가와 제거를 통해 자본으로부터 벗어나고자 하는 탈주의 시도를 잠식할 뿐만 아니라 '포화'를 잊은 듯 제 먹잇감으로 삼을 만큼 강력하다. 이러한 상황을 운명으로 인정하고 수긍하는 숙명론만이 우리에게 제시된 길처럼 보이는 것도 당연하다. 출구가 보이지 않기 때문이다. 하지만 이러한 어려움들에 직면하여 모든 실천 가능성을 포기해버리는 숙명론이나 정치적 냉소주의는 동급 최강 좀비의 자세라 할 만하다. 이에 대해 들뢰즈/가타리는 자본주의의 '문턱'을 넘어 새로운 삶의 배치를 만들어 내려는 지속적인 노력을 주문한다.

들뢰즈/가타리는 자본주의의 '온전한' 극복을 위해서는 자본주의적 생산관계를 바꾸는 것만으로는 부족하다고 전제한다. 그들은 계급적 차원에서의 변혁과 자본주의적으로 각인된 욕망을 생산적 욕망으로 바꿀 것을 강조한다. 결국 파시즘으로 향하고 파시즘에 동조하며 파시즘을 만들어 가는 개인 대중의 욕망의 흐름을 바꾸지 않고서는 자본주의적 거대기계의 저인망식 지배를 벗어나지 못한다. 욕망의 문제를 무시하거나 간과했던 과거의 변혁운동은 다시 자본의 흐름에 몸을 맡겼다는 점에서 한계를 지녔다. 하지만 '욕망'의 문제에 천착할 경우 우리는 지금까지의 혁명들과 현실 사회주의 국가들의 한계를 반성할 수 있고 새로운 판을 짤 수도 있다. 나아가 '권력을 만들어내는 일상적 과정들'이 대중들의 욕망을 어떻게 물들이며, 도착적 욕망에 기초하여 작동하는 미시권력의 메커니즘을 읽어낼 수 있다. 뿐만 아니라 들뢰즈/가타리는 사회적 규범에 속박되지 않은 욕망에는 '지금 여기'와 다른 사회('communism')로 가는 생산적인 잠재성이 깃들어 있다고 판단한다. 따라서 일상과 욕망의 수준에서 대안적인 정치를 상상하는 그들의 '미시정치micropolitics'에 다다르기 위해서는 그들의 욕망이론을 살펴보아야 한다.

3. 들뢰즈·가타리의 욕망이론

동서양을 막론하고 오랫동안 욕망은 극복하고 제압해야 할 타자였다. 욕망을 괴로움과 질병의 원인으로 여겼기 때문이다. 서구의 기독교나 동양의 불교는 진정한 자아에 닿기 위해 과도한 욕망의 절제를 지상과제로 요구한다. 특히 욕망의 동급 최강이라 할 만한 '성욕'은 문명의 발전과 진화를 위해 반드시 억압되어야 할 장애물이었다. 고대의 '디오니소스교'나 인도의 일부 힌두교 전통 등을 제외하면 인간의 욕망에 관한한 '관용'은 없었다. 이는 비단 종교에만 국한된 것은 아니었다. 동서양의 사상적 전통 속에서도 욕망의 '억압'과 '승화'는 정신과 진정한 자아 수호를 위한 알파요 오메가였다. 플라톤 이후의 주류 철학은 욕망으로부터 '정상적인' 지성과 이성의 왕국을 지켜내기 위한 치열한 몸부림으로 기록해도 무방할 정도이다.

하지만 욕망에 대한 배제와 억압의 처절한 노력은 역설적으로 그것의 잠재력을 반증하는 것이기도 하다. 나아가 온갖 이성과 노동을 찬양하는 금기들은 욕망을 잠재우는 데 실패했다. 오히려 이성과 금기의 왕국은 끊임없이 위반과 욕망의 게릴라들에게 시달려야 했다. 그러면 그럴수록 주류 철학은 더 높은 철옹성을 쌓으려했고 몇 안되는 욕망의 철학자들을 음지로 내몰았으며 그들의 발언권을 회수하려했다. '자유의 왕국'을 수립한다는 명분으로 날 것의 자유('욕망')를 잠재우려 했던 역설의 지난한 고리를 철학사를 통해 우리는 확인할 수 있다. 그리고 욕망을 터부시하는 주류 사상의 온갖 주장들은 권력을 유지·강화하고자 하는 정치 세력의 이해에 부응했다.

흔히 우리는 욕망의 주인으로서 무엇인가를 '능동적으로' 욕망한다고 생각한다. 우리 스스로 선택하여 스펙 상품을 소비하고 자기계발서들을 탐독하며, 성형수술에 몸을 맡기는 것처럼 여기는 것이다. 하지만 들뢰즈/가타리는 우리가 욕망을 선택하는 것이 아니라 욕망이 우리를 선택하는 것은 아닐까 의문을 던진다. 자본의 흐름 속에서 '능동적인' 소비 주체들은 욕망의 자율적 주인들이 아니라 자본주의적 욕망의 연쇄망에 포획된 수인囚人에 불과하다고 보기 때문이다. 욕망을 통하여 자기를 충족시켜 준다고 믿는 가운데 '욕망하는 것' 자체를 욕망하는 자폐적 수준의 욕망으로 심화된다. 자기 과시를 위해, 다른 이들로부터 자신의 우월성을 입증하기 위해 소비를 하면서 '욕망하는 것' 자체를 사랑하는 것은 자기를 자본 안에 가두는 것으로 귀결된다. 이러한 욕망은 정치적 상황에서 더욱 확연하게 나타난다. 예속으로 나아가는 것이 분명함에도 불구하고 자발적으로 예속되기를 욕망하는 대중들은 예나 지금이나 권력의 든든한 자산이다. 스피노자가 '왜 인간은 예속당하기를 욕망하는가?'라는 질문을 던진 것도 그런 이유에서이다. 예속이 주는 욕망 충족에 취해 그것을 감수할만한 가치가 있다고 믿는 사도-마조키즘적 주체들을 생산함으로써 자본주의는 강화된다.

들뢰즈/가타리에게 영감을 준 라이히Wilhelm Reich 역시 스피노자의 질문을 이어 받으면서 파시즘에 대한 대중들의 열광을 분석한다. 라이히는 이상야릇한 "파시스트의 심리상태는 권위authority를 갈망하는 동시에 전복적인subversive 노예상태에 있는 '소심한 인간'의 심리상태와 동일하다"[26]고 주장한다. 권위에 종속적이면서 전복성을 동일한 인격 속에 내장한 이율배반적 심리 상태는 일종의 '분열증schizophrenia'에 해당한다. 그런데 특이할만한 것은 라이히가 이러한 병적 분열증의 원인을 개인의 비정상적 성격에서 찾고 있지 않다는 점이다. '분열'은 자본주의라는 사회구성체 속에서 빚어진 현상으로 보기 때문이다. 그에 따르면 '소심하고 억압된 인간'은 "중병에 걸린 고도산업문명이라는 거대한 군대"와 "대산업가와 봉건적 군국주의자들"[27]이라는 복합적 요인에 노출되어 있다. 그런 도착적 욕망은 개인의 도덕적 탈선이나 비정상적 질병이 아니라는 것이다. 그리고 그것은 '대중적 차원의 전염병적 양상'으로 전개되면서 갈수록 강력해진다. 파시즘을 욕망하는 따위의 일들을 '자본주의적 욕망체계'에서 비롯된 것으로 본다는 점에서 그는 프로이트S. Freud나 그의 후계자들과 다른 길을 가게 된다.

우리 시대 제1의 욕망으로 자본(돈과 성공 및 출세)이 지배하게 된 데에서 우리는 라이히의 현재성을 발견할 수도 있을 것이다. 따라서

---

26 빌헬름 라이히:『파시즘의 대중심리』, 황선길 옮김, 그린비, 2006, 14쪽.
27 같은 책, 17-18쪽.

개인에게 욕망을 폐기하라거나 절제와 금욕의 '무소유'적 삶을 살라고 요구하는 것은 자본주의적 욕망 구조에 대한 적절한 대응이 될 수 없다. 문제는 자본주의와 도착적 욕망의 얽힘 관계를 직시하고 그와 다른 삶의 척도를 마련하고 실천하는데 있기 때문이다. 라이히나 들뢰즈/가타리는 자본주의와 도착적 욕망에 대한 동시적 변혁을 주문한다. 이들이 보기에 욕망 자체에는 창조와 생성의 역능이 잠재해 있다. 하지만 긍정적이고 생산적인 욕망의 힘은 자본주의적 배치 속에서 병리적인 욕망으로 굴절된다. 부동산, 주식, 벤처, 사교육 등의 열풍에 잠식된 한국 사회는 도착적 양상을 띠며 집단분열증의 양상마저 띠고 있다. 하지만 들뢰즈/가타리가 보기에 부정적인 분열증만 있는 것은 아니다. 창조적 욕망과 관련 있는 예술적·과학적·혁명적 분열 역시 있기 때문이다. 자본주의는 제 무덤을 파는 주체들을 생산하거니와, "정신분열자를 병자로 만드는" 자본주의의 흐름을 다른 데로 돌릴 수 있는 '분열증-흐름들schizo-flux'을 가동시키기 때문이다[28]. 이 흐름에 몸을 담은 집단은 지금껏 보지 못한 새로운 관계들을 만드는 가운데 새로운 욕망의 수준을 촉발한다. 지난 촛불집회에 등장한 유모차부대, 예비군부대, 여중생들, 노숙인들은 여러 문제점들에도 불구하고 역발상의 분열을 징후적으로 보여준 예라 할 수 있다. 당과 노동조합, 학생회 등의 '몰적' 조직들로부터 독립해서 '잠시나마' 권력과 긴장을 형성했고 한국 사회의 병적 집단분열에 대해 경종을 울렸다는 점에서 말이다.

근대는 중세의 초월적 '신'에서 벗어나 인간의 주체성을 발견했다. 하지만 신을 대신하여 등장한 근대적 이성은 합리적이고 정상적인 영역을 정해두고 이를 벗어나는 다채로운 욕망을 배제와 차별의 영역으로 내몰았다. 경우에 따라 근대 이성은 초월적 국가권력의 목적합리성을 정당화하면서 도구화되기도 했다. 히틀러의 파시즘이나 스탈린의 현실 사회주의는 도구적 이성의 최종 결과물이었거니와, 이들은 공통

---

28 가타리: 『가타리가 실천하는 욕망과 혁명』, 윤수종 옮김, 문화과학사, 2004, 323쪽.

적으로 정상인-남성-자국민-성인-백인-비장애인-이성애자와 같은 다수자의 노선을 따랐다. 근대는 이성의 외부를 철저히 식민화하는데, 광인, 아이, 이주민, 여성, 장애인 등의 타자를 관리하는 시스템을 구축하고 자연대상과 동물의 영역, 이성과 문명의 은혜를 받지 못한 민족들을 식민화하는 데 열을 올리기도 했다. 물질적 풍요를 향한 서구 근대의 욕구는 개발주의와 성장주의를 '진보'로 해석하면서 소수자의 특이한 욕망을 억압하고자 했다. 욕망에서 상호 존중과 상호 긍정의 대안 사회적 가능성을 본 스피노자나 욕망이라는 '큰 이성'을 통해 근대의 '작은 이성'을 극복하고자 했던 니체F. Nietzsche가 당시로서는 큰 관심을 끌지 못한 것도 그 때문이었다. 무의식이나 욕망이 본격적인 주목을 받게 된 것은 프로이트와 그의 후계자들 이후에서야 가능했다. 들뢰즈와 가타리는 스피노자나 프로이트, 라이히 등의 선구적 작업들과 비판적으로 대결하면서 자신의 욕망론을 일구어냈다.

　프로이트는 무의식을 강조함으로써 의식적·합리적 주체라는 근대적 주체성의 신화를 해체한 인물이다. 그가 보기에 의식이라는 것은 수면 위에 떠오른 빙산의 일각에 불과하고 수면 아래에는 거대한 무의식이 의식을 떠받치고 있다. 나아가 프로이트는 무의식이 유아기의 충족되지 못한 '성적 욕망'과 관련되어 있다고 주장했다. 사람들이 무의식적인 영역에서 살아가고 이것이 '성sexuality'과 관계있다는 초기 프로이트의 주장은 근대적 주체관에 익숙해 있던 당대 사회에 큰 충격을 주었다. 들뢰즈/가타리는 무의식의 역동성을 강조하는 프로이트의 초기 입장을 계승하고자 한다. 하지만 그들은 이드/자아/초자아의 삼분법 속에서 초자아를 강조하는 후기 프로이트에 대해서는 비판적 입장을 취한다.29 후기 프로이트에게 이드Id는 본능적이고 충동적인 욕망이다. 이는 문명의 발전을 위한 에너지를 제공하지만 초자아Super-ego에 의해 통제되어야 할 영역이다. 프로이트는 '외디푸스 콤플렉스'를 통해 초자아의 역할을 설명한다. 외디푸스는 그리스 신화에서 부친 살해와 근친 상간이라는 치명적인

---

29 들뢰즈/가타리: 『앙띠 오이디푸스』, 최명관 옮김, 민음사, 1998, 83-91쪽 참조.

범죄를 저지른 비극적 주인공이다. 프로이트에 따르면 어머니에 대한 근친상간의 욕망은 아이들에게 보편적으로 존재하는 충동인데, 문명의 발전을 위해서는 초자아인 아버지가 이를 금지해야 한다.

들뢰즈/가타리는 프로이트의 이러한 주장을 환원주의로 비판한다. 프로이트는 욕망의 역동적이고 다양한 결들을 어머니-아버지-나 사이에 펼쳐지는 '하나의' 가족 드라마로 환원시켜버린다고 보기 때문이다. 욕망을 부정적인 충동으로 폄하하면서 아버지의 통제를 문명의 불가피한 전제로 간주하는 대목에 대해서도 그들은 탐탁지 않게 생각한다. 이는 1960년대 프랑스에 정신분석 바람을 몰고 온 라캉J. Lacan 역시도 마찬가지였다.30 그래서 들뢰즈/가타리는 이 두 사람의 이론을 묶어 '외디푸스 제국주의'라고 비판한다. 그들이 보기에 라캉 역시 대타자the Other의 사회·문화적 문명화 과정을 위해 욕망을 부정되어야 하는 것으로 보고 있다. 라캉이 말하는 대타자는 아버지로 대표되는 언어적 기표체계 즉 '아버지의 법'으로서, 사회적으로 용인되는 상징적 규범이고 정상/비정상을 가르는 척도이다. 이는 초월적 코드의 규범, 제도, 규칙의 시스템과 관련된 것으로, 들뢰즈/가타리는 라캉에게 욕망이란 대타자에 의해 선별되고 예속되어야 할 부정적 욕망으로 해석되고 있다고 비판한다. 이들이 보기에 라캉은 주체가 '아버지의 법'을 수용하고 순응해야 한다는 결론으로 나아가고 있는 셈이다. 라캉에게 주체의 욕망은 사법적 코드, 규제적 코드, 기존 제도에 순응할 수밖에 없다는 것이다. 이러한 이론적 틀 안에서는 욕망의 창조적 생산성, 욕망을 통한 새로운 제도와 주체화의 잠재성은 사라지고 만다는 것이 들뢰즈/가타리의 주된 비판이다.

사실 들뢰즈/가타리의 프로이트나 라캉 비판은 심각한 오해에서 출발하고 있는지도 모른다. 왜냐하면 프로이트나 라캉은 문명화 과정을 위해 욕망이 희생되어야 한다는 보수적인 주장을 하고 있는 것이 아니

---

30 라캉에 대한 가타리의 비판은 같은 책, 308-314쪽 참조.

기 때문이다. 이들은 나름의 근거를 통해 문명 발전이나 주체화의 과정이 어쨌든 욕망의 억압 혹은 포기와 연루되었음을 설명하고 있는 것이다. 그런 점에서 프로이트나 라캉의 이론은 문명화 과정과 주체화 과정에서 욕망이 억압되어온 '현실'을 지적하고 있을 뿐이다. 욕망의 자연스러운 흐름이 자본주의 기호계를 통해 굴절되고 왜곡된다고 본 점에서 라캉과 들뢰즈/가타리는 친구가 될 가능성이 있다. 하지만 자본의 논리를 따르는 자본주의적 상징질서가 불변의 구조가 아니라 집단의 역능에 의해 절단되고 재배치될 수 있다는 입장에서 이들은 각자의 길을 간다(후기 라캉은 자신의 초기 입장에서 도약을 감행함으로써 또 다른 가능성의 지평을 열어준다).

들뢰즈/가타리는 젊은 세대에게서 나타나는 반항적 제스처를 통해 욕망의 자율적 역능을 설명한다. "세대 간의 문제에서 노인들이 아주 악의에 가득 차서 젊은이들을 비난하기를, 젊은이들은 그들의 이익(일, 저축, 좋은 결혼)보다 그들의 욕망(자동차, 신용, 차용, 자유연애)을 앞세운다고 말한다"[31]. 물론 이러한 광경은 지금의 우리 젊은이들과는 거리가 있는 60년대 서구의 상황임을 기억하자. 영화 <이지 라이더>에서처럼 기성세대들이 청년 세대에게 총까지 빼드는 것은 욕망 자체가 자본주의적 공리계나 국가권력, 기존 제도들에 문제를 제기하는 강력한 흐름으로 돌변할 가능성 때문이다. "욕망을 억제하는 이유는 아무리 작은 욕망이라도 일단 욕망이 생기면 사회의 기존 질서가 의문시되기 때문이다. 자본주의는 늘 욕망을 제도 안에서 해결할 수 있는 욕구로 폄하하면서 그것을 코드 안에 가두려하지만, 욕망은 체제가 그어놓은 경계를 흘러넘치기만 호시탐탐 노린다."[32]

들뢰즈/가타리의 이러한 욕망관에는 68혁명의 경험이 녹아있다. 68혁명은 과거 사회주의적 혁명과 다른 방식으로 낡은 규범과 제도에 의해 코드화된 영역을 넘어서는 새로운 차원의 운동 가능성을 보여주었

---

[31] 들뢰즈/가타리:『앙띠 오이디푸스』, 최명관 옮김, 민음사, 1994, 513쪽.
[32] 같은 책, 179쪽.

다. 뚜렷한 정체성을 부여하기가 곤란할 정도로 분열적이고 다양한 욕망들이 표출되었으며 기존의 조직 형태들과 다른 특이한 소수자 운동들이 전개되었다. 당시 소수자들은 자본주의적 코드와 영토로부터 탈주하기 위해 분열적 욕망의 수준에서 움직였다. 이들은 욕망과 쾌락, 직접성, 상상력, 자율성 등의 새로운 삶의 척도를 직접 행동의 기준으로 삼았다. 기존의 사회주의 정당들이 감당할 수 없는 수준의 요구들이 분출하고 프롤레타리아트로 엮일 수 없는 새로운 저항 주체들이 저항의 전면에 나섰다. 들뢰즈/가타리는 당시의 경험을 반영하여 소수자의 욕망을 자본주의적 배치 '안에서' 특이한 삶의 지대들을 창안할 수 있는 힘(역능)으로 정의한다. 알다시피 소수자는 자본주의적 예속 장치들에 의해 '예속집단'이 되기를 강요받는다. 68혁명 역시 결국에는 시들해지고 70년대에는 보수적 반동이 득세하는 '인동忍冬의 시대'를 맞이한다. 지금의 신자유주의는 바로 68혁명의 좌절 이후 본격적으로 시작된 흐름이라고 할 수 있다. 그럼에도 불구하고 소수자의 욕망은 스스로를 '주체집단'으로 변신할 수 있는 보여준 것으로 평가된다. 소수자는 자본주의적 물신주의를 정지시키고 예속에 대한 욕망을 변경할 수 있는 끊임없는 흐름에 관여하는 주체이다. 들뢰즈/가타리는 새로운 주체성으로서 소수자를 중심으로 새로운 '정치'를 구상한다.

4. '소수자-되기'의 정치학

들뢰즈/가타리는 마르크스와 달리 자본주의 이후에 대한 구체적 사회적 비전을 제시하지 않는다. 하지만 그들은 새로 창안한 개념들을 통해 그들만의 정치철학을 개발한다. '탈영토화의 정치학', '노마디즘의 정치학' '소수정치학', '차이의 정치학', '잠재성의 정치학', '욕망의 정치학', '삶의 정치학' 등의 수사적 표현들은 그들의 작업이 내장한 정치적 실천의 가능성을 간접적으로 입증해준다. 특히 '소수자 정치학'은 기존의 변혁 주체들과 다른 주체를 발굴함으로써 자본주의를 넘어서고자 하는 이들의 지향점을 분명하게 보여준다. 들뢰즈/가타리는 우선 "민중은 결여되어 있다"33는 전제에서 출발한다. 이들은 '민중은 이미 거기에 있다'는 전제에서 출발했던 과거의 운동들을 거부한다. 왜냐하면 과거의 운동들이 상상한 민중은 '민족/인종'이라는 '다수적 표상'에 포획되어 있다고 보기 때문이다. 이를테면 '민족'은 여전히 가장 강력한 포획의 무기로 기능하고 있다. 신자유주의적으로 통합된 세계 자본주의 속에서 추방당하고 있는 수많은 대중들도 '민족' 앞에서는 무기력하다. 월드컵이라는 상업적인 이벤트에 비판적 거리를 둘 수 있는 사람이 몇이나 될까? 민족은 진보적이라고 자처하는 사람들마저도 숙연하게 만든다. '민족-국가'는 여전히 자본주의가 생산하는 수많은 탈주선을 봉쇄하는 '주인-기표'이고 '다수적 척도'를 뒷받침하는 옹성甕城이다. <반두비>, <잠수왕 무함마드> 등의 영화가 말해주듯, 이는 이주노동자들에 대한 우리의 태도에서도 확인된다. 국가/민족의 위기 앞에 수많은 권리 투쟁은 위축된다. IMF 이후 노동자들은 나라 살리기에 적극 협조했고 노동 유연화로 인한 비정규직의 폭증을 선물로 받았다. 대신 '민중은 결여되어 있다'는 들뢰즈/가타리의 명제는 민중을 단일화하거나 실체화하지 말 것을 요구한다. 자본주의의 견고한 공리계 안에서 대중들이 처해있는 모순적 상황을 직시하고 끊임없이 스스로를 '소수자'로 벼리는 주체성의 창안에 힘쓸 것을 주문하고 있는 셈이다.

이러한 상황에서 들뢰즈/가타리는 '도래할 민중'을 이야기한다.34 여기서 '민중'은 다수적 척도와 동일성에 '몰적'으로 포획된 대중이 아니라 그로부터 끊임없는 '탈주'를 시도하는 '분자적 대중' 혹은 '무리'이다. 자본과 국가는 끊임없이 대중들을 삶의 변경으로 내모는 '양극화'의 경영을 하고 있지만, 그렇다고 '도래할 민중'이 자동적으로 구성되는 것은 아니다. 단순히 수동적으로 억압을 당하는 '피억압 계급'은

---

33 G. Deleuze/.F. Guattari: Tausend Plateaus: Kapitalismus und Schizoph-renie II, Berlin 1992, 46쪽.
34 같은 책, 47쪽.

민중이 아니기 때문이다. 중요한 것은 "확실히 방언 같은 소수어를 사용하거나 게토나 지역주의를 만든다고 해서 우리가 혁명적으로 되는 것은 아니다. 오히려 수많은 소수적 요소들을 이용하고 연결 접속시키고 결합함으로써 우리는 자율적이고 돌발적인 특수한 생성을 발명하게 된다. 민중의 발명이란 무엇인가? 그것은 소수적인 것들의 연합과 접속의 과정 혹은 구성의 과정이다."35 다수적 척도를 따르면서 자기들만의 '게토'를 만드는 것은 한계가 있다. '남성'과 동일한 권리를 요구하는 여성운동, 비정규직을 외면하는 정규직 노동조합의 임금인상투쟁, 용역 노동자들의 처지를 외면하면서 자신의 복지 개선을 요구하는 학생회 등은 폐쇄적 게토를 만들 수는 있겠지만 사태의 본질적 개선에는 별 도움이 되지 않는다.

민중의 발명에는 다른 이들과의 '연결접속'이 반드시 요구된다. 중심에서 끊임없이 주변을 만드는 자본과 국가에 맞서기 위해서는 소수자들 사이의 개방적 연대가 필요한 것이다. 미완의 저항으로 끝났고 거기에 가담한 사람들이 정말 '소수자'였는지 이견이 있을 수 있지만, 지난 촛불집회는 새로운 실천의 가능성들을 보여주었다. 어느 정치 조직의 지도 없이 서로의 차이를 존중하면서도 신자유주의 국가권력에 대한 문제제기라는 '일관성의 구도'를 형성하며 서로를 연결할 수 있었다는 점에서 말이다.

들뢰즈/가타리는 우리에게 '상호-되기'('이중생성')를 요구한다. '상호-되기'는 현실을 바꾸고자 할 때 거기에 동조하는 세력과 접속하고 스스로 개혁의 '매개자'가 되는 것에서 출발한다. 여기서 '매개자'는 다른 참여자들을 지도나 의식화의 대상으로 삼지 않는다. 자기(집단)와 다른 이(집단)가 만나서 서로를 동시에 변화시켜나가는 가운데, 자기와 타자 사이에서 새로운 삶의 방향을 구성해나가는 것이 '상호-되기'이다. '시장사회'이든 '기업사회'이든 자본주의적 공리계의 공리 혹은 다

---

35 G. Deleuze/ F. Guattari: Kafka: Toward a Minor Literature, Trans. Dana Polan. Minneapolis 1986, 47쪽.

수성의 표준으로부터 벗어나는 새로운 삶의 지대는 나만의 아이디어에서 나올 수 없다. 다양한 소수자들이 각각의 다양한 아이디어를 제출하면 그것들 사이에서 '공통적인 것the common'을 찾아내고 실천해야 하는 것이다. 물론 이 과정에서 얻어진 결과들은 잠정적인 것일 뿐 영구적으로 바꿔나가야 한다. 들뢰즈/가타리가 주장하는 '탈주'는 현실을 바꾸겠다는 나와 타자의 동시적인 '다르게-되기'에서 시작된다. 무기력증이나 냉소주의는 부당한 현실의 강화나 재생산에 도움이 될 뿐임을 자각하고 '여기 지금'의 '나'나 '너'와 달라지려는 끊임없는 노력이 필요한 것이다. 하지만 '되기'를 위해서는 '내공' 혹은 '역능'이 필요하다. 우리 모두에게는 취업이나 성공에 필요한 그 이상의 잠재성이 내장되어 있다. 다만 다수자의 '척도'에 맞춰 사느라 자신의 잠재력에 무심할 뿐이다. 그러나 지금과 다른 나, 혹은 다른 세상을 꿈꾸는 사람이라면 '세상의 기준'과 다른 삶의 기준을 고민하고 그에 따른 내공을 쌓아갈 필요가 있다.

물론 '되기becoming' 혹은 '생성'의 궁극적 목표는 자기 개인의 '도망'이 아니다. 들뢰즈/가다리의 탈주는 '지금 여기'로부터 벗어나서 혼자만 안빈낙도安貧樂道하는 것이 아니다. 그것은 '세상'을 탈주시키는 것이어야 한다. 그래서 들뢰즈/가타리는 자기가 '정주'하고 있는 바로 그 곳에서 탈주를 감행하라고 말한다. 자기가 속한 학교, 회사, 공동체 '바깥에서'가 아니라 '안에서' 다수적 가치의 '외부'를 실천하는 일이야 말로 탈주인 것이다. 이를테면 아파트에서 인문학 공부 모임을 만들고 그렇게 해서 얻은 지식을 사회적으로 실천하는 주부들, 인문학 커뮤니티를 구성하여 세상에 자기 목소리를 내는 중고등학생들, 파업 중인 용역 노동자들과 이런 저런 연대를 실천하는 크고 작은 집단들 등은 사소하게 보일지는 몰라도 이미 '탈주'를 시작하고 있는 지도 모른다. 세상을 탈주시키고 자본주의적 공리계 안의 다수적 가치를 무력화하는 일은 '사소한 것'에서 시작되는지도 모른다. 물론 '다르게 되기'를 실천하는 여러 무리들의 '연결 접속'과 '이중 생성'이 가능하다면 말이다. 최근 튀니지나 이집트에서의 민주화 시위나 프랑스 등지의 학생들이 거리로 나선 일 등은 바로 '사소한 것'이 '사건'으로 변화될 수 있음을 입증하고 있는지도 모를 일이다.

'좀비'임을 거부하고 '다른 존재들'로 끊임없이 성장해가는 것이 '소수자'이다. 작은 떡고물에 만족하면서 지금의 삶이라도 지켜내고자 노력하는 다수자는 '정착'의 공리계 안에 작동하는 기계의 일부이며 좀비일 뿐이다. 우리 모두가 '좀비'의 삶에 만족한다면 현실의 변화는 없다. 다수성을 거부하는 소수자만이 다수성의 표준 즉 공리계를 거부한다. 소수자는 유목민처럼 자신의 자리를 지키며 어떠한 문제도 피하지 않는 적극적인 삶을 영위한다. 그 점에서 그들의 탈주는 '도주'가 아니다. 소수자는 무한한 소수자-되기(여성-되기, 동물-되기, 프롤레타리아-되기, 장애인-되기, 어린이-되기, 흑인-되기… 만인-되기)를 통해 생성의 공간을 창출하고 '구성의 구도'를 연출한다. 이러한 소수자-되기의 전략은 파시즘이 분출하여 죽음의 선으로 치닫는 것을 막아주는 역할을 하면서도 정착의 공리계를 변화시키는 계기를 마련할 수 있다. 물론 소수자-되기는 자본주의의 강력한 포획 장치로 인해 다수자로 변질될 위험에 늘 노출되어 있다. 소수자-되기가 공리계에 정착하여 다수자가 되는 한 생성의 공간 창출은 물론 자본주의를 넘어서는 것 역시 불가능하다. 그래서 끊임없이 긴장의 끈을 놓지 말고 지금으로부터 '다르게 되기'를 감행해야 하는 것이다.

들뢰즈/가타리는 "우리의 시대는 소수자의 시대가 되고 있다"고 주장한다. 오늘날의 1인1표제 선거를 통한 세상의 변화를 생각해 볼 수 있을 것이다. 대의 민주제 역시 어떤 점에서는 '압제'와 '마법'을 통해 다수적 가치를 지켜내려고 안간힘을 쓰고 있는 국가 권력을 견제하는 수단이 될 수도 있다. 그것은 경우에 따라 자본의 논리를 견제하는 수단이 될 수 있는 것이다. 하지만 지금까지의 한국 정치가 말해주듯 한계가 분명하다. 민주정부의 등장으로 민주화의 중요한 성취들이 있었지만, 어느 순간 그 마저도 과거로 퇴행하는 일이 빚어질 수 있기 때문이다. 기업권력과 정치권력은 기득권을 지키기 위해 '합법적'인 수단은 물론 불법도 마다하지 않는다. 그리고 '제도' 속의 정치 게임에는 우리의 욕구와 욕망이 들어설 자리가 없다. 따라서 기득권 세력과 다른 삶의 가치들을 실현하기 위해서는 우리 스스로의 직접적인 참여가 요구된다. 그들의 '정치'('치안')가 아닌 우리의 '정치' 공간을 만들어가는 과정은 새로운 의미의 '정치'를 도입하는 일이요 '소수자'적 삶의 실천이기도 하다. 소수자는 생성 혹은 되기에 열려 있는 주체들이다. 소수자의 능력은 접속과 생성, 혼성의 능력이면서 예측하지 못했던 새로운 선을 생성하는 능력에 의해 가늠된다. 지난 촛불 시위는 우리가 참조할만한 소수자적 실천의 요소들을 보여주거니와, 문제는 우리의 직접 행동과 우리의 '정치'를 구성하는 것이다.

그렇다고 들뢰즈/가타리는 지금 당장 혁명을 일으키자고 선동하지 않는다. 그랬으면 좋겠지만 현실적으로 그것은 가능하지 않다. 그래서 이들은 '공리적 수준'에서 벌어지는 소수자들의 모든 투쟁이 '결정적'이라고 말한다. "공리 수준의 투쟁을 향해 무관심한 자세를 취하는 것은 잘못이다. […] 자본주의 공리계의 부단한 재조정, 즉 추가(새로운 공리들을 언표하는 것)와 제거(배타적 공리들을 창조하는 것)는 그저 기술-관료들에게 일임해서는 안 될 투쟁의 대상이다. 사실 모든 면에서 노동자의 투쟁들은 파생적 명제들을 내포하는 자본주의 기업들의 틀을 넘어선다."36 공리적 수준의 작은 실천들은 보다 큰 탈주의 씨앗들을 늘 내장하고 있기 때문이다. "사람들이 자신들의 문제를 스스로 정식화하겠다고 요구할 때, 아무리 요구가 온건하더라도, 그것은 공리계가 더 이상 수용할 수 없는 하나의 점을 보여준다."37

보수이든 진보이든 자본주의의 야만성에 대해서는 많은 사람들이 지적해온 바 있다. 초기부터 지금까지 자본의 축적은 온갖 착취와 편법, 배제와 학살을 수반했기 때문이다. 그리고 이러한 '압제적 포획'의

---

36 G. Deleuze/F. Guattari: Tausend Plateaus: Kapitalismus und Schizophr-enie II, Berlin 1992. 683쪽.
37 같은 책, 651쪽.

과정은 모습을 달리 하며 계속되고 있다. 들뢰즈/가타리도 이러한 사실을 강조한다. 그러나 이들의 강조점은 마법적 포획의 '자가 동력적'인 작동 메커니즘에 맞추어져 있다. 이들은 유럽의 합리주의가 만들어낸 시장의 논리를 넘어서는 삶과 사유의 지대가 가능하다고 단정 짓지는 않는다. 다만 그것을 향한 노력만이 "유일한 사건은 시장이고, 유일한 개념은 팔릴 수 있는 상품들"로 나타나는 자본주의의 현실에서, "사유에 있어서 절대적 참상이 아닐 수 없는 그런 파국의 시대"38를 이겨낼 수 있는 잠재적 동력을 확보할 수 있음을 역설할 뿐이다. 경제적 효율성에 봉사하고 '성장'이라는 최고 목표를 향해가는 것만을 허용하는 '차가운' 시장이 아니라 '연대의 경제'에 기초한 새로운 시장의 모습을 구성하려는 노력들은 우리에게 많은 것을 시사한다. 이는 모든 것을 경제적 가치에 따라 평가하고, 효용성과 생산성에 따라 우열을 나누는 자본 중심 사회의 전체주의적 특성들을 극복하려는 노력이기도 하다. 결국 들뢰즈/가타리가 말하는 '소수자'는 인간이 근본적으로 가지고 있는 다원적 모습을 붕괴시키고 인간적 삶을 파괴하는 자본의 흐름을 다양성과 '함께함'의 흐름('코뮤니즘')으로 역전시키려는 주체들이다.

'소수자'는 이러한 삶을 창안하기 위한 주체들이지만 가시적인 고정적 존재는 아니다. 마르크스는 그들을 프롤레타리아라 불렀다. 어쩌면 변혁 운동의 불행은 그들을 부단히 생성해 나가는 주체가 아니라 고정된 실체로 이해한 데 있었는지도 모른다. 마르크스에게 프롤레타리아는 막 성장하는 계급이었으며 그 실체가 분명하지 않았음에도 불구하고 말이다. 알트파터는 이들을 '목소리'로 부르며 막 성장하고 있는 '잠재적' 주체로 이해한다.39 들뢰즈/가타리의 말대로 민중은 아직 도래하지 않은 '부재자'이다. 그리고 '지금 여기'에서 소박하나마 자신과 세상의 변신을 시도하는 당신들이 프롤레타리아이고 소수자이다. 그 이름을 계속 간직할 수 있느냐 마느냐는 우리에게 달려 있다. 이를

---

38 M. Ott: Gilles Deleuze. Zur Einführung, Hamburg, 2005, 271쪽 재인용.
39 엘마 알트파터:『자본주의의 종말』, 염정용 옮김, 2008, 213-218쪽 참조.

위해 우선 신자유주의적 주체를 양산하는 '자기계발'의 담론과 기술이 우리 삶의 유일한 방향인지 따져보자. 혹 우리가 국가나 기업의 명령을 충실히 수행하는 것만 아니라 능동적으로 자신의 화폐 가치를 극대화하고 유휴 자금을 불리기 위해 노력함으로써 초국적 자본의 원활한 증식에 기여하고 있지는 않은지 되돌아보자. '소수자'의 길은 '자기계발'과 같은 우리 일상의 담론이나 기술을 바꾸는 데서 시작되어야 한다. 국가는 행복해지기 위해 '일등'이 되라고 떠들지만, 과연 행복의 가치가 거기에만 있는 것일까 하는 고민에서 우리는 '소수자 되기'를 시작할 수 있다. '일등'만 기억하고 나머지는 필요 없다는 생각은 공동체의 기반 자체를 허무는 독약이 될 수 있기에 하는 말이다. 행복해지기 위해 진정한 자기계발, 즉 내공을 쌓는 것, 그리고 '다수자'를 향한 무한경쟁보다는 협동과 협력의 공동체를 일구어 가려는 작은 노력들과 실험들이 절실한 때이다. 물론 좋은 지도자가 새로운 삶의 유리한 조건들을 예비할 수 있을 것이다. 특히 '노블레스 오블리주'를 떠들면서도 무상급식이라든지 복지를 비판하는 인사들이 기득권을 쥐고 있는 우리의 경우라면 말이다. 하지만 훌륭한 지도자의 좋은 프로그램만으로는 한계가 있다. 우리 모두 자기 삶의 지도자가 되어 우리가 처한 상황을 능동적으로 짚어 보고 나름의 계획을 입안해가며 실천할 때 다른 세상은 조금씩 그 모습을 내보인다. 이는 엘리트들의 정치가 아닌 우리의 정치, 즉 소수자 정치의 시작이다. 소수자의 직접민주주의는 구원자를 기다리는 수동적인 존재로 머무는 것이 아닌 스스로 구원자가 되는 경험임을 기억하자.

사건의 유물론과 소수적 탈주의 미시정치학
—들뢰즈/가타리의 정치윤리학—

1. 신 자유주의 시대의 비판이론

세계 도처에서 신자유주의적 금융 위기의 징후들이 끊이질 않더니 급기야 신자유주의의 맹주 노릇을 하던 미국서부터 일련의 초대형 금융폭발 소식이 들려온다. 이제 부동산과 채권 시장을 기반으로 자본주의의 비약적 성장을 꿈꾸던 금융 자본가들의 꿈은 거품처럼 꺼지고 만 것처럼 보인다. 신자유주의적 경제 시스템의 종말은 기정사실화(?)된 듯하다. 국내외에서 신자유주의에 대한 대안으로 제시되는 케인즈 경제학에 대한 큰 관심은 그러한 사태의 반영일 것이다. 그러나 지금의 자본주의적 위기에 대한 진단과 처방은 대체로 자본주의의 '영토'와 '코드'를 크게 해치지 않는 범주 안에 머물고 있는 실정이다. 물론 미국 발 금융위기가 미국의 세계적 지위를 급전직하急轉直下의 지경으로 몰고 가지는 않을 것이다. 미국은 여전히 자신의 경제적 부담을 세계 각 지역으로 배분할 수 있는 '힘' 혹은 '권력'을 지니고 있기 때문이다. 그런 만큼 지금의 '위기'에 대해 마냥 '절호의 기회'를 상상할 수 없는 것이 현실인 것이다.

오히려 지금까지 신자유주의적 세계화와 그것을 선도한 초국적 기업이 고착화시킨 구조적 '재앙'은 양극화의 혜택에서 비켜선 사람들의 삶을 더욱 어둡게 할 것이다. 62억 세계 인구가 충분히 먹고 살 수 있는 식량 생산에도 불구하고 전체 사망자의 58%가 기아 사망자라는 사실, 500대 초국적 기업에서 축적한 부가 세계 133개국의 부를 모두 합친 것보다 크다는 사실 등은 어쩌면 미국으로부터 시작된 '선진' 자본주의 국가들의 경제위기보다 전 세계적 양극화와 종속심화 현상이 더 절박한 문제일 수 있다는 심증을 강화한다.40 지금의 전지구적 위기를 해결하려는 메이저 국가들의 행태 속에서 확인할 수 있는 민중 착취와 배제의 메커니즘 강화는 '포스트모던' 시대를 통과하고 있는 우리에게도 '다른 삶'을 위한 사유와 실천의 출발점이 어디여야 하는가를 고민하게 만든다.

국내의 상황은 더욱 참담하다. 신자유주의 노선의 '부분적' 수정을 피력한 오바마 정부 등의 국제적인 노력에도 불구하고, '잃어버린 10년'의 작은 성과들마저 과거로 되돌리려는 이명박 정부의 눈물겨운 노력은 우리의 삶을 더욱 황폐하게 만들 위험을 안고 있다. 신자유주의적 정책의 강화, 친자본적 정책으로의 급선회, 언론과 교육 분야 등에 대한 유사-파시즘적 개입은 국제적인 양극화의 현상이 국내에서 더욱 확대·재생산될 것임을 예고하고 있다. 쇠고기 파동, FTA 비준 문제, 방송 언론법의 '개악' 시도, 용산 참사, '신용불량 1000만, 비정규직 1000만' 시대 돌입 등은 지금의 전 세계적 자본주의의 위기와 맞물려 '엇박자' 친재벌 정책을 '개발'(?)해온 현 정부의 실체를 여과 없이 보여준 사례들이다.

더욱 암담한 것은 이윤 극대화의 맹목적인 원칙에 의해 움직이는 자본주의 사회에 너무 잘 적응이 된 나머지 이러한 흐름에 제동을 걸기 위한 구체적 시도들이 거의 전멸하고 있다는 사실이다. 자본주의적 탐욕이 전 세계를 무대로 삼킬 수 있는 것을 모조리 삼킬 수 있도록 허용된 시대가 신자유주의적 본질임에도 불구하고 온전한 제동장치마저 마련하지 못하고 있는 지금의 상황을 '개 같은 시절Hundesjahre'이라고 한탄만 하고 있을 처지는 아니다. 자본주의의 '너머' 혹은 '바깥'을 꿈꾸는 비판 세력이 보이고 있는 지금의 피로감과 무력감은 억압적

---

40 물론 이들은 별개의 문제가 아니다. 이윤의 극대화를 향한 초국적 자본과 금융 자본의 결탁은 이번 위기를 통해서 여실히 드러나고 있기 때문이다. '유엔 식량계획'에서 활동 중인 장 지글러 교수의 『탐욕의 시대』(양영란 옮김, 갈라파고스)는 초국적 기업의 이러한 행태를 생생하게 고발하고 있다.

국가장치RSA와 이데올로기적 국가장치ISA를 총동원하여 총체적인 자본주도의 지배력을 관철시키려는 기득권 세력의 노림수를 지나쳐 버리는 오류를 범할 수도 있다. 따라서 이 땅의 다양한 비판이론들은 신자유주의 혹은 자유민주주의(반공주의)의 무한한 탐욕에 맞설 정교한 제동장치의 마련에 힘을 모아야 할 시점에 와있다고 할 수 있다.

페리 앤더슨Perry Anderson의 말에 따르면, 신자유주의는 "종교개혁 이후 최초로 서구 사상계 내에서 의미심장한 반대파를 갖지 않은"[41] 이데올로기이다. 지금의 상황을 돌파할 대안적 비판·실천 담론을 구상하는 일이 쉽지 않을 것임을 시사해주는 대목이다. 그만큼 신자유주의는 국가권력이나 대중들의 일상뿐만 아니라 우리의 지식계까지 잠식해 들어온 상황인 것이다. 또한 이는 지금의 지배 전략들이 단순해보일지라도 그 이면에는 다양한 적대들이 복잡하게 얽혀 있음을 암시하기도 한다. 계급적대의 뚜렷한 외연 안에서 활발하게 움직이고 있는 미시적 지배 전략들을 '동시에' 고려하는 지혜를 지금의 상황은 요구하고 있는 셈이다. 따라서 마르크스의 공백을 주장하면서 그 빈틈을 메우려했던 다양한 '포스트주의'의 시도를 정치적 동요의 흔적으로 비판하는 것은 '미래의 마르크스주의'를 구성하려는 시도들에 반갑지 않은 현상이다. 이미 들뢰즈/가타리는 '책Book'에 각인된 재영토화와 성스러운 기원의 흔적을 비판하면서 마르크스를 '성스러운 책The Holy Book'으로 재영토화하는 것을 경계해야 한다고 역설한 바 있다.[42] 반면 마르크스주의와 그 외부 담론들의 다양한 접속Konnexion을 통해 상호 변이의 '기적'을 일으키고 새로운 사유와 삶의 지대를 모색할 수 있다면, 이는 마르크스주의자에게도 행복한 일일 것이다.

이 글은 '포스트주의들'의 열기가 상대적으로 식었음에도 불구하고

---

41 P. Anderson: Renewals, in: New Left Review no. 1, 2000, 17쪽.『뉴레프트리뷰』, 도서출판 길, 2009, 13쪽 재인용.
42 G. Deleuze/F. Guattari: A Thousand Plateaus: Capitalism and Schizophrenia, Trans. B. Massumi, Minneapolis 1987, 127쪽 참조.

여전히 그 위력을 발휘하고 있는 들뢰즈/가타리의 몇몇 주요 개념을 통해 이 시대 좌파에게 요구되는 윤리 혹은 정치학을 재구성해보려는 시도이다. '수유+너머'나 '철학아카데미', '다중지성의 정원' 등의 그룹에서는 들뢰즈/가타리 이론의 정치적 함의를 확인하고 그것을 우리 현실에 접목시키려는 의미 있는 시도를 해왔다. 그럼에도 국문학이나 영미 문학을 중심으로 그들의 이론을 문학작품 분석을 위한 순수이론으로 탈정치화하려는 시도들이 이어지고 있다. 물론 들뢰즈/가타리는 자신들의 정치적 비전을 설명하기 위해 주로 문학작품을 전거로 삼았고, 이는 여타 문학비평을 위한 날카로운 비평의 무기를 제공하기도 했다. 그러나 문학비평의 영역에서도 들뢰즈/가타리의 문제설정은 늘 삶과 정치, 변혁 주체의 문제 등과 연관되어 있었다. 따라서 그들의 논의를 제도학문의 영토로 재영토화하려는 시도들은 어떤 점에서는 부정적 '배반'의 행위일 수 있다. 물론 '디지털 노마드'니 '호모 노마드', '유목적 기업' 등의 신조어처럼 이들의 혁신적 개념들을 초국적 자본에 포획시켜버리는 시도들만큼 덜 저열할 수도 있겠지만 말이다.[43] 문제는 노마드나 노마디즘 같은 개념만으로 들뢰즈/가타리의 논의를 단순화하고 왜곡하기보다 다른 연관 개념들과의 관계 속에서 그것들의 실천적·현재적 의미를 가늠해 보는 자세가 중요할 것이다.

---

[43] 『한겨레신문』에서 마련한 '우리시대의 지식논쟁'은 국내 들뢰즈/가타리 이론의 수용 경향을 단적으로 보여준 시도였다. '노마디즘'이라는 개념으로 진행된 이 지상논쟁은 들뢰즈/가타리 이론의 현재성actuality을 진단할 수 있는 자리였다는 가능성에도 불구하고, 오히려 또 다른 이론적 편향 내지 과도한 단순화를 낳을 수 있다는 우려를 자아내기에 충분했다. 물론 지면의 한계도 작용했겠지만, 들뢰즈/가타리의 논의에는 존재론과 기호이론, 거시정치와 미시정치 등의 별자리들이 역동적으로 움직이고 있음을 확인시켜주는 자리였으면 더욱 좋았을 것이다. 「노마디즘 어떻게 볼 것인가」 시리즈, 『한겨레신문』, 2007년 12월 28일-2008년 1월 25일자 참조.

2. 생성과 배치: 사건의 유물론

우리는 흔히 들뢰즈(와 가타리)를 포스트모더니스트 혹은 포스트구조주의자로 명명한다. 그도 그럴 것이 그(들)는 일관되게 총체성과 동일성의 사유를 비판하고 근대적 주체와 의미, 체제의 폭력성을 사유의 대상으로 삼았기 때문이다. 그러나 들뢰즈/가타리를 포스트주의적 '해체론자'로 분류해버리는 것은 성급한 판단일 것이다. 왜냐하면 들뢰즈/가타리는 선형적이고 자기 폐쇄적인 수목적 체계 혹은 편집증적 체계를 비판하지 '리좀적인' 열린 체계마저 버리지는 않기 때문이다. 현실에서 빚어지는 수많은 운동과 변화들에는 분명 어떤 일관된 방향성이 내장되어 있다. 그리고 사물과 인간 상호 관계들에서도 우리는 모종의 법칙성을 발견할 수 있다. 총체성 개념을 모조리 포기할 수 없는 이유가 거기에 있다. 하지만 현실에는 또한 역사적 필연이나 법칙으로 설명될 수 없는, 총체성의 원환을 비켜나려는 수많은 운동들 역시 존재한다. 아도르노나 벤야민 역시 '성좌Konstellation' 개념을 통해 이러한 복잡한 사태를 포착하려 한 바 있다. 들뢰즈/가타리는 '생성'과 '배치' 개념을 통해 동일성 혹은 총체성 사유를 경고하는 데 멈추지 않고 '별자리'와 같은 또 다른 체계의 구성가능성과 그 체계 내부에서의 부단한 탈주 가능성을 모색한다.

들뢰즈/가타리에게 철학의 임무는 사물과 존재들에서 어떤 사건Ereignis을 추출하는 것이다. 그들이 보기에 사건이야말로 진정한 실체이다.[44] 물론 여기서 '실체'는 초월철학의 일자das Eins, the One, 一者, 즉 사물의 본질이나 기원이 아니다. 들뢰즈/가타리에게 우리가 사는 세계는 어떤 중심도 없으면서 수많은 이질적 관계들이 생성되어가는 장場이기 때문이다. 그들이 말하는 사건 개념은 '존재Sein, being'가 아

---

44 I. Zechner: Deleuze. Der Gesang des Werdens, München 2003, 31-32쪽 참조.

니라 '생성/되기Werden, becoming'와 관련이 있다. "나는 모든 저술들을 통해 사건들의 본성을 찾고자 했다. 사건은 철학적 개념, 즉 동사 '존재하다'와 속성을 퇴출시킬 수 있는 유일한 개념"이라는 주장처럼 사건 개념은 전통적 존재론에 대한 명시적 비판을 담고 있다. 들뢰즈는 가타리와의 만남 이전에도 '차이-생성'의 운동을 간과해 온 서양 주류 철학에 비판을 가해왔거니와, 『천의 고원』의 주요 개념들은 사물들 '사이에서' 끊임없이 일어나고 벌어지는 변이의 향연들과 과정들에 주목할 것을 주문한다. "카오스모스, '그리고'를 세우는 것, 삶의 역동적 흐름을 따라가면서 '그리고'를 세우고 변형시키고 해체하는 것, 고착화된 차이들에 생성을 도입하는 것"45이 들뢰즈/가타리의 출발점인 셈이다.

들뢰즈/가타리가 보기에 "초월성은 유럽에 고유한 질병이다."46 모든 것을 본질과 근거로 환원해버리는 초월성 대신에, '내재성의 장'이라는 관념론 '외부'의 개념을 도입함으로써 들뢰즈/가타리는 철학사의 문제 구성방식을 변환하고자 한다. '내재성' 개념은 본질이나 근거와 관련된 '무엇'을 찾고자 하는 본실본적 질문이 아니라, 현실의 현상이나 운동을 산출하는 힘들과 이 힘들 간의 내재적 관계(배치)에 주목하고자 하는 문제 설정을 담고 있다.47 결국 이는 '힘과 관계'를 사유에 도입하는 것이고, 이로써 "실재적인 힘과 운동을 보려고 하는 유물론적 질문"48의 가능성이 생긴다. 들뢰즈에 따르면 만물은 내재성의 장 안에서 끊임없이 관계(배치)를 바꿔가며 변화해가는 '강밀도Intensität, intensity'

---

45 이정우: 『천하나의 고원』, 돌베개, 2009, 10-11쪽.
46 G. Deleuze/ F. Guattari: Tausend Plateaus: Kapitalismus und Schizophrenie II, Berlin, 1992, 18쪽.(이하에서는 TP로 표기하고 쪽수를 적어둔다).
47 여기서 생성을 가능하게 하는 이 힘들과 힘들의 배치가 중요한 것이지 어떤 개체나 인칭적인 주체가 문제인 것은 아니다. 들뢰즈/가타리에게는 지금 실재적인 운동을 가능케 하는 '비(非)인칭적', '전(前)개체적'인 힘이 중요한 것이다. 사건에 대한 사유는 의식이나 인간 주체로 환원되지 않는 비인칭적인 장인 내재성의 장에 주목하고자 한다.
48 M. 하트: 『들뢰즈 사상의 진화』, 김상운 외 옮김, 갈무리 2004, 31쪽.

의 연속체다. '생성'이란 바로 이러한 배치와 고유한 역능을 통해 긍정적 차이와 새로운 삶을 창안해 나가는 것이다. "이질적인 것들이 만나 빚어내는 새로운 생성의 선", "의미화와 주체화의 강고한 벽과 블랙홀을 벗어나는 탈지층화의 선"[49] 등 『천의 고원』에서 그려지는 고유한 방향들은 '사건'으로서의 '생성' 개념을 향하고 있다.

들뢰즈는 평생 '다양체Mannigfaltigkeit, multiplicity'를 자기 철학의 핵심으로 삼아왔는데, 『천의 고원』에서는 배치 개념이 이를 구체화하고 있다. 생성을 위한 역능Potentia[50]과 배치Gefüge에 기반한 '사건의 유물론' 역시 동일자의 운동에 포획되지 않는 '다양체'를 강조하고자 한다. 동일성으로 환원되지 않는 차이 그 자체, 이질적인 항들 '사이에서' 생성하는 운동의 구조론적 기초가 바로 '배치'이다. 들뢰즈/가타리의 논의에서 모든 사물들은 '기계machine'이다. 그들이 말하는 '기계'는 18세기 기계적 유물론자들이 사용한 기계 개념은 물론이고, 우리가 흔히 사용하는 일상적 기계 개념과도 다르다. 그것은 사물들은 물론이고 모든 개체들을 아우르는 개념으로서 '신체Körper, body'라는 말로도 표현된다. 들뢰즈/가타리에게 '기계'는 "절단의 체계"이며 "그것이 절단하는 연속적인 질료적 흐름과 관계한다."[51] 그것은 힘과 강도의 질료적 흐름이면서 이질적인 것들의 접속을 통해 다양한 우발적 사건들(차이-생성)을 연출한다. 모든 사물들은 배치를 통해 다른 외부의 항들과 접속하여 다른 기계가 된다. 수출품을 나르는 콘테이너-기계가 국가-기

---

49 I. Zechner: 앞의 책, 29쪽.
50 들뢰즈는 존재론적 차원에서 유물론을 재배치함으로써 존재와 사유(속성)의 동등성 혹은 평행론을 도입하고자 한다. 이는 존재에 '힘force/pouvoir'혹은 '역능power/puissance', 강도intensity를 부여함으로써 새로운 가능성을 모색하고자 하는 것이다. M. 하트 등은 이러한 시도를 통해 변증법적 유물론과 다른, 즉 새로운 생성과 이질성의 수용능력, 변이 역능을 키운 마르크스주의의 구성 가능성이 열린다고 평가한다. M. 하트: 앞의 책, 76쪽 참조.
51 G. Deleuze/F. Guattari: Anti-Ödipus: Tausend Plateaus: Kapitalismus -und Schi- zophrenie Ⅰ, Framkfurt/.M. 1974, 35쪽 참조. 이하에서는 AO로 표기하고 쪽수를 적어둔다.

계 혹은 경찰-기계와 접속하여 시위대의 흐름을 절단하고 채취하는 바리케이드-기계가 되는 것처럼 말이다. 우리 스스로도 하루에 얼마나 많은 배치의 선을 그리며 얼마나 많은 사건들을 연출하는가?!

들뢰즈/가타리에게 모든 기계들은 '욕망하는 기계들Wunschma-schinen'이다. 신체는 무리지어 서식하는 무수한 욕망-기계들로 이루어져 있으며 생성의 '역능potentia' 혹은 '잠재성Immanenz'을 내장하고 있다. 욕망은 무언가를 생산하려는 의지Wollen, will이며 실재적이고 물질적인 그리고 사회적인 생산 자체이다. 들뢰즈/가타리는 '결핍'으로서의 욕망이 아니라 '생산'으로써의 욕망을 강조하면서 '기계적 욕망' 개념을 사용한다. 여기서 우리는 '기계적machinic'이라는 말과 '기계론적maschinell, mechanical'이라는 말을 구분해야 한다. 흔히 작용과 반작용의 원리에 따라 작동하는 기계의 운동을 일컫는 것이 '기계론적'인 것이라면, '기계적'이라는 말은 어떤 흐름을 절단하고 접속하는 방식으로 작동하는 것을 의미한다.52 들뢰즈/가타리가 보기에 모든 존재 혹은 기계들은 어떤 하나의 고정적인 동일성이 아니라 그것을 구성하는 발생적 요소들, 즉 생성과 배치를 통해서 이해되어야 한다. 모든 기계들은 순간의 동일성을 흔들어 다음의 동일성들('차이들')로 나아가기 위한 잠재력, 즉 욕망을 함유하고 있다. 『앙티-오이디푸스』에서 욕망은 '결여'나 '결핍'의 기표가 아니라 생산적이고 사회적·정치적인 것이다. 그것은 국가 권력과 화폐라는 동일성의 감옥, 자본주의적 폭력과 감시를 돌파하는 '힘'으로까지 평가되기도 한다. 이 개념에서 우리는 68혁명의 여진을 느낄 수 있다.

그러나 『천의 고원』에서는 '배치'가 중심적 화두이다. 배치는 또한 다양한 '선들lines'에 대한 사유이기도 하다. 들뢰즈/가타리가 보기에 사회구성체는 기계들로 구성되어 있지만, 기계들이 그려내는 선들에 따라 다양한 모습으로 변이된다. 욕망의 다른 이름이기도 한 기계들은 다양

---

52 M. Ott: Gilles Deleuze zur Einfüluung, Hamburg, 2005, 37-41쪽 참조.

한 선들의 접속을 통해 '기계적 배치'를 구성한다. 들뢰즈/가타리에게 '선들'은 사물과 사건의 기계적 배치를 구성하는 존재론적 성분이다. 사물과 사건의 생성-운동은 어떤 고정적인 점으로 환원되는 것이 아니라 수많은 선들의 교차 속에서 의미를 획득한다. 선은 '생성', '탈주선 Fluchtlinie', '전쟁기계Kriegmaschine', '소수자', '매끄러운 공간der glatte Raum' 등의 개념과 만나 긍정적인 의미를 가진다. 반면 '점'은 '국가장치', '선분Segment', '홈 패인 공간der gekerbte Raum' 등의 개념과 만나면서 탈주의 대상이 된다. 물론 이 두 항들은 이분법적으로 대비되는 개념이 아니라, 늘 상호 변이 혹은 변질의 위험에 노출되어 있음을 계속 강조하지만 말이다.

가령 들뢰즈/가타리에게 '선적인 사유'는 사건의 생성적 흐름을 점으로 가로막으며 사물의 '상태'에 주목하는 '점적 사유'와 반대된다. 가령 '앨리스가 커진다'에서 '커진다', '작아진다'는 생성의 사건은 사물의 상이한 두 개의 상태 '사이에서' 벌어진다. 두 점 사이에서, 즉 두 점 사이의 어느 지점에서든 벌어진다. 따라서 사건은 그 두 점을 잇는 '선'으로 표시할 수 있다. '작다', '크다'라는 '고정된' 상태를 지시하는 '점적 사유'로는 이러한 과정과 운동을 파악할 수 없다. 이 사건화의 선을 통해 어떤 하나의 사물(점)은 사건을 구성하는 선의 일부로 들어간다. 선을 통해 연결된 이웃한 점들과의 관계 속에서 그 점은 특정한 의미를 획득하는 것이다. 그러나 선을 단지 두 점을 연결하는 선으로만 본다면 그것은 점에 갇힌 선, 점에서 점으로 이동하기 위한 선으로 전락한다. 이처럼 시점과 종점이 있고, 그것을 연결하는 직선이 그려지면 '흐름'을 고정시키는 하나의 선분이 생겨나고 만다. 생산 활동을 자본주의적인 '노동'으로 포획하는 '시간표-기계'의 선분은 그것의 대표적인 사례이다.[53]

이처럼 선적인 사유는 사물이나 사건을 선들의 구성물로 파악하는

---

53 R. 보그: 『들뢰즈와 문학』, 김승숙 옮김, 동문선, 2003, 45-49쪽 참조.

태도이면서 점이나 요소들로 환원되지 않는 '비대칭적 선'을 그리고자 하는 방식이다. 선적인 사유는 '다선적 체계'로서 점에 묶인 선들을 해방하고 분열시키고자 한다. 이러한 체계에서는 평소 만날 수 없는 것들이 '우발적으로' 마주치면서 '횡단적 생성'이 일어나고 의외의 새로운 결과들이 연출된다. 여기서 각 항 내지 점들은 기원적인 의미나 종국적인 의미를 지니지 않는다. 그것들은 선이 어떤 배치를 타느냐에 따라, 그리고 어떤 선과 만나느냐에 따라 다채로운 '동일성들'과 '의미들'을 획득하기 때문이다.54 선적인 사유를 통해 들뢰즈/가타리는 기원, 목적, 초월적 근거, 제1원인, 법칙적 필연성을 고수해 온 서구 주류철학의 '점적' 사유 모델과 이항적 논리를 비판한다. 들뢰즈/가타리는 난초와 말벌의 '우발적으로' 이루어진 만남('결연 Allianz')을 통해 빚어진 '난초의 말벌-되기'와 '말벌의 난초-되기'를 횡단적 생성의 예로 든다. 이는 난초와 말벌 상호간의 재현이나 모방이 아니라 본성에 반하는 접속과 결연을 통해 의외의 결과들을 내어온 사건이다(TP 15~17).

상이한 방향성을 가진 기계들이 결연을 통해 새로운 흐름의 운동들을 창안하는 비대칭적 탈영토화Deterritorialisierung 운동은 다른 말로 '리좀적rhizomatisch' 운동이라 할 수 있다.55 "하나의 배치는 접속들의 증가

---

54 알튀세르Althusser 말년의 '우발적 마주침'의 유물론 역시 이와 관련하여 이해될 수 있다. 그에 따르면 관념론자는 "기차를 탈 때 출발역과 도착역, 즉 여정의 출발점과 종점을 처음부터 알고 있는 사람"인 반면, 유물론자는 "그가 자신이 어디에 있는지 모른다는 것, 그리고 어디론가 가고 싶어 한다는 것이다. 이 때문에 언제나 그는 미국 서부영화에서 그런 것처럼 달리는 기차를 탄다. 자기가 어디서 와서(기원), 어디로 가는지(목적) 모르면서." L. 알튀세르: 『철학에 대하여』, 서관모/백승욱 옮김, 동문선, 1997, 73쪽.
55 이는 한국 사회의 운동 세력들에게도 시사하는 바가 크다. '진정한 진보'를 표방하면서 다른 목소리를 억압하거나 배제하는 태도로는 지금의 위기 국면을 돌파할 수 없을 것이기 때문이다. 이러한 태도는 정책적 방향의 진보성에도 불구하고 운동의 동력을 해치는 결과를 낳기 마련이다. 한국사회의 변화라는 공감대 속에서 이질적인 흐름들이 '결연'을 통해 지금과 다른 가능성을 모색하는 것이 더 현실적이다. 이러한 연대에서 누가 중심이 되느냐 하는 논의 역시 피로감만 증가시킬 뿐이나. 결연을 맺은 모든 세력들이 서로의 '사이에서' 새로운

에 따라 필연적으로 본성상의 변화를 겪는 한 다양체에서의 바로 이 차원들의 증가이다. 그래서 하나의 구조, 나무, 뿌리에서와는 달리 리좀에서는 점들이나 위치들은 존재하지 않는다. 선들만이 존재할 뿐이다"(TP 15)는 진술은 선적인 사유와 기계적 배치, 생성 등의 개념적 얽힘과 다양체가 맺고 있는 상관성을 말해준다. '리좀'은 복수성을 하나의 통일적 코드에 복속시키거나 중심축을 따라 배열하고 분절하는 수목樹木, Baum적 이항 모델과 다른 상狀이다. 기원이나 목적에 집착하며 초월적 일자에 기대는 수목적 체계와 달리, 통일성이나 위계적 서열 없이 중심이 제거된 체계인 것이다. 또한 리좀은 기계들 사이의 역동적 관계들과 생성하는 관계들, 계속 변화해가는 기계적 배치들의 내재적 장을 사유하기 개념이다. 다양체로서 n의 복수성을 내장한 기계 혹은 신체들에서 초월적 통일성의 요소를 제거(n-1)하고 나면 질적 다양체인 리좀이 성립한다. 이것은 접속되는 점들이나 블록에 따라 제3의 무언가를 생성한다는 점에서 '기계적 배치'나 '다양체의 원리' 혹은 이질성Heterogenität의 원리와 겹치는 개념이기도 하다. 모든 의미와 표현은 항들의 내재적 관계와 접속에 의해 구성된다는 점에서 리좀은 '내재성의 구도'와 연결된다.56 이러한 내재성의 구도에서는 모든 가능성들이 실험될 수 있고 그 과정에서 '일관성의 구도Konsistenzp-ebene, the plane of consistency'57를 형성한다. 반면 어떤 하나의 점이 중심 기표로 자리 잡고 그에 입각해 조직화가 일

동일성을 형성해야 하는 것이다. 물론 이렇게 획득된 동일성 역시 지속적인 변이와 업그레이드의 대상이 되어야 할 것이다.
56 들뢰즈/가타리는 리좀적 '접속'을 A와 B가 만나 제3의 C를 만든다는 점에서 접속사 'AND'를 통해 이를 설명한다. 이는 '존재(IS)'를 생성으로 대체하는 것이다. 여기서 'AND'는 항들 '사이에서in between' 벌어지는 특정한 관계 맺기와 접속임과 동시에, 그 관계의 '외부'를 가능하게 하기도 한다. A와 B가 맺는 관계에서 벗어나는 C라는 전혀 새로운 결과가 연출될 수 있는 것이다. 그런 점에서 AND는 '열외 존재extra-being'이면서 '사이-존재inter-being'이다. 진명석: 「사건의 유물론과 비평의 문제」, 경북대학교 박사논문 2004, 20-21쪽 참조.
57 이정우는 이를 '혼효면'으로 번역한다. 이는 개념상 무한한 차원들로 구성되어갈 수 있는, 원칙상 모든 다양체들로 구성되어 갈 수 있는 면이지만, 초월적으로 '초코드화'하는 '조직의 구도'를 거부한다는 점에서 '평탄한' 면面이다. 이정우: 앞의 책, 65쪽 참조.

어나게 되면 수목형 존재들이 나타나게 된다. 수목적 체계는 '조직화의 구도Organizationsebene, the plane of organization'를 형성하거니와 여기에 서는 초코드화58의 작용이 두드러진다. 이러한 개념들을 통해 들뢰즈/가타리는 욕망하는 기계들이 계속적으로 접속해가면서 계열들을 만들어내고 와해시키고 복잡한 관계들을 통해서 새로운 배치들을 구성하는 '변이 Variation'의 과정에 주목할 것을 주문한다.

하지만 기계들이나 무의식적 욕망이 리좀적 배치에 근거해 운동한다고 해서 그것을 무한 긍정할 수는 없다. 배치는 지층화의 방향으로 갈 수도 있고 '기관 없는 신체organlose Körper, 탈기관체', '일관성의 구도'('혼효면')의 방향으로도 나아갈 수도 있기 때문이다. 원래 지층이란 땅이 일정한 층을 이루면서 분절된 것이다. 그리고 이는 영토와 더불어 우리의 삶에 필수적인 것이기도 하다. 하지만 지층들은 특정한 '코드들'을 통해 우리의 삶을 가두고 포획한다. 이러한 '유감스러운' 상황에서 세상은 기관들의 유기적 조직체로 고정되고, 우리는 늘 그 어디엔가 '자리'를 잡아야 하고 '이름'을 할당받아야 한다. "지층은 포획이다. (…) 지층은 지구 위에 코드화Codierung와 영토화Territorialisierung를 동시에 작동시킨다. 그것들은 코드와 영토성에 의해 동시에 진행된다. 지층은 신의 심판이다. 지층화 일반은 신의 심판 체계 전체다."(TP 51) 지층화의 과정은 코드화와 영토화를 수반한다. 그럼으로써 그것은 각종 신체들을 기관들로 만들어 버린다. 유기화조직화, 기표화Signification, 주체화Subjection는 지층화의 결과들이다. 들뢰즈/가타리의 철학은 바로 신체의 다양한 잠재성을 하나의 형식으로 가두고 제한하는 "신의 심판에서 탈주하여, 탈지층화・탈코드화・탈영토화된"(TP 53) '기관 없는

---

58 코드화coding란 어떤 주기적인 반복에 패턴을 부여한다. 반면 탈코드화decoding는 그 주기적인 반복의 패턴으로부터 벗어나는 것이다. 초코드화overcoding란 분절된 여러 코드들을 '하나의' 통일성 속에 묶어 놓는 것이다. 이처럼 통일화시키는 작업 속에 어떤 힘이나 권력이 개입된다. 전제군주 국가의 성립은 초코드화의 대표적 사례이다. 반면 생성이나 리좀, 다양체 등은 이러한 초코드화를 허용하지 않는다.

신체'에 도달하기를 촉구하고 그 전략을 모색하는 것이다.

'기관 없는 신체' 혹은 '탈기관체'는 기관이 없는 '신체體'가 아니라, 지층들 '바깥의' 혹은 거기에서 '벗어나려는' 신체이다. 이 개념은 국가나 사회, 조직, 당 등 기존의 기관들이나 그것들이 강제하고 부과한 '고정된' 삶의 '외부'로 갈 수 있는 즉 '탈기관화'할 수 있는 잠재적 역능을 획득해야 한다는 실천적 의미를 담고 있다. 기관들에 전쟁을 선포하고 실제로 전쟁을 수행할 수 있는 역능을 단련해야 한다는 과제가 이 개념에 담겨 있다. 여기서 중요한 것은 전쟁을 통해 기존 기관들을 해체하고 카오스를 연출하는 데 그치는 것이 아니라, 새롭고 창조적인 삶을 구성하는 것이다. 즉 탈기관화된 신체의 표면에 이질적인 새로운 흐름이 지나가게 하여 거기에 새로운 사건들이 일어나게 하는 것이다. '기관 없는 신체'는 이미 신체에 내재해 있다. 탈주선이 자본주의의 외부가 아니라 이미 그 '내부'에 잠재해 있는 것처럼 말이다. 문제는 그것을 발견하고 활성화하는 것이다. '유기화', '의미화', '주체화'를 작동시키는 권력의 지층에서 벗어나는 일은 '체제' 내부의 누수 지점에서 시작될 수 있다는 것이 들뢰즈/가타리의 믿음이다.

'유기화'는 "기관 없는 신체 위의 하나의 지층, 즉 축적, 응고, 퇴적 현상이다. 그것은 기관 없는 신체로부터 유용 노동을 추출하기 위해 형태, 기능, 속박, 지배적이고 위계화된 조직, 조직화된 초월성을 부과한다."(TP 195) 어떤 단일한 초월적 코드를 통해 유기체는 중심 목적을 향해 신체의 각 부분을 기관으로 만들고 분절하는 것이다. 이를 거부하면 권력으로부터 '사형선고' 같은 처벌을 받게 된다. '기관 없는 신체'를 구성하는 것은 유기적 지층에 다른 흐름을 접속시킴으로써 기존의 분절에서 벗어나는 'n개'의 분절들을 만드는 것, 즉 '일관성의 구도'를 형성하는 것이다. 사회적으로 부과된 '의미화의 감옥'에서 벗어나는 실천적 실험과 예속적 주체를 만들어 내는 온갖 주체화의 '환상'을 극복하는 '유목주의nomadism'는 바로 이러한 '탈기관'의 운동에서 시작된다. 가령 거대한 기표체제인 국가기관은 기관화 및 의미화의 과정을 통해 우리를 주체화하고 길들인다. 우리는 국가체제가 유포한 환상들을 내면화하고 그것을 '자연화'한다. 따라서 자본주의 혹은 국가로부터 벗어나는 삶을 창안하기 위해서는 우리의 몸에 달라붙은 유기체의 흔적들과 영혼에 흡착한 의미화의 과정에 대한 저항이 요구된다.

하지만 기관 없는 신체나 탈지층화의 운동을 이분법적 긍정/부정의 잣대로 평가하는 것은 곤란하다. 들뢰즈/가타리는 계속해서 유기체에 대한 기관 없는 신체의 저항을 강조하지만, 이것이 '텅 빈 기관 없는 신체'나 '암적인 기관 없는 신체'로 귀결되어 죽음의 선을 그릴 수 있음을 경고한다. "일관성의 구도 상에 있는 충만한 기관 없는 신체와, 지나치게 폭력적인 탈지층화에 의해 파괴된 지층의 잔해 상에 있는 텅 빈 기관 없는 신체를 구별하는 것으로는 불충분하다. 우리는 지층 속에서 증식하게 되는 암적인 기관 없는 신체에 대해서도 유념해야 한다."(TP 163) 약물중독자나 편집광에 의해 대표되는 '텅 빈 기관 없는 신체'는 기존의 지층을 파괴했지만 다양한 욕망들과 강도의 역능들, 변이의 잠재적 능력마저 모두 비워버린 신체이다. 반면 '암적 기관 없는 신체'는 암조직이나 파시즘처럼 지층을 파괴했지만 모든 기관을 자신만의 기관으로 잠식해버리는 신체이다. 하지만 '암적인 신체'는 이웃 항들의 이질성을 담아내고 수용할 폭이 좁은 무능력한 '텅 빈 신체'와 달리, 강렬한 파괴의 욕망과 능력을 소유하고 있어 더욱 더 위험하다. 암적 신체의 "욕망은 그 정도로까지 멀리 뻗어나가 자기 자신의 파멸을 욕망하거나, 파멸의 능력을 갖기를 욕망하기에 이른다. 화폐, 군대, 경찰, 국가에 대한 욕망, 파시즘적 욕망, 심지어 파시즘도 욕망이다."(TP 205)

중요한 것은 '충만한 기관 없는 신체' 역시 앞서 말한 두 가지 파괴적 욕망들로 변질될 수 있다는 사실이다. 이러한 이중적 양가성은 들뢰즈/가타리의 모든 개념들을 특징짓는 것이려니와, 문제는 어떤 흐름과 운동이 부정적인 극으로 치닫고 있는 것은 아닌지 늘 점검하고 긍정적인 탈주선을 그릴 수 있도록 유의하는 것이다. 소박한 탈지층화를 통해서는 기관 없는 신체와 일관성의 구도에 다다를 수 없다. 그래서 "신중하지 않게 지층들을 날려버린다면 일관성의 구도가 아니라 자살을 초래하거나 검은 구멍에 빨려 들어가 파국의 희생물이 되고 말 것"(TP 198)이라고 들뢰즈/가타리는 경고하고 있다. 지층과 기관 없는 신체를 대립시키는 것 역시 이론적 빈곤을 초래할 가능성이 크다. 지층이 낳는 기관 없는 신체, 이를테면 국가나 당이 낳는 기관 없는 신체 역시 존재하기 때문이다. 기관 없는 신체나 일관성의 구도라는 개념이 의미하는 바는 단순히 '중심 없는' 리좀적인 다양체를 만들거나 '탈층화의 방향'을 잃은 콩가루 조직을 만드는 것이 아니다. '몰적' 조직 운동 혹은 거시적 차원의 운동이 늘 부정의 대상이 되어야 하는 것도 아니다. 문제는 생성과 변이의 역능을 잃고 한 곳에 머물러 항구적 권력이 되고자 하는 것이다. "욕망에 연결될 수 있고 효과적으로 욕망에 책임질 수 있으며, 욕망의 지속적인 접속과 횡단적 결합을 보장할 수 있는 배치"(TP 201)를 감당할 수 있는 주체와 조직, 운동의 구성이야말로 비판세력의 항구적 과제일 것이다.

    지층이 그 내부에 탈지층화의 계기들을 내장하고 있듯이, 코드는 필연적으로 그 안에 '탈코드화의 여백'을 포함하고 있다. 탈주선이 늘 외부에서 그 계기가 주어지는 것이 아니라 체제와 기관의 내부에 도사리고 있는 것처럼 말이다. 이 여백 혹은 지층의 틈새는 모든 '되기(생성)'의 1차적 조건이다. 다양체로서의 존재가 변이의 문턱을 넘는 것도 이 때문에 가능하다. 코드(법칙)는 생성을 완전히 단속할 수 없다. 코드화와 재코드화 및 탈코드화의 과정을 거쳐 의미화와 주체화가 일어나는 것처럼, 각각의 신체에 있어서도 영토화와 재영토화 및 탈영토화가 끊임없이 발생한다. 영토화와 코드화, 탈영토화와 탈코드화는 개념적으로는 구분되지만 복잡하게 얽혀서 진행 된다. "코드와 영토성 간에, 탈코드화와 탈영토화간에 단순한 상응관계가 있는 것이 아니다. 오히려 코드는 탈영토화로부터 존재할 수 있으며, 재영토화는 탈코드화로부터 존재할 수 있다. 코드와 영토성 사이에는 거대한 간극이 존재한다. 하지만 두 요인은 한 층 위에서 동일한 '주체'를 가진다. 즉 코드화되고 탈코드화되는 만큼이나 영토화되고 탈영토화되는 개체군들이라는 주체를. 그리고 이 요인들은 환경들 안에서 소통하고 얽힌다."(TP 71)

이러한 복잡한 얽힘 관계에서 일차적인 것은 영토성(영토화)이 아니라 탈영토화 운동이고 탈주선 그리기이다. '탈주Flucht'는 새로운 영토를 개척하는 과정이고 새로운 삶의 지대를 창안하는 실천이다. 세계를 구성하는 본원적 운동으로서의 탈영토화 운동('절대적 탈영토화')이 포획되었을 때 지층이나 영토가 구성된다. 들뢰즈/가타리에게 욕망은 본질적으로 혁명적이다. 그리고 욕망은 분자적 욕망이다. '몰적인 것 das Molar, the molar'은 힘의 흐름에 구조적인 질서를 부여해서 총체화와 통일성을 지향하는 운동이다. 몰적 구성체는 "대수의 법칙law of large numbers에 따르는 통계적 집적을 통해 분자적 힘들의 통일, 총체화를 결과한다."(AO 342) '몰mole'이 기체의 분자량을 나타내는 단위, 기체 상태의 분자들을 표준적인 상태와 조건 하에서 집계함으로써 얻어지는 것처럼 말이다. 반면 분자das Molekular, molecule는 집계되지 않는 최소 단위의 입자이다. '분자적인 것'은 몰적인 운동에 봉쇄되지 않은 힘들의 자유롭고 개방된 상태이다. 따라서 분자적 다양성들을 통계학적인 집계로 조직화하는 운동이 있는 반면, 형성된 유기체를 가로지르면서 그로부터 탈주하는 운동이 있다. 욕망의 분자적 흐름들은 몰적인 힘에 의해 통제되거나 저지되면서 고정된 질서와 구조로 조직되지만, 끊임없이 이로부터 벗어나 새로운 흐름들을 생산한다는 점에서 혁명적이다.(TP 51)

3. 화용론과 언어정치학

들뢰즈/가타리의 말처럼 우리의 삶 역시 다양한 배치들이 연출하는 일종의 드라마이다. 다시 말해 삶은 우리의 신체(기계)를 다른 기계들에 접속시켜 만들어가는 '기계적 배치' 기호와 규칙 및 언표행위 등으로 이루어진 '언표적 배치'가 관계 맺는 양상에 따라 다양한 사건과 의미를 양산한다. 『천의 고원』에서 기계적 배치는 '내용'을, 언표적 배치의 경우 '형식'을 구성한다. 내용과 표현은 실질적으로는 구분되지만 밀접한 관계를 맺고 있다. 각 지층들은 내용과 표현을 지니고, 그 내용과 표현 역시 나름의 실체와 형식의 측면을 갖는다. 이렇게 되면 지층은 '내용실체Inhalts-substanz와 내용형식Inhaltsform/표현실체Ausdruckssubstanz와 표현형식Ausdrucksform'이라는 4중적·복합적 측면에서 분석되어야 한다. 특히 권력이 사회적으로 힘을 발휘하거나 효과를 발휘하는 것은 기계적 배치와 언표적 배치의 협력을 통해서라는 사실을 기억할 필요가 있다. 가령 감옥은 벽돌이나 창살 등의 실체를 가지며 건축 양식이나 공간 배치 등의 형식을 갖는다. 법학의 경우에도 책法典 등의 실체와 법학의 담론을 구성하는 형식을 갖는다. 내용과 표현은 각각 변화하는 방식도 구분된다. 기계적 배치들이 영토화(재영토화)와 탈영토화를 겪고, 언표적 배치들의 경우 코드화(재코드화)와 탈코드화를 경험하는 것처럼 말이다.

    들뢰즈/가타리에 따르면 사건은 바로 이 기계적 배치(내용)와 언표적 배치(표현) 사이에서 발생한다. 즉 사건들은 기계적 배치들의 운동에서 발생하며, 언표적 배치에 의해 표현되는 것이다. 들뢰즈/가타리는 언어학의 변두리에 있던 '화용론Pragmatik'을 재전유하여 기계적 배치와 언표적 배치의 상관성을 추적하고자 한다. 그들에게 기호는 사건이나 삶과 깊은 연관을 맺고 있으며, 새로운 삶의 방식과 존재 가능성을 사유할 수 있는 토대를 제공한다. 『천의 고원』에서 화용론은 언어학의 주류로 자리 잡은 소쉬르Ferdinand de Saussure의 일반언어학과 기표 중심의 구조주의적 언어학에 대한 비판에서 출발한다. 이는 언어를 무균질의 진공 상태에 묶어두는 것이 아니라, 언어를 삶의 한가운데로 불러 오려는 시도이다. 언어 행위의 (사회적) 환경과 사건들을 통해 말과 행위의 내적 관계를 추적하려는 들뢰즈/가타리에게 있어 '기호계'는 자립적이고 변별적인 기호체계가 아니라 이질적인 것들의 기계적 배치가 빚어낸 사건이자 효과이다. 기호와 관련하여 들뢰즈/가타리 식의 화용론은 언어와 기호의 정치성, 즉 의미화와 주체화의 과정이 권력과 맺는 함수관계를 밝혀내고 이로부터의 탈주선을 구상하고자 한다. 그런 점에서 그들의 기호이론은 '언어정치학'이면서 기호의 미시정치학Mikropolitik이다. 그리고 이러한 미시정치는 거시정치와 '필연적으로' 얽혀 있다.

들뢰즈/가타리는 '표현의 초선형성'을 통해 언어학적 표현의 형식화를 사유하고자 한다. 기호의 '초선형성Supralinearität'과 '초코드화Übercodierung'를 통해 언어의 '잉여성redundancy' 논의가 가능해진다. 이는 또한 '기호의 편재성', 즉 모든 것에서 기호를 발견하고 그것을 기호 다루듯이 하는 구조주의적 발상에 정면으로 도전하는 것이기도 하다. "이런 식의 팽창적인 방법은 보편적 번역자 혹은 해석자라는 기능에 의존하여 언어의 제국주의를 강화하기 위한 정지작업을 하는 것"(TP 65)이다. 언어학을 일반언어학의 일부로 만들려는 소쉬르의 기획이나 기호학을 언어학의 일부로 삼으려는 바르트Boland Barthes의 발상이 이러한 '언어 제국주의' 혹은 '기표 제국주의'의 대표적인 사례들이다. 구조주의는 사회와 역사를 관통하는 보편적인 구조를 발견하려 하면서 기표의 우위성을 전제하기 때문이다. 반면 들뢰즈/가타리는 기표가 '잉여적인 것'이라 반박하면서 '초선형성'을 언어나 기호의 본질로 본다. 이는 또한 내용을 기의로 환원하거나 표현을 기표로 환원하는 것에 대한 거부의사 표명이기도 하다. 그리고 이는 언어 행위를 권력의 입체적 개입으로 파악하는 가운데 언어적 실천의 사회·정치적 맥락성을 복원시키려는 것이기도 하다.

구조주의 언어학의 가장 큰 약점은 언어학적 요인을 비언어학적 요인과 분리시키고 전자만을 다룸으로써 언어 자체를 상수로 다룬 점, 다시 말해 언어학의 외부, 즉 '비담론적 요인들'을 무시한 점에 있다. 들뢰즈/가타리가 보기에 구조주의 언어학은 언어의 보편적 법칙과 공시적 체계를 통해 언어를 추상적으로 다루려 했지만 충분히 추상적이지 못했다. 그 원인은 바로 언어학적 요인들을 비담론적 요인들(외부)과의 관계 속에서 다루지 못한 데에 있다고 한다. 반면 들뢰즈/가타리가 대안으로 내세우는 '화용론'은 '충분히 추상된' 언어학으로서 언어의 초선형성과 잉여성을 본격적 의제로 삼는다. 그것은 담론적 요인과 비담론적 요인의 상호전제에 입각한 언어학이다. 이는 언어와 표현의 문제를 사회적 장 혹은 사회적 배치라는 보다 심층에 존재하는 차원에서 고려하는 것이다.

이를테면 감옥이라는 어휘는 내용형식으로서의 감옥과 일치하지 않는다. 오히려 그것은 다른 내용형식인 학교, 군대, 공장 등과 함께 어떤 지층에 존재한다. 감옥의 '내용실체'는 콘크리트 지붕과 막사, 창살 등의 사물들이 구성하는 복합체이다. 반면 감옥이라는 내용형식이 지시하는 것은 감옥이 아니라 범죄(비행)인 것이다. 따라서 감옥이라는 사물은 그 단어에 상응하지 않으며 내용형식이 관계 맺는 것은 표현형식인 셈이다. 중요한 것은 말과 사물의 일치 혹은 기표와 기의의 일치를 확인하는 것이 아니다. 문제는 담론적 다양체와 비담론적 다양체가 상호전제의 관계 속에서 빚어내는 상이한 형식화의 풍경들을 포착하는 것이기 때문이다. 여기서 우리는 담론에 아로새겨진 정치와 권력의 공모를 읽어낼 수 있다.

들뢰즈/가타리에게 "언어의 기본단위인 언표는 명령어Befehl, order-word이다."(TP 75). "명령어를 방출하고 받아들이고 변환하는 끔찍한 능력"(TP 76)을 규명하는 것이 이들 기호론의 중요한 과제이다. 우리는 흔히 정보 전달과 소통을 언어의 일차적 기능으로 생각한다. 하지만 이는 언어의 본성을 '중립적'인 것으로 다루는 것이려니와, 오히려 언어는 명령과 복종, 긍정과 부정의 체계로서 권력과 밀접한 관련을 맺고 있다. 대학-기계에서 교수가 학생들에게 전달하는 언표들은 명령과 훈육이라는 권력의 표지인 것이다. 수많은 공익광고는 물론이고, 미디어를 통해 전달되는 다양한 언표들 역시 마찬가지다. 이런 의미에서 지층을 지탱하는 '코드'인 "문법 규칙은 통사적 표식 이전에 권력의 표지"(TP 76)이다. 그리고 모든 명령어에는 언어의 암묵적 전제, 즉 잉여성으로 표현되는 말과 행위의 관계가 새겨져 있다. 다시 말해 말과 행위는 지시관계나 동일성으로 환원되지 않는 잉여성의 관계이고, 담론적 언어는 잉여성으로서의 비담론적인 것을 전제하고 있다는 것이다. '화용론'이 관심을 갖는 것이 바로 잉여성, 즉 말과 행위 사이의 발화 내적인 관계이다.

들뢰즈/가타리 화용론의 관점에서 보면 말과 행위의 내적인 관계는 어떤 행위에 대해 말함과 동시에 시작된다. 화용론의 특징은 말과 행위가 수행되는 사회적 배치에 주목한다는 점이다. 이를테면 '맹세합니다'라는 발화 행위는 잉여성, 즉 암묵적인 비담론적 전제 혹은 발화의 권력적·집단적 배치에 따라 그 의미가 달라진다. 법정이나 대통령 취임식, 결혼식, 비밀조직의 입회식 등 사회적 배치의 양상에 따라 사건의 의미가 달라지는 것이다. 명령어는 바로 사회적 강제와 연관된 언표와 행위의 내적 관계에 의해 정의되거니와, 명령어의 이러한 배치적 성격을 간파하기 위해서는 언표행위의 '집합적 배치collective assemblage'를 눈여겨보아야 한다. 왜냐하면 언표 행위는 어떤 개별 주체의 행위가 아니라 '집합적' 배치의 산물이기 때문이다. 여기서 '집합적'이라는 말은 언표행위가 개인적이거나 주체적인 언표행위의 결과가 아니라 사회적이고 비인칭적 징인 배치 위에서 실행됨을 의미한다.

들뢰즈/가타리는 언어의 내적 행위에 명령어와 잉여성이 늘 수반됨을 강조하면서 이를 '비신체적 변환körperlose Transformation, incorporeal transformation'이라는 개념으로 설명한다. 가령 결혼식장에서 주례가 결혼의 성립을 선언할 때 신랑-신부의 배치는 '사랑-기계'에서 '결혼-기계'로 순간적인 비신체적 변환을 야기한다. 은행에서 강도가 '꼼짝마'라고 명령하는 순간 '은행-기계'에서 '감옥-기계'로 돌변하듯이 말이다. '슬로건(Kennwort, 불어에서는 슬로건과 명령어가 동일한 낱말이다)'은 신체적 변환과 비신체적 변환의 교차점에서 특정한 '순간' 작동하는 명령어의 기능을 잘 보여준다. 가령 들뢰즈/가타리는 "'만국의 노동자여, 단결하라!'"라는 마르크스의 슬로건에 대해 "이는 프롤레타리아적 조건이 신체로 주어지기 이전에 대중으로부터 프롤레타리아 계급을 추출하는 비신체적 변환으로 구성되어 있다"(TP 105)고 해석한다. 이 슬로건(명령어)을 통해 마르크스는 이전에 없던 계급을 창안했을 뿐만 아니라, 불특정 대중을 프롤레타리아로 묶어내어 하나의 새로운 계급을 구성했다는 것이다. 이러한 비신체적 변환은 단순히 신체의 비신체적 속성을 표현할 뿐만 아니라 신체적 관계의 순간적 변화를 수반한다. '당신을 사랑해'라는 말을 듣는 순간 몸이 달아오르기도 하고, '월 스트리트를 장악하라'는 슬로건을 통해 우리의 몸은 투쟁-기계로 되기도 하는 것이다.

들뢰즈/가타리는 명령어(슬로건)와 비신체적 변환을 '배치'와 연관 짓는다. 끊임없이 변하며 연쇄적으로 사건을 만들어내는 사건은 신체적 배치(원인)와 언표행위의 배치(준원인)가 만나 연출된 극적인 사건인 것이다. 이로써 비신체적 변환은 배치 개념을 통해 언표행위의 외부와 환경에 관심을 갖게 만든다. 가령 '투쟁!'이라는 언표는 파업집회냐 뉴라이트의 집회냐 하는 외부환경(배치)을 고려하지 않을 경우 여기에 어려 있는 권력의 표식을 제대로 읽어낼 수 없다. 배치로 인한 사건의 변환은 우선 신체적 변환(원인)에 의해 촉발된 것이기는 하지만 비신체적 변환(준원인)에 의해 완성된다. 이러한 사실을 통해 우리는 의미화 과정과 예속 주체화 과정이 집합적 배치와 잉여성, 비신체적 변환의 동시적 협응을 통해 이루어는 것임을 알 수 있다. 나아가 이는 화용론을 '언어정치학'(TP 82)으로 형질 전환시킨다. 즉 화용론과 미시정치학의 만남이 이루어지는 계기를 제공하는 셈이다. '언어정치학'의 문제설정을 통해 들뢰즈/가타리는 언어의 '소수성Minorität, minority'과 '기호체제Zeichensregime, regime of signs'의 문제로 논의를 진전시킨다. 이는 일반언어학의 '기표의 독재'에 대한 비판과 결부된 문제다. 왜냐하면 구조주의적 일반언어학은 언어를 과학으로 다루면서 지배적이고 표준적인 그리고 '다수적인' 척도를 부과해왔다는 혐의를 안고 있기 때문이다. 이들이 보기에 언어를 다수적 척도로 환원함으로써 일반언어학은 지배적인 권력의 척도를 이미 '정치적으로' 부여하고 있는 셈이기 때문이다.

4. 넘어서기: '절대 기표'와 '주체화의 점'

알다시피 들뢰즈/가타리에게 기호체제들은 인식의 측면에서만이 아니라 정치의 측면에서도 만들어진다. 이들이 보기에 기호들을 체계화하고 그 체계를 삶에 부과하는 일은 모종의 권력을 함축한다. 들뢰즈/가타리의 윤리학과 정치학은 바로 이 기호체제에 대한 분석에 굳건히 기초하고 있다. 그들은 '기표체제'와 더불어 '전前기표적체제'와 '후後기표적체제', '반反기표적체제'를 나누어 제시한다. 이러한 다양한 체제들은 역사를 설명하기 위한 개념들이 아니라, 권력 내부의 의미화(기표화)와 주체화가 이루어지는 모델 혹은 틀일뿐이다. 물론 역사를 참조하긴 했지만, 여전히 우리 시대에도 이들은 뒤섞여mixed 공존하고 있다. 특정 시대 혹은 특정 사회에서 어떤 기표체제의 상대적 우위를 확인할 수 있지만 말이다.

'전-기표체제das pre-signifikante Zeichensregime'는 기표체제로 초코드화되기 이전의 체제이다. 이 체제에서 기호의 탈영토화는 억세되고 삶의 초코드화는 저지된다.[59] 원시사회의 기호들은 아직 사물로부터 탈영토화되지 않았고 기호가 기호를 지시하는 기표체제는 아직 도래하지 않았다. 아직은 다의적이고 다선적인 기호계인 것이다. 원시사회는 기표체제 이전의 사회이기 때문에 기표체제에 의존하는 국가의 도래를 방지할 메커니즘을 갖고 있다. 물론 이러한 저지 메커니즘은 기표에 대한 거부라기보다는 국가의 도래에 대한 불길한 예감 때문에 작동한다. "보편화하는 추상화, 기표의 정립, 언표행위의 형식적이고 실제적

---

[59] 가령 『앙띠 오이디푸스』에서 유목민 크로우Crow족은 부인의 배신에 대해 그녀의 얼굴에 깊은 칼자국을 새긴다. 이러한 행위는 '원시토지기계'에서 작동하는 '잔인성'의 체계에 속한다. 기호는 이렇듯 신체에 칼날로 새겨지는 기호들에 의해 시작된다. 이러한 잔인성의 체계가 최초의 기호들이고, 이들이 언어를 가능하게 했다. 들뢰즈/가타리는 원시토지기계에서 작동하는 잔인성의 기호가 기표 이전의 기호임을 명시하고 있는데, 그런 점에서 이는 『천의 고원』의 '전-기표적 체제'에 상응하는 것으로 볼 수 있다.(ΛO 145)

인 균일화, 언표들 및 그 상관자들의 순환성, 국가장치, 군주의 즉위, 사제들의 카스트, 희생양"(TP 148)에 대한 예감 말이다.

하지만 '기표체제das signifikante Zeichensregime'는 초코드화를 통해 성립한다.60 변이선들이 '초코드화'를 통해 중심 기표를 가짐으로써 독점적 기표화를 경험하게 되면서 이 체제는 작동하기 시작하는 것이다. 이 체제는 발생하는 기호들을 남김없이 기표화한다는 점에서 '제국적'이다. 그래서 들뢰즈/가타리는 이 체제의 특징을 '편집증적인 전제군주 체제'라 일컫기도 한다.(AO 206) 기호체제에서는 기호들을 통해 사물들이 계열화되고 일정한 체계로 편입된다. 기호체계가 교육과 훈육 등의 과정을 통해 사람들에게 강제로 부과될 때 그 체계는 정치적 체제의 일부가 된다. 이 체제 안에서 사람들은 사물이 아니라 사실상 기호들만을 본다. 여기서는 모든 것이 단일한 기표(왕의 얼굴)의 그림자들이요 효과다. 들뢰즈/가타리는 기호체제를 "탈영토화된 기호 자체에 대한 잉여로서 기표는 죽음의 세계요 공포의 세계"(TP 113)로 규정한다. 왜냐하면 사람들은 무한한 빚을 진 '비극적 체제'의 채무자인 동시에 채권자가 되기 때문이다. '잔인성의 체제'로부터 탈영토화한 '테러의 체제'가 바로 기표체제이다. 여기서 국가장치는 잔인성을 '초코드화'하는 법과 형벌 속으로 포섭한다. 전제군주에 의해 발명된 법은 아무 것도 의미하지 않으면서 의미화하고 잠재적 공포의 체계로서 작동한다. 들뢰즈/가타리에 따르면 제국적 기표체제는 "기표의 전제적이고, 공포스럽고, 거세하는 특징"(N 21)을 지닌다.

기표체제는 흔히 하나의 중심기표, 즉 '일자'를 갖는다. 기호들

---

60 『앙띠 오이디푸스』에서 부인의 배신에 대해 '잔인한 기호'들로 대응했던 유목민 크로우족과 달리, 정착민 호피Hopi족은 같은 사건에 대해 침착하게 은거하며 온 마을에 가뭄과 기근이 들기를 기원한다. 호피족의 반응에서 모든 것이 기표의 연쇄처럼 연결되어 순환한다. 아내의 부정이라는 집안 사건이 그것과 관련이 없는 다른 원환, 즉 사회적 재앙의 차원과 연결되어 순환하는 것처럼 말이다. 들뢰즈/가타리는 이와 같은 순환적 행위와 반응을 염두에 두면서 '기표적 기호체제'의 특징을 '편집증적인 전제군주 체제'라 진술한다.

이 '지고한 기표Supreme Signifier'로 소급한다는 들뢰즈/가타리의 언급은 이를 두고 한 말이다. 이 대문자 기표the Signifier는 알튀세르Louis Althusser의 이데올로기처럼 다른 기표들의 위치와 의미를 배분하고 지배한다. 모든 기표들의 의미는 이 초월자로부터 의미를 부여받는다. 초월적 절대 기표는 분절되지 않은 질료적 흐름의 세계를 기표적 통일성 속으로 '강제로' 절단하여 편입시킨다.(AO 206) 기표의 제국주의는 '의미화' 혹은 '기표작용Signifikation'의 외부를 차단한다. 결국 이 체제에서 사람들은 '그것이 무엇을 의미하는가?'라는 질문만 되풀이하며 기표의 순환적 연쇄라는 덫에 휩쓸리고 만다. 이 체제는 '해석'을 통해 기표화를 더욱 공고히 한다. 해석은 이 체제의 신민들에게 사물들을 기표화하는 법을 가르친다. 사제들이나 관료층은 해석을 통해 기표 체제가 흔들릴 때 질서를 회복하고, 체제에 구멍을 내면서 그것을 뒤흔드는 요소들을 진정시키는 역할을 한다. '일자'의 의미화에서 벗어나는 해석들에 대해서는 '독재자 기표'의 신경질적 반응과 배제 및 억압의 가혹한 조처들이 취해진다. 해석은 늘 기표로부터 연원하고, 궁극적인 기의는 지고한 '절대기표'에 달라붙어 '기표 제국주의'로 기능한다. 그래서 "의미화와 해석은 지구와 피부의, 즉 인간의 두 가지 질병이며 근본적인 신경증이다."(TP 114)

물론 기표적 체제는 여타 체제들 중 탈영토화의 수준이 높은 체제이다. 그러나 기표의 순환성과 연쇄 속에 탈영토화의 시도들을 재단하고 가둠으로써 탈주선을 봉쇄하고 재영토화한다. '부정적인' 탈영토화로서 '상대적인 것'으로 머물고 마는 것이다. 기표적 체제는 왕조사회의 전형적인 모습이라 할 수 있다. 그러나 요즘에도 "정당, 문학 운동, 정신분석협회, 가족, 부부관계 등 중심화된, 위계화된, 수목형에 따라 조직된, 예속주체화된 모든 집단들"(MP 146)에서도 이러한 위압적 풍경들이 확인된다. 들뢰즈/가타리는 기표체제를 '보편적인 기만의 체제'(TP 117)라 부른다. 의미화의 중심인 편집증적·전제군주적 기표의 초월성 속에서 작동하는 제국주의적 속임수, 해석을 하는 '사제'의 속임수, 탈주선을 부정적인 상대적 재영토화에 머물게 하는 연쇄적·순환적 기표의 속임수 등 기만과 사기가 판치는 세계이고 기표의 '황량한 세계'인 것이다. 이 황량한 체제는 기표의 독재를 통해 "가정의 시시한 말다툼과 모든 국가장치에 군림"(TP 117)한다.

반면 '탈기표적 체제' 혹은 '후기표적 체제das post-signifikante Zeichensregime'는 '기만의 체제'로부터 탈주하면서 '배반의 체제'를 구성한다. 들뢰즈/가타리에 따르면 탈기표적 체제는 의미화의 체제, 즉 기표적 체제가 끝나는 곳에서 시작된다. 이 체제는 의미화(기표화)로부터 벗어나 '주체화'의 메커니즘을 작동시키는 것이다. 그들은 '탈기표적 체제'를 '보편적인 배반의 체제'라 이름 짓는다. "기표의 얼굴과 선지자의 해석에, 또 주체의 치환에 생기를 불어넣는 것은 더 이상 속임수의 체제가 아니다. 그것은 배신의, 보편적인 배신의 체제로서, 거기서는 신이 인간을 배신하는 것처럼, 새로운 긍정성을 정의하는 신의 분노와 함께 진정한 인간 역시 끊임없이 신을 배신한다."(TP 123)[61] 유일 절대 기표인 신을 배신하는 이러한 실천은 '이중의 얼굴 돌리기'를 통해 가능하다. 신에게서 얼굴을 돌린 카인과 요나, 예수는 이중적 얼굴 돌리기를 통해 탈주선을 조직한 예언자들이다. 실제의 행동에 대해 신은 거듭 멸망과 심판을 통해 경고하지만, 이러한 심판은 무한 연기될 뿐이다.

들뢰즈/가타리는 '외디푸스 비극'을 통해 기표체제로부터 탈기표적 체제로의 탈주 과정을 설명한다. 이 이야기의 1부(운명적 신탁을 피하

---

[61] 들뢰즈/가타리는 '주체의 죽음'을 선언하는 여타 포스트모더니스트와 달리 주체를 삭제하거나 부정하지 않고 주체의 구성, 주체화 과정을 독특하게 설명한다. 물론 그들은 주체중심적인 사유, 즉 의미나 사건의 원천으로서의 '인간적인' 주체나 '신적인' 초월적 주체 모두 거부한다. 하지만 이들은 주체 개념을 단순히 기표의 효과나 이데올로기 내지 구조의 효과로 환원하지 않는다. 이들은 전통적인 주체 개념을 비판하면서도 '과정으로서의 주체', 즉 주체화 과정의 긍정적인 역할을 사유한다. 들뢰즈/가타리는 명사(실체, 주어)로서의 주체 개념을 거부하지만, 동사(과정, 흐름)로서의 주체화 과정, 주체 생성의 과정을 적극 사유한다. 이들에게 중요한 과제는 긍정적인 주체화 과정subjectification을 부정적인 예속subjection에 포개는 권력 혹은 힘의 압력을 선별하는 것이다. 탈기표적 체제의 주체화 과정에 대한 분석은 '구성적 주체'의 탈주 가능성을 긍정적 측면과 부정적 측면 모두 검토하는 이론적 단초로 기능한다.

기 위한 방랑과 우발적 살인, 왕위 등극과 친부살해 및 근친상간이라는 예언의 실현)는 "제국적이고 전체적이며, 편집증적이고 해석적이며 예언적이다."(TP 124) 반면 2부에서 외디푸스는 자기 범죄를 인식하고 스스로 두 눈을 찌른 후 가장 탈영토화된 선인 희생양의 선을 따라간다. 이로써 그는 가혹한 운명을 점지한 신에게서 얼굴을 돌리고 가혹한 운명에 저항하면서 운명을 점지한 사제의 해석적 기호를 배신한 셈이다. 들뢰즈/가타리에 따르면 이 비극에서 전제주의적인 편집증적인 기표적 체제에서 벗어나는 탈주선은 '이성의 빛'을 눈멀게 하는 '수난passion'의 선이면서 유목적 공간인 사막을 향한 '정염passion'의 선이기도 하다. 그들은 이 선의 기원을 '주체화의 점the point of subjectification'에서 찾는다. 여기서 주체화의 점은 "얼굴을 거두어들이고 탈주선 혹은 탈영토화의 선을 따라 그려진다"(TP 107)는 점에서 배반과 탈주, 주체화의 과정이 시작되는 지점이다.

들뢰즈/가타리에 따르면 '주체화의 점'에서 언표 행위의 주체가 구성되고, 그에게서 언표 주체가 나타난다. 가령 구약에서 신('주체화의 점')이 "모세야, 모세야"라고 무르자 모세(언표 행위의 주체)가 "예, 제가 여기 있습니다"라고 대답한다. 주체화의 점인 신은 언표 행위의 주체인 모세를 호출하여 언표 주체인 이스라엘 인민에게 포개어 놓는다. 하지만 유태 인민은 우상 만들기라는 배신을 통해 이 절차를 다시 시작한다. 여기서 신은 멸망을 경고하지만 최후의 심판은 무한 연기된다. 이처럼 신의 '소송'은 정염의 선을 따라 무한 연기되면서 계속된다는 점에서 정염의 체제는 '무한 연기의 체제'이기도 하다. 이 과정에서 문제는 "탈기표적인 정염적 선을 주체화 혹은 예속화의 선으로 만드는 것이며, 두 주체의 구성 내지 이중화이고, 하나를 다른 하나로, 즉 언표 행위의 주체를 언표 주체로 포개는 것이다."(TP 129)

이처럼 주체화 과정은 주체화의 점에서 구성된 언표 행위의 주체가 언표주체로 포개어지고, 거기서 언표 주체가 이번에는 또 다른 과정을 위한 언표행위의 주체를 제공하는 식으로 이루어진다.62 이러한 선형적 과정을 거치면서 언표 주체는 지배적 현실에 부합하는 순응적 주체로 된다. 여기서 지배적 현실은 "규범화를 통해 진행되는 내재적 권력"(TP 130)이다. 이는 두 주체를 구성하는 '주체화'의 과정임과 동시에 두 주체의 '포갬'을 통해 지배적 현실에 복종하는 종속적 주체를 양산하는 과정이기도 하다. 들뢰즈/가타리는 주체화의 점에서 발원하는 주체화 체제를 두 축으로 나누어 설명한다. "편집증적인 체제가 (기호를 기표로 만듦으로써) 다른 기호로 소급되는 기호와 기의로 소급되는 기표라는 두 축을 갖듯이, 주체화의 선인 정염적 체제 역시 결합syntagmatisch 축과 계열paradigmatisch 축이라는 두 개의 축을 갖고 있다."(TP 131). 이 두 개의 축을 통해 주체화의 점은 이중화된 주체의 두 얼굴을 끌어당기고 분배하며 '잠정적인' 탈영토화의 선을 조직한다.

우선 정염으로서의 의식은 주체화의 점에서 발원하는 언표 행위의 주체와 언표 주체라는 두 주체로의 이중화Doubling를 통해 구성된다. 이러한 이중화는 언표 주체가 언표 행위의 주체로 포개짐으로써 작동한다. 가령 데카르트의 "나는 생각한다, 고로 존재한다"는 언표는 고유한 주체화의 선을 따른다. 여기서는 주체화의 점으로서 '무한한 관념'이 주체화 선의 출발점이다. 그리고 거기서 발원하는 언표 행위의 주

---

62 이러한 논의는 알튀세르의 이데올로기적 '호명interpellation' 테제와 유사한 면이 있다. 알튀세르의 '대주체Subject'는 '주체화의 점'에 대응한다. 하지만 알튀세르의 경우 주체화의 과정이 예속화와 종속의 과정인 반면, 들뢰즈/가타리는 '배반'(이중적 얼굴 돌리기)이라는 탈주를 위한 실천 가능성을 열어놓는다. 또한 들뢰즈/가타리에게 중요한 것은 주체가 아니라 언표행위의 집합적 배치이다. 주체화는 그러한 배치의 하나일 뿐이다. 주체는 궁극적으로 배치에 소급되는 것이다. 물론 알튀세르에게도 주체가 아니라 이데올로기가 중요하다. 하지만 배치는 알튀세르의 이데올로기와 완전 다르다. 들뢰즈/가타리에게 주체화는 표현의 형식화나 기호체제의 문제설정을 드러내는 것이지 호명의 문제가 아니다. 또한 배치는 이데올로기적인 '상상적 관계'가 아니라 '실재적' 관계이다. 주체화는 내용과 표현, 영토화와 탈영토화가 복합적으로 작용하는 배치이다. 그런 점에서 주체화는 '최종심급'에 의해서도 궁극적으로 규정되지 않는 권력의 배치로 소급되는 것이다. 지금의 '자본'은 최종심급으로 기능하기보다는 '주체화의 점'으로 작용한다고 할 수 있다.

체(내가 생각하는 것을 끊임없이 의심하는 '나')와 포개지는 언표 주체 '나'가 있다. 데카르트의 코기토는 '의심하다, 생각하다, 존재하다'라는 세 요소로 구성된다. 따라서 데카르트의 코기토를 좀 더 완전하게 말하면 "의심하는 자아, 나는 생각한다, 나는 존재한다, 나는 생각하는 어떤 사물이다"[63]가 된다. 주체화의 선은 이러한 코기토의 세 지대를 연속적으로 통과하면서 구성되고 포개진다. 이때 언표 행위의 주체, 즉 생각하고 의심하는 '나'는 주체화의 점(신)에 의해 그 완전성을 보장받는다. 그런 의미에서 신에 속하는 과정이다. 하지만 동시에 그것은 신에게서 얼굴을 돌리는 '교활한 천재'의 배신을 수반하는 과정이기도 하다.

그러나 이러한 주체화의 점에 규정되는 주체화 과정은 '지배적 현실'에 대한 자발적 복종의 역설적 과정을 수반한다는 점에 문제가 있다. 왜냐하면 주체화는 정서, 노력, 활동 등을 통해 스스로를 '표현'하는 것임과 동시에 중심 기표가 아닌 각자의 '입장'에서 출발해 반복적인 선형적 계열을 그리는 것이기 때문이다. 언표 행위의 주체에 언표 주체를 포갬으로써 종속적 주체로 되는 것은 나 자신의 자발적 선택인 것이다. 내가 구성한 지배적 현실에 내가 자발적으로 복종하는 이런 사태를 두고 들뢰즈/가타리는 "기표적 전제군주를 대체하는 입법자-주체의 역설"이라고 표현한다. 이를테면 입법자인 '나'가 만든 것이고, 그 법리상 내가 만든 법에 따라야 하는 근대법의 경우처럼 말이다. 이는 '입법자-주체'와 '입법자-노예'의 역설을 동시에 살아가야 하는, 수동성과 능동성이 겹쳐진 이중체라 할 수 있는 근대적 주체의 자화상이라 할 수 있다. "자기 자신의 노예 혹은 순수한 '이성', 코기토라는 새로운 노예제도가 발명된다."(TP 130) 따라서 직접적 정치참여의 가면을 쓴 지금의 '대의제 정치'(재현의 정치)는 현대판 노예제에 불과할 수도 있다.

---

63 G. 들뢰즈: 『의미의 논리』, 이정우 옮김, 한길사, 1999, 141쪽.

하지만 주체화 체제에는 이와 다른 '사랑의 이중체', 즉 "커플 Couple의 계열축적 형상, 혹은 실체에 관한 정염적인 이중체(남성=여성, 직접적인 성차의 이중체)"(TP 132)가 있다. 정염과 사랑에 이끌리는 커플은 독신자적인 의식 내부에서 이중화되지 않는다. 남자와 여자의 공명에 의해 이중화되는 것이다. 이러한 공명은 언표 행위의 주체가 언표 주체와 포개지는 의식의 이중체와 다르다. 마주보는 얼굴을 통해 커플의 이름을 부르면서 구성되는 사랑의 이중체이기 때문이다. '트리스탄… 이졸데… 이졸데… 트리스탄'과 같은 끊임없이 외치는 사랑의 목소리와의 공명을 통해 트리스탄과 이졸데는 '주체화의 점'의 자리를 '서로' 교대하면서 서로를 언표 행위의 주체와 언표 주체로 분배하면서 사랑의 정염으로 이끈다. 그러나 이들은 결국 죽음의 검은 구멍으로 빨려든다. 따라서 코기토가 '독신자적인' 정염이라면, "정염적인 사랑은 두 사람의 코기토"(TP 131)이고, 두 사람이 공명하여 서로에게 이끌리며 동일시되는 이중체다. 이처럼 두 사람(트리스탄과 이졸데)의 공명에 의한 사랑과 외침의 절규는 "질식할 것 같은 의식의 정상에 이를 때까지 강도의 모든 사다리를 타고 오르는 반면, 배는 물과 죽음과 무의식과 배신의 선을, 연속되는 선율의 선을 따라 간다."(TP 131)

앞서 우리는 기표적 기호체제가 높은 탈영토화 수준에도 불구하고 재영토화되고 마는 것을 보았다. 탈-기표적인 정염적 체제에서도 '주체화의 선'은 '책Book'으로 재영토화되고 만다. 얼굴을 가린 신은 모세에게 계명이 적힌 돌판을 주고, 이것은 성스러운 것이 새겨진 '성스러운 책The Holy Book'이 된다. 모세와 유대 인민들의 탈주는 신의 땅이라는 가나안에 재영토화되고, 그들의 역사를 기록한 '책'은 아담에서 아브라함으로 이어지는 성스러운 '책'에 영토화되어 탈주하는 주체화의 선을 봉쇄한다. 이런 과정을 통해 '주체화의 점'과 '주체화' 과정은 책에 각인되어 재영토화 된다. 들뢰즈/가타리는 '책'에 새겨진 이러한 재영토화와 성스러운 기원을 드러냄으로써, '책'에 대한 기묘한 숭배를 비판한다. 이는 '책'을 위계적인 수목적 체계로 다루는 것이며, 여기서 교조적이고 종교적인 주석의 방식이 만연하게 된다. 이를 통해 "바그너, 말라르메, 조이스, 마르크스, 그리고 프로이트는 또다시 성경이 된다."(TP 127)

물론 정염적 체제는 '주체화의 점'으로부터의 '배반Verrat'을 통해 주체화의 선을 그린다는 점에서 '긍정적인' 탈영토화의 선을 그릴 수 있다. 하지만 또다시 기묘한 숭배의 대상인 '책'에 재영토화된다는 의미에서 여전히 '상대적인' 탈영토화에 머문다. 기표적 체제에서의 탈영토화 운동은 기호로 끊임없이 소급된다. 때문에 '상대적인 탈영토화'이다. 그리고 기호나 초월적인 기호에 의해 끊임없이 탈주선이 봉쇄되기 때문에 '부정적인' 탈영토화이다. 반면 탈-기표적인 체제에서 탈영토화 운동은 기호와 단절하는 '배반'의 체계를 통해 작동한다는 점에서 '긍정적인' 탈영토화이며, 여기서 기호는 '절대적'으로 탈영토화된다. 도주/탈주의 가능성을 보여주는 것이다. 그러나 주체적 공명(혹은 자발적 '순응')을 통한 예속 주체화로 인해 탈주선은 도처에서 끊기며 선분화된다. 여기서의 탈영토화 운동 역시 신성한 '책'에 의해 재영토화되고, 선형적인 과정에 의해 탈주선이 끊임없이 '선분화'되기 때문에 여전히 '상대적인' 탈영토화로 귀결되고 마는 것이다.

앞서 '전기표적 기호체제'의 경우 '사냥꾼 유목민'의 기호계였다. 하지만 이제 '반기표적 기호체제'는 '전쟁 유목민'의 기호계이다. 이 체제의 특징은 몽골의 유목 전사 조직처럼 표상과 의미화로부터 벗어나는 '번호적 기호'로 구성된다는 점이다. 주민등록번호나 번지 등의 예처럼 '척도'로 기능하면서 영토에 종속된 숫자와 달리, 유목민에게 "숫자는 더 이상 계산이나 측정의 수단이 아니라 운동의 수단이다. 매끄러운 공간을 통해서 움직이는 것은 숫자 그 자체다. (…) 동일한 공간이 척도로부터 독립적이면 독립적일수록 숫자는 공간으로부터 그만큼 더 독립적이다. (…) 수는 홈 패인 공간을 측정하는 것이 아니라 기동적인 주체다. 수는 이동 가능한 점유자고 매끄러운 공간 속의 이동 가능한 것이며, 이런 점에서 홈 패인 공간의 부동적인 것의 기하학과 대립된다."(TP 484) 축구선수의 등번호나 유목민 군대 조직에서 볼 수 있는 이러한 "번호적 기호계는 그것을 만들어내는 표시 외에는 어떤 것도 생산하지 않으며, 다양하고 유동적인 재분할을 표시하며, 그 자체로 기능들과 관계들을 수립하며, 총체를 이루기보다는 배열을 이루며, 수집보다는 분배를 행하며, 단위의 조합보다는 절단과 이행, 이동과 축적에 의해 작동한다. 이러한 기호는 국가장치에 반하여 그 나름대로 지휘되는 유목적 전쟁기계의 기호계에 속한다".(TP 485)

들뢰즈/가타리는 지금까지 소개한 기호체제들 이외에도 더 많은 기호체제가 있음을 분명히 한다. 우리가 사는 사회는 상이한 기호체제들이 혼합해서 작동하고 있다. 그리고 이들 기호체제들 중 어느 하나의 우위는 '상대적인 지배'일 뿐이다. 물론 기표체제의 의미화(기표화)와 탈기표적 체제의 주체화는 우리의 삶을 '기관 없는 신체'로 떼어내 지층화하는 강력한 기제다. 그리고 다양한 이들 기호체제들은 서로 번역되기도 한다. 아방가르드가 제도화될 때, 흑인 음악이 미국화될 때, 유목민이 제국을 건설할 때, 파라오로부터 벗어난 유대인이 제국을 건설할 때, 다양한 전쟁기계들이 국가장치의 무기로 편입될 때 다양한 방식의 기호계 변형이 생겨난다. 지금도 우리의 삶은 기호체제와 탈기호체제를 통해 재영토화되고 있고 기호체제의 변환을 통해 복잡다기한 소외와 억압이 나타나고 있다. 문제는 어떤 '배치'를 구성할 것인가이다.

들뢰즈/가타리는 기호계의 '혼성성'과 '변형'이라는 배치들의 다양한 얽힘 속에서 실천적 비전을 구성하고자 한다. 물론 이러한 혼성성이 부정적 탈영토화의 방향으로 향할 경우 경계의 대상이지만 그 내부에는 '긍정적 탈영토화'의 방향으로 인도할 수 있는 계기가 존재한다는 것이다. 들뢰즈/가타리에 따르면 지층화가 '존재'의 전부는 아니며, 우리의 현실에는 혼효면으로서의 일관성의 구도와 기관 없는 신체라는 잠재성과 생명성이 여전히 약동하고 있다. 기호계 내부에 이미 가로지르기와 변환이 작동하고 있다는 것이다. 그들은 '철학적 화용론'을 통해 기호체제들의 유형과 혼합, 변형, 작동방식 등을 추적하려 한다. 그럼으로써 그들은 이로부터 자본주의적 지층화의 선을 벗어나는 탈주선을 발견하고 창안하고자 하는 것이다.

이제 반기표적・유목적 기호계의 과제는 의미화와 해석의 '흰 벽'과 주체화의 '검은 구멍'이 빨아들이는 강력한 지층화를 어떻게 돌파할 것인가, 너무나 끈질기게 '피부'에 달라붙어있는 의미화와 해석의 지층에서 어떻게 탈주할 것인가 하는 것으로 수렴된다. 이는 기호계의 문제이기도 하지만 기계적 배치의 변환, 즉 삶의 방식과 체제 변혁의 문제이기도 하다. 기호체제는 언어의 존재방식들이지만, 그것은 기계적 배치와 맞물려서만 의미를 지니기 때문이다. "언표들과 기호화의 '배후에는' 오직 기계와 배치만이 있으며, 상이한 체계의 지층화를 횡단하고 존재와 언어활동의 좌표로부터 탈출하는 탈영토화 운동만이 있을 뿐이다."(TP 148) 이로써 들뢰즈/가타리의 화용론은 역사학과 정치학, 사회학과 접속하면서 거시정치와 '함께 가는mitgehend' 미시정치학의 지평으로 나아간다. 여기서는 기표나 주체가 아니라 '배치'가 일차적이다. 우리를 옭죄는 기표나 주체는 배치의 효과요 현실화되지 않은 수많은 잠재태들 중의 몇몇 변항變項들일 뿐이다. 따라서 실천적으로 배치를 바꾸어 나가는 것, 즉 배치를 다른 삶의 잠재성을 내장한 '일관성의 구도' 혹은 '기관 없는 신체'의 방향으로 가져가는 것이 중요하다.

5. 전쟁기계와 소수자 문학

의미화 및 주체화 과정에 대한 들뢰즈/가타리의 분석은 '재현'과 '동일성'에 대한 비판과 연결되어 있다. 그들에게 '동일성'은 미리 '주어진' 것이 아니라, 차이 생성의 운동을 통해 형성된 것이다. '차이'가 선차적이고, 생성이 일차적이라는 것이다. 동일성 역시 '차이들의 놀이'이고 생성 놀이의 일시적 결과물일 뿐이다. 부단히 생성하고 소멸하는 3개의 동일성이 존재할 뿐인 것이다. 하지만 재현의 철학은 동일성, 대립, 유비, 유사성을 동원하여 차이를 동일성에 가두어버리고 차이를 돌연변이 혹은 괴물로 배제한다. 재현의 구도에서 '되기'나 '변신'은 동일성으로부터의 일탈로 간주된다. 들뢰즈/가타리에게 이는 단순히 철학적 문제라기보다는 정치적 문제이다. '몰적' 동일성의 억압성을 보여주는 가장 대표적인 사례로 국가를 들고, 그것을 넘어서는 외부로서 '전쟁기계'를 제시하고 있기 때문이다.

들뢰즈/가타리에게 국가는 신화적 기원을 갖고서 군림하여 왔다. 국가는 동일성에 기반하여 대중들의 욕망과 분자적 역능, 다른 삶에 대한 갈망들을 억압하거나 포획해왔다. 차이의 선차성, 유목적 삶을 강조하는 들뢰즈/가타리에게 국가를 극복의 대상으로 삼는 것은 당연한 귀결이다. 우선 그는 니체의 계보학에 의지하여 동일성에 근거하고 있는 국가의 기원에 대한 기존의 학설들을 비판한다. 일반적으로 주류 사회학이나 정치학은 양도, 동의, 사회계약 등의 '계약론'에 기초하여 국가의 탄생을 설명해왔다. 가령 홉스Thomas Hobbes는 이기적 존재로 태어난 인간들이 '만인에 대한 만인의 투쟁 상태', 즉 영구적인 전쟁 상태에서 벗어나기 위해 국가에 권리를 양도하고 국가의 신민으로 계약관계를 맺었다고 주장한다. 국가는 전쟁의 종식을 위해 탄생했으며 전쟁의 방지가 국가의 역할이라는 것이다. 로크John Locke 역시 자연 상태의 분쟁을 극복하고 생명과 자유, 사유재산을 보호하기 위해 모두가 동의한 계약과 국가를 결부시킨다. 루소Jean Jacques Rousseau는 다른 맥락에서 투쟁 상태의 종식이 아니라 '공공선'의 실현을 위해 시민들이 자유롭게 맺은 계약의 결과가 국가라고 본다.

그러나 니체는 자유로운 개인들의 권력 양도에 따른 계약을 통해 국가의 탄생을 설명하려는 이러한 시도들에 반대한다. 국가는 강제적인 힘, 즉 폭력에 의해 구성된 것이고, 다수 피지배자에 대한 소수 지배자의 지배에 의해 생겨났다고 보기 때문이다. "이전까지 속박됨 없이 형태 지어지지 않았던 주민을 하나의 확고한 형태 안에 끼워 넣은 일이 처음부터 폭력행위와 함께 시작되어 점차 더 가혹한 폭력행위를 수반하며 마무리 지어졌다는 것이다. 최초의 오래된 '국가'는 그에 따라 무시무시한 폭정, 파괴적이고 무자비한 기계장치로서 등장하여 대중이자 반동물인 원재료를 반죽하여 순응하게 만들었을 뿐만 아니라 그것이 형태를 갖추게 될 때까지 작업을 계속해 나간다. (…) 국가는 (…) 여전히 형태를 짓지 않은, 아직 유랑하고 있는 주민들 위에 올려놓는다. 그렇게 해서 지상에 '국가'가 시작되는 것이다. 따라서 나는 국가가 '계약'과 더불어 시작되었다는 공산은 폐기되었다고 생각한다."64 여기서 알 수 있듯이 니체에게 국가는 자유로운 개인들의 계약에 의한 합의구성체가 아니라, 포획과 약탈의 결과물이다. 자유로운 대중적·분자적 흐름에 폭력과 힘을 가하여 국가적 형태가 갖추어진 것이다.

들뢰즈/가타리 역시 국가를 '포획장치'로 규정한다. 국가는 끊임없이 자신의 '외부'를 흡수하여 분자적 흐름에 형태를 가하고 무질서에 질서를 강제한다. 대중들의 잠재적 역능을 포획하여 선분화함으로써 국가가 성립한 것이다. 이들은 진화론적 도식을 통해 국가의 성립을 설명하는 일반적 견해를 부정한다. 이로써 농촌-도시-국가, 채집민-수렵민-목축민-농경민-사업인, 유목민-반유목민-정주민 등의 진화론적 계열들은 허구에 불과한 것이 된다. 들뢰즈/가타리가 보기에 국가는 신석기 시대가 아니라 구석기 시대에도 일어날 수 있었다. 또한 그들은 "사회구성체들을 생산양식이 아니라 기계적 과정들에 의해 정의한다(반대로 생산양식은 이 기계적 과정들에 의존한다)"고 함으로써 생산양식에 입각해 국가의 탄생을 설명하려는 시도에도 반대한다. 국가는 기표의 독점과 '주체화의 점'을 통해 대중들의 분자적 욕망을 가두고 흐름을 가로막는 '홈 패인 공간'을 사회 곳곳에 마련하여 대중들을 '몰적으로' 조직하기도 하기 때문이다.

들뢰즈/가타리는 국가장치의 포획시도에 맞서는, 국가장치의 온갖 지층들로부터 탈주하는 방안을 모색한다. 자본주의 내부에는 체제에 포섭되지 않는 외부성이 존재한다. 국가장치 바깥에 존재하는 '외부성'

---

64 이정우 외:『들뢰즈 사상이 분화』, 그린비, 2007, 60쪽 재인용.

의 형식이 '전쟁기계'이다. 들뢰즈/가타리에 따르면 기호체제이기도 한 국가장치가 코드화-탈코드화-재코드화를 통해 작동한다면, 전쟁기계는 영토화-탈영토화-재영토화를 통해 움직인다. 물론 전쟁기계 자체가 삶의 지향점은 아니다. CIA나 테러-기계처럼 그것이 기능하는 방식에 따라 그리고 배치의 양식에 따라 '유사 전쟁기계'의 부정적인 결과를 가져올 가능성도 농후하기 때문이다. 9·11처럼 전쟁기계는 포획장치에 대한 부정적이거나 반동적인 저항도 아니다. 그것은 다만 포획장치에 선행하며 그것에 흡수되지 않은 '외부'일 뿐이다. 또한 전쟁기계는 개인적 단위가 아닌 '무리'로서 행동한다. 그 '무리'는 개체적 특이성이 '몰화'되지 않은 최소한의 패거리다. 또한 전쟁기계는 기계적 배치뿐만 아니라 언표적 배치에도 다양하게 존재한다. 국가장치에 봉사하는 '왕립과학' 혹은 '국가과학'에 맞서는 '유목과학'이나 '소수자 과학'이 그것이다. 결국 획일적 동일성을 강제하는 국가장치의 코드화에 편입되지 않고 국가 외부의 유목적 주체로 존재하면서 쉬지 않고 체제 내부를 공격하는 주체들 혹은 물질적·이념적 실천들이 '전쟁기계'이다. 이는 전쟁기계의 가능성을 자본주의의 한 가운데서 실천하는 주체인 '소수자'와 관련이 있다.

들뢰즈/가타리에게 소수자와 다수자는 양적 개념이 아니라 질적 개념이다. 소수자가 다수자보다 '소수'인 것은 아니기 때문이다. 가령 남성은 여성보다 그 수가 적다하더라도 다수자로 정의된다. 남성 혹은 남성적인 것은 그 수에 상관없이 우리 사회의 가치 척도이자 규범으로 작용하고 있고, 제도와 권력의 언어를 선점하고 있는 것처럼 말이다. 중요한 것은 소수자의 경우 반드시 '소수자-되기'를 통해 정의되지만, 다수자는 필연적으로 '다수자-이기'를 고수한다는 것이다. 우리가 만일 소수자에 어떤 윤리적·정치적 의미를 부여한다면, 그것은 '소수자-되기'와 관련해서이다. 가령 소박한 페미니스트들처럼 여성과 남성 사이에 장벽을 세우거나 프롤레타리아와 부르주아 간에 적대의 고정된 선을 긋는 것은 '소수자-되기'의 급진적인 주체론을 간과하는 것이다. '소수자-이기'는 단지 '다수자-이기'의 대립항일 뿐 변혁 주체들의 끊임없는 변이와 생성을 담지하지 못하기 때문이다.

　'소수자-되기Minorität-Werden'에서 '되기Werden'는 어떤 궁극적인 귀결점을 의미하지 않는다. 그것은 끊임없이 새로운 삶을 모색하고 실험하고 '있는', 그것을 가로막는 온갖 코드들과 제도들 및 권력에 맞서 싸우고 '있는' 주체들의 노력에 다름 아니다. 이를 달리 표현하자면 '과정 속의 주체'이고 다양한 '배치' 속에서 열린 대안을 찾고자 하는 다양한 실천들이라 할 수 있다. 혁명론의 관점에서 보자면 트로츠키 Leon Trotsky의 '영구혁명론'에 대한 현재적 변용으로 볼 수도 있다. 왜냐하면 들뢰즈/가타리에게도 혁명의 완결이란 있을 수 없는 것이고 현실 속의 억압에 대한 끊임없는 부정과 갱신 속에 사회적 관계들과 배치들을 바꿔 나가는 운동의 방향성이 내재하고 있기 때문이다. 이런 의미에서 소수자는 고착된 변혁 주체일 수 없다. 소수자들은 반드시 연속적 변이를 실천하는 가운데 소수자-되기로서 존재할 수 있는 것이다. 남성들의 '여성-되기'는 물론이고 여성의 '여성-되기'를 요구하거나 프롤레타리아의 '프롤레타리아-되기'를 주장하는 것, "민중은 없다"고 하면서 '노래할 민중'을 이야기하는 것 역시 유사한 맥락에서 이해될 수 있다.(TP 46~47)

　소수자들의 생성은 늘 다수자들의 동일성을 흔든다. 그로 인해 '몰'적 다수성 내부에는 균열이 발생하고 의도하든 그렇지 않든 생성의 국면에 접어든다. '다수자-이기'와 '소수자-이기'가 양립할 때에는 다수자가 능동적 존재이고 소수자는 수동적 존재이다. 하지만 이 둘이 뒤섞여 경합하는 국면에 들어서게 되면, 다수자는 수동적으로 생성하고 소수자는 능동적으로 생성한다. 다수자는 '이기'를 통해서 능동성을 유지하지만, 소수자는 '되기'를 통해서 능동성을 쟁취해나가는 것이다. 여기서 보편적 차원에서의 '되기'는 정치적인 급진성을 획득한다. 다수자는 자신의 기득권을 유지하기 위해 자신들의 코드와 권력을 자연화하고 보편성의 가치로 그 추한 외관을 가리려한다. 그러나 소수자의 보편성은 동질성, '되기'와 차이의 생성을 가로막는 절대 실선을 거부한다. 왜냐하면 소수자는 모든 다양체들의 생성을 가능케 하는 생성의 보편성 혹은 일관성을 내장하고 있기 때문이다.65

들뢰즈/가타리가 말하는 '소수문학ninor literature' 역시 정치적·경제적 권력의 중심에 기생하는 다수적인 혹은 표준적인 문학 언어에 일격을 가하고 그것의 새로운 변용 혹은 '기능전환'을 실험하는 문학이다. 문법과 표준의 지위를 획득한 문학적 다수성, 척도와 규범, 모델, 현재를 미화하거나 유지하려는 다수문학의 단일성을 '배신하고', 고유한 변이의 지대를 마련하며 새로운 삶을 살도록 '촉발'하는 문학인 것이다. 들뢰즈/가타리는 앞서 다수적 언어와 소수적 언어를 구별하여 소수적 언어의 창안을 역설한 바 있다. 하지만 여기서도 오해해서 안되는 것은 다수적 언어와 소수적 언어가 "언어의 두 종류가 아니라 언어의 두 가지 용법 내지 기능"(TP 131)이라는 사실이다. "소수문학은 소수어로 된 문학이기보다는 소수성이 다수어 내부에서 구성되는 문학이다"66라는 명제는 그것을 말해준다. 그들이 보기에 다수어는 규칙과 문법성을 통해 척도로 기능하는 언어의 보편적 상수常數를 추출하는 권력의 정치적 모델에 종속되어 있다. 반면 소수어는 이러한 다수어의 권력 배치를 가로지르면서 연속적인 변이와 변환을 내적 지향성으로 삼는 언어인 것이다. 소수문학은 결국 "수많은 소수성의 요소를 이용하고, 그것을 결합하고 접속시킴으로써 특수한, 유례없는 자율적 생성을 창안하는"(TP 134) 문학이라 할 수 있다.

들뢰즈/가타리에 따르면 "소수문학에서는 언어가 어떠한 식으로든 높은 계수coefficient의 탈영토화에 의해 변용된다."(K 16) 소수문학에서의 '탈영토화'는 문학으로의 '도피'가 아니라 '탈주'이다. 그리고 소수문학에서 "탈주가 긍정되는 것은 앉은 자리에서 하는 탈주"(K 13)라는 점

---

65 이정우: 『천하나의 고원: 소수자 윤리학을 위하여』, 돌베개, 2008, 226-228쪽 참조.
66 G. Deleuze/F. Guattari: Kafka: Toward a Minor Literature. Trans. Dana Polan. Minneapolis 1986, 16쪽 참조. 이하에서는 K로 표기하고 쪽수를 적어 둔다.

에서, 소수문학은 유목적 문학이고 탈주의 문학이라 할 수 있다. 소수문학에서 언어의 탈영토화는 규범적이고 척도적인 언어의 통사구조를 삐걱되게 하거나 더듬거리게 하는 것이다. 이는 문장 통사구조의 변환과 실험을 작동시키는 '스타일'의 창안과 결부된 문제이다. 그런 점에서 소수문학은 '언어에 구멍 내기'(베케트)이고, '위대한 예술은 일종의 외국어로 쓰여진다'는 프루스트의 주장 역시 다수어를 변이시켜 새로운 생성의 힘과 새로운 무기를 창안해야 하는 소수문학의 특징을 우회적으로 보여준다.

들뢰즈/가타리에게 모든 위대한 문학은 소수적이다. 그리고 소수문학은 "모든 문학의 혁명적 조건"(K 18)이기도 하다. 나아가 소수문학은 "개인적인 것과 정치적인 직접성의 연결과 언표행위의 집합적 배치"(K 18)이다. 이들에 따르면 소수문학에서 개인적인 언표는 반드시 집합적인 가치, 즉 정치적인 직접성, 특히 민중의 문제로 연결된다.(K 18) 주변화되고 고독한 소수적 작가는 "잠재적 공동체를 표현케 하며, 다른 의식과 다른 감수성의 수단을 벼리게 한다".(K 17) 들뢰즈/가타리가 말하는 잠재적 공동체는 아직 현실화되지는 않았지만 엄연히 '실재하는' 잠재적 역능으로서 그 역능을 펼쳐 보일 기회를 엿보고 있는 각이한 가능성들이 표출되고 갈등하며 경쟁하는 장이다. 이 장에서 재구성되어야 할 민중은 바로 유목적이고 익명적인 주체로서 이러한 잠재적 역능을 내장한 '도래할 민중'이다. 그리고 문학의 과제는 "적극적인 연대를 생산"(K 17)함으로써 절대적인 탈영토화의 흐름을 창안하는 것이다. 이는 지층화된 배치를 분해하고 해체하고 "세상과 그 표상을 탈주하게 하여 세상의 탈영토화를 작동시키는 것"(K 47)이다. 들뢰즈/가타리는 카프카Franz Kafka의 문학에 등장하는 소수자들을 거론하면서, "소수적인 인물들의 소수적인 질, 이는 결단코 스스로 소수적이고자 하는 문학의 기획 속에 있는 것이며, 그러한 문학이 갖는 혁명적인 힘을 그들로부터 끄집어내는"(K 65) 것임을 강조하는 것도 유사한 맥락이다. 소수적 인물들은 다양한 흐름들을 돌아다니면서 우발적인 배치들을 실험하고 욕망의 다양한 접속 속에서 작품 속의 가시적인 권력의 배치들을 뒤흔들고 그 '황폐화된 공간'에서 실험, 즉 "사회-정치적 탐색"(K 50)을 감행하는 자들이기 때문이다.

"유일한 사건은 시장이고, 유일한 개념은 팔릴 수 있는 상품들"(WP 10)로 나타나는 자본주의의 현실에서, "사유에 있어서 절대적 참상이 아닐 수 없는 그런 파국의 시대"(WP 12)를 사는 우리에게 들뢰즈/가타리는 '소수자-되기'를 실천론으로 제시한다. 소수문학에서 '소수자-되기'는 감응적인 횡단과 떨림, 생성에 의해 정의된다. 이는 다수자를 규정하는 척도로부터의 이탈과 분리, 더듬거림에 의해 촉발된다. 감응적 글쓰기 형식이자 생성의 힘으로서의 문학은 끊임없이 형식을 교란하면서 더듬거리게 만드는 다양체로서 욕망이 자유롭게 흐르는 창조적 변이와 차이의 형식이었다. 하지만 그들은 이를 단순히 문학적 프로그램으로 국한시키지 않고, 대안적 실천의 비전으로 상승시킨다. 들뢰즈/가타리에게 '소수자-되기'는 '지각 불가능한 것-되기'로서 '유별난' 생성에 의해 요동치는 비대칭적 '횡단적 생성'이다. 가령 마르크스와 프로이트의 만남, 계급운동과 소수자 운동 등의 만남처럼 이질적인 욕망과 감응의 접속을 통해 새로운 삶과 사유의 지평이 열리는 것처럼 말이다. 들뢰즈/가타리에게 소수자가 혁명적인 이유는 "그들이 전세계적 공리계에 도전하는 심층의 운동을 가지고 오기 때문"이다. 물론 이것이 화폐의 등가성과 국가 권력을 중심으로 작동하는 자본주의적 공리계에 맞설 잠정적 대안이 될 수 있느냐 하는 질문에 들뢰즈/가타리는 확실한 답을 주지 않는다. 그렇지만 적극적인 열린 자세로 서로의 역능을 나누는 가운데 새로운 방향을 모색해야 한다는 주장은 특히 지금 큰 울림을 준다. 문제는 대안의 적실성 여부가 아니라, 실천인 것이다.

6. "자신의 길을 가라!"

2000년대에 접어든 지금도 여전히 우리의 지식계는 들뢰즈와 들뢰즈/가타리의 저작들에 식지 않는 관심을 기울이고 있다. 그들의 많은 저작들이 번역되었고, 그들에 대한 이차문헌 역시 계속 출판되고 있다 ('도서출판 그린b'의 '리좀총서' 시리즈는 대표적인 예이다). 이는 더욱 교묘해져가는 자본주의적 지배를 정치하게 분석하고자 하는 지적 욕망의 반영일 것이다. 실제로 현실 사회주의 붕괴 이후 과거 진보운동의 결함에 대해 수없이 많은 반성작업이 이루어져 왔고, 그것의 극복을 위해 여러 철학자들의 작업이 원용되어 왔다. 이는 훨씬 복잡해지고 정교해진 자본주의 지배방식의 해명을 위해서, 그리고 그에 값하는 다양한 실천방식의 고안을 위해서도 고무적인 현상이었다. 들뢰즈/가타리의 이론 작업 역시 새로운 개념들을 창안함으로써 대안적 비판이론의 기획에 크게 기여를 한 바 있다.

그러나 우리는 다시 보다 근본적인 질문을 던져볼 필요가 있다. 왜냐하면 포스트주의의 주장들은 이미 체제에 의해 수용되어 효력의 많은 부분을 상실하고 있고 벌써 이론적 피로의 징후를 드러내고 있기 때문이다. 더욱이 그들의 전략이 매체산업의 마케팅 전략으로 포섭되고 마는 징후까지 발견된다. 들뢰즈/가타리의 수용 역시 이 문제에서 자유롭지 않다. 그들의 저작은 출간 이후 엄청난 반향을 불러일으킨 나머지, 몇 년 지나서는 '우상의 반열Kult-Status'에까지 올랐다. 어쩌면 '디지털 노마드'나 '유목적 기업' 등의 문구는 자신의 적마저도 삼킬 수 있는 자본주의의 왕성한 식욕을 보여줄 뿐만 아니라, 좌파 이론의 현재적 무기력을 증언하고 있는 것처럼 보일 수도 있다. 여기서 우리는 들뢰즈/가타리의 이론이 '소수자'에서 '다수자'로 변질되어 수용되고 있는 것은 아닌가 하는 의심을 가져볼 수도 있다. 이는 "모든 이는 각자 자신의 길을 가야 한다"[67]는 들뢰즈의 요구에 반하는 것일 뿐만 아니라, 학문과 실천의 생성운동을 소홀히 한 결과일 것이다. 혹 우리가 그들의 책을 '성서The Holy Book'로 대접하면서 그들 주장의 한국적 전유를 소홀히 한 것은 아닌지 되돌아 볼 필요가 있다. 우리는 지금

---

67 M. Chalda: Das Universum des Gilles Deleuze, Alibri Verlag 2000, 10쪽에서 재인용.

거시적 억압과 미시적 억압이 뒤섞여 나타나고 있는 한국의 시궁창 같은 현실에 그들의 이론을 푹 담금으로써 더욱 정치한 이론으로 벼려내어야 할 과제를 안고 있는 셈이다.

'제국'의 공백, '다중'의 허기

-네그리의 정치철학-

1. 68혁명과 유럽의 자율운동

1997년의 IMF 환란은 우리의 삶을 급전직하로 추락시켰다. 이른바 자본과 노동 유연성이 사회적 불문율로 자리하면서 한국은 상시적인 '불안사회'니 '위기사회'로 접어들었다. 이는 한국 영화에도 큰 영향을 주었는데 특히 무수한 '깡패 영화'들은 살벌해진 한국사회의 이면이라 할 수 있다. 하지만 상업주의적인 깡패 영화들 다수는 깡패들을 미화하는 데 급급할 뿐 그 어떤 사회적 물음도 담지 못한다. 마초적인 깡패들은 신자유주의시대의 새로운 영웅으로 대접받을 수 있었으나, 그들의 모습을 통해 삶과 사회의 속살을 들여다보기에는 아무래도 무리였다. 물론 <파이란>, <똥파리> 같은 예외들이 있기는 했다. 이를테면 쌍욕과 주먹질의 대가 '똥파리'를 통해 우리는 한국 사회의 '실재'와 대면할 수 있었고 우리 사회의 절망이 어느 지경에 이르렀는지 추체험할 수 있었다. 똥파리 상훈의 죽음과 영화 속 가족들의 해체는 '지금 여기' 한국 자본주의의 자화상이자 미래에 대한 암울한 전망이라 할 수 있다.

여기 또 한 편의 영화 <내 깡패 같은 애인>이 있다. 저예산 영화로서 이 영화는 로맨틱 코미디의 가면을 쓴 깡패 영화이다. 물론 후반부로 가면서 멜로 장르의 관습이 강해지면서 김이 새는 느낌이 들기도 하지만 '지잡대'(지방 잡 대학) 88만원 세대의 우울한 풍경이 겹쳐지면서 일말의 공감을 자아내는 영화이다. 깡패 동철(박중훈)은 마흔 줄에 접어든 나이임에도 미수금이나 받으러 다니는 처지다. 그는 해결사 주제에 늘 얻어맞기만 한다. 후줄근한 트레이닝복 차림에 고등학생의 담배나 '삥'치는 '추락 깡패'의 전형이다. 반면 지방대 출신의 당찬 여자 세진(정유미)은 갖출 수 있는 온갖 스펙을 다 갖춘 재원이다. 하지만 간신히 취직한 회사가 3개월 만에 부도를 맞아 백수가 되고 서울 변두리 반지하 원룸으로 이사를 간다. 여기서 그녀는 동철과 만나 옥신각신 티격태격 '애증'을 키워간다. 세진은 취직을 위해 열과 성을 다하고 심지어 면접장에서 손담비의 <토요일밤에>를 부르며 춤도 추지만, 면접관들에게 지방대 출신 여성은 한갓 노리개에 지나지 않는다. 그녀의 항변과 눈물은 우리가 피하고 싶어 하고 외면하고 싶어 하는 삶의 실재이다.

어찌 보면 <내 깡패 같은 애인>은 뻔한 멜로 영화의 관습적 서사를 그대로 따르고 있다. 특히 억지스러운 해피앤딩은 영화 시장에서 살아남기 위한 조급한 설정이라는 인상마저 준다. 그럼에도 이 영화가 일말의 공감을 주는 것은 신자유주의 시대 우리 청년들의 처지에 연민의 시선이라도 던지고 있기 때문일 것이다. "깡패하고 술이나 마시고 이게 뭐야"라고 한탄하며 우는 세진과 자연스럽게 그녀에게 '연민'(연대)의 교감을 나누는 동철은 판타지일망정 우리에게 흐뭇함을 선사하기도 한다. 하지만 이 영화에서 제일 '꽂히는' 장면은 다음과 같은 동철의 대사다. "프랑스는 취업 안 되는 게 정부 책임이라고 데모까지 하는데 말야. 우리나라 애들은 그게 다 지 탓인 줄 알아요. 다 정부가 잘못해서 그런 건데. 괜찮아. 어깨 펴고 당당히 살아." 벼랑 끝까지 몰린 깡패의 입에서 나온 것치고는 너무 '고차원적'인 이 말에서 세상 돌아가는 꼴에 한탄(냉소)하거나 현실이라고 인정(자조)만 해온 우리들의 모습이 겹쳐지면서 참 '거시기한' 느낌이 든다.

그렇다. 동철의 말처럼 프랑스나 영국, 독일의 경우 등록금 인상이나 실업, 복지축소 등의 문제가 불거질 때마다 청년들은 개선을 요구하며 거리로 나선다. 얼마 전 니콜라 사르코지 프랑스 대통령이 대다수 국민들의 반대에도 불구하고 연금개혁법을 비롯한 신자유주의적 복지축소 정책들을 추진하자 대학생이나 고등학생들이 '평등'의 가치를 되살리자며 동맹시위를 조직한 것이 대표적인 예일 것이다. 영국만하더라도 집권당이 대학등록금 인상을 시도하자 영국의 대학생들은 거리로 뛰쳐나왔다. 유럽의 상대적 선진성은 바로 이런 전통이 일구어낸 것이었다. 특히 우리는 1968년 혁명을 기억해야 한다. 오늘날 유럽의 복지 시스템-이를테면 연금정책, 의료 복지, 대학 서열 파괴, 공짜 등록금 등-은 그저 얻어진 것이 아니라 당시 투쟁의 결실이기 때문이다. 68혁명은 프랑스 대혁명, 1848년 혁명, 1871년 파리코뮌, 1917년 러시아 혁명과 다른 운동의 모습을 보여주었고 지금까지도 다양한 사회운동들에서도 그 영향을 감지할 수 있다. 특히 이 글에서 살펴보고자 하는 네그리Antonio Negri 역시 유럽 68혁명과 강한 관련을 가지고서 자신의 이론을 구성해왔다. 유럽의 자율운동 역시 68혁명의 결실이다. 따라서 68혁명과 이후의 유럽 자율운동은 네그리로 가는 길에 적절한 좌표가 될 수 있다.

지금은 먼 옛 이야기가 되어버렸지만 1968년은 제2차 세계대전 후 세계사의 기대한 분수령이었다. 그해 베트남에서는 구정 대공세가 있었고 체코에서는 '프라하의 봄'이 벌어졌다. 프랑스에서는 그 유명한 1968년 5월이 있었고 독일과 이탈리아, 뉴욕과 동경 및 멕시코시티에서도 학생봉기의 물결이 휩쓸었다. 그 즈음 미국의 반전운동과 민권운동이 절정에 달했다. 그런데 68혁명은 말이 혁명이지 과거의 세계적·역사적 운동과 상이한 양상으로 전개되었다. 그것은 '철의 장막'을 두고 대립하던 서구 자본주의와 동구 사회주의의 권력 구조 모두에 도전했을 뿐만 아니라 제3차 생산혁명과 자본주의 축적체제의 세계화가 가속화되는 시점에서 폭발했다. 68혁명은 과거 노동자나 농민이 주도하던 혁명과 달리 학생들에 의해 촉발된 운동이다. 당시 학생들은 급속한 기술적 변화를 겪고 있던 전 세계적 자본주의 생산체제 안에서 핵심적인 위치를 차지하면서도 구시대로 퇴행하려던 기성세대에 강한 불만을 품고 있었다. 여기에 실업이나 대학의 위기, 민주주의의 축소로 인한 파시즘 부활의 징후, 일부 선진 자본주의 국가들의 제국주의화 경향 등은 정치적 저항에 불을 지폈다.

물론 현실에 대한 분노만으로 당시 운동들이 모두 설명되는 것은 아니다. 조지 카치아피카스George Katsiaficas가 '에로스 효과the eros effect'라고 명명한 새로운 삶의 지향이 청년들의 공감대를 이룬 것 역시 언급되어야 할 대목이다.68 당시의 운동이 '해방을 향한 본능적 욕구'의 분출이라는 양상을 띠게 된 데에는 욕망의 철학자들이라 할 수 있는 마르쿠제H. Marcuse나 프로이트S. Freud, 바타이유G. Bataille 등의 저작들이 큰 기여를 했다. 이로써 1968년은 당대의 사회적 현실을 뛰어넘어 시간과 공간을 초월해 가는 에로스가 전 세계적으로 분출·확산된 해로서, "억압된 과거를 위한 투쟁을 통해 유적 존재로서의 인간을 출현"시키고 "자연이 역사가 되는 과정을 통해 구래의 '적자생존' 원리를 부정했던"69 시기로 기억된다. '모든 권력을 상상력에게로!'라는 대표 슬로건은 '영원히 해방될 인간적 삶에 대한 기쁨'을 지향했던 당시 운동들의 성격을 잘 말해준다.

68혁명은 사회주의 혁명을 통해 생산관계의 변혁을 시도했던 소련이 전체주의 국가로 퇴행한 현실과 거리를 두면서 새로운 운동과 사회의 모델을 그리고자 했다. 그리고 의회를 통한 대의제 민주주의의 한계를 지적하며 직접 행동과 참여를 통해 새로운 정치의 차원들을 실험하고자 했다. 경제적 착취뿐만 아니라 인종적, 정치적, 가부장적 지배에 대한 저항, 물질적 빈곤에서의 자유뿐만 아니라 새로운 인간을 창조할 자유의 지향, 개인이 지닌 권리의 확장을 통한 민주주의의 확장, 혁명의 기반을 일상으로까지 확대하는 것, 직접 대결과 직접 행동을 통한 직접 민주주의의 창출이 운동의 목표였다.

그러나 상상력과 욕망의 해방을 지향하며 과거의 혁명들을 극복하고자 했던 68혁명은 실패로 마무리되었다. 이후에 찾아온 정치적 반동과 사

---

68 조지 카치아피카스: 『신좌파의 상상력』, 이재원 외 옮김, 이후, 1999, 16-21쪽 참조.
69 같은 책, 31쪽.

회의 보수화는 그것을 말해준다. 그리고 포스트포드주의post-fordism라는 새로운 자본주의적 축적 전략은 혁명의 흐름들을 성공적으로 포획했고 지금까지 그 위세를 떨치고 있는 신자유주의의 도래를 예비했다. 그럼에도 그것을 실패라는 말로 간단하게 정리할 수는 없다. 베트남으로부터 미군이 철수한 것, 인종차별의 완화와 페미니즘이나 생태주의등 대안적 가치의 강화, 유럽 각국에서의 사회당의 약진, 대학개혁과 사회적 개혁 조치 등의 의미 있는 성과들을 낳기도 했기 때문이다. 당장에는 실패했을지 모르지만 새로운 이념과 가치에 기초한 운동들을 활성화한 공로를 기억할 필요는 있는 것이다. 특히 네그리와 깊은 관련이 있는 자율운동은 1968년의 정치적 유산이라 할 수 있다.

유럽의 자율적 사회 운동은 68혁명 당시의 신좌파the New Left를 계승함과 동시에 그와 단절하려는 새로운 운동의 흐름들이다. 유럽의 자율주의자들autonomen은 68세대들을 "악몽처럼 산 자의 머리를 짓누르는" 과거의 운동과 다를 바 없었다고 비판하지만 그들의 가치를 계승하고 있기도 하다. 가령 반권위주의, 기성 좌파정당으로부터의 독립, 탈중심화된 조직 형식, 직접 행동의 강조, 새로운 인간상을 창출하는 수단으로서 문화와 정치의 결합, 일상생활의 변형을 통해 새로운 생활 형태를 창안하려는 미시정치micropolitics의 프로그램 등을 68혁명과 자율운동은 공유한다. 하지만 자율운동은 68 당시의 신좌파들보다 덜 조직적이면서도 급진적인 운동들을 구상하고 실천하고자 했다.

이전의 급진적 사회 변화의 시도들도 구질서의 중단을 요구했다는 점에서 일종의 무질서(카오스) 국면을 수반했다. 하지만 지배 권력을 전면적으로 무너뜨리고자 하는 세력들에게도 '무질서'에 대한 공포가 내면화되었다. 그 결과 누가 승리하든 혁명적인 변화는 '질서'로 급속하게 복귀하면서 일상화(보수화·반동화)된다. 그런데 질서의 일상화 과정은 '권력'이라는 코드를 통해서만 가능하다. 소련을 필두로 한 사회주의 국가들에서 우리는 '질서(조직)의 신화'를 확인할 수 있고 그것은 이후의 파국을 예고했다. 노동 운동과 사회 운동들 역시 자율적 의

사 결정의 비효율성을 비판하면서 자율에 대한 요구들에 대해 조직적 방향과 '의식적 요소'를 결여하고 있는 것으로 비판해왔다. 이들에게 사회 운동은 위계적 근육으로 이루어진 조직체의 통일적인 전략과 전술의 실행 과정으로 인식되었다. 조직의 언어로 번역되고 계획되지 않은 운동은 실패할 수밖에 없을 뿐만 아니라 조직의 분열을 가져옴으로써 운동의 발전을 저해한다는 비판은 지금까지도 되풀이되고 있는 고전적인 상투어이다.

그러나 유럽의 자율 운동은 고전적 조직 운동에 대한 대대적인 안티 운동으로서 인민의 자발성과 자율성을 운동의 동력으로 삼고자 했다. 자율 운동은 전통적인 정치적 관계의 위계제, 명령자와 수령자, 지도자와 추종자라는 구조 대신 이 역할을 전복하는 정치적 상호작용을 추구한다. 물론 과거에도 자율성의 중요성이 늘 강조되어왔지만 전위의 역할을 강조하는 조직 논리 속에서 별 힘을 얻지 못하고 조직적 마녀 사냥의 희생양으로 전락하기도 했다. 자율주의 운동가들이 노동자들의 자발성spontaneity을 강조한 로자 룩셈부르크Rosa Ruxemburg를 높이 평가하는 데에는 과거의 조직 관행에 대한 불만이 자리한다. 로자에 따르면 자발성은 '대중의 건강한 혁명적 본능과 생생한 지성의 표시'로서 혁명적 시기에 드러나는 것이고 보통 때에는 억압되거나 감추어지는 것이다. 로자에 대한 자율주의자들의 평가는 일면적인 면이 있지만 어쨌든 자발성은 자율운동의 모토가 된다.[70]

자율 운동가들에게 자율 운동의 탈조직적인 풀뿌리 운동들은 축복이다. 이는 자율 운동의 대중적 공간을 풍성하게 해주고 파시스트들이 운동에 대해 전면적인 공격을 가하기 어렵게 만들 것이라고 전망하기 때문이다. 따라서 자율 운동의 조직들은 수평적인 집합적 구조를 지니고 다양한 근원을 지니며 위로부터의 명령이 아니라 상호 협력과 소통에 기초한 실천을 행하고자 한다. 중앙위원회의 승인이나 지도자의 출

---

70 조정환: 『아우또노미아』, 갈무리, 2004, 121쪽 참조.

현을 막기 위한 장치를 마련하는 일에 이들은 상당한 공력을 들인다. 당과 조직의 지도력이 아니라 아래로부터 자주적으로 결정하고 권력에 의거한 정치를 극복하는 것이야말로 운동의 승패를 결정지을 것이라고 보기 때문이다. 자율 운동가들이 국가 권력의 장악이 아닌 국가 권력의 해체를 목표로 삼은 것도 그와 관련이 있다. 이들은 종래의 정치를 전복하고 그것을 새로운 정치로 전환하고자 한다. 이는 전통적인 사회운동과 그 이론적 이데올로기적 배경들에 대한 비판으로 이어지면서 구좌파의 조직과 운동들로부터 스스로를 분리하고자 한다.

유럽의 자율운동은 프롤레타리아트를 사회 변화의 지도적인 주체로 내세우는 것에도 반대한다. 그들은 운동의 주변 세력이었던 여성, 이민자, 레즈비언, 학생 및 저항적 아웃사이더들을 새로운 주체로 삼고자 한다. 프롤레타리아와 노동자주의를 해체하려는 이들의 시도는 노동운동을 운동의 중심으로 세우려는 시도 일체를 거부하면서 평화운동, 생태 운동, 페미니즘 운동 등을 반자본주의 운동과 병렬적으로 놓는 가운데 운동의 다원화를 활성화하고자 한다. 이들은 "민족이나 노동자 계급, 혹은 그것을 지도하는 혁명가들이라는 전통적인 개념에 대립하는 것으로서 개인들은 상부에서 명령을 받지 않고 자기 자신의 의지에 따라 자발적으로 행동하는 것"[71]을 지향한다. 굳이 중심 지도자들에 의존하지 않더라도 직접 민주주의적인 의사 결정 형태와 전투적인 민중성을 창조적으로 종합할 수 있다고 믿기 때문이다.

다수 자율운동들이 '정체성 정치identity politics'의 모습을 띠고 있는 것도 그러한 운동관과 관련이 있다. 그들이 보기에 '정체성'의 구성은 자신의 존재 조건을 스스로 결정하고, 스스로 그 안에서 살려고 하는 새로운 범주들을 창안할 수 있는 자유를 제정하는 형식이며, 그 안에서 인간의 의미를 본질적으로 다르게 규정하고자 하는 시도이다. 자율운동가들은 정체성을 향한 자기 주체화의 과정은 자율적으로 정식화되

---

71 조지 카치아피카스: 『정치의 전복』, 윤수종 옮김, 2000, 27쪽.

어야 한다. 계급이나 민족 등의 귀속적 정체성을 완전히 해체하고 외부로부터 강요된 구속들에서 본질적으로 자유로운 자율적 인간으로서의 주체야말로 새로운 운동의 동력으로 간주된다. 여기에는 프롤레타리아트의 보편적 주체성이 파편화되고 체제에 포섭되어버린 서구의 현실이 반영되어 있다. 계급만이 아니라 성과 젠더, 세대, 인종 등 다수의 정체성이 주체를 복잡하게 규정하고 있거니와, 자율운동은 이러한 복잡성의 수준에서 저항의 전략을 구성하고자 한다.

하지만 이는 앞으로 살펴볼 네그리의 자율주의 운동과는 사뭇 다르다. 자율주의 운동 시기의 네그리는 유럽 자율운동과 많은 부분을 공유하면서도 프롤레타리아 개념을 포기하지 않을 뿐만 아니라 기층에서 전개되는 노동운동에 끊임없이 연대의 시선을 보내기 때문이다. '사회적 공장'나 '사회적 노동자' 개념은 여성이나 학생, 여타 정체성 그룹들을 끌어 안고자하는 그의 노력을 입증한다. 그에게 중요한 것은 노동자 운동과 여타 운동들의 생산적인 접속 과정에서 지속적으로 서로의 변화를 촉발하는 가운데 지금까지와 다른 실천들을 끊임없이 창안해가는 끈기 있는 노력이기 때문이다. 유럽의 자율운동이 포스트모더니즘이라는 이론 조류와 공명해온 반면, 그로부터 거리를 두려고 노력한 것도 네그리의 특징이라 할 수 있다. 그가 보기에 자본주의에 대한 저항의 제스처에도 불구하고 포스트모더니즘은 자본주의의 발전에 공모하고 있다는 알리바이로부터 자유롭지 않다. 그럼에도 네그리 역시 부의 공유, 협동, 평등, 열린 관계, 육아와 성, 집단 주택 등에 대한 유럽 자율운동의 프로그램들을 공유한다. 물론 이러한 의제들이 '계급투쟁'의 모습으로 전개될 수밖에 없다는 그의 인식에서는 차이가 있겠지만 말이다. 여기에는 이탈리아 노동운동과 같이 호흡해온 네그리의 경험이 강하게 작용했을 것이다.

2. 네그리와 이탈리아 자율주의 운동

네그리Antonio Negri는 이탈리아 자율주의 운동의 대표적 이론가이자 실천가이다. 그는 독일 역사주의에 관한 논문으로 박사학위를 받고, 68혁명 이전까지 인식론, 철학, 정치학, 국가론 등에 관해 연구하고 저작 활동을 했다. 하지만 그는 대학의 상아탑에 학자로만 머물지 않고 자율주의Autonomia 좌파 그룹에서 이론과 실천 활동을 병행했다. 그는 '노동거부'라는 슬로건으로 유명한 아우토노미아 운동에 공감하면서 자율주의 사상을 정립해 나갔다. 하지만 그는 자율주의 운동가로서 탄압을 받아 오랜 망명과 투옥 및 연금 생활을 해야 했고, 비교적 최근인 2003년에서야 비로소 그는 완전히 자유로운 몸이 되었다. 국내에도 상당수 소개된 그의 저작들은 대체로 어려웠던 시절에 쓰인 것들이다. 그의 책들이 소개되면서 우리나라에도 그의 이론에 공명하는 논객들이 등장했고, 자율주의 운동의 방향에 동조하는 운동가들이 활동을 전개하고 있다.

이탈리아 자율운동, 이른바 아우토노미아 운동은 유럽의 자율운동과 달리 노동운동과 더불어 성장해 왔다. 그것은 우선 기존의 지배 체제를 파괴하고 이를 또 다른 체제로 대체하려고 하지 않는다. 그것은 노동을 비롯한 모든 인간 활동을 획일적인 '교환가치'로 재단해버리는 '자본'과 자본의 강력한 동맹자 역할을 자임하는 국가 권력을 노동자의 '역능'(혹은 활력, potentia, puissance)에 기초한 새로운 사회로 전환하고자 하는 운동이다. 이 운동들은 우선 위임 권력 혹은 대의제의 형태를 띤 지금의 대의 민주주의를 의심한다. 또한 권위주의화한 '사회당'이나 '공산당', '노동조합' 등에 대해서도 거리를 둔다. 그들의 슬로건인 '자율'은 전위당과 중앙집권에 반대하면서 노동자의 역능을 증대하는 것을 의미한다. 그런 의미에서 아우토미아 운동은 총체적 '자유'를 위한 노동자들의 정치적 역량을 구성하고, 그들로 하여금 직

접적인 정치 행동을 촉구하는 프로그램이라 할 수 있다.72

우선 이탈리아 아우토노미아 운동은 기독교 민주당과의 타협하면서 노동자들의 양보와 희생을 통한 자본주의의 발전을 주장한 이탈리아 공산당의 개량주의 노선에 대한 반발로 출발했다. 노동자 계급의 내적 변화와 현실적 욕구를 전혀 반영하지 못하고 일방적인 명령만을 부과한 노동조합에 대한 반감도 중요한 계기였다. 특히 1960년대 공산당은 중도좌익 정부를 표방한 사회당의 경제 개혁 정책에도 미치지 못하고 의회투쟁에 몰두하면서 노조들에게는 합법적인 임금 투쟁만을 '명령' 함으로써 노동 대중들의 광범위한 불만을 자초하였다. 이른바 '토대에서의 아우토노미아Autonomy at Base'는 공산당의 후원을 받는 조합 대표들에 대항하여 고안된 것으로서, 이는 임금 인상 요구를 넘어서 노동관계는 물론이고 노동 그 자체의 근본적 변화를 요구한다. 아우토노미아 운동에 동조하는 노동자들은 공식 노조가 자신들을 제대로 '대표'하지 못한다는 자각 아래 노동자 계급의 '독자성'을 강조하면서 '노동자 운동의 혁명적 자율성, 완전한 자율성'을 선언하기에 이른다. 네그리도 참여했던 잡지『붉은 노트 Quaderni Rossi』는 전국적으로 확산된 자율주의 운동의 전령사였거니와, 자율주의자들은 사회당이나 공산당의 노골적인 비난에도 불구하고 이탈리아 정치운동의 일부가 되었다.

이후 네그리는 노동자들의 직접 행동을 강조했던 트론티M. Tronti와 『노동자계급』을 출간한다. 이 잡지의 구성원들은 정치적인 직접 행동들을 계급투쟁과 연결하고자 했고 노동거부와 사보타지 등의 구체적 실천 방안을 제시했다. 특히 트론티의 경우 신자본주의 하의 사회는 결국 담장 없는, 생활의 모든 측면이 자본의 체제에 포획되는 공장이 될 것이라고 전망하면서, 공장은 모든 사회에 대한 자신의 배타적인 지배를

---

72 이탈리아 아우토노미아 운동의 흐름에 관해서는 윤수종:「이탈리아의 아우토노미아 운동」,『진보평론』14호, 1996과 M. Birkner / R. Foltin: (Post-)Operaismus. Von der Arbeiterautonomie zur Multitude, Stuttgart, 2006을 참조했다.

확장할 것이라고 주장했다. 이는 이후 네그리의 '사회적 공장social factory'과 '사회적 노동자social worker'의 개념을 선취한 것이었다. 트론티는 이러한 배타적 지배에 대한 직접 투쟁, 즉 "사회적 생산관계 안에서 사회체계에 반대하는 전반적 투쟁을 계획하고 부르주아 사회를 자본주의적 생산의 내부로부터 위기에 빠뜨리는 것이 필요하다"[73]고 주장했다.

여기서 '노동거부refusal of work'는 단순히 모든 노동을 거부하는 것이 아니라 노동자들을 소외시키는 '죽은 노동death labor'으로부터의 해방을 의미했다. 반면 대안으로서 '산 노동living labor'은 노동자들을 자본의 체제에 포획되지 않도록 하는 노동으로서 여기서 노동거부는 자본주의에 대한 절대적 비협력의 전술로 제안되었다. 이후 노동거부는 공장 규율의 거부로 이어지면서 공장 내 명령 체계를 존속시키려고 했던 노조와 이를 지지했던 공산당의 미온적인 투쟁을 비판하면서 다각적인 실천을 전개한다. 노동자계급의 독자성과 자율성을 강조하는 노동자주의operaismo, workerism는 이러한 아우토미아 운동의 출발점으로 되었다.

하지만 '68혁명'을 경험하면서 이탈리아 자율운동은 공장을 벗어나기 시작한다. 이제 실천들은 사회의 일상 영역으로 확장됨과 동시에 대학이나 페미니스트 등의 외부적 흐름들과 적극 연대하면서 그 외연과 이념적 깊이를 더해가는 것이다. 알다시피 다른 유럽 국가들과 달리 이탈리아의 68운동은 대학의 민주화 요구와 노동자 투쟁이 적극적으로 융합했다는 점에서 그 특이성을 지니고 있었다. 학생들의 요구는 노동자들에게 적극적으로 수렴되면서 이론과 실천면에서 자율적인 면모를 강화해 나갔다. 당시 새로 조직된 '공동기층위원회Comitato Unitario di Base'는 모든 노동자들에게 파업집회를 개방했고 '우리 모두가 대표'라는 슬로건 아래 투쟁을 전개했다. 이는 특히 정규직 노동자와 비정

---

[73] M. Birkner / R. Foltin, 앞의 책, 28쪽.

규직 노동자 모두 참여하고 노동자들의 직접 통제를 받는 새로운 조직이었다. 이후 이탈리아의 자율주의 운동은 '공장에서 사회로' 더욱 그 외연을 넓힘과 동시에 그 갈래들의 다양한 분화를 경험하게 된다.

특히 페미니즘 운동은 자율주의 운동으로 하여금 거시적 수준의 정치 운동과 더불어 '개인의 정치학'이라는 미시적 일상 정치에 관심을 기울이게 한다. 이로써 자율주의는 대안적 사회운동으로서 의미를 띠기 시작하며 변혁 주체나 실천과 관련하여 몇몇 중요한 확장과 변화를 경험한다. 이를테면 노동운동의 경우 '모든' 노동자들이 대표 선출에 참여하였고, 선출된 대표들은 언제든 소환될 수 있었다. 그리고 조직에서 배제되거나 소외된 위치에 있던 비정규직 노동자들, 여성이나 이주 노동자들 등까지도 조직 가입의 대상이었고 그들의 입장을 적극 반영하려고 하였다. 나아가 공장의 생산 과정을 정지시키고 계약 타결을 변경해가는 파업과 달리 공간 전체를 노동자가 장악해가는 공장 점거 운동은 일상 속에서 새로운 생활 양식을 실험하려는 공동체투쟁에 중요한 영향을 준다. 빈 공동주택에 대한 대중적 점거, 지속적인 임대료 파업 등의 주거조건 개선 투쟁, 식료품비 인상, 비싼 운송 요금('붉은 시장' 운동), 열악한 학교(책의 무상 제공, 무료 운송, 시험 없애기, 교육에서 계급적 편견 제거하기, 지역 공동체에 학교 개설하기 등) 및 의료시설(붉은 건강 센터의 개설), 감옥환경에 맞선 투쟁은 노조를 넘어서는 투쟁이었지만 당시 자율주의적 노동운동의 실천이 사회적으로 확장된 것이었다. 이는 노조나 어떤 대표를 거치지 않고 직접성에 의거하면서 자본가들의 통제에서 벗어난 생활방식을, 자신들에 대한 새로운 정체성을 확보해나가려는 실천으로 평가할 수 있다.

일상에서의 다양한 변화를 가져오려는 이러한 실험들은 기존의 자율주의 운동이 노동자계급 문화를 창조하고 '노동자적 관점'에서 문화를 비판한다는 계획에 집중하면서 실천을 너무 공장 영역에 한정했던 것에 대한 자기반성의 의미를 담고 있었다. 이는 '사회적 공장'이라는 자율주의의 현실 인식과도 배치되는 것이었다. 따라서 저항의 힘을 공장을 넘어서 해석하고 연결할 수 있는 자율주의적 노동운동의 능력을 확보하는 것이 중요한 과제로 제기되었는데, 청년 운동과 여성 운동과의 적극적인 연대의 노력은 이에 중요한 기여를 한다. 이로써 노동자 정치에 가려 제 목소리를 내지 못하던 청년 운동은 문화혁명과 반문화, 대항정보counter-information라는 주제 아래 자율주의적 노동운동과의 적극적인 연대를 모색하게 된다. 당시 '청년'은 배제(변두리에 삶), 주변성(노동시장의 경계선에 있음), 일탈을 의미했다. 그들은 다수 운동의 주변에서 체제에 통합되지 않고 기존의 가치들을 비판할 수 있는 위치를 점하고 있었다. 청년 운동은 프롤레타리아 청년집단의 조직, 건물들의 점거, 운송요금 및 영화입장권 자율 축소운동, 자유 라디오 방송국 설립 운동, 다양한 페스티벌과 이벤트 개최 등의 대사회적 실천, 성해방의 이념과 욕망의 긍정 등 기존의 운동에 이질적인 실천과 이념들을 적극 수용함으로써 노동운동의 의미 있는 변화에도 영향을 주었다. 이로써 자유시간의 재 전유를 위한 투쟁, 자유 공간의 창출, 제도 '밖' 좌파 운동의 정치 비판 및 반권위주의가 운동의 중요한 목표로 재조정된다. '노동이 사회 생활과 진보에서 근본적'이라는 이데올로기를 거부하면서, 생산과 노동을 중시하는 자본 논리보다는 인간의 삶과 욕망에 따라 시간과 공간 자체가 조직되어야 한다는 새로운 윤리가 자율주의 운동의 한 성분이 된 것은 이러한 청년 운동의 영향 때문이었다. 하지만 청년운동과 자율주의적 노동운동의 이러한 만남에 대해 정부나 공산당은 불편한 기색을 감추지 않는다. 그도 그럴 것이 이러한 실험들은 당시 보수적인 정부가 입안·시행했고 공산당이 지지했던 내핍정책과 '위기 이데올로기'에 대한 저항의 표현이었기 때문이다.

게다가 자율주의와 결합한 여성운동은 이혼문제·자율낙태와 가사노동을 위한 임금 책정 등 미시적인 일상 문제에 소극적이던 공산당을 비판하면서 개인적인 것이 정치적인 것과 결부되어 있음에 주의를 환기시킨다. 이를테면 '불법' 자율낙태를 시민권으로 옹호하면서 자율주의운동과 여성운동은 전국적인 지지를 얻게 되는데 이러한 투쟁을 통해 개인적인 것(미시적인 것)을 거시 정치적 실천의 영역으로 끌어내

수 있었으며 기존의 제반 사회적 가치들의 극복이라는 보다 광범위한 의제를 적극 수용하는 계기가 마련된다. 또한 여성운동은 느슨하고 비공식적인 구조들의 운용과 직접적이고 자율적인 투쟁, 개인적이고 자연스러운 행동과 발언 등을 중시했는데, 이는 위기에 빠져 있던 노동자 운동과 좌파 운동의 대안적 정치학으로 수용되었다. 평등을 전제하면서 통일을 주장하는 것이 아니라, 차이의 인정 속에서의 해방과 자율이라는 전망은 여성운동과의 접속에서 구체성을 띠기 시작한다. 차이를 인식하는 데서 그치는 것이 아니라 차이를 주장하고 확립함으로써 차이와 특이성을 운동의 동력으로 삼으려는 태도, 개인적인 것과 정치적인 것의 통합, 당이나 제도로부터 승인받는 공적 조직이기에 집착하기보다는 잠재적이고 드러나지 않는 구조들을 지닌 하나의 영역으로 남기, 교환가치에 의해 코드화되지 않은 다양한 실천들의 감행 등은 자기 외부의 실천들을 적극 수렴하는 가운데 자기 증식의 과정을 거친 이탈리아 자율주의 운동의 특징이었다.

3. 다중

주지하다시피 아우토노미아 운동은 (이탈이아) 공산당이나 구좌파들과 대결 속에서 그 모습을 갖추어 왔다. 대결의 중심은 전위(당)을 둘러싼 문제였다. 네그리는 '모든 권력을 소비에트로!'라는 레닌의 슬로건이 전위당의 지도를 받아야 한다는 노선으로 대체된 데에서 러시아 혁명의 실패가 예고되었다고 본다. 물론 러시아의 후진적인 경제상황 때문에 착취에 대항한 투쟁이 경제적 발전을 지지하는 투쟁과 병행될 수밖에 없음을 그 역시 인정한다. 하지만 그 이후에도 일부 기술관료 중심의 전위당 노선이 고수되면서 당은 노동자계급을 '대표'하는 사람들을 더 이상 필요하지 않게 되었다고 비판한다. 네그리는 이에 당의 무용함이 아니라 새로운 당의 필요성을 역설한다. 그가 보기에 파리 코뮌이나 러시아의 소비에트 등은 대중의 활동에 기초하고 있기에 정당한 권력의 원천이 될 수 있었다. 그는 새로운 당의 구성을 위해 레닌ladimir Lenin과 로자 룩셈부르크의 결합, 즉 전위와 대중적 과정의 접속을 강조한다. 네그리에 따르면 대중의 발의에 기초한 대중의 전위당은 임금투쟁과 혁명적 권력 투쟁을 통일해야 하고, 자본의 힘이 계급에 대해 가지고 있는 신비화된 상을 파괴하고 자본의 지배를 파괴하는 것을 주된 임무로 삼아야 한다. 새로운 당은 지도와 감독 기관이 아니라 단순히 노동자 권력의 실행기관에 불과하며 자본주의적 가치증식의 대립물이다. 노동자의 자주성을 우선하는 가운데, 당은 노동자계급의 운동에 종속되어야 한다. 노동자계급의 자주적인 활동이 당을 지배하는 한에서만 당의 활동이 의미를 얻을 수 있기 때문이다.

68혁명 이후 사회적 노동자의 등장과 자본주의적 재생산 영역을 파괴하는 새로운 노동자 운동의 필요성이 중시되면서 네그리의 개방적인 전위당론은 약간의 수정을 경험한다. 이제는 노동자의 자주적인 '구성composition'의 문제, 자기가치증식의 문제, 주체 역능의 활성화라는 문제가 핵심 과제로 제출된다. 당은 노동자의 자기가치증식을 위한 촉매로서 프롤레타리아 권력의 한 기능이고 그 지도력은 조직된 대중 속에 존재한다는 것이다. 요점은 자본주의의 극복과 대안 사회의 구성은 끊임없는 자율Autonomia의 실천 속에서만 가능하다는 것이다. 이를 위해서는 개인적 차원의 문제를 포함하는 '다양성의 통일'이 중요한데, 이는 자율적 대중들이 직접 자기가치증식 과정에 참여함으로써 가능하지 당에 의한 지도나 매개로는 불가능하다. 네그리에 따르면 아우토노미아는 다수의 조직망, 모든 합법적·비합법적 투쟁의 동원, 모든 '분자적 리좀 조직'74의 조정과 협력 및 소통으로 구성된다. 물론 전술적

---

74 '리좀rhizome'은 복수성을 하나의 통일적 코드에 복속시키거나 중심축을 따라 배열하고 분절하는 수목(樹木, Baum)적 이항 모델과 다른 상狀이다. 기원이나 목적에 집착하며 초월적 일자一者에 기대는 수목적 체계와 달리, 통일성이나 위계적 서열 없이 중심이 제거된 체계인 것이다. 가령 국가나 당, 노동조합. 운동 조직 등이 자기와 다른 목소리를 억압하고 고정된 정체성을 지키려 한다면 수목형 조직으로 분류되기 십상이다. 반면 리좀은 계속적으로 다른 목소리 혹은 운동과 접속해가면서 계열들을 만들어내고 와해시키고 복잡한 관계들을 통

으로 당이나 노동조합 같은 '몰적' 조직과 투쟁이 동원될 수 있고, 실제로 분자적 운동과 '몰적' 운동의 접속은 운동의 성취에 중요한 요인임을 네그리 역시 인정한다. 하지만 이러한 접속의 과정이 몰적 운동의 일방적 지도로 귀결되어서는 안 되고 몰적 조직과 분자적 조직 상호간의 역동적 촉발과 생성을 위한 기폭제가 되어야 함을 역설한다.

조직과 실천면에서 새로운 기획을 요구하는 아우토노미아 운동의 주체는 '다중multitude'이다. 이는 스피노자와 들뢰즈/가타리의 '구성' 개념에 영향을 받은 것이다. 스피노자는 지배 '권력'에 대해 '역능potentia, puissance' 개념을 우위에 둔다. 이는 권력의 안정성과 절대성을 뒤흔드는 거시적·미시적 실천들을 통한 구성 및 생성의 개방성과 미완결성을 의미한다. 스피노자에게 역능은 존재의 물질적 생산 및 구성을 위한 주체적 힘이다. 그는 '다중'적인 인간 행위를 세계 구성적 실천으로 해석한다. 네그리는 욕망과 집단적 '상상(창조적 생산의 원칙)'에 기초한 구성적 존재론을 스피노자 사유의 핵심으로 간주한다. 스피노자는 욕구와 욕망 속에서 인간 생활의 실제적인 물질적 기초, 갈등, 인간적 생산의 집단적 생산성을 승인하는 새로운 사유의 지대를 구상했다는 것이다.75 스피노자는 네그리에게 다중의 잠재력에 기초를 둔 구성 권력의 전망, 즉 코뮤니즘communism에 대한 새로운 비전 마련에 중요한 계기를 제공한다. 네그리는 코뮤니즘에 대해 개인과 집단들이 자신만의 특이성singularity이 인정되고 해방되는 공동체를 구성하는 영속적 과정이며, 노동해방과 주체성의 해방을 접속시킴으로써 사회적 '개인'의 발전을 가져오는 '끈기 있는' 과정으로 해석한다.

네그리가 제자 마이클 하트M. Hardt와 함께 쓴 『제국』에서 다중은 제국을 극복할 세력으로 결정화된다. 다중은 "자본주의적 생산 및 재생산 규범들에 의해 착취되고 그 규범들에 종속되는 모든 사람들을 포

해서 새로운 배치들을 구성하는 '변이Variation'의 과정이라 할 수 있다.
75 김현 / 이회진: 『정치적 실천의 주체로서 프롤레타리아트와 다중』, 『시대와 철학』 2007년 제18권 2호, 305-308쪽 참조.

함하는 광범위한 범주"76이다. 여기에는 프롤레타리아트뿐만 아니라 새로운 자본주의 체제 속에서 착취와 억압을 경험하는 모든 이들이 포함된다. 새로운 주체로 '다중'이 떠오르게 된 데에는 생산의 정보화 및 '비물질 노동'의 비약적 증가로 인해 프롤레타리아트에 기댄 혁명이 불가능하게 되었다는 인식이 자리하고 있다. 『제국』에 따르면 다중은 하나의 통일체로서 주민의 대표를 의미하는 '인민' 개념과 구별되며, 능동적 복수성이자 자율성을 지닌 다양성의 총체이다.(E 13) "근대적 인민 개념이 국민국가의 산물이라면"(E 150), "다중은 복수성, 특이성들의 구도, 관계들의 열린 집합"으로 탈근대적·포스트포드주의적 제국 주권의 산물이다. 다중의 주체 개념을 통해 과거 프롤레타리아트 개념이 포괄하지 못했던 이주민, 실업자, 부랑자, 빈민, 여성, 학생, 비정규직, 룸펜 프롤레타리아트 등이 새로운 주체로 부상한다. 나아가 생산적 협동과 감응의 네트워크 속에서 자율적 정치의 장을 열 수 있으리라는 저자들의 희망 속에 다중은 제국 시대의 주체로 평가된다.

그러나 유의할 것은 다중이 기존 프롤레타리아트의 집중된 힘을 분신시키는 리좀적 주체라고 해서 이를 무차별적 무리mob로 오해해서는 안 된다. 다중은 특이성을 보존하면서도 '공통성the common'을 형성해 가는 능동적 주체성을 의미하기 때문이다. '공통성'은 과거 공동체들이 조직의 행동 통일을 위해 단일한 목소리를 강제했던 것과 달리 각자의 다양성과 이질성을 혼합하면서 합의와 소통을 통해 구성해낸 그들 사이의 공통의 질을 의미한다. 네그리/하트에 따르면 다중은 비물질 노동 고유의 협동과 소통 가능성을 전유하고 이미 노동 전 과정에 보편화되어 있는 네트워크 조직망을 전유함으로써 "포괄하라, 구별하라, 관리하라"(E 269)는 제국의 세 가지 명령체계에 대항할 수 있는 대항-제국을 구성할 수 있다. 제국 시대 다중의 과제는 "도주Desertion, 탈출Exodus, 유목주의Nomadism"(E 283) 원칙을 통해 제국으로부터의 탈주flight를 감

---

76 네그리/M. 하트:『제국』, 윤수종 옮김, 이학사 2005, 91쪽. 이하에서는 E로 표기하고 쪽수를 적어둔다.

행하는 것이다.

　하지만 네그리나 하트 자신들의 고백처럼 다중의 정치적 운동 가능성은 시론적 성격만을 띤다. 다중이 획득해야 하는 전-지구적 시민권, 사회적 임금권 등에 대한 요구는 강령적 요구로 제시될 뿐이다. 『제국』의 저자들은 다중의 저항적 잠재력을 낙관하고 있지만 그것을 현실에서의 실천적인 힘과 동일시할 수는 없는 법이다. 이를테면 지난 쇠고기 수입 반대 촛불시위에서 다중은 자신의 저항적 잠재력을 '잠시' 보여주었지만 그 이후의 현실은 실망스럽기만 하다. 그리고 촛불은 중산층의 욕망에서 완전히 벗어나지도 못했다. 비정규직 문제나 용산 철거민 등 사회 약자가 있는 곳을 밝히지 못했기 때문이다. 다중의 실천은 아름답지만 계급문제에 무력하거나 둔감할 경우에 대한 경계가 추가되어야 할 대목이다. 제국 주권의 확장 속에서 다중의 소통은 새로운 사회로 가는 동력이 될 수도 있지만 파편화된 개인들로 존재하면서 기존의 체제를 강화하는 알리바이를 제공할 수도 있기 때문이다.

　물론 자율적 능력을 상실한 다중의 자기 긍정적 역능을 회복해야 하며 지속적인 적대(저항)를 통해 제국에 균열을 내야 한다는 당위에는 누구나 동의할 수 있다. 그러나 네트워크에 기초한 협력과 소통 가능성의 확장은 여러 곳에서 확인되고 있지만, 그에 못지않게 제국의 저항과 포획 역시 강화되고 있다. 오히려 우리에게 필요한 것은 다중 개개인의 생성적 역능에도 불구하고 그들이 분열을 일으키고 체제의 '좀비'로 살아가게 되는 원인들에 대한 면밀한 분석이 필요하다. 그리고 "필요한 무기들은 바로 대중의 창조적이고 예언적인 힘 안에 있는 것은 아닌가, (…) 우리는 이미 무기와 돈을 갖고 있지 않은가"(E 107)를 자신하기에 앞서, 진보적인 '몰적' 조직들(진보정당, 노동조합 등)과의 새로운 관계 설정이 요구되는 것은 아닌지 신중하게 검토해야 할 것이다. 그들은 무조건 배제되어야 할 대상이 아니라 비판과 연대의 파트너일 수 있기 때문이다. 분자적 조직과 몰적 조직은 이분법적 대당이 아니라, 상호 협력과 보완, 생산적 긴장의 관계에 있어야 하기 때문이다. 적어도 한국의 상황에서는 말이다.

이를테면 최근의 튀니지와 이집트에서 시작된 민중 저항은 네그리의 논의와 관련하여 우리에게 중요한 시사점을 제공하고 있다. 특정 정치지도자나 계획 없이 폭발한 이 저항은 조직되지 않은 덕분에 성공할 수 있었다. 민중들은 인터넷을 통한 네트워크 덕분에 하나로 뭉칠 수 있었다. 그렇게 해서 장기 독재정권을 무너뜨릴 수 있었지만, 그러한 항거에는 결정적인 약점이 있었다. 지도자와 정치 프로그램이 없고, 물러난 권력을 대신해 사회를 관리할 능력이 부족하다는 점이 문제로 남은 것이다. 물론 네그리라면 '다중'은 끊임없이 대안적인 '코뮨'을 개발하고 구성한다고 하겠지만, 현실적으로 봉기를 통해 권력을 무너뜨린 다중은 곧 진정되고 마는 경향이 강하다. 문제는 혼돈(카오스)에 대한 두려움을 딛고 자율적 자기 관리 능력과 정치적 현실주의의 접속을 통해 새로운 사회 형태를 창안하는 것이다. 네그리에게 부족한 무엇이 있다면 바로 이러한 현실주의에 대한 감각일 것이다. 그런 점에서 네그리의 '다중'은 '몰적' 조직체가 늘 '열린' 조직일 수 있도록, 즉 고인 물이 씩는 것처럼 한 곳에 정체되지 않도록 견제하고 협력하는 가운데, 기존의 '몰적' 조직들을 활용할 수 있는 지혜를 갖추어야 한다는 새로운 과제를 인식할 필요가 있다.

4. '국민국가'를 넘어선 '제국'

들뢰즈/가타리는 『천의 고원』의 결론부에서 "자본주의에 실현 모델을 제공해 준 것이 근대 국가라면, 이렇게 해서 실현된 것은 세계적 규모의 독립된 공리계로서, 그것은 유일한 '도시', 거대 도시 또는 '거대 기계'가 되어 국가는 이것의 일부분, 시의 한 구역에 지나지 않게 된다"[77]고

---

[77] G. Deleuze/F. Guattari: A Thousand Plateaus: Capitalism and Schizophrenia II, Trans. B. Massumi, Minncapolis 1987, 576쪽.

전망한 바 있다. 네그리/하트는 이를 변주함으로써 '제국'론의 토대로 삼고 있다. 『제국』은 '제국'이라는 새로운 '주권 권력sovereign'의 도래를 선포하면서 시작한다. 전 세계적 '지구화'로 인해 국민국가가 쇠퇴하고 그 대신 지구적 수준에서 '제국'이라는 새로운 주권 형태가 나타났다는 것이다. 그 결과 어떤 강력한 국가(이를테면 유사-제국처럼 보이는 미국)도 독단적으로 지구 질서를 유지하는 것이 불가능하게 되었다. '테러와의 전쟁'을 벌이는 미국이 중국이나 남미 좌파-블럭 등의 반발에 직면한 것, 세계 금융위기를 계기로 만들어진 'G20'이 별 성과 없이 끝난 데에서 알 수 있듯이 말이다. 그런 의미에서 주권은 이제 '일국적' 기관들과 '초국적' 기관들이 구성하는 정치적, 법적, 제도적 네트워크 형태를 취하게 되었다는 것이 네그리/하트의 판단이다.

물론 '제국' 네트워크는 평등한 연대체는 아니다. 그것은 개별 국가, 민족, 지역, 영역을 일종의 피라미드처럼 구성하고 있기 때문이다. 여기서 피라미드는 과거보다 강화된 권력의 서열을 보여주며 지배 기관들의 복잡하고 정교한 협력적 통치를 행사한다. 우선 '제국' 주권체의 최상단에는 미국이 자리한다. 지구제국을 지키는 용병국가인 미국은 전 지구적 무력사용에 대한 헤게모니를 이용하여 전 세계에 산재한 미군과 동맹국 군대들을 제국 수호의 용병(연합군)으로 활용한다. 그 아래에 전 지구적 통화수단을 통제하면서 국제적인 금융거래를 조절하는 국가들의 연합체(G8, G20, 세계경제포럼 등)가 자리한다. 또 그 아래에는 북대서양조약기구(NATO)와 같은 군사적 혹은 재정적 수준에서 헤게모니를 행사하는 국제기관들이 있다. 이들은 제국을 '통합'하는 '군주층'이다. 또 군주층 아래에는 초국적 기업들이나 시장을 조직하는 세력들(세계무역기구, 세계은행, IMF 같은 국제경제기구들)과 영토화된 국민국가(EU와 같은 연합체)가 '귀족층'을 형성하고 있다. 그 아래에는 '민주층'이 있는데, 이는 제국의 질서 아래에서 민중의 이해를 '대의'함으로써 제국의 작동에 기여한다. 다중을 '대의'하는 국민국가들, 미디어들, 비정부기구들(NGO)이 여기에 속한다.(E 220~225)

제국의 이러한 피라미드는 크고 작은 수많은 권력체들이 위계화된 그물 속에 '마디'들로 연결되어 있음을 보여준다. 권력의 복합체로서 제국은 다중의 삶의 활력(역능)을 권력의 흐름으로 바꾸어 놓는다. '민주층'의 대의 회로를 거친 힘들을 '귀족층'에서 마디마디 절합하면 '군주층'이 통합하여 단일한 명령(보편공리)으로 만들어낸다. 제국의 이데올로기인 신자유주의는 자본 착취의 무한한 자유를, 테러에 대한 전쟁은 자유에 대한 다중의 욕망 억압을 보편공리로 만든다. 크고 작은 제국의 이러한 명령을 통해 다중의 생산적 활력은 제국을 살찌우는 에너지로 된다. 물론 미국 '일방주의 내지 예외주의'에 기초한 이라크 전쟁에서 우리는 단일 제국으로서의 미국을 볼 수도 있다. 하지만 네그리에 따르면 이는 '제국'에 대한 미국의 제국주의적 '쿠데타'이며 일탈로서 실패로 돌아갔다.

네그리/하트에게 '제국'은 혼합된 정체, 탈중심성, 외부의 부재라는 특징을 갖는다. '제국'은 과거 제국주의처럼 영토의 분할보다는 탈중심화, 탈영토화의 특징을 지닌다. 그리고 그것은 '매끄러운 공간'을 움직이며 그것을 자본의 '홈 패인 공간'으로 다시 포획해버리는 이중성을 지닌다. "전지구화=글로벌라이제이션의 경제적·문화적 교환들을 효과적으로 규제하는 정치적 주체, 세계를 통치하는 지고한 권력"(E 15)으로서 제국은 WTO, GATT, NATO, FIFA, IMF 등의 새로운 사법적 질서를 대표하는 '초국적 주권'에 근거하고 있다. 이에 힘입어 "'제국'은 힘 자체를 기반으로 하여 형성되는 것이 아니라 힘을 인권과 평화에 기여하는 것으로서 제시할 수 있는 능력을 기반으로 형성"(E 43)되기에 이른다. 냉전 시대와 달리 보스니아 사태 등에서처럼 제국은 물리적 개입이라는 주권 장치와 그 개입을 정당화하는 윤리적-사법적 장치들이 결합된 거대 다양체 권력이다.

이러한 현실에서 네그리/하트가 부여하는 주요한 시대적 과제는 제국의 실체를 이해하는 것과 반-제국 투쟁을 위한 다중들의 이질적 투쟁들을 접속하게 하고 소통시키는 것이다. 우선 제국의 '외부'는 없다.

제국에서 바깥으로서의 자연이 사라지고, 소유의 외부가 사라진다. 모든 것이 제국의 보편적인 '세계시장'에 등록되기 때문이다. 제국의 범위를 넘어서는 군대도 없다. 그리고 유목과 매끄러운 공간의 이중성을 강조했던 것처럼, 이러한 자질들은 제국의 운동을 규정한다. '세계시장'이라는 '보편 제국'의 그물망에 우리는 포획되어 있다. '외부'가 없기 때문에 제국은 근대적 배제와 억압을 통해서가 아니라 '차이의 배분'을 통해 작동한다. 제국은 억압하기보다 '관리'하고 '통치'한다. 제국은 차이의 정치학을 전유하여 새로운 위계들을 배분함으로써 위계를 관리한다. 이러한 '부드러운 지배'를 통해 제국은 부드러운 외양을 획득한다. 무력과 폭력이 아니라 세계시장의 이데올로기가 주요 지배수단이 되기 때문이다.

제국을 형성한 세계시장은 테일러주의, 포드주의, 케인즈주의 등의 자본주의적 실험들을 거쳐 형성된 세계체제이다. 물론 이러한 새로운 주권 체제의 등장 역시 다중의 능동성 혹은 적대에 대한 자본가들의 반응이라는 것이 네그리/하트의 설명이다. 노동자들의 적대적 투쟁을 사회 편성의 일차적 요인으로 보는 이러한 태도는 『제국』 이전 시기부터 네그리가 견지해 온 입장이다. 다중들의 적대적 실천에 대한 자본 측의 대응인 제국은 생산의 정보화와 네트워크에 기반한 권력이다: "모든 생산 형태들은 '세계시장'의 네트워크들 안에 그리고 서비스의 정보공학적 생산들의 지배 아래 존재한다."(E 397) 정보와 커뮤니케이션이 생산을 지배하는 상황의 도래와 함께 서비스, 문화상품, 지식생산, 소통 사업 등 '비물질 노동'이 등장하고 컴퓨터가 이들 사업을 보증한다. 감성적affective 노동이 전면으로까지 성장하고 독점 언론재벌, 초국적 문화산업, 할리우드, 마이크로소프트, IBM 등 정보·커뮤니케이션 권력이 제국의 주요 파트너가 된 것도 자본 내부의 이러한 변동과 무관하지 않다. 제국은 "언어적-소통적-감성적 네트워크"(E 387)들을 통해 주체의 창조적 에너지를 자유롭게 표현하도록 독려한다. 그리고 다중의 에너지를 흡수하여 세계시장의 유지와 확산을 위한 전제로 삼는다.

네그리/하트가 보기에 제국의 뒷받침 덕분에 초국적 기업들은 국민국가를 초월한다. 오늘날 국민국가는 '제국'의 행정부로 전락하고 말았다. 국민국가들은 초국적 기업들과 원활하게 소통하는 가운데 제국적 질서를 뒷받침한다. 물론 이들이 국가의 쇠퇴를 주장하고 있는 것은 아니다. 오히려 제국의 가치를 성실히 수행하기 위해서는 국가의 역할이 더욱 정교해져야 하고 강화되어야 함을 이들은 강조한다. 제국의 마디로서 국가는 제국의 추상적 가치에 충성해야 한다. 이를테면 이제 국가는 특정 국민이 가져야 할 삶의 권리를 경제 활성화라는 가치를 앞세워 박탈하거나 국민의 요구에 귀 기울이지 않는 혹은 아예 말을 걸지 않는다. 씨넷R. Sennett은 이를 '컨설팅 국가'라고 부른다. 국가도 기업의 컨설턴트처럼 "사람들의 구체적 경험에는 관심이 없고 개혁이나 변화란 이름으로 통제는 강화하면서 책임은 지지 않는 자"[78]로 변해가고 있다는 것이다. 이제 국가는 사람들의 삶의 위기와 불안을 공공적으로 해결하고자 하는 복지정책이나 긴급구조에는 관심이 없다. 신자유주의 혹은 자유시장주의에 입각한 전지구적 '관리국가'는 국민국가 내외 재분배, 복지, 헌법주의에는 관여하지 않고 자본의 세계적 유통을 위한 관리자 역할만을 수행하려 한다. 이를 위해 국가는 국민이나 민족 같은 호명을 제멋대로 사용하면서 입맛에 맞는 특정 주체들은 국가에 적법한 주체로 묶어내면서도, 이주민이나 관리 훼방꾼들은 적극적 권력행사를 통해 외부로 추방하여 권리를 박탈한다. 우리가 오랫동안 경험했듯이 신자유주의적 국가에서는 국민 내부에 배제의 공간이 확장되고 그로부터 '찬탈'을 위한 폭력이 활성화된다.

미국, G8, 워싱턴과 파리 및 런던 클럽, 다보스, 훈육 단체들이 제국의 위계적 질서를 형성한다. 그리고 지구상의 모든 국가들은 이러한 위계 속에서 관리와 통제의 역할을 훌륭히 수행한다. 제국이라는 '관리사회' 혹은 새로운 '통제사회'에서 주체는 잡종성을 띠게 되며 삶은 관리되게 된다. 여기서 벗어나는 길은 '구성적 권력'을 형성하는 "노

---

78 리처드 쎄넷:『뉴캐피탈리즘』, 유병선 옮김, 위즈덤하우스, 2009. 27쪽.

동, 지성, 열정, 그리고 감응의 공통 행위들"(E 458)을 창출할 수 있는 다중의 역능을 활성화하는 것이다. 물론 앞서 잠깐 언급했던 것처럼 그것의 구체적 방안은 언급되지 않는다. 다중 스스로 다양한 수준에서 펼치고 있는 투쟁들을 지구적 수준에서 연결함으로써 제국으로부터 자신을 분리하는 길만을 제시할 뿐이다. '시애틀 투쟁'과 같은 반 세계화 운동은 제국에 대항한 대표적인 싸움이다. 그러나 투쟁하는 다중의 지구적 네트워크 구성의 구체적인 가능성은 다시 독자들의 몫으로 돌려질 뿐이다.

5. 네그리의 과제들

물론 방대한 분량의 '제국론'을 이렇게 간단하게 정리하는 것은 무리다. 당위와 낙관론 사이에서 비틀거리는 네그리/하트의 논의는 '지구화'에 따른 세계체제의 변화를 반영하고 있어 수긍할 수 있는 점들도 있지만 구체적 현실 분석과 전망 부분에서는 심각한 결함을 노정하고 있다. 그럼에도 '다중'의 신체를 매개로 이루어지는 새로운 지배 방식에 대한 언급은 지금의 시점에서 무시해버릴 수 없는 정치적 함의를 지니는 것으로 여겨진다. 『제국』의 저자들에게 '다중'은 제국 시대의 정치적, 경제적, 사회적 생산의 주체이다. 그것은 제국 주권의 정치적 포획 대상이자 생산의 기반으로서 제국의 신체이다. "명령하는 머리, 복종하는 손발, 그리고 지배자를 지탱하기 위한 기관들로 이루어진 신체"(E 422)를 통해 제국은 작동한다. 지구적 규모의 '살'('다중')을 하나의 거대한 '신체'로 조직함으로써 생겨난 주권적 신체가 제국이다. 결국 제국은 전 지구의 거시적 권력(국민국가든 민족이든)을 통제할 뿐만 아니라 소속 단위들의 협력 네트워크를 통해 다중까지 미시적으로 지배할 수 있는 '아이리스'요 '아테나'인 셈이다[79].

---

[79] 물론 TV 드라마에 나오는 아이리스나 아테나 같은 조직을 제국과 동일시할 수

그런데 제국에 대한 네그리와 하트의 묘사를 보면 이 거대한 권력망에서 어떻게 출구를 마련할 수 있을까 질문에 부딪히게 된다. 여기서도 그들은 다중의 '힘'(역능, 활력)을 믿는다. 다중은 일자(一者, 제국)만이 지배할 수 있으며 복수적 주체들은 지배받을 뿐이라는 주권이론의 통념을 깰 수 있는 유일한 희망으로 간주된다. 복수적인 주체들을 하나로 통일시키려는 권력의 시도에 맞서 다중들은 자신들의 활력을 활성화할 수 있으며 협력과 연대의 다양한 실천을 감행할 수 있으리라는 것이다. 통일성unity 없는 복수적 특이성들의 네트워크를 구현할 수 있는 주체. 그런 점에서 다중은 다양한 차이를 하나의 정체성으로 결집한 인민people, 순종적이고 종속적인 '생기 없는 잡다함'으로서의 군중mob이나 대중masses과 구별된다. 네그리/하트는 다중을 자본과 제국의 주권에 반대한다는 점에서 '계급적 개념'이라고 말하면서도 종래의 계급으로도 수렴될 수 없다고 선을 긋는다80. 그것은 생산관계 속에서 규정되는 계급 개념, 즉 임금노동자라는 식의 정체성 규정을 벗어나기 때문이다. 다중은 다만 권력에 대한 집합적 저항, 제국에 대한 투쟁이라는 공동된 지향 속에서만 계급으로 규정될 뿐이다. 생명긍정성이라는 공통된 삶의 방향과 자본에 저항할 수 있는 공통의 잠재력을 가진 다중은 자본주의 혹은 제국에서 살아가는 모든 사람일 수 있다는 것이다.

는 없다. 제국은 세계를 움직이는 비밀조직 같은 음모론적 실체가 아니기 때문이다. 그럼에도 다음과 같은 대사는 제국이 작동하는 방식과 흡사하다: "아이리스는 김현준 씨가 상상하는 것보다 훨씬 오래 전부터 존재해온 비밀조직이오. 국제 분쟁과 군비 확장으로 막대한 이익을 얻고 있는 조직이지. 단순한 군산복합체가 아니오. 그보다 훨씬 거대한 조직이지. 아이리스는 암살과 테러를 이용해 국가간 분쟁을 유발하고, 자기네 이익에 반하는 정부를 얼마든지 전복시킬 수 있는 막강한 힘을 갖고 있소. 그들에게 국가란 이익을 주든가 주지 않든가 둘 중의 하나일 뿐이지. 대한민국은 물론, 북 정부와 군부 안에도 아이리스가 존재하고 있소. 당신이 파일 해독을 통해 알아낸 것은 빙산의 일각일 뿐이오. 유감스럽게도 아이리스의 실체를 파악한 사람은 이 세상에 아직 없소. 그들이 당신을 선택했고 이용했고, 버린 것이오."

80 안토니오 네그리/마이클 하트:『다중』, 조정환 외 옮김, 세종서적, 2008, 27쪽. 이하에서는 M으로 표기하고 쪽수를 적어둔다.

그러면 다중은 어디에 있는가? 네그리/하트는 이러한 질문 자체에 반발할 것이다. 이들에게 다중은 고정된 정체성으로 존재하는 것이 아니라 지배와 권력에 맞서는 투쟁의 현장에서 규범이나 상식에 벗어나는 공동의 삶을 끊임없이 모색하고 실천하는 주체이기 때문이다. 이를테면 쇠고기 수입반대 촛불시위에 참여한 10대들, 주부들, 비정규직노동자들, 노숙자들 등은 하나의 통일체를 형성하지 않고 자기들의 특이한 요구들을 제기하면서 소통을 통해 권력과 신자유주의에 문제를 제기한 것을 예로 들어 다중의 징후를 볼 수도 있을 것이다. 네그리도 인터뷰를 통해 이를 인정한 바 있다. 그는 또한 시애틀 투쟁 등의 반세계화운동이나 사파티스타 반군들의 저항 등을 거론하기도 한다. 따라서 억압받는 모든 사람들이 다중일 수 있겠지만, 여기에는 자본과 권력이 쌓아놓은 "벽돌 아래를 통과하는 연결 터널을 파는" 주체들이라는 제한이 따르기 때문이다. 네그리 역시 다양한 삶의 형태들과 욕망들이 서로 연결되어 '공동성the common'을 이룰 때 다중은 실현될 수 있음을 강조한다.(M 278) 하지만 촛불의 주체들이 완벽한 의미에서 다중일 수는 없을 것이다. 그들이 과연 '중산층'의 욕망으로부터 벗어났는가, 그리고 그 사건 이후 그들은 이전의 삶과 다른 삶의 방향으로 나아갔는가 하는 의문에서 벗어날 수 없기 때문이다. 그래서 네그리 역시 다중을 삶의 다양한 현장과 투쟁의 장소에 '이미' 존재하지만 '아직' 실현되지 않은 "하나의 실재적 잠재력'이라는 모호한 단서를 달고 있는지도 모른다.

네그리와 하트에 따르면 다양한 노동 형태들과 삶의 형태들은 '공동성'을 갖는 실재적인 경향이 있다. 정보화에 따른 '비물질노동immaterial labor'은 다중 형성의 유리한 조건을 구축하고 있다는 것이다. 비물질노동은 "지식, 정보, 소통, 관계, 또는 정서적 반응 등과 같은 비물질적 생산을 창출하는 노동"(M 236)이다. 그리고 아이디어나 상징, 코드, 텍스트, 이미지 등에 기초한 생산물을 생산하는 지적·언어적 노동이다. 물론 여기에는 지식정보산업이나 엔터테인먼트 산업만이 아니라 농작물 관리, 가사와 돌봄 노동, 음식점이나 대형 마트의 온갖 서비스 업종들이 포함된다. 이들 모두 정서를 교환하고 생산하며 소통과 협력의 형식을 수반하기 때문이다. 비물질노동의 상당 부분은 컴퓨터 매개 커뮤니케이션(CMC, Computer-Mediated Communication)에 기초하고 있다. 컴퓨터 기술과 네트워크 등이 노동활동과 삶의 현장에 자리 잡기 시작하면서 노동은 더욱 더 비물질 노동으로 되어가는 경향이 있다. 그로 인해 노동은 과거의 생산모델에서 소통 모델 혹은 미적 모델로 변형되고 있다는 것이다. 이는 기존의 농업이나 제조업에도 정보화의 바람을 타고 있고 비물질 노동으로 재편되고 있다. 이를테면 인터넷은 상호작용 미디어로서 과거의 일방적 커뮤니케이션의 한계를 극복하고 참여와 협력, 개방의 가능성을 보여주고 있다. 다음 아고라나 아프리카TV, 위키피디아Wikipedia나 위키리크스Wikileaks 등에서 우리는 집합적 주체로서의 '다중지성'의 가능성을 확인한 바 있다.

다중지성은 사회를 가로질러 수평적으로 확장된 지적 힘들 혹은 집단적 지성을 말한다. 특히 인터넷, 트위터나 페이스북 등의 SNS(Social Network Service)를 기반으로 정보나 지식을 공유하고 집단적으로 참여하여 정보를 확장시켜가는 과정을 생각해 볼 수 있다. 최근 대기업이나 정부, 각 사회기관들은 이를 적극 마케팅 수단으로 활용하고 있다. 하지만 이것의 힘은 정보와 지식으로부터 소외되었던 일반 대중들이 정보와 지식 생산의 주체로 나서게 되었다는 점에서도 찾을 수 있을 것이다. 그래서 다수 미디어 학자들은 이러한 변화를 두고 '커뮤니케이션 혁명'이라 말하기도 한다. 네그리와 하트 역시 여기서 사회적으로 축적된 지식과 정보들이 집단적이고 협력적인 실천을 통해 발전하는 다중의 지적 힘을 확인한다. 더욱이 오늘날 기술적-과학적 지식과 실천들은 삶의 모든 영역들을 포괄하는 방향으로 확장되고 있음에 주목하라고 조언한다. 다중은 이처럼 협력과 소통에 유리한 새로운 기술 환경과 수단들을 습득하고 새로운 협력과 소통의 가능성들을 시위할 수 있는 잠재력을 키워나갈 수 있을 것이라는 희망 속에서 말이다.

물론 네그리를 일방적인 기술예찬론자로 보기는 어렵다. 그 역시 자동화와 정보화는 자본이 생존을 위해 선택한 수단들임을 분명히 하기 때문이다. 그럼에도 다중이 자본 생존을 위한 새로운 기술들로 자신을 충전시키면서 코뮤니즘을 가능하게 할 주체로 될 가능성에 과도한 희망을 걸고 있는 것은 아닌지 의구심이 든다. 물론 그렇게 되면야 좋겠지만 현실과 가까운 미래에 그의 소망이 충족될 전망은 보이지 않기 때문이다. 이를테면 컴퓨터 네트워크에 의해 과거 보다 훨씬 유리한 민주주의의 환경이 구축되었음을 인정할 수 있지만, 그러한 기술이 과연 다중에게 제대로 전유되고 있다고 볼 수 없기 때문이다. 컴퓨터 속 가상공간은 오히려 오락과 소비의 공간일 뿐 소통과 참여, 토론과 대화는 미미해보이기 때문이다. 물론 나비효과처럼 그것이 촛불시위의 큰 파장으로 연결될 수 있음을 인정하더라도, 네그리의 과도한 낙관이 현실에 대한 치밀한 분석을 방해하고 있지는 않은 지 따져볼 필요는 있다. 사실 가상사회는 우리의 현실 못지않게 계급과 세대, 성, 인종 등에 의해 계급적 차별이 존재하는 공간이다. 그래서 '디지털 격차Digita Devide'니 '가상계급'과 같은 개념들이 생겨나고 있는 것이다. 소통하고 협력하며 새로운 삶의 형식을 끊임없이 상상하는 다중의 집단지성이 정치적으로 유의미한 결과를 가져오기 위해서는 우선 각성된 개인이 튼실한 노드(접속점)로 튼튼히 서야 한다. 다중이 살아가는 (가상)공간은 '어떠한 방향이 미리 정해져 있는 것이 아니라 참여자들의 역동적 참여에 의해 만들어지는 것'이기 때문이다.

　　서비스업이나 감정산업에 대한 네그리의 강조에서도 유사한 문제점을 찾아볼 수 있다. 그것이 소통과 협력의 형식을 수반하고 그 과정에서 창조적이고 생산적이며 긍정적인 주체가 구성될 수 있다는 바람은 너무 비현실적이기 때문이다. 사실 자본주의는 눈에 보이는 물건뿐만 아니라 서비스까지 돈으로 사고파는 곳이다. 감정노동은 인간에게서 돈을 주고 살 수 있는 것이 감정으로까지 확장된 경우라고 볼 수 있다. 이는 감정과 기분, 느낌까지 예전과 비교할 수 없을 정도로 조직적으로 설계돼 위로부터 철저히 관리됨을 보여준다. 자신의 솔직한 속내를 감추고 감정을 조절하는 것이 자본으로부터 요구되기 때문이다.

직장에서 '연기하는 나'와 '진짜 나'의 분리가 반복되는 가운데 직업적 능력을 발휘하다보면 결국 우울증 등의 바람직하지 못한 정신 상태에 빠지게 되는 일이 비일비재하다. 백화점 점원이나 스튜어디스, 음식점 점원 등의 억지 '웃음'은 현대판 노동 소외의 가장 대표적인 사례일 수도 있다. 네그리는 정서 노동자들의 소통과 협력을 강조하기 전에 우선 사람의 감정과 기분을 물건 취급을 하는 현실, 소통과 협력이라는 것도 자발적이지 않은 강요된 것임을 전제해야 했다. 그리고 도대체 이러한 서비스업들의 소통과 협력이 어떤 과정을 거쳐 다중을 양산할 수 있는 것인지에 대해 좀 더 친절한 설명이 필요하다. 산업의 구조가 비물질노동으로 변하고 있다는 사실만으로 새로운 주체의 등장을 점치는 것은 무책임한 태도일 수 있기 때문이다. 오히려 이러한 변화는 지배와 감시의 메커니즘이 더 치밀해지는 '통제사회'의 어두운 그림자를 짙게 하기 때문이다.

물론 네그리와 하트가 이러한 반론들을 완전히 무시하는 것은 아니다. 그들 또한 제국 시대에는 공동성에 기초한 생산 혹은 생산된 공통성the common을 누가 선유할 것인가를 두고 세계 자본과 다중이 일종의 계급투쟁을 벌이고 있음을 강조하고 있기 때문이다. 그들이 보기에 제국 시대의 정치는 공통성의 전유를 둘러싸고 자본과 다중이 벌이는 생명의 정치biopolitics이다. 공동의 것-땅, 공기, 식물, 동물, 광물 등의 자연, 공동의 언어, 화폐, 습관, 몸짓, 코드, 감정 등 사회 문화적인 공공재-은 자본의 원천이기도 하지만 삶의 기반이기도 하기 때문이다. 이 점에서도 제국 시대의 생산은 '삶 정치적biopolitical'이다. '삶 정치'는 푸코의 '생체권력biopower'과 '생명정치biopolitics'에서 빌려온 개념이다(E 322). 푸코에 따르면 과거 전통사회의 권력은 군주의 생사여탈권 power of life and death에 근거하여 구성되었다. 반면 근대국가의 권력은 생명관리권a life-administering power에 근거해 구성된다. 특히 19세기 이후 근대 권력은 출생부터 죽음에 이르기까지의 전 과정에 대한 미세한 관리를 위해 생명 관리 기술을 비약적으로 발전시켰다. 이로써 인구의 생명관리와 육성(훈육)이 권력의 주요 관심사로 부상했음을 알 수 있다. 이제 권력은 공개처형과 같은 스펙터클을 통해서가 아니라 몸에 권력의 지향을 새겨 넣음으로써 유순하고도 치밀하게 행사된다.

네그리와 하트는 푸코가 도처에 편재하며 모세관처럼 작동하는 권력 개념을 제시했고 '다른 권력'을 찾고자 부단히 노력했음을 강조한다. 하지만 푸코의 경우 '저항'을 '다른 권력으로 명시하지만 세세한 언급은 피했다. 네그리와 하트는 그것을 권력에 저항하면서도 권력으로부터 자율성을 추구하는 특이한 주체(다중)의 생산과 연관 짓는다. 결국 다중의 활력에 기초한 삶의 권력power of life이 '다른 권력'이라는 말인데, 이는 삶을 다루고 지배하는 권력에 맞선다는 '공통성'을 지닌다. 이들은 다중의 이러한 권력을 '생명정치biopolitics'로, 그리고 그것을 지배하고 포획하려는 권력을 '생체권력biopower'이라고 부른다. 네그리와 하트가 보기에 지금은 '공동의 부common wealth'인 자연과 환경만이 아니라 비물질 노동의 생산물인 소통과 협력, 정서마저 권력과 자본의 명령에 의해 남김없이 사유화되고 상품화되고 있다[81]. 이를테면 토건자본을 살리려는 자연의 사유화(4대강 사업), 더불어 생산한 공동의 정보와 지식의 사유화(지식 상품화나 저작권), 커뮤니티 자체의 상품화(뉴타운 사업) 등 우리의 현실도 그렇지만, 전 지구적으로도 이와 유사한 사례들은 비일비재하다. 포섭과 배제를 통해 생명을 관리하고 통제하는 생체권력의 야욕은 자연에까지 미치거니와 구제역 살 처분의 대상이 된 소와 돼지들은 그것을 말해준다. 제국은 이를 감추려하지만 이는 이미 '제국의 재앙'을 예고하고 있다. 네그리와 하트는 다중이 우리에게 특정한 삶의 형식을 명령하고 거기서 막대한 이윤을 얻어내는 자본주의의 생체권력에 저항하면서 통제사회와 다른 대안적 삶의 형식을 발명할 것으로 믿는다. 다중에게는 생명을 긍정하고 자본과 제국 '외부'의 삶을 상상할 수 있는 '역능'과 '공통성'이 있다고 보기 때문이다.

그런데 다중의 역능에 대한 이러한 믿음은 도대체 어디서 나온 것

---

81 Antonio Negri/Michael Hardt: Commonwealth, Belknap Press, 2009, 21-23쪽 참조.

일까? 네그리와 하트의 믿음은 삶을 지배하는 생체권력이 삶의 권력, 즉 삶 정치를 전제한다는 사실에 그 근거를 두고 있다. 다중의 에너지가 없으면 제국이라는 매트릭스는 허물어지고 만다는 것이다. 이는 자본주의의 중요한 국면들과 주권의 변화들이 능동적인 프롤레타리아('사회적 노동자')의 저항에 대한 수세적 대응이었다는 과거의 주장이 제국 시대에 와서 되풀이되고 있는 것이기도 하다. 자본은 사유화와 상품화를 통해 우리 공동의 것(공동의 자원, 공동의 협력)의 존재를 은폐하거나 억압하지만, 역설적으로 그것은 다중의 저항에 대한 제국의 '생체정치'적 대응이기도 하다는 것이다. 나아가 '공동의 재화'에는 저항성이 내장되어 있다. 이를테면 자본은 디지털 기술을 자신의 생산수단으로 전유하고자 하지만, 공동의 네트워크는 무한한 확장성을 가지고서 자본과 권력의 명령을 늘 초과할 가능성을 내장하고 있다. 또한 최근 사회적으로 유행하고 있는 '창의성creativity' 담론이 말해주듯, 자본은 창의성과 다중의 혁신을 전제할 수밖에 없다. 하지만 네그리와 하트는 자본이 다중의 창의성 전부를 포획하지 못하고 그의 명령에 반하는 흐름을 생산하고 있으며 이것이 더욱 가속화되리라는 '희망 섞인' 진단과 전망을 내놓는다.

네그리와 하트의 이러한 주장들은 다분히 관념적이고 '주의주의'적인 면이 강하다. 그렇다고 그들을 세계화 예찬론자니 지배세력과의 제휴 세력으로 폄하하는 것은 무리일 것이다. 다만 그들이 경청할만한 몇몇 비판들이 제출되었고, 이를 통해 자신들의 이론을 더욱 정교화해야 할 필요는 있다. 이를테면 다중의 활력을 긍정할 수 있지만, 다중의 자율성과 특이성이 통일을 요구하는 정치적 행동과 상충될 수 있다거나, 다중의 다양성에도 불구하고 하나의 헤게모니적 힘이 행사되지 않으면 정치적으로 무력하다는 비판에 제국론은 대답을 할 수 있어야 한다. 그것이 현실 운동을 위한 이론적 자산으로서 제 몫을 하고자 한다면 말이다. 그리고 다중의 공동 수단들(언어, 커뮤니케이션, 정서, 지식 등) 자체는 좋은 것도 나쁜 것도 아니라는 비르노P. Virno의 지적도 있다. 그리고 다중 개념 자체도 행동의 진보성이나 반체제성을 담보할 어떤 기준도 없으며 어디로든 될 가능성이 있다는 발리바르E. Balibar의 비판도 귀 담아 들어야 할 대목이다. 비판의 결정판은 지젝S. Žižek과 바디우A. Badiou가 제공한다. 다중의 다양성과 네트워크 구조는 자본의 탈중심화되고 탈영토화된 전개의 거울 구조에 불과하고(지젝), 다중의 운동 역시 향유할 권리만 시끄럽게 주장할 뿐 단련discipline의 어떤 형식도 회피하는 쁘띠 부르주아 대중운동의 진부한 반복에 불과하다는 비판 말이다.[82]

네그리와 하트 나름대로 이러한 비판에 답을 내놓으려 시도하기는 한다. 우선 그들은 다중에 대한 생각을 바꿀 것을 주문한다. 즉 다중을 본성상 혁명적 정치 주체로 보지 말고 '정치적 조직화의 프로젝트'로 생각해 달라는 것이다. 즉 '존재being'가 아니라 '생성becomming'이 문제이거니와, 다중 만들기making the multitude에 대한 강조가 그들의 진짜 의도라는 이야기다. 다중이 혁명적이냐 아니냐, '지금' 가능하냐 아니냐보다는 어떻게 다중을 구성할 것인가, 다중의 생성이 실패한다면 그 원인은 무엇인가, 그것을 어떻게 극복할 것인가에 대한 논의의 출발로 봐달라는 것일 테다. 그리고 '통일성'과 '헤게모니'없는 운동은 불가능하다는 비판에 대해서도 '정치적인 것the political'에 대한 통념을 버리자고 역제안을 한다. 우선 그들은 지금의 삶 정치적 생산 환경에서는 '지휘자 없는 오케스트라'와 같은 생산이 '경향적으로' 되고 있으며, 이러한 환경에서 자본과 권력으로부터 벗어나는 삶을 일구기 위해 자기조직화와 협력 역량을 키우는 일이야 말로 앞으로의 과제가 될 것이라고 전제한다.[83] 다중은 지금 다양한 투쟁 현장에서 싸움을 벌이고 있는 주체들이기도 하지만 앞으로 구성되어야 할 잠재적인 주체들이기도 하다. 다중의 정치적 의미는 바로 여기에 있다. 특정 헤게모니나 통일성 없이도 어떤 공동행동이 가능할 때 다중은 생성된다는 것이다. 맞

---

82 H. S. Geretsried: Neomarxismus und Globalisierung. 'Empire, das Modell für eine neue Weltordnung' Globalisierungskritik bei Michael Hardt und Antonio Negri, Wintersemester 2008, 17-21쪽 참조.
83 Antonio Negri/Michael Hardt: Commonwealth, 23-24쪽 참조.

는 말이기는 한데, 여전히 허기는 채워지지 않는 느낌이다.

6. '탈출'과 '덧셈'의 정치학

그렇다면 이제 우리는 무엇을 해야 하나? 네그리와 하트는 이에 대해 분명한 답을 주지 않는다. 다만 거시적·미시적으로 작동하는 생체권력에 맞서 대안적 삶의 형식을 창안하라는 주문뿐이다. 그것을 향한 실천을 그들은 '탈출exodus'이라 일컫는다. '탈출'은 '지금 여기'의 부당한 현실에서 도피하는 것이 아니라 지금 우리가 있는 곳에서 자본과의 관계로부터 '탈퇴subtraction'하는 것이다. 자본이 부과한 삶의 형식들을 안에서 전복하는 방식으로 말이다. 이 대목에서는 들뢰즈와 가타리의 '탈주' 개념에 대한 변형이 감지된다. 그들이 보기에 다중은 자본에 대해 '아니!'라고 말할 수 있는 잠재력을 갖고 있다.

그러면 '탈출' 다음에는? 개별적인 탈출이 아닌 공동 탈출의 물적 토대를 갖추어야 한다. 즉 집합적 코뮌의 구성을 위해 '공동의 것'에 대한 인식과 이용능력을 키워야 한다는 것이다. 이를 위해서는 우리에게 존재하는 '공동의 것'이 어떤 상황에 있는지, 우리는 그것을 어떻게 사용할 수 있는지 끊임없이 탐색해야 한다. '공동의 것'에 대한 우리의 전유가 늘수록, 그리고 그것이 더 많은 '공동의 것'을 생산할수록 싸움은 해볼 만한 것이 된다. 공동의 것에 대한 운용 능력의 지속적인 확장 과정이 '다중의 생성'이다.

네그리/하트에 따르면 과거처럼 한 번의 봉기로 세상은 변하지 않는다. 혁명이란 새로운 삶을 향한 새로운 주체성의 영구적인 확대 및 생성의 과정이어야 하기 때문이다. 자본에 포획된 지금까지의 삶으로부터 '탈출'하고, '공동의 것'에 대한 관심과 새로운 용법을 찾는 일이 삶 속에서 꾸준히 계속되어야 한다는 것. 이는 봉기의 사건'들'이 일상의 삶으로 연장되어야 한다는 요구에 다름 아니다. 그런 의미에서 네그리와 하트는 혁명 역시 '공동의 것'의 민주주의, 다중의 민주주의를 향해 '끊기 있게 지치지 않고' 투쟁의 투쟁을 거듭하면서, 사회의 탈주적인 힘들, '흘러넘치는 힘들'을 하나의 일관된 프로젝트로써 조직해야 한다고 말한다. 물론 지도자나 전위정당 없이 그러한 조직화가 가능해야 한다는 전제는 여전히 따르지만.

네그리를 둘러싼 비판과 그의 답변은 계속 돌고 도는 감이 없지 않다. 하지만 다중의 공동 행동 자체가 곧바로 정치적 해방을 가져다주지 않는 현실을 직시해야 한다. 가족이나 기업, 민족 등 공동성을 타락시키는 장치들이 즐비하기 때문이다. 여기에 신자유주의적 삶의 윤리나 돈만이 1등을 기억해준다는 식의 이데올로기까지 보태지면 더욱 그렇다. 그래서 '공동성'에 대한 대중들의 열망이 왜곡되는 조건과 과정에 대한 보다 면밀한 분석이 요구된다. 그런 의미에서 네그리/하트에게 자본주의 사회에서 지배 이데올로기가 어떻게 작동하는지에 대한 문제의식이 약하다는 점은 큰 아쉬움으로 남는다. 이것이 전제돼야 생체권력에 대한 저항과 투쟁, 탈주, 새로운 삶의 생성을 향한 다중의 훈련이 가능하고 삶을 자율적으로 운용하는 능력을 기대할 수 있겠기에 말이다.

사실 네그리/하트의 논의는 전 세계적 상황에 대한 광범위한 시야에도 불구하고 여전히 서구 현실에 대한 이론적 개입일 뿐이라는 인상을 강하게 준다. 제3세계 현실이나 탈식민주의 등에 대해 잠시 언급을 하기는 하지만, 그가 분석하는 현실의 변화는 대체로 서구의 그것에 초점이 맞춰져 있기 때문이다. 그들에게 제3세계는 제국의 마디로서 작동할 뿐이며, 탈식민주의의 경우 억압받는 제3세계 사람들의 고통을 다룬다는 점에서 다중 이론과 다를 바 없음을 말한다. 하지만 미국의 사회구성과 한국의 사회구성이 같을까? '제국'을 구성하는 국민국가들 각각의 특수성을 '제국의 마디'라는 말로 흐려버릴 것이 아니라 그것을 감안하여 분석이 이루어져야 하는 것 아닌가? 오히려 현재의 '세계체제'('제국')는 과거의 세계체제에 비해 제국주의적 성격을 덜 갖는 것이 아니라 더 많이 갖고 있고, 그것이 더 복잡하고 정교한 형태로 작동하고 있다고 보는 것이 옳지 않을까?

그리고 네그리/하트가 말하는 '비물질노동'은 선진국이나 일부 개발도상국에서나 유력한 흐름일 뿐이다. 또한 네그리의 『제국』처럼 서구 중심적 시각은 물론, 미국 주도의 세계질서가 건재하고 그가 강조하는 초국적 기업들과 제도들의 권력 행사가 민족국가를 경유할 수밖에 없는 현실을 상대적으로 소홀히 하는듯한 태도는 이론의 신뢰성을 크게 훼손한다. 앞으로 미국은 물론 중국이나 EU, 남미-블록 등의 준제국 구성원들이 협력보다는 '경쟁'을 격화할 조짐이 짙어지고 있는 마당에, 제국의 협력 네트워크에 대한 묘사는 설득력을 잃고 만다. 자본의 지배적 부분들의 경우 세계 자본주의의 초국가적 공간에서 활동한다는 점에서 『제국』의 주장에 부분적으로 수긍할만한 점이 있다. 하지만 그들에 대한 통제권은 여전히 확고하게 국가적인 성격을 가진 금융그룹들의 수중에 들어있는 현실을 직시해야 한다. 경제는 세계체제 구성원들의 파트너십을 강화하지만, 세계 국가들 사이의 현실정치가 이들 사이를 분열시키는 경우도 허다하기 때문이다.

물론 네그리/하트의 이론은 과거 우리 운동의 문제점들을 반성하는 데 있어 의미 있는 개념들과 필터들을 제공하고 있고, 향후 비판이론과 실천운동이 나아가야 할 방향을 구상하는 데에도 중요한 전거들을 제공하고 있음을 부인할 수는 없다. 하지만 서구에서도 자주 제기되는 질문, 즉 '자율주의가 제시하는 대안적 비전이 과연 가능한가'라는 구체적 실천의 문제에서 조금씩 금이 가기 시작한다. 또한 탈근대적 미시정치와 근대적 거시정치의 문제를 동시에 고려하면서도 전자에 크게 쏠리고 마는 이론적 불균형 역시 이분법적 태도의 반복이고 둘 사이의 긴장에서 생성될 수 있는 새로운 가능성들을 차단하고 마는 것은 아닌가? 현실 속의 국가권력이나 제국주의의 권력과 힘이 만만하지 않기에 하는 말이다.

이는 지젝의 말처럼 '몰적'이고 전체화하는 권력에 저항하는 다수의 '분자적' 실천들을 대립시킴으로써 생겨나는 이분법의 문제와 직결된 의문이다. 이러한 문제점은 자발적이고 비위계적인 다중들이 억압적이고 물신화된 체계에 저항한다는 이분법적 발상에서도 반복된다. "좌파급진주의가 관념론적 급진주의와 결합한 전형적 사례"라는 지젝 S. Žižek의 비판은 두고두고 그들을 아프게 할 것 같다. 또한 현란한 수사에도 불구하고 들뢰즈 역시 강조한 구체적 현실에 근거한 구체적 개입의 결여는 현란한 공허함으로 이들을 빨아들이는 듯하다. "자본주의 사회에 존재하는 제약들, 공포들, 진부함들, 그리고 '갇힌 공간들'에 놓여 있는 다중-되기, 소수자-되기, 프롤레타리아-되기의 착잡한 현실에 착목해야 한다. 그렇지 못할 때 주관적 낙관주의가 냉철한 현실분석을 대신하게 된다. 그럴 때 다중이 자율을 향하는 한에서 착취는 점점 '외적'이고 '공허'하게 된다"[84]는 들뢰즈의 말에 귀를 기울일 필요가 있다.

촛불 싸움이 있고 난 후 국내의 일부 자율주의자와 다수 논자들 사이에 그것의 평가를 둘러싸고 논쟁이 전개된 바 있다. 여기서도 자율주의 자체와 한국 자율주의자들의 현실 응전력의 수준이 있는 그대로 드러났다. "하트와 네그리는 삶의 자본 속으로의 포섭을 그 자체로 자본으로부터의 자율을 향한 운동으로 보는 경향이 있다"(NS 394)거나 "들뢰즈에게 소수적인 것은 사회적 힘들이 운동을 구속하는 갇힌, 불가능한, 소수자의 입장에 근거함에 반해, 네그리는 그것을 풍부와 다양함의 형상으로 읽는다"(NS 254)는 비판에서 촛불을 다중으로 등치시키려는 국내 자율주의의 시도는 '과잉 해석'의 의문을 품게 한다. 자율주의자들이 중시하는 '욕망'의 문제만 보더라도 과연 촛불들의 궁극적인 욕망이 자본의 보편 공리로부터의 탈주로 설명될 수 있을지 의문이 들기 때문이다. 물론 촛불은 생활정치의 가능성을 보여주었다. 하지만 촛불들이 '다중'으로 가기 위해서는 전 세계적으로 얽혀 있으면서도 우리나라에서 독특하게 나타나는 자본의 지배 양태에 대한 좀 더

---

84 N. 쏘번: 『들뢰즈 맑스주의』, 조정환 옮김, 갈무리, 2005, 33쪽. 이하에서는 NS로 표기하고 쪽수를 적어둔다.

정치한 지적 단련이 요구되기에 하는 말이다. 이를 위해서는 주의주의적인 낙관론을 경계하면서 다중이란 "출현하고 있는 자율성에서 발전하지 않고 어떤 손쉬운 혹은 필연적인 출구도 제공하지 않는 그리고 불화, 긴장, 그리고 불가능성으로 꽉 찬 복잡하고 갇힌 관계들에서 발생"(NS 389)하는 것임을 기억해야 한다. "들뢰즈에게도 자본주의적 공리는 삶 자체를 포섭한다. 그러나 이것의 효과는 자율이 아니라 통제의 더욱더 복잡한 메커니즘을 생산하는 것"(NS 394)이기에 하는 말이다.

자율주의 정치론의 관념성 혹은 낙관주의는 『제국』에서 더욱 분명하게 나타난다. 서구 국가들은 물론이고 특히 비서구 국가들에 여전히 중요한 과제인 문제들을 근대의 시대착오적 이슈로 재단하고 마는 것도 어찌 보면 네그리의 치명적인 결함일 수 있다. 물론 자본주의에 대한 네그리의 비판이나 과거 운동 모델에 대한 그의 문제의식, 그리고 변화된 자본주의 현실에 대한 끊임없는 관심과 그에 기초한 대안 운동의 모색이 갖는 진정성을 우리는 인정할 수 있다. 그러나 국가 권력의 장악이나 극복이 문제가 아니라는 식의 국가 없는 혁명, 제국론의 정당화를 위해 제국주의론이나 세계제제론의 긍정적 함의를 소홀히 하는 태도는 네그리의 설득력을 현저하게 훼손한다. "민족국가 모델의 국경을 넘는 확장인 제국주의에서 어떤 민족국가의 헤게모니도 없는 네트워크적 통치인 제국으로의 이행"의 시대는 과연 적절한 현실진단인가? 금융과 군사, 문화의 패권을 한 번도 포기한 적이 없는 미국은 과연 무엇인가? 과연 지금을 "탈영토적인 질서, 주권들의 합성체인 제국의 시대", "근대의 민족국가적 통치권 형태와는 상이한 새로운 통치권의 형태"가 지배하는 시대로 규정하는 적확한 근거는 무엇인가?

이외의 다양한 문제점에도 불구하고 네그리의 이론은 구체적 현실에 대한 정치적 개입의 결과물이다. 네그리를 비롯한 자율주의의 이론적·실천적 작업들은 유럽을 비롯한 세계 각 지역의 운동에 크게 기여한 바가 있다. 네그리의 이러한 성취 덕분에 한국에서도 자율주의의 인기는 여전히 높은 지도 모른다. 그러나 한국의 자율주의자들이 지금까지 보여준 성취들은 자신들은 물론이고 네그리의 논의 역시 문제제기의 대상으로 만드는 측면이 있다. 이제 그들 역시 이론적으로 실천적으로 좀 더 정치해질 필요가 있고, '뺄셈'의 정치가 아니라 '덧셈'의 정치를 고민할 시점에 온 것으로 보인다. 몰과 분자는 상호 배제의 항들이 아니라, 상황에 따라 언제든 섞일 수 있고 변화와 생성의 상호 참조점이 될 수 있다. 자율주의냐 아니냐를 둘러싼 논쟁에서처럼 논쟁 당사자들이 서로의 진정성을 의심할 때 새로운 운동의 구성은 요원할 수밖에 없다. 상대의 진정성에 입각하여 자기의 상처인 듯 타자의 허물을 지적할 때 값진 성취가 나올 수 있기 때문이다.

위기의 체제 실재의 윤리

2

주체의 부활 혹은 주체 너머의 주체
소통 자본주의 시대의 변증법과 정치 윤리
기독교의 귀환
정치적인 것의 윤리와 진리

주체의 부활 혹은 주체 너머의 주체

1. 주체의 종언, 그 이후

　최근까지 우리는 '주체의 죽음'과 관련한 비장한 선언들에 시달려야 했다. '이데올로기의 종언'이니 거대담론의 시효성 상실이니 역사의 종말에 대한 포스트주의적 담론들 역시 주체의 죽음과 결부된 것이니만큼, 주체의 해체를 위한 제각각의 시도들은 '주체'를 미처 포기할 준비가 되어 있지 못한 이들에게 지난 시기의 과오에 대한 뼈아픈 반성의 기회를 제공하기도 했지만 비판이론의 지적·실천적 무장해제를 앞당기는 계기가 되기도 했다. 포스트주의도 시들해져가는 지금의 시점에서 돌이켜보면 거대한 해일처럼 밀려들어온 포스트주의적 담론들은 근대적 사유의 억압적 측면에 대한 반성이라는 일말의 긍정성에도 불구하고, 비판과 저항 등 근대의 긍정적 계기들마저도 부정하게 만드는 위력을 지니고 있었다. 그리고 그 결과는 현실에 대한 비판적 해석과 이론적 개입의 부재로만 그치지 않고, 모든 실천에 대한 부정 내지 냉소라는 더 심각한 결과들을 불러왔다.

　물론 어떤 이들은 포스트주의 덕분에 현실 운동의 폭이 넓어지지 않았느냐고 주장하기도 한다. 노동운동에 편중되었던 변화의 요구들이 환경, 여성, 소수자 운동 등 다양한 시민운동으로 분화되면서 다원주의적 민주주의로 가는 길이 한층 더 앞당겨지지 않았느냐고 말이다. 그 누구도 욕망, 차이, 타자 등 진보적 이론들이 상대적으로 간과해온 영역들에 시선을 두게 만든 포스트주의들의 공로를 부정할 수는 없을 것이다. 하지만 포스트주의의 '쓰나미'가 휩쓸고 간 지금의 현실에서 평가하자면 아무래도 그 공보다는 과에 더 무게를 둘 수밖에 없는 것이 지금의 상황이다. 다양한 부문운동들의 활성화에도 불구하고 환경 재앙의 위험은 더욱 커져만 가고 여성들의 지위는 크게 개선될 것 같지 않으며, 소수자들에 대한 인종적·민족적 차별은 더 늘어만 가고 있으니 말이다. 무엇보다 전 세계적 양극화 현상들은 계급 담론의 시효성 상실의 주장에도 불구하고 계급적 모순의 심화를 말해준다. 한국 사회의 1:9의 사회구조는 바로 심화되어 가는 전 지구적인 1:9 양극화 구조의 한 단면이요 그 실체이기도 하다.

양극화의 심화를 불러온 전 지구적 자본주의의 고리를 끊고 억압과 차별의 관행들을 철폐하기 위해서는 새로운 실천운동들이 절실하게 필요하다고 주장하는 이들에 대해 포스트주의자들은 여전히 시대와 현실의 변화를 따라잡지 못하는 '낡아 빠진' 근대의 지체아들로 평가할지 모를 일이다. 당신네들의 이론과 현실의 간극은 이미 현실 사회주의의 붕괴를 통해 입증되지 않았느냐고 말이다. 물론 자본주의의 억압적 퇴행들에 대한 대안적 모델을 제시하고자 했던 다양한 실험들의 변질과 그것의 객관적 원인들에 대해서는 면밀한 반성과 대안 마련이 시급하다. 그 점에서도 포스트주의의 뼈아픈 충고는 두고두고 경청할 필요가 있을 것이다. 하지만 포스트주의의 득세 이후 벌어진 양극화의 심화와 이라크전쟁 등을 통해 드러난 미국이라는 새로운 제국의 출현에 대해 포스트주의는 어떻게 설명할 것인가?

우리의 경우 문제는 더욱 심각하다. 포스트주의자들 가운데 일부가 '근대성 비판'이라는 이름으로 저항적 민족주의마저 부정하고, 그것을 매개로 '식민지 근대화론'의 친일파 옹호와 손잡는 기이한 상황이 연출되고 있기 때문이다. 또 친일을 직접 옹호하지는 않지만, 친일파의 후예인 수구적 국가주의 세력과 유착하는 모습마저 발견된다. 이는 근대적인 해방 패러다임을 넘어서는 근본적 차원의 해방을 주장하는 포스트주의자들이 다양한 근대화론 중에서도 가장 억압적이고 폭력적인 파시즘의 논리와 연대하는 우스꽝스러운 모습의 연출에 다름 아니다. 한국에 수용된 "탈근대 담론이 민족·민중 담론을 전면 부인함으로써 한국 근대문학이 제국주의와 자본주의에 맞서 이룬 반체제적 진보성을 평가절하했다"1는 비판은 지난 20여 년간 포스트주의의 수용에 힘써온 한국의 지식계가 거듭 곱씹어보아야 할 지적이다.

사실 포스트주의의 현실에 대한 대응력의 부재는 '주체의 해체'라는 기획에서 예비된 것이었다. 포스트주의자들은 민족이나 계급 같은 거대한 집단적 주체가 자신들의 정체성을 확보하고 강화할 때 집단에 속하지 않는 타자를 배제하고 억압한다는 전제에서 출발한다. 따라서 강고한 집단적 주체를 해체하여 다양한 하위주체들의 존재를 복원하고, 또 그 주체가 배제한 타자의 목소리를 되살려야 한다는 것이 포스트주의자들의 주장이다. 그들이 제국주의에 대항하는 민족을 해체의 대상으로 보는 것은 그 민족이 제국주의의 압력 속에서 제국주의를 모방해 형성된다고 이해하기 때문이다. 제국주의이건 민족주의이건 억압적 주체라는 점에서는 다를 바 없다는 것이다. 하정일의 경우 포스트주의의 이런 결론이 저항의 거점을 무너뜨리는 효과를 낸다고 지적한다. 제국주의를 극복하는 것은 그 것을 "집단적으로 실천할 주체의 형성 없이는 불가능한 일"2인데, 그 주체 자체를 근본적으로 부정하기 때문이다. 이런 식의 논의라면 결국 현실에 대한 근본적인 변화는 물론 포스트주의자들 스스로 요구하는 탈근대적 변화 역시 요원할 것이다.

사실 포스트주의자들의 이러한 주체관은 자신들의 이론 자체에도 배치되는 역설적인 주장을 담고 있다. 왜냐하면 주체들의 다양한 목소리를 복원한다면서 정작 민족이나 노동자 계급이라는 집단을 하나의 목소리만 지닌 단일 주체로 이해하기 때문이다. 포스트주의자들은 "민족과 민중도 내적으로 다양한 정체성들로 분할돼 있는 이질적 집합체"3라는 사실을 인정할 필요가 있다. 그들이 비판하는 '근대'만 하더라도 복합적이고 모순적인 체제이며 다양한 발전 형식들을 거쳐 왔다.

---

1 하정일: 「탈근대 담론: 해체 혹은 폐허」, 『민족문학사 연구』, 민족문학사학회, 2007, 14쪽.
2 같은 책, 15쪽.
3 같은 책, 21쪽.

가령 서구의 근대와 비서구의 근대가 다르고, 우리와 일본 그리고 중국의 그것도 다르다. 오히려 근대와 주체 등이 지닌 시대적·지역적 차이를 인정하고, 그에 기반한 실천모델을 구상하는 것이 포스트주의자들의 문제의식에도 합당한 것 아닌가 하는 질문을 해볼 필요가 있다.

그러나 현재 포스트주의의 '주체의 죽음'을 둘러싼 이론적 설명들도 한물 간 것 같은 느낌이 든다. 아마 대부분의 지식인들이 이를 기정사실로 받아들이기 때문인지, 아니면 이제 상업적인 약효를 다했기 때문인지 주체와 관련한 담론들을 찾아보기 어렵게 되었다. 이 역시 한국 지식계의 '냄비근성' 때문일까? 정말 주체의 죽음이 찾아온 것 같은 상황이 지배하는 지금 주체와 관련한 논의를 재개한다는 것이 마땅치 않은 일로 여겨질 수도 있겠다. 하지만 주체 형성의 복잡한 의식적·무의식적 과정에 대한 이론적 설명들과 그 문제점을 살피는 일은 여전히 절실한 과제이다. 왜냐하면 이론이 현실 설명력을 갖추지 못하고 억압적이고 폭력적인 현실의 극복을 포기해버린다면 지적 자위행위에 다름없는 꼴로 전락하고 말 것이기 때문이다.

2. '근대적 주체', 그것의 배타성?

우리는 '주체主體'라는 말을 별 거리낌 없이 자주 사용한다. "주체적으로 사고하고 행동해라!", "멍청하게 가만있지 말고 주체로 나서라!" 등. 하지만 주체라는 개념이 무엇을 의미하는지 물어오면 그만 막막해지고 만다. 그 원인은 여러 가지가 있겠지만 주체라는 개념이 너무 협소하게 이해되어 왔거나 너무나 많은 내용을 포함하고 있기 때문일 것이다. 가령 국어사전에서 '주체'라는 항목을 찾아보면 그것이 표상하는 바가 과연 무엇인지 의문을 품을 정도로 너무나 공허하다:

"주체(主體) [명사] 1. 사물의 주되는 부분이나 중심이 되는 것, 또는 사물의 작용이나 어떤 행위의 주가 되는 것. 2. 객관에 대한 주관으로서의 자아, 곧 객체에 대하여 행위나 작용을 끼치는 것. ↔객체(客體)"4.

'주체'에 대한 개념적 정의를 더욱 어렵게 하는 것은 '주체'에 관한 담론들이 주체를 모두 다르게 설명한다는 사실이다. 어찌 보면 철학의 긴 역사 자체가 주체 문제와 씨름을 해왔다고 볼 수 있는데, 아직 공통적으로 합의된 의미를 도출하지 못하고 있는 형편인 것이다. 상식적인 의미에서 '주체'를 흔히 '자기의 주인', '물체의 중심', '행위의 실체' 등으로 이해하는 경향이 있는데, 이 역시 제한적인 의미를 가질 뿐이다. 왜냐하면 이들은 최근 의심과 회의의 대상이 되는 근대 철학적 '주체' 개념의 뉘앙스만을 포함하고 있을 뿐, 시대에 따라 다양한 의미를 지닌 가변적·역능적 주체의 의미들을 포함하지 못하기 때문이다. 가령 우리만 하더라도 어제의 나와 오늘의 나가 다르고, 남자 친구를 만나는 나와 여자 친구를 만나는 나가 다르다. 인간이라는 것은 그가 처한 상황과 조건, 역사적 맥락에 따라 다양한 모습을 하고 있음에도 불구하고 고정된 실체로 오해하고 있는 것이다. "내가 나를 모르는 데 넌들 나를 알겠느냐"(<타타타>), "내 속엔 내가 너무도 많아"(<가시나무>)라는 노랫말처럼 '주체'는 항상 변화가능하고 스스로를 바꿔가는 존재인 것이다.

원래 주체는 중세 철학의 라틴어로 '수브엑툼subjectum'으로서, 이는 '아래에서 자신을 끌어당기는 것' 혹은 '밑에 깔려 있는 것'을 의미한다. 그런데 '수브엑툼'은 아리스토텔레스의 '휘포케이메논hypokeimenon'으로 거슬러 올라가는 개념으로 이중적인 의미를 지닌다. 한편으로 논리학에서 '수브엑툼'은 술어를 통해 무엇이라고 진술되는 문법적 주어의 의미를 갖는다. 이러한 주어는 술어적 서술과 규정에 종속되기 때문에 '종속된다'는

---

4 http:// krdic.naver.com

의미를 띠게 된다. 이렇게 되면 '수브엑툼' 개념은 '주어'이면서 '대상'으로서의 의미를 동시에 획득하게 된다.

'수브엑툼'의 존재론적 의미에서도 이러한 이중성은 사라지지 않는다. 중세철학(특히 토마스 아퀴나스Thomas Aquinas)의 경우 수브엑툼은 '실체substantia'의 의미를 지닌다. 하지만 완전한 실체인 신('순수 실체')에 대해서는 이 말을 적용할 수 없다. 왜냐하면 신은 문장 속의 '주어'나 신학적 논의의 '대상'이 되는 경우를 빼고는 존재론적인 의미에서의 실체가 될 수 없기 때문이다. 신은 그 어떤 무엇에도 종속되어 있지 않은 존재이므로 종속성의 의미를 포함하는 논리적인 실체개념으로는 이해될 수 없다. 그래서 논리적인 수브엑툼과 신학적인 실체는 다른 의미를 지니게 된다. 다시 말해 "중세 형이상학에서 자신의 존재에 있어서 오직 자신을 통해 규정될 수 있는 존재자, 자신의 존재와 본질에 있어 어떤 다른 것에도 의존하지 않는 존재자가 실체"5였고, 자신의 존재와 본질에 있어서 다른 어떤 것에 의존하는 존재를 수브엑툼이라고 불렀다.6

데카르트는 이런 신 중심의 주체관을 뒤집는다. 알다시피 중세는 모든 학문이 신학적 범주가 허용하는 한에서만 가능한 시대였다. 갈릴레이의 종교재판은 과학마저도 신적 질서의 인식에 전념해야 한다는 원칙에 종속되어 있었음을 잘 보여주는 사건이다. 하지만 데카르트는 중세 후기의 반신학적 사유들을 계승하여 중세적 사유를 뒤집는데, 그것은 바로 "나는 생각한다. 고로 존재한다cogito sum ergo sum"는 명제로 표현된다. 신의 자리에 인간(이성)이 들어서게 된 것 자체는 진보적이고 해방적인 의미를 지닌 사건이다. 이로써 인간의 자율성을 거론할 수 있는 단초가 마련되었기 때문이다. 하지만 신에 대해 인간 주체를 절대적으로 강조하는 과정에서 인간 주체의 절대화가 비롯되었고, 여기서 근대 사회의 다양한 문제점들이 생겨났다는 것이 포스트주의나 프랑크푸르트 학파 비판이론의 공통된 주장이다. 그러나 우리는 데카

---

5 강영안: 『주체는 죽었는가』, 문예출판사, 1996, 97쪽.
6 같은 책, 97-99쪽 참조.

르트적 사유가 갖는 부정적 함의에도 불구하고 당시의 관점에서 그가 갖는 진보적 의미를 평가할 필요가 있다. 그리고 데카르트의 사유 역시 의식과 무의식, 이성과 비이성 사이의 균열에서 오는 지식의 불확실성에 대한 불안을 피하려고 한 흔적이 역력하다. 라캉과 푸코, 지젝 등이 데카르트 사유의 이면을 보면서 그를 새롭게 자리매김하려 한 것도 이러한 사정을 고려했기 때문이었다.[7]

사실 데카르트에 대한 포스트모던적 비판은 대체로 하이데거Martin Heidegger의 해석에 기대고 있다. 하이데거는 서구의 근대를 주체성과 관련지으면서 과학과 기술, 자연지배로 대표되는 근대 문화는 근대의 (주체 중심적) 형이상학에 기초하고 있다고 주장한다. 그에 따르면 '주체 das Subjekt, subjectum'의 그리스어 '휘포케이메논hypokeimenon'은 "근거로 모든 것을 자기에게로 모으는 것"을 의미할 뿐 '자아'와 인간을 특별히 지칭한 것은 아니었다. 하지만 데카르트에 와서 주체는 존재하는 모든 것을 근거짓는 기반을 의미하게 되었고, 인간 속에 깃든 고유의 속성으로 인정받게 되었다는 것이다. 이로써 인간은 모든 존재를 자기 자신의 존재와 자기 자신의 진리에 근거지우는 실체의 의미를 점유하게 된다. 드디어 모든 것의 근거요 모든 것의 주인으로서 인간은 하느님의 동기동창으로 등극하게 된 것이다.

데카르트는 철학의 궁극적 목표를 "자신의 행위 법칙을 입법하는 인간에게 형이상학적 근거를 제공함으로써 인간을 새로운 자유로 해방시키는 데 있다"[8]는 것으로 명시한다. 이는 계몽주의자들의 공통된 목표로서 당시로서는 위험한 주장이었고 정치적인 효과를 갖는 발언이었다. 그에게 새로운 자유의 확고한 기초는 절대로 확고부동한 사실인 'cogito ergo sum'이라는 명제로 표현된다. 그에게 철학은 인간의 자유를 위해 불확실한 지식에 확실한 지식을 제공해야 했다. 이를 위해

---

7 R. Butler: Slavoj Žižek zur Einführung, Hamburg: Junius 2006, 26-27쪽 참조.
8 강영안: 앞의 책, 78쪽.

지식은 어떠한 의심과 회의도 견뎌내야 한다는 것이 데카르트의 지론이었다. 그는 이른바 '방법적 회의'를 통해 모든 것을 의심해도, 의심하는 내가 없다면 의심하는 게 불가능하다는 생각에 도달하고 "나는 생각한다. 고로 존재한다"고 결론을 내리게 된 것이다.[9]

하이데거는 '코기토'를 '무엇을 소유함', '어떤 사태를 붙잡음', '자기 앞에 세움Vor-stellen', 즉 대상화로 해석한다. 그에게 사유는 '앞에 가져올 수 있는 것(대상화 가능한 것)'을 소유하는 것이다. 더 나아가 그는 코기토를 '회의하는 행위'로 해석하는데, 이는 무엇인가를 앞에 세워 따져 물음으로써 확실하게 만드는 것이다. 그런데 코기토는 그 어떤 타자의 사유가 아니라 '나'의 사유이다. 그리고 내가 사유한다는 것을 사유하는 것이기도 하다. 이를 정리하면 코기토는 어떤 것을 대상화하여 의심할 수 없는 확실한 것으로 만드는 것이기도 하고, 사유하는 나를 거듭 확실히 하는 것이기도 하다. 하이데거에 따르면 이러한 사유 과정을 통해 코기토의 '자아'는 '주체', 즉 모든 것의 근거가 되고 세계(타자, 인간, 자연 등)는 주체의 지배하에 들어왔다. 나아가 그는 대상과 세계의 주인으로서 주체가 근대의 형이상학적 기초가 되었다고 주장한다.[10] 여기서 볼 수 있듯이 하이데거의 데카르트 비판과 포스트주의의 그것은 크게 구별되지 않는다.

하지만 우리는 데카르트 철학의 이중성, 그 이후의 주체철학과 근대 자체가 지니는 이중성 내지 균열에 주목할 필요가 있다. 이를 간과할 경우 근대철학의 성과 일반은 아무런 의미 없는 공염불에 불과할 것이기 때문이다. 데카르트 이후 '주체' 개념은 근대철학의 핵으로 자리 잡는다. '주체'는 신으로부터 벗어나기 위해 독립적으로 사고할 수 있는 존재의 필요에서 나온 것이었다. 그리하여 주체는 확실한 지식에 이르기 위한 출발점이 될 수 있었다. 이러한 관점에서 볼 경우 근대적 주체는 중세적 신으로부터 인간의 독립을 보여주는 징후로 볼 수 있

9 이진경: 『철학과 굴뚝청소부』, 새길, 1994, 35-41쪽 참조.
10 M. Inwood: Heidegger. Herder, Freiburg, 1999, 12-18쪽 참조.

다. 하지만 '주체'라는 개념은 늘 '객체'나 '대상'이라는 짝 개념을 동반한다. 내가 '사유하는 주체'라면, 이 주체가 사고하는 무엇이 있어야 하기 때문이다. 이는 자연 세계로부터 인간이 분리되었음을 의미한다. 주체인 인간이 대상인 자연을 지배한다는 생각도 이러한 '주/객체 분리'에서 비롯되었다는 것이 근대 비판론자들의 공통된 주장이다. 그런 점에서 생태론자들이 데카르트를 공적公敵으로 삼는 이유도 알만하다.

포스트주의자들은 욕망과 육체에 대한 근대적 사유의 무시 혹은 폄하 역시 데카르트에서 시작된다고 본다. 실제로 그는 이성의 완전성을 주장하기 위해 인간의 육체나 감정, 열정을 완벽하게 통제할 것을 '도덕적으로' 요구한다. 그에게 이것들은 과학적(수학적) 인식을 가로막는 훼방꾼이다. 그래서 그는 자연의 지배를 위해 자연에 대한 인식이 필요하듯, 육체와 욕망의 통제를 위해서는 이들에 대한 이해가 필요하다고 주장한다.11 결론적으로 그는 "가급적 이성에 의해 통제되는 상태를 위해서 제멋대로인 육체를 통제하고 욕망을 억제하라"고 주장한다. 데카르트가 이성의 타자들이 내는 목소리들을 간과했다는 사실은 분명하다. 근대적 가치들에 의해 훼손되고 폄하되어온 육체와 욕망 등에 제대로 된 자리를 찾아주는 것은 반쪽 이성에 제짝을 찾아주는 중요한 일이기도 하다. 하지만 이러한 것들에 대한 데카르트의 강박적 거부의 원인들과 그 과정들을 따져보는 것도 흥미로운 일일 것이다. 왜냐하면 데카르트의 과도한 이성적 사유의 강조 과정에서 그가 애써 배제했던 '실재惡神'가 드러날 수 있을 것이기 때문이다. 데카르트는 무엇이 무서워서 강박적으로 정념과 욕망을 거부했던 것일까 물어볼 필요가 있는 것이다. 그 무서운 것 속에 바로 데카르트의 진심이 숨어 있는 것이다. 그래서 라캉이나 지젝 같은 이들은 근대철학이 실재를 무의식적으로 이러한 변증법적 이면 속에 감추어두었을 뿐 그것을 배제한 것은 아니라고 주장을 한다.12

---

11 이진경: 앞의 책, 45-47쪽 참조.
12 S. Žižek: Die Tücke des Subjekts, Frankfurt/M. 2001, 41-47쪽 참조.

우리는 인간을 자율적으로 사고하고 활동하는 이성적 존재로, 즉 자립적 사고와 행위를 할 수 있는 주체로 파악하려는 근대 철학의 첫 기획이 어떻게 변질해 갔는가를 직시할 필요가 있다. 그런 점에서 근대적 이성 속에서 도구적 이성과 구별되는 해방적 이성을 찾아내고 그 것의 활성화를 시도한 프랑크푸르트학파의 비판이론이 포스트주의의 해체적 이성비판보다 더 현실적인 것으로 여겨진다. 물론 주체를 정신의 능동적 자기 활동으로 규정하고, 객체를 그 활동 대상으로 파악하는 것이 근대적 주체관의 출발점이었다는 사실은 분명하다. 칸트나 헤겔의 경우도 이러한 입장에서 자유롭지는 않았다. 특히 헤겔에게 주체는 이념의 한 규정이며 주체적 활동은 순수 정신적인 활동이고 외화는 결코 실재적-대상적인 것이 아니며, 행하여지는 운동은 이념의 자기운동13이었다. 이러한 시각 역시 근대적 주체관의 정수를 보여준다. 하지만 이러한 사고는 이후 마르크스, 니체와 프로이트 등에 의해 비판을 받는데, 그들은 모두 '생각하는 자아cogito'에 대한 믿음을 거부하고 주체의 가변성과 역능을 강조하기 때문이다.

근대 형이상학의 종말을 향한 이 세 사람의 집중적인 작업을 통해 통일된 이성적 주체라는 환상은 깨지게 된다. 이성이 거주하는 '전체'의 소재지로서의 주체는 통일적이고 동일적인 것이 아니다. 주체와 그의 이성 내부에는 이성의 타자들이 자리하고 있으며, 주체의 통일성에 대한 믿음은 허구에 불과하다. 이는 인간의 복잡성에 대한 통찰이면서 인간의 자율성을 규정하는 또 다른 요인들의 발견으로 이어진다. 토대와 권력의지, 무의식은 주체를 규정하는 핵심적 요인들로 이해된다. 이로써 서로 다른 방향으로이긴 하지만 '탈근대'의 몸짓이 시작되었다고 할 수 있다. 특히 마르크스의 경우 주체는 다양한 힘들이 사투를 벌이는 현장에서 정치적 사회적 요인들에 의해 규정되고 변화되는 가변적 존재이다. 주체는 이제 구체적인 신체적 감성적 개인으로 규정되면서 근대적 주체의 지위는 새롭게 평가된다.

---

13 이진경: 앞의 책, 145-147쪽 참조.

3. 근대 너머의 주체, 마르크스의 주체 이론

마르크스는 헤겔을 비롯한 관념론의 전통 및 포이에르바흐Ludwig Feuerbach를 비롯한 기계적 유물론의 전통과 대결하면서 근대적 주체관을 뛰어넘으려 한다. 그가 보기에 헤겔 철학과 같은 관념 철학은 구체적 삶을 살아가는 감성적 인간을 간과한다. 그가 의식과 현실, 주체와 실천의 관계를 재정립함으로써 철학을 지양하려 한 데에는 데카르트 이후의 사변 철학의 주체가 현실의 변화에 별 효과가 없다는 판단이 자리하고 있다. 지금까지 철학은 세계를 단지 해석하기만 했을 뿐 실천적으로 세계를 변화시킬 수 없었다는 진술은 마르크스 철학의 구체적 지향점을 분명하게 보여준다.

마르크스에게 주체는 운동의 결과인 동시에 운동의 출발점이고 환경의 산물일 뿐만 아니라 환경을 개조하는 인간이다. 그야말로 주체와 대상(혹은 현실이나 세계)의 관계는 변증법적 상호작용의 관계 속에 있는 것이다. 그는 육체야말로 인간이 가장 본질적인 요소라고 봄으로써 인간을 욕구와 욕망을 지닌 육체적 주체로 자리매김한 포이에르바흐의 유물론적 계기를 긍정적으로 평가하면서도, 주체의 역사성과 사회성에 대한 인식의 부재, 실천이 갖는 적극적 의미에 대한 무관심을 비판한다. 마르크스에 따르면 포이에르바흐의 유물론은 "하늘에서 땅으로" 내려오기는 했지만 다시 "땅에서 하늘로" 올라가지 못했다[14].

하지만 마르크스는 사회 현실 속에서 다양한 관계들을 맺으며 살아가는 구체적 인간에서 출발한다. 그에게 인간은 "어떤 환상적으로 완결되고 고정된 인간이 아니라, 특정한 조건 아래에서 현실적이고 경험적으로 관찰될 수 있는 발전과정 상의 인간"[15]이다. 즉 주체는 당시의 생산관계라는 특정한 조건 속에서 위치 지워진 존재로서 사회적 존재

---

14 한국철학사상연구회(편):『철학대사전』, 동녘, 1989, 1341쪽.
15 K. 마르크스/F. 엥겔스:『독일 이데올로기』, 김대웅 옮김, 두레, 1989, 74쪽.

의 모습을 지닌다. 그는 인간을 개인으로서 뿐만 아니라 '사회적 유적 존재'로 파악하는데, 이러한 관점에서 사회의 한 개인은 '사적 인간'에 불과하다. 하지만 사적 인간이라는 개념은 유적 존재로부터 떼어낸 하나의 추상에 불과하다. 개인 역시 사회적 존재이고, 개인의 내밀한 의식 역시 처음부터 사회적 산물이다. 억압적 지배관계를 의식하고 그것을 바꾸려 시도하는 주체이건 그것에 순응하고 그것의 재생산에 직·간접적으로 기여하는 주체이건 사회적 관계로부터 자유로울 수 없다는 것이다. 물론 이러한 유적 존재로서의 인간 역시 동일자로 존재하는 것은 아니다. 어차피 사회적 관계 자체가 유동적이고 모순적이므로 그 안에 살아가는 개인이나 집단 역시 균일성을 전제할 수는 없기 때문이다.

주체처럼 주체의 의식이라는 것도 고정되거나 투명한 것이 아니다. 개인의 의식은 늘 사회적인 존재와 무관할 수 없는 사회적 의식으로서 존재하지만 이것이 주체 의식의 동일성을 의미하는 것은 아니다. 인간의 의식이라는 것이 한결 같지 않고 복잡하다는 사실에 대해 마르크스도 부인하지는 않는다. 그 역시 "각 개인들은 그들이 다른 한 계급에 대한 공통적인 투쟁을 수행해야 할 경우에만 하나의 계급을 형성하고 그 밖의 경우에는 경쟁 속에서 서로 적대적으로 대립한다"[16]는 사실을 잘 알고 있기 때문이다. 계급 관계, 사회적 관계들의 복잡성만큼이나 의식과 주체의 모습들 역시 매우 다층적이라는 전제는 예나 지금이나 사회 변화를 위한 인식적 출발점이지만, 마르크스도 이를 염두에 두고 있었음을 알 수 있는 것이다.

마르크스의 '실천' 개념은 그의 이러한 주체 이론에 있어 각별한 의미를 갖는다. 왜냐하면 그는 이 개념을 통해 자명한 주체를 둘러싼 근대적 주체 이론의 지반을 떠나게 될 뿐만 아니라 주체의 상대성과 가변성 및 복잡성에 대한 인식을 획득할 수 있기 때문이다. 그는 『독일 이데올로기』에서 포이에르바흐를 포함한 기계적 유물론을 비판하면

---

16 같은 책, 102쪽.

서 실천의 핵심적인 명제를 제출한다. "지금까지 모든 유물론-포이에 르바흐의 유물론을 포함하여-의 주요한 결함은 대상, 현실을 객체의 형식으로만 파악했고 그것을 실천으로 파악하지 못했다는 것이다."[17] 마르크스에 따르면 실천은 우선 '대상'이다. "인간이란 자기가 먹는 것과 다르지 않다"[18]는 포이에르바흐의 말처럼, '기계적 유물론'은 대상과 현실을 그 자체만으로 존재하는 고정적 객체로 파악한다. 하지만 포이에르바흐는 대상 자체를 바꿔나가는 주체의 실천적 차원과 특정한 사회적 관계 속에서 대상 역시 다양한 본질과 외양을 지닐 수 있음을 간과하고 마는 것이다.

기계적 유물론자들은 또한 "지각이나 감성, 즉 대상을 단순히 지각, 직관, 감각으로만 파악"[19]한다. 어떤 대상에 대한 지각에는 다층적인 사회적 차원들과 인간의 광범위하고 다양한 의식적 차원들이 관여할 수 있음에도 불구하고, 그것을 다만 감각기관을 통한 관조로만 해석하고 마는 것이다. 그러나 마르크스가 보기에 지각이나 감성은 대상과 목적을 갖는 활동이자 실천이다. 우리는 실천적 맥락과 무관하게 대상을 인식할 수 없거니와, 그러한 맥락에 따라 대상은 다양하게 파악될 수 있다. 주체는 자신의 삶의 양식이나 일상적인 실천 혹은 목적적 실천 속에서 현실과 사물을 인식하기 마련이라는 것이다.[20]

'인간'이란 데카르트의 말처럼 '이성'이나 '정념'을 지닌 존재도 아니고, 포이에르바흐의 주장처럼 사랑이나 의지를 본질로 하는 존재가 아니다. 마르크스에 따르면 이러한 생각은 인간이 가질 수 있는 수많은 특성들 중 몇 가지만을 인간의 본질로 내세우는 오류를 범하고 있다는 것이다. 중요한 것은 실제로 존재하는 개인들이 사회와 어떻게 관계를 맺고 그것이 어떻게 변해 가는가를 이해하는 것이다. 인간은

---

17 K. 마르크스/ F. 엥겔스: 『독일이데올로기』, 박재희 옮김, 청년사, 1989, 184쪽.
18 이진경: 앞의 책, 162쪽에서 재인용.
19 같은책, 164쪽에서 재인용.
20 같은 책, 162-165쪽 참조.

선천적이고 늘 같은 고정된 존재가 아니다. 사회적 관계로부터 자유롭지 않은 것이 인간이지만, 그 관계를 파악하고 실천적으로 변화시켜 나가는 과정에서 인간은 변혁 주체로 될 수도 있다. 주체란 사회적 관계 속에서 만들어지는 구성물이요 결과물이지만, 그 관계를 끊임없이 변화시키고 재구성하는 가운데 자신을 실현시켜나가는 존재인 것이다. 마르크스가 주체로 내세운 '프롤레타리아' 역시 선험적이고 항구적인 변혁 주체는 아니다. 프롤레타리아가 변혁과 해방의 주체라는 말은 프롤레타리아가 자본주의 사회에서 가장 본질적인 억압에 노출되어 있기 때문에 근본적인 변혁을 가져올 수 있는 잠재성을 지니고 있다는 것이지, 사회적 조건과 변화에 상관없이 고정적인 역할과 위상을 가지고 있다는 것은 아니기 때문이다. 가령 민주노총이나 진보정당 내부의 갈등과 대기업 내 정규직 노동자들과 비정규직 노동자들의 이해관계의 충돌 등 주체 내부의 모순들을 보여주는 사례는 무척 많다. 이는 지배계급이나 여타 계층들의 경우에도 마찬가지다. 노동자 계급이나 지배계급 내부의 다양한 의식적 편차와 균열, 지배 이데올로기에 의한 노동자 의식 내부의 모순들 역시 사회적 현실과 관계들의 변화와 관련이 있다. 특정한 사회적 경제적 조건과 상황에 따라 주체들은 너무나 많은 행동의 변이들을 보여주는 것이다.

이러한 점에서 포스트모던 시대의 '냉소적' 주체들 역시 사회적 맥락의 산물로 볼 수 있다. 중요한 것은 그것을 인정하고, 현실에 대한 적확한 이해와 변화를 가로막고 현실에 대해 냉소적으로 반응하게 함으로써 지배관계를 유지해가는 현행의 사회적 관계들을 바꿔나가는 것이다. 물론 사회적 관계의 변화가 주체의 변화를 자동적으로 가져다주는 것은 아니다. 과거 사회주의 운동이 말해주듯 현실의 변화에도 불구하고 주체는 좀처럼 바뀌지 않기 때문이다. 이는 사회적 현실을 바꾸려는 과거의 노력들이 근본적으로 철저하지 못했거나 주체가 마르크스가 말한 것보다 더 복잡한 차원의 문제임을 말해준다. 사실 마르크스의 주체 이론은 지금의 시점에서 보았을 때 몇몇 본질적인 결함을 안고 있다. 사회적 관계 속의 실천적 주체를 제기함으로써 근대적 주체 개념을 넘어서는 이론적 성취를 보여주었음에도 불구하고, 주체화의 과정이 의식적 차원과 무의식적 차원 모두에서 복잡하고 모순적인 과정들을 거쳐 이루어지는 것임을 언급하지 않은 것은 마르크스주의의 대표적인 공백의 지점이다.

4. 주체화의 무의식적 차원

프로이트가 '무의식'을 학문적으로 공론화하면서 근대적 주체 개념은 근본적으로 해체되기 시작한다. 그를 통해 주체 내부에는 전혀 의식되지 않지만 왕성하게 활동하는 영역, 즉 무의식이 자리하고 있음이 밝혀진다. 그에 따르면 무의식은 모든 사람들에게 보편적인 것이다. 의식이라는 것은 인간 정신활동 중 빙산의 일각에 불과하고, 인정하고 싶지 않겠지만 무의식이 인간 정신활동의 근간이라는 것이다. 프로이트에 따르면 꿈은 무의식에 이르는 왕도이다(이외에도 농담이나 말실수, 일상생활에서도 무의식은 불현듯 나타난다) 꿈에는 잠재몽과 발현몽이 있는데, 우리가 꿈이라고 부르는 것은 발현몽이고 잠재몽은 그 꿈에 왜곡된 모습으로 잠재해 있는 내용이다. '꿈의 작업'을 통해 잠재몽은 발현몽으로 변형·왜곡(치환과 압축)되는데, 그 원인은 잠재몽이 도덕적으로 감당하기 힘든 성적 내용이어서 수면을 방해하기 때문이다.

프로이트에 따르면 히스테리나 신경증의 증상처럼 꿈 역시 의식하지 못하는 어떤 생각이나 욕망을 원인으로 가지고 있다. 이로써 우리는 인간의 정신이 의식과 무의식으로 분열되어 있음을 알 수 있다. 프로이트의 도발적인 이론을 통해 의식과 동일한 존재, 통일성을 갖고 있으며 투명한 존재로서의 근대적 주체는 그 기반을 잃고 만다. 왜냐하면 '생각하는 나'는 빙산의 일각에 불과하고 의식적인 나가 모르는 '무의식적 나'가 우리 정신의 대부분을 차지하기 때문이다.

주체화 문제와 관련하여 '외디푸스 콤플렉스'는 프로이트에게도 중요한 의미를 갖는다. 이는 인간의 사회화 과정이 필연적으로 무의식적 욕망의 억압이나 포기를 전제로 하는 것임을 보여준다. 프로이트는 부친 살해와 엄마와의 근친상간의 욕망이 모든 인간에게 내재해 있다고 본다. 하지만 이 욕망을 억압하고 통제해야만 인간은 사회적 질서 속으로 들어서게 된다. 즉 인간은 사회적 질서와 도덕적 질서의 내면화를 통해 주체로 거듭날 수 있다는 것이다. 그런데 (후기의) 프로이트는 무의식 자체에 분열이 있다고 진술한다. 원래 그는 의식/무의식이라는 위상학적 틀에서 출발했지만, 후기에 와서 무의식 내에 상반된 것들로 분할되어 있음을 지적하는 것이다. 원래 그는 성적인 욕망이나 통제되지 않는 충동이 무의식을 구성한다고 했는데, 이제는 이것을 검열하고 억압하는 것 역시 의식적인 행동이 아니라고 본다. 이렇게 되면 억압된 욕망('이드')이나 억압하는 기제('초자아') 모두 무의식에 자리하는 셈이다.

프로이트에 따르면 '이드'는 '쾌락원칙'을 따르고, 사회적 질서와 도덕적 금기 및 양심이 내면화된 '초자아'는 그러한 '이드'의 쾌락 요구를 금지한다. '자아'는 '현실원칙'에 따라 움직이면서 이드와 초자아의 충돌을 화해시키고 조절하는 기능을 한다.21 사실 우리 모두는 '사회적' 가면을 쓰고 있다. 수업을 듣지 않고 당장 여자 친구와 동해안으로 드라이브를 가고 싶고, 재미없는 직장 일보다 게임방에서 나만의 가상 왕국을 다스리고 싶다. 그러나 우리는 그러한 욕망을 포기하고 현실의 원리에 따라 수업을 듣고 일을 한다. 왜냐하면 그래야만 삶이 가능하기 때문이다. '초자아'는 마땅히 그래야 한다고 요구를 하며 자아는 세상에서의 '편안한' 혹은 '안전한' 삶을 위해 현실 원칙을 받아들이며 적당한 선에서 타협을 한다. 그리고 우리의 폭력 혹은 섹스 등에 대한 욕망은 영화나 게임 등을 통해 대리로 충족을 한다. 지금 대중문화는 우리의 욕망을 접수함으로써 과도한 욕망 억압이 불러올 사회적 히스테리를 예방하고 있는지도 모를 일이다.

---

21 프로이트와 관련해서는 G. Markus, Sigmund Freud. Die Biographie. Langen Müller Verlag, München-Wien, 2006, 13-47쪽을 참조했다.

주체를 통일적 중심이 아니라 매우 이질적인 '복합체'라고 보고, 자명한 존재가 아닌 하나의 '결과물'이라고 본 점에서 프로이트와 마르크스는 교감하는 부분이 있다. 물론 프로이트의 경우 마르크스처럼 사회의 객관적 조건과 주체화 과정이 맺는 변증법적 상관성을 보지는 못했지만 말이다. 그렇지만 주체가 오이디푸스 콤플렉스를 통해서 만들어지는 것이라는 진술 속에는 마르크스의 이데올로기론을 보완할 수 있는 중요한 통찰이 담겨 있다. 마르크스의 이데올로기론은 주로 의식적 주체화의 지평에서 논의를 펼치고 있다. 이데올로기의 사회적 조건을 밝혔다는 마르크스주의의 중요한 의의에도 불구하고, 이데올로기의 무의식적 차원은 논의에서 빠져 있다. 하지만 '초자아'라는 '타자'가 요구하는 규칙들을 의식적·무의식으로 내면화하고 의식과 무의식의 수준 모두에서 작동하는 이데올로기를 수용하는 존재로 주체를 보게 되면 마르크스주의의 여백도 상당 부분 보완될 수 있기 때문이다. 욕망을 포기하고 초자아의 법과 양심 등을 통해 만들어져 가는 '주체화 subjectification'의 과정은 결국 '종속화 subjection'의 과정이기도 하다. 문제는 이러한 종속화의 과정이 자본주의의 객관적 조건들과 맞물려 있다는 것이고, 이러한 과정에서 현대사회의 지배관계가 확대 재생산되고 있다는 것이다. 프로이트와 마르크스의 만남은 현대 사회의 지배의 복잡성과 지배관계들의 의식적 무의식적 구조를 동시에 볼 수 있게 해준다.

그 점에서 프로이트 다시 읽기를 시도하는 라캉, 그런 라캉과 마르크스의 '우발적' 만남을 주선하는 알튀세르의 작업들은 마르크스주의적 주체 이론을 확장하는 데 큰 도움을 줄 수 있다. 라캉은 무의식과 언어 기호 사이의 상관성에 주목하고 언어 세계인 상징질서로의 진입을 통해 주체가 형성되는 과정에 주목함으로써 알튀세르의 마르크스주의에 중요한 이론적 단초를 제공한다. 알튀세르는 프로이트 및 라캉과의 대결을 통해 마르크스주의에서 정치, 사회, 경제 등 외부 현실에 대한 집중적인 관심으로 인해 상대적으로 소홀했던 이데올로기적 주체의 문제를 공론화한다. 이로써 우리는 주체를 구성하는 복잡한 요인들에 가까이 접근할 수 있으며, 그러한 요인들로 인해 주체는 복잡하고 모순적인 존재임을 더욱 절감하게 되는 효과도 얻게 된다. 현실을 바꾸는 작업은 늘 인간의 변화를 수반한다는 사실, 때문에 현실이나 인간의 변화가 그리 간단한 일만은 아니라는 사실을 더욱 절감하게 된 것도 그 성과 중의 하나라면 하나일 수 있다. 물론 현실의 변화나 인간관계들에서 여러 요인들 중 어느 것이 중추적인 기능을 하는가 하는 물음은 여전히 유효하겠지만 말이다. 그리고 이러한 주요 요인들도 고정된 것이 아니라 사회적 관계나 역사적 조건에 따라 가변적이고 유동적이라는 전제도 고려해야 할 것이다.

우선 라캉은 무의식과 타자, 상징적 질서 안에서 주체가 어떻게 구성되는지에 주목한다. 그에게 '무의식'은 생물학적 개인을 사회적 존재로 만들어 내는 상징적 질서의 기제이고, 주체의 사고 활동과 표상 행위를 가능하게 해주는 지반이다. '근친상간의 금기'가 인간을 자연적 존재에서 사회적 존재로 바꾸었고 이 과정에서 문화가 형성되었다고 본 레비스트로스CLlaude LeviStrauss처럼, 라캉에 따르면 인간은 외디푸스기를 극복하기 위해 대타자the Other의 법에 종속됨으로써 주체로 거듭난다고 본다. 부친 살해와 근친상간을 향한 욕망의 억제를 통해 인간은 '아버지의 법'으로 표상되는 상징적 질서(사회적 법과 규칙) 속으로 들어간다는 것이다. 초기 라캉의 입장에서 주체를 구성하는 타자(질서)의 외부는 없다. 이는 초기 라캉의 주체 이론이 이데올로기적 상징계로부터 주체가 벗어날 가능성을 차단하고 있다는 비판의 주된 이유가 되기도 한다.[22]

라캉의 정신분석 작업은 '무의식은 언어처럼 구조화되어 있다'는 명제에서 가장 잘 드러난다. 그는 구조언어학의 성과를 수용하는 가운데 인간 질서를 가능하게 하는 억압을 언어 기호의 사용과 연관 짓는다. 그에 따르면 인간은 언어화된 무의식을 획득함으로써 상징적인 질

---

22 이진경: 앞의 책, 260-261쪽 참조.

서, 언어적으로 조직된 질서 속에 편입되는데, 이는 주체화 과정의 규칙적인 메커니즘이다. 이러한 규칙은 모든 인간의 무의식 속에 심층적으로 구조화되어 있다.

그러나 인간이 상징적 질서 속으로 진입하자마자 분열이 야기된다. 가령 내가 '아무개'라는 이름(기표)을 부여받으면서 사회적으로 용인되지 않는 나의 욕망은 금지되는데, 이 과정에서 본래의 나와 언어(상징적 질서)가 허용하는 나 사이에 분열이 생기는 것이다. 우리는 기표의 사슬인 언어의 세계에서 태어나 기표를 부여받고 기표를 말하게 되면서 주체로 태어나지만 정작 본래의 주체('존재')는 사라지고 만다. 라캉은 이러한 존재론적 주체의 사라짐을 "글자가 살해한다"고 하면서 "치명적인 것"이라고 한다. 그리고 그는 주체의 이러한 분열 과정을 '소외'로 설명하는데, 대타자가 부여한 의미와 존재 사이의 괴리가 자유와 존재를 상실한 삶에 불과하다고 역설한다. 68혁명을 전후로 이른바 '실재계의 윤리'로 논의의 강조점을 옮기기 전까지, 그의 주된 관심사는 '상징계'에 있었으며 상징계에 포획된 삶으로부터의 탈출 가능성에 대해서는 크게 언급을 하지 않는다. 그 결과 이른바 초기 라캉의 '소외의 윤리'가 이데올로기 혹은 상징적 구조의 필연적 강제성을 잘 보여주었음에도 불구하고 그 강제를 벗어날 수 있는 가능성을 보여주지 않는다는 비판을 받는다. 하지만 후기에 와서 그는 대타자 내부의 균열과 결여를 발견하고 실재계로 논의의 중심을 옮기면서 소외를 벗어날 있는 '분리의 윤리'를 역설하기 시작한다.[23]

알튀세르도 초기의 라캉처럼 이데올로기를 자본주의 유지의 필수적 제도임과 동시에 습관으로까지 침투한 무의식의 문제로 본다. 그는 마르크스 이후의 경제결정론에 반기를 든다. 그가 보기에 이데올로기적 상부구조는 경제적 토대에 의해 일방적으로 결정되는 것이 아니라 상대적 자율성을 지닌 영역이다. 다시 말해 토대와 상부구조의 관계는

---

23 양석원:「욕망의 주체와 윤리적 행위」,『안과밖』, 영미문학연구, 2001, 269-290쪽 참조.

서로 영향을 주고받는 매우 복잡한 연관관계를 지니고 있다는 것인데, 사실 마르크스도 이미 이러한 사실을 인식하고 강조한 바 있다. 프로이트의 꿈의 해석에서 빌려온 '중층결정'의 요점은 사회구성체의 구조가 이질적인(다양한) 모순들의 상호작용으로 이루어지며, 상부구조의 요소들은 토대의 요소들에 의해 규정될 뿐만 아니라 토대의 요소들도 상부구조의 요소들에 의해 영향을 받는다는 것이다. 그리고 상부구조에도 역시 정치·문화·경제 등 다양한 요소들이 씨줄과 날줄로 복잡하게 얽혀 작동을 하고 있음을 보여준다. 알튀세르에 따르면 이데올로기는 항상 '이데올로기적 국가기구'(ISA)라는 매개를 통해 작동한다. 그것은 항상 제도 속에 존재하면서 제도를 통해 사회의 영향을 미치기 때문에 그것에 대한 분석에서 출발할 필요가 있다는 것이다. 현대사회의 매스미디어나 대중문화는 대중들의 주체화에 관여하는 대표적인 ISA 장치이다.

알튀세르는 이데올로기의 근본 기능을 사회 통합적 혹은 현실 봉합적 기능으로 본다. 이데올로기적 국가기구를 통해 지배계급의 이데올로기를 수용한 개인은 사회가 부여한 역할을 따르도록 하는 심리적 강제의 기제인 '호명'과 '소환'을 통해 주체로서 사회에 편입된다. 테리 이클턴Terry Eagleton은 이를 '주체화'의 과정으로 설명하면서 결국 이는 '종속'과 '소외'의 과정으로 해석한다. 곧 주체화란 이데올로기적 국가기구를 통해 사회적 가치와 관행을 '내면화'하는 것이란 말이다. 주지하다시피 이러한 주체화는 종속화를 의미하는데, 알튀세르는 이데올로기를 지배계급이 주입한 허위의식이 아니라 지배 권력과 그 이념을 자발적으로 인정하는 심리상태를 조장하는 문제로 접근한다. 결국 '이데올로기적 주체'는 국가 기구 내부에서 이데올로기의 '호명'에 끌려가는 수동적 주체, 즉 하위주체로 구성된다.[24]

하지만 주체를 이데올로기적 구조의 효과로 보는 알튀세르의 구조

---

24 양종근: 「이데올로기와 실재계의 윤리」, 『신영어영문학』 34집, 2006, 87-91쪽 참조.

주의적 반인간주의는 역사를 객관적인 사회적 관계 구조의 산물로 보면서 인간 주체의 실천 활동을 부정함으로써 포스트주의의 함정에 빠질 위험을 안고 있다. 이는 그가 주로 구조적 숙명론의 혐의를 받는 라캉의 초기 이론에 기대고 있기 때문일 것이다. 이미 주체가 이데올로기적 구조에 포섭되어 있음을 인정한다 하더라도, 어려운 일이지만 그것에서 벗어날 잠재적 가능성 역시 주체에게 존재하고 있음을 보지 못하고 있는 것이다.[25] 지젝Žižek은 알튀세르의 이러한 '소외'의 윤리학을 넘어서려 하는데, 그는 라캉 이론에 대한 적극적 해석과 마르크스주의와의 접속을 통해 이른바 이데올로기적 '소외'로부터의 '분리'를 시도한다.

5. 냉소적 주체를 넘어, 지젝의 '분리'하는 주체

주체가 대타자의 상징적 동일시 요구에 저항하고 구조적 소외에서 벗어날 수 있는 것은 대타자 내부의 균열들이 드러나기 때문이다. 지젝에 따르면 라캉 이론의 가장 급진적인 측면은 대타자, 즉 상징질서 자체의 근본적인 불가능성에 대한 통찰이다. 대상이 대타자로부터 분리되어 있고, 대타자가 궁극적인 해답을 갖고 있지 못하며, 대타자마저도 무언가를 욕망하고 있다는 사실은 주체가 기표들로부터 자유로울 수 있는 근거가 된다.[26] 만일 우리가 상징적 질서의 의미화 사슬에 종속된다면, 혹은 상징적 규칙들에 따라서만 세계를 이해할 수 있다면 우리는 영원히 '언어의 감옥'을 벗어날 수 없을 것이다. 하지만 기표와 기의의 관계가 자의적이고 유동적이듯이 대타자의 상징적 질서도 그렇

---

25 이러한 비판은 초기 알튀세르의 경우에만 해당된다. 후기 알튀세르는 스피노자와 헤겔, 정신분석(라캉)의 겹쳐 읽기를 통해 구조적 '소외'로부터의 분리를 시도하기 때문이다.
26 S. 지젝: 『이데올로기라는 숭고한 대상』, 이수련 옮김, 인간사랑, 2001, 194-223쪽 참조.

다면, 우리가 살고 있는 규범적 질서의 유형이나 성격은 결코 영속적이거나 필연적이지 않을 수 있다. 결국 지젝의 궁극적 목표는 주체가 대타자의 욕망(결여)을 발견하고 그것을 탐구함으로써 스스로 욕망의 주체로 태어나는 것이다.

지젝은 상징계의 허약성과 실재계의 적극적 의미에 대한 후기 라캉의 견해를 받아들여 주체의 적극적 행위 가능성을 구상한다. 실재계는 언어에 포획되기 이전의 세계로서 '모든 것'인 동시에 '무nothing'이다. 주체의 앎 자체는 모두 언어(상징적 질서)를 통해 매개되어 있지만 실재계의 경우 언어나 문화에 갇히기 이전의 상태이다. 언어의 기표가 언어의 사태를 모두 표현할 수 없는 것처럼, 상징적 질서는 주체의 욕망 모두를 포괄할 수 없기 때문에 '나머지'(잉여)를 남기는데 그것이 바로 실재이다. 라캉에 따르면 실재는 묘사할 수 있는 어떤 것이 아닌데, 그것은 상징화에 저항하기 때문이다. 실재는 "상징계가 작동하여 분절된 단위로 조각내기 이전의 충만한 사물의 상태"27이면서, 상징계가 작동하고 나서 남은 '잉여'이기도 한 셈이다.

지젝은 라캉의 실재계에 근거하여 개인을 상징계의 꼭두각시로 보는 탈구조주의적 견해를 비판한다. 탈구조주의는 주체를 무의식적 담론이나 이데올로기적 담론의 효과로 볼 뿐 주체 스스로 결정하고 행동할 수 있는 여지를 차단하기 때문이다. 특히 알튀세르의 이데올로기론은 이러한 오류를 범함으로써 '주체의 죽음'을 선언하고 만다고 지젝의 비판을 받는다. 지젝은 주체와 대타자(대주체)의 '소외'적 관계를 바꿈으로써 포스트주의의 숙명론을 벗어나려 한다.28 주체와 대타자 사이에는 완벽한 동일시가 불가능하다는 것이 탈출의 근거이다. 지젝에 따르면 주체는 대타자의 부름에 적절하게 응답할 수 없고 그의 요구를 들어줄 수 없다. 주체는 그가 정말 원하는 것이 무엇인지 모르기 때문

---

27 T. 마이어스: 『누가 슬라보예 지젝을 미워하는가』, 박정수 옮김, 앨피, 2005, 60쪽.
28 S. 지젝: 앞의 책, 85-101쪽 참조.

이다. 대타자가 주체에게 부과한 상징적 위임 자체도 자의적인 것일 뿐 주체의 실제 능력이나 속성을 고려해서 주어진 것도 아니다. 사실 대타자 자신도 주체가 왜 그러한 자리를 위임받게 되었는지 모른다.

'케 보이?Che Voui?'라는 질문은 상징적 질서 속에서 우리가 맡는 역할들이 자의적임을 말해준다. '무엇을 원하는가?' 혹은 '당신이 내게 실제로 원하는 것은 무엇인가?'라는 질문에 대해 결함투성이인 대타자는 적절한 답을 줄 수 없다. '환상'의 시나리오를 작성함으로써 스스로 대타자의 결여와 공백들을 채우는 것은 주체의 몫이다. 환상은 가시적인 대답을 제공함으로써 '너는 무엇을 원하는가?'라는 질문의 공백을 채우려는 주체 자신의 시도이다. 사실 대타자의 경우 자기가 원하는 것을 모르므로 그 시나리오는 대타자가 원하는 것이 이것이라는 환상을 품는 주체에 의해 작성된다.

하지만 '케 보이?'라는 질문은 대타자, 즉 상징적 질서에 대한 부정 및 소외로부터의 분리를 추동하기도 한다. 우선 주체는 대타자에게서 발견한 결여 혹은 욕망의 대상에 대한 대답으로서 자신의 결여(욕망)를 제시한다. 수체 자신의 결여는 대타자에 의한 소외 과정에서 잃어버린 것, 즉 대상 소타자object a이다.29 주체가 '당신이 정말 원하는 것은 무엇인가?'라는 질문을 통해 대타자의 욕망 속에서 자신이 어떤 존재인가를 묻는 것은 상징적 정체성에 대한 부정(분리)의 출발점이다. 왜냐하면 그러한 과정에서 주체는 자기 내부의 또 다른 자기, 즉 상징적 질서에 포획되지 않은 자기를 발견할 수 있을 것이기 때문이다. 결국 대타자의 욕망이 주체 너머의 잉여적 대상이었음을 알게 되는 순간 대타자의 지위는 흔들리고, 주체의 결단적 행동의 조건이 마련되는 것이다.

대타자로부터 벗어나 새로운 주체로 거듭나는 과정은 매우 큰 어려움을 수반한다. 왜냐하면 기존의 이데올로기보다 더 두터운 '환상'이

---

29 S. 지젝: 앞의 책, 194-211쪽 참조.

이데올로기로 작동하기 때문이다. 환상은 주체로 하여금 표류하는 욕망을 붙들어 매어 고정시키는 기능을 하며, 주체는 환상 속에서만 상징적 질서가 허락한 존재에 접근을 한다. 그리고 주체와 대타자 사이의 동일시가 실패할 운명임에도 불구하고, 환상은 주체로 하여금 이 동일시가 성공적인 것처럼 느껴지도록 만든다. 지젝에 따르면 환상은 대타자(대주체), 상징적 질서가 근본적으로 불가능성에 의해 특징 지워져 있음에도 불구하고 그 사실을 은폐하며 주체를 상징적 질서에 안정적으로 자리 잡도록 만드는 핵심적인 기제이다. 지젝에 따르면 환상은 부조리하고 비체계적이며 실체가 없는 환각 같은 것이 아니다. 현 시점에서 "그들은 그것을 모른다. 그러나 그들은 그것을 행한다"는 마르크스의 이데올로기적 틀은 너무 단순하다. 이데올로기를 주체의 '왜곡된 의식'으로 보게 되면 진리에 대한 인식 이후 이데올로기는 사라져 버릴 것이다. 그러나 오늘날 우리는 자신이 왜곡된 현실상을 갖고 있다는 사실을 안다. 그렇지만 우리는 알면서도 행동을 통해 그 왜곡된 상을 현실 속에서 구현한다. 지금은 포스트모던한 '냉소주의적 주체'들이 지배의 안전판 노릇을 하고 있는 것이다.30

　냉소주의적 주체는 자신의 현실인식이 왜곡되어 있음을 잘 안다. 그럼에도 불구하고 우리는 그런 왜곡을 거부하지 않고 오히려 거기에 집착한다. 지젝은 마르크스의 이데올로기 공식이 아닌 페터 슬로터다익Peter Sloterdijk의 공식("그들은 자기가 하고 있는 것을 잘 안다. 그럼에도 불구하고 그렇게 행동한다"31)을 통해 이 사태를 요약한다. 지젝은 슬로터다익의 '냉소'를 권위에 대한 풍자적·반어적 반응으로 해석하고, 지배질서의 위선을 우스꽝스럽게 만드는 것으로 본다. 그것은 정치인들의 경건한 말을 사적인 탐욕과 출세를 위한 협잡으로 폭로한다. 결국 냉소는 정치제도에 대한 대다수 인민들의 태도이다.

　그러나 문제는 냉소가 이미 공식문화로 체제 내화되고 있다는 사실

30 T. 마니어스: 177-194쪽 참조.
31 S. 지젝: 앞의 책, 69쪽.

이다. 지젝에 따르면 냉소주의적 주체는 현실에 대한 공식적인 전망이 이미 왜곡되어 있다는 것, 그런 전망의 왜곡이 불가피하다는 것을 수용한 주체이다. 이러한 상황에서 우리는 그 주체들에게 '당신들은 속고 있소'라고 말해 줄 수 없다. 이미 그들은 그 사실을 알기 때문이다. 그런 주체들에게 이데올로기는 '모름'('앎')의 차원에 있는 것이 아니라 '행함'의 차원에 있다. 가령 화폐에 대한 마르크스의 설명과 달리, 지금의 개인들은 화폐 그 자체는 아무런 가치가 없음을 안다. 그들은 화폐가 간접적인 부의 표현이고 그 가치는 복잡한 사회관계 속에서 결정됨을 잘 아는 것이다. 그럼에도 불구하고 상징 질서 속의 주체들은 마치 화폐 자체가 본래 가치 있는 것인 양 행동한다.32 우리는 정보의 과잉을 우려해야 할 정도로 정보사회에 살고 있다. 네트워크를 통해 우리는 지배의 실상과 다양한 억압의 행태들에 더욱 가까이 갈 수 있게 되었다. 그럼에도 우리는 그러한 관행을 시정하려 하기보다는 그것을 묵인하고 기꺼이 동참하기도 한다. 어차피 우리가 나서봐야 세상은 바뀌지 않는다고 생각하기 때문이다.

시섹이 보기에 이데올로기적 환상을 구성하는 것은 자신의 잘못을 알고 있음에도 불구하고 계속되는 '행동'이다. 나는 후배들에게 초국적 자본으로써 '스타벅스'가 자행하는 제국주의적 횡포를 침을 튀기며 이야기한다. 그럼에도 나는 '스타벅스'의 커피를 애용한다. 나는 여성과 남성이 평등하다는 것을 잘 안다. 그럼에도 불구하고 나는 그렇지 않은 것처럼 행동을 한다. 지젝은 우리가 여전히 이데올로기적 사회에 살고 있지만 아무 것도 진지하게 믿지 않는다는 식으로 우리 스스로를 속이고 있다고 한다. 이데올로기의 종언을 선언하는 이들의 진단과 달리, 오늘날 이데올로기는 주변에서 쉽게 찾아볼 수 없을 정도로 너무 당연한 것으로 받아들여져 전혀 이데올로기처럼 보이 않게 되었을 뿐이다. 더 이상 이데올로기로 보이지 않는 것의 이데올로기적 본질을 찾아내는 것, '행동' 속에 무의식적으로 내면화된('자동화된') 환영의

---

32 S. 지젝: 앞의 책, 48-57쪽 참조.

논리를 밝혀내고 안티고네의 경우처럼 '상징적 죽음'을 통해 이 환영을 가로지르는 것이 지젝 이데올로기론의 궁극적 목표이다.

지젝에 따르면 '환상'은 근본적으로 모호한 속성을 지니고 있다. 이는 환상의 이중성과 관련된 진술이다. 주체는 환상을 통해 대타자의 결여를 경험하고 이 빈 구멍을 메움으로써 상징질서에 의사 완결성을 가능하게 하지만, 동시에 상징적인 질서로부터 거리를 확보하게 만들어주기도 하기 때문이다. 문제는 이데올로기적 환영을 넘어서기 위해 환상을 가로질러 대상 소타자들이 대타자의 결여를 은폐하고 있음을 꿰뚫어보는 것이다. 상징화는 '실재'를 모두 커버할 수 없다. 상징화 작업은 언제나 불안정한 것이고 그 불완전성을 성공적인 것으로 보이게 하고 완벽한 동일시를 가장하기 위해 실재로부터 무엇인가('대상 소타자')를 빌려온다. 현실 사회의 유지를 위해 반드시 요구되는 요소들인 환상과 직접 대면하는 것이 지젝의 주체에게 요구되는 실천의 첫 행보이다.

하지만 지젝이 말하는 '환상 가로지르기 traversing the fantasy'의 궁극적 목표는 실재를 가리는 이데올로기의 환상, 즉 가면을 벗기는 데 있지 않다. 그에게 안티고네의 행위는 환상을 가로질러 상징질서에 포획되지 않은, 상징적 질서 내부의 '적대'를 드러냄으로써 실재와 대면하는 사건이면서 대타자의 균열들을 뒤흔들어 놓는 정치적 행위이다. 그에게 '행위'는 대타자가 개입함으로써 만들어 놓은 사회의 구체적 현실을 완전히 해체할 때만이 의미가 있다. 이는 상징 질서 내부의 이데올로기적 환상의 본래 모습을 밝혀내고 현실을 가능케 한 이면의 '적대'(실재)를 포착하는 것이기도 하다[33].

---

[33] 같은 책, 354-359쪽 참조.

6. 연대와 분리의 윤리

 어떤 사람들은 '주체의 죽음'에 대한 포스트주의적 주장의 진정성을 평가해주어야 한다고 주장한다. 사실 필자는 이러한 입장을 지지한다. 이른바 계급과 민중, 민족 담론의 한계를 반성하고 그 외연을 넓힐 수 있는 방안으로 포스트주의의 반체제적 급진성을 반성의 추로 삼을 수도 있다고 생각하기 때문이다. 세상이 복잡해졌고 그 곳에 살고 있는 사람들도 다양한 삶과 사고의 결들을 지니고 있으니 현실 변화의 실천 방안들도 그만큼 다양해져야 한다는 지적 역시 의심의 여지가 없다. 여성이나 이주 노동자, 장애인, 환경 등 소수자에 대한 관심과 그들을 동반자적 주체로 끌어안으려는 노력의 부재는 진보적 운동 세력에게는 여전히 뼈아픈 약한 고리이다. '차이와 연대'의 전략을 섬세하게 구성하려는 노력을 지속적인 과제로 삼을 필요가 있을 것이다. 그리고 사회적으로 구체적인 모습을 띤 '외부의 억압' 못지않게 '내면의 감옥'이 주체에게 고통을 안겨주고 있다는 지적도 포스트주의 값진 가르침이다. 세상을 바꾸기 위해서는 내면의 억압과 사회적 억압의 극복을 향한 노력이 모두 중요할 것이다. 날로 주체화의 과정은 더욱 복잡해지고 있고 그것을 입체적으로 파악하는 일도 예전 같지가 않다. 이러한 상황에서 포스트주의는 우리의 충실한 우군이 될 수도 있을 것이다.

 그러나 차츰 포스트주의가 과연 지금의 자본주의적 현실을 분석할 수 있는 대안적 이론이 될 수 있는가에 대한 의문이 확산되고 있는 것이 지금의 현실이다. 일단 근대적 패러다임이 시효를 다했다는 주장에도 불구하고 근대적 억압의 징후들은 여전하다. 포스트주의자들이 세상의 변화를 주장하고 운동의 방식이 달라져야함을 주장함에도 불구하고 기존의 큰 억압들은 더욱 다양한 모습으로 변신할 수 있는 더 강력한 괴물로 되돌아오고 있다. 이제 포스트주의는 여기에 대답을 해야 한다. 미국이라는 제국의 실체, 이라크전이나 9·11 사건, 신자유주의로 인한 양극화 심화 등에 대한 침묵은 포스트주의자들이 이러한 현실에 대한 냉소적 입장들을 부추겨 온 것은 아닌지 혐의를 던지게 한다.

다양한 억압들에 대한 고른 관심과 다양한 주체들이 함께 갈 수 있는 방안에 대한 값진 통찰에도 불구하고, 포스트주의는 자신들의 현실 설명력과 대응력의 지수를 측정해보는 데서 다시 시작할 필요가 있다. 포스트주의가 현실 억압을 극복하려는 비판이론으로써 현실적 의미를 얻기 위해서는 그것의 추상적이고 외면적인 급진성을 현실화할 수 있는 실천적 방안들에 대한 고민에서 새롭게 시작해야 할 것이다. 이는 그들이 주장하는 미시적 억압들이 현실에서는 어떤 형태로 진행되고 있으며, 그것들이 거시적 억압들과 어떤 관련을 맺고 있는지에 대한 해명을 필요로 하는 문제이다. 이 질문에 대한 대답이 주어질 때 다양한 주체들의 다양한 연대 가능성이 싹틀 것이고, 지젝이 말하는 포스트주의의 냉소주의를 벗어날 수 있는 비전들이 제시될 수 있을 것이기 때문이다.

지젝이 우리에게 주는 숙제는 바로 포스트주의가 폐기해버린 마르크스나 데카르트나 헤겔 등을 다시 살려 혹 새로운 실천적 영감을 줄 수 있지 않을까를 타진해보라는 것이다. 라캉과 프로이트는 이들 사상가들을 다시 보게 해주는 이념적 필터의 역할을 한다. 어찌 보면 지젝의 주체 역시 추상적이고 공허한 것일 수 있다. 하지만 지금껏 자신을 지탱해 온-아니 그렇게 믿어온-대타자를 의심해보고 그것의 치명적 결함을 발견하며, 그로부터 '분리'를 결단하는 일은 새로운 실천의 출발점일 수도 있을 것이다. 어떤 주체든-그것이 프롤레타리아든 민족이든, 누구든-억압을 당하고 있다면 그들을 껴안고 그들의 저항을 가로막는 환상을 함께 날려버리려는 시도를 할 필요가 있을 것이기 때문이다. 나를 가로막고 있는 '환상'의 실체는 무엇일까? 두고두고 묻고 따져볼 일이다.

소통 자본주의 시대의 변증법과 정치 윤리

1. 라캉을 경유한 헤겔?!

우리가 살아가는 신자유주의 시대의 정치는 경제적인 실용성과 효율성의 논리에 종속되어 있다. 따라서 자본 논리에 휘둘리는 정치의 본래 의미를 복원하고 발전시키려는 노력들은 시의적절한 것이라 할 수 있다. 바디우와 랑시에르Jacques Ranciere, 아감벤Giorgio Agawben 등 '정치적인 것the political'을 중심 연구 의제로 삼고 있는 이들에 대한 국내의 관심 역시 그러한 노력의 일환일 것이다. 이 이론가들은 포스트주의post-ism의 문제의식을 수용하면서도 그것의 '사이비' 급진주의적 제스처에 의문을 품는다. 포스트주의가 현실 속의 권력과 지배에 대한 미시적 분석의 성취를 가져왔음에도 현 자본주의의 갱신에 실패하고 그 틀 안에 안주하고 만 것은 아닌지 의문을 던지고 있는 것이다. 결국 포스트주의자들 역시 현 자본주의와 더불어 주체의 무능력, 허무주의, 이성과 진리 담론의 긍정적·해방적 가치들의 폄훼에 일조한 것은 아니냐는 근본적 수준의 문제 제기를 하고 있는 셈이다.[34]

이 글에서 소개하고자 하는 지젝S. Žižek 역시 후기 자본주의 시대의 주체와 정치적 행위의 의미를 사유의 주된 대상으로 삼는다는 점에서 랑시에르나 바디우 등의 문제의식에 동참하고 있다고 할 수 있다. 그는 마돈나가 싱글 앨범을 발표하는 것보다 더 정기적으로 책을 발표하면서 지금까지 '지젝 신드롬'의 흐름을 줄곧 이어가고 있고 우리시대의 가장 문제적인 철학자의 위치를 점하고 있다. 'MTV 철학자'라는 조롱을 받기도 하지만 헤겔 철학과 라캉의 정신분석을 접속함으로써

34　A. 바디우:『윤리학』, 이종영 옮김, 동문선, 2001, 41-42쪽 참조.

이데올로기의 종언이 선언된 이후 '탈이데올로기 시대의 이데올로기'의 메커니즘을 밝혀내고자 꾸준히 노력하고 있다. 특히 지젝은 포스트주의에 냉소주의의 혐의를 두면서도 그것의 문제들을 전면적으로 폐기하지는 않는다. 그러면서도 그는 포스트주의의 공적인 데카르트나 독일 고전철학과의 씨름을 감행하면서, 그 속의 '역설적 긍정'을 도출하려 한다는 점에서 특이한 면모를 보여준다. 뿐만 아니라 그는 최근으로 오면서 레닌과 스탈린, 모택동 등을 통해 정치적 행위와 정치적 주체를 의제로 삼는 '시대착오적'(?)인 시도도 마다하지 않는다.

무엇보다 지젝의 사유에서 특이한 점은 동일성 사유의 원흉으로 평가되어 온 헤겔의 변증법을 이론적 프레임으로 전유하고 있다는 점이다. 그 나름의 헤겔 해석과 라캉의 정신분석학을 접속시킴으로써 주체이론을 새롭게 벼리고 있는 것이다. 이른바 '코기토적' 주체라는 투명하고 완결된 근대적 주체의 자리를 부정한다는 점에서는 포스트주의적 해체론과 만나지만, 주체를 부정하지 않고 그것을 상징계 내부의 '틈새'와 '간극' 혹은 '공백'으로 간주한다는 점에서는 사뭇 다른 면모를 드러낸다. 그에게 이러한 '사이' 혹은 '공백'은 지배질서가 작동하기 위한 전제이면서 지배질서를 넘어서기 위한 정치적 행위 가능성의 공간이다. 우리가 메워야 할 잠재성의 공간!!

하지만 지젝의 라캉주의적 헤겔 읽기 혹은 헤겔주의적 라캉 읽기는 그 새로움만큼이나 많은 논란의 여지를 안고 있는 것으로 평가된다. 그도 그럴 것이 그의 헤겔 독법이 칸트 철학의 자장을 벗어나지 못한 것으로 평가되기도 하기 때문이다. 이를테면 그가 헤겔 철학의 정수로 내세우고 있는 절대적 부정성die absolute Negativität[35]과 칸트의 초월적

---

[35] '부정성'은 헤겔 변증법을 긍정적으로 평가하는 이에게나 부정적으로 비판하는 이에게나 핵심적인 개념이다. 헤겔 역시 『논리학』에서 "부정적인 것이야말로 긍정적인 것이며, 또한 자기 모순적인 것이 영Null, 곧 추상적인 무Nichts로 해소되는 것이 아니고, 본질적으로 그 자신의 특수한 내용의 부정으로 해소된다는 것, 즉 규정된 사태의 부정이자 규정된 부정임을 인식하는 것이 학문적인 진전을 보장하고 이 진전에의 통찰을 가능하게 하는 핵심적인 것"임을 강조하

통각transzendentale Apperzeption, 라캉의 실재the real개념은 동일한 선상에서 논의된다. 따라서 지젝에게 헤겔은 칸트 철학의 극복자가 아니라 그의 급진적 계승자이며, 이러한 헤겔은 라캉 실재 개념의 이론적 토대를 제공해주는 것으로 재평가된다. 이러다 보니 그의 헤겔 이해가 과연 적합한 것인가, 헤겔 변증법 혹은 부정의 자기 관계성die Selbstbeziehung auf der Negativität을 칸트 철학의 급진화로 읽어내는 것이 합당한가, 헤겔과 라캉의 옷을 입은 그의 마르크스주의적 전략이 현실적으로 실효성이 있기나 한 것일까 등의 근본적 질문에 직면할 수밖에 없다. 정치적 사유와 실천의 근본적 불가능성이라는 '지금여기'의 교착상태를 돌파하기 위한 그의 이론적 시도가 '소통 자본주의the communicative capitalism'의 현실과 주체화 메커니즘의 분석에 있어서는 상당히 진전된 논의를 보여주고 있지만 정치적 행위와 윤리 문제와 관련해서는 당위론적 요청에 머물고 있는 것은 아닌가 하는 혐의를 받고 있는 것도 이와 무관하지는 않을 것이다.

2. 칸트를 경유한 헤겔 읽기

앞서 말한 것처럼 지젝은 부정의 자기관계와 라캉의 실재계, 칸트의 초월적 통각을 동일한 위상에 놓고 사유한다. 그에게 이 세 가지 개념이 작동하는 지점은 현실의 지배 관계를 원활하게 하는 지점이자 저항의 거점이다. 실재계 속 주체는 지배와 저항이 변증법적으로 작동하는 일종의 교착점이며, 지젝은 이를 설명하기 위해 '세계의 밤die Nacht der Welt'이라는 헤겔의 개념을 이용한다. 부정의 자기관계성-실재계-초월적 통각의 이론적 조합의 근거 마련을 위해 지젝은 헤겔 변증법에 대한 통상적인 이해방식에 등을 돌린다. 헤겔의 절대적 관념론에 대한 표

고 있다. 김현:「공백으로서의 부정성」,『헤겔연구』2호, 한국헤겔학회 2009, 259쪽 재인용.

준적 교과서적 설명들을 잊으라는 것이다.36

통상적으로 헤겔의 변증법은 대립물들의 화해와 종합의 관점에서 두 대립항들의 보다 높은 단계로의 고양으로 이해되어 왔다. 그리고 헤겔은 데카르트의 코기토적 주체를 독일 관념론의 역사적 맥락 속에서 절대적 주체로까지 격상시킨 서양 근대철학의 완성자이자 절대적 이성의 철학자로 분류되어 왔다. 코제브Alexandre Kojeve의 헤겔 강의에 큰 영향을 받은 포스트구조주의자들은 이를 동일성 사유로 비판하면서 차이와 우연을 배제하고 억압하는 지배의 논리로 비판하였다.37

그러나 지젝이 보기에 헤겔이 완성자라면 끊임없이 새로운 사유의 공간이 열리는 방식을 완성한 철학자라는 의미에서이다. 그는 비판적 지식인의 책무 역시 이 구멍을 만들고 구멍을 향하며 구멍에 터하는 능력이라고 주장한다. "비판적 지식인의 의무는 새로운 질서가 확립되어 그 구멍 자체를 다시금 볼 수 없게 만드는 때조차도 바로 이 구멍의 자리를 시종일관 점유하는 것이다. 다시 말하자면, 모든 지배적 주인 기표에 대해 일정한 거리를 유지하는 것이다."38

---

36 S. 지젝:『부정적인 것과 함께 머물기』, 이성민 옮김, 도서출판b, 2007, 31쪽 참조.
37 포스트주의자들의 헤겔 비판 역시 '부정성' 개념을 중심으로 이루어진다. 그들에게 부정성은 늘 개념의 자기동일성으로 회항함으로써 '타자에 대한 개념화' 혹은 '차이의 말소'를 가져온다는 점에서 지배 논리를 정당화하는 동일성 사유의 전형으로 본다. 왜냐하면 부정의 부정을 통해 부정의 자기 동일성으로 회귀하는 이 논리적 과정은 차이와 다양성을 동일성의 매개 아래 둠으로써 궁극적으로는 동일성의 차이에 대한 동일성의 우위를 확보하는 논리로 이어지기 마련이라고 보기 때문이다. 절대적 부정성, 즉 자기 관계적 부정성의 논리 구조는 그러한 사태를 극명하게 드러낸다고 포스트주의자들은 주장한다. 자기 관계적 부정성에서는 부정이 자기 자신에 관계한다는 점에서 자기 스스로를 부정하고 자기를 부정하는 논리에 기대어 부정의 자기 동일성, 즉 부정으로서의 긍정의 논리가 확보된다는 것이다. 결국 부정의 부정, 즉 부정의 자기 부정은 부정 자신에 대한 부정을 통해 차이를 산출하면서도 동시에 이 차이 자체가 자기 동일성으로 귀결되기 때문에 긍정과 동일성으로의 회귀를 내포하고 있다는 것이다. 타자에 대한 동일성의 우위를 확보하는 과정이 부정성의 운동 자체라는 혐의를 두고 있는 셈이다.
38 S. 지젝:『부정적인 것과 함께 머물기』, 9쪽.

그래서 지젝은 지금까지의 헤겔 읽기와 포스트구조주의자들의 헤겔 비판이 모두 헤겔 변증법의 핵심을 오독하고 있다고 비판한다. 그도 그럴 것이 헤겔의 변증법에는 차이와 우연에 대한 긍정과 '적대들Antagonismen'39에 대한 인정이 오롯이 내재하고 있다고 보기 때문이다. 결국 지젝의 독법에 따르면 헤겔 철학의 핵심은 동일성이 아니라 차이에 있게 된다. 동일성 역시도 늘 차이를 통해서 '파열적으로' 구성됨으로써만 동일성을 유지하게 되는 내적 모순을 밝혀낸 점도 헤겔의 공적으로 이해된다. 그러한 맥락에서 직접성과 매개성, 자기관계와 타자관계, 동일성과 차이, 실체와 주체를 갈라놓는 '모순'이야말로 헤겔 철학의 중요한 포인트로 평가된다. 지젝에게 헤겔의 3항(정-반-합의 운동에서 합으로 이해되는)은 선행하는 두 항의 차이를 매개하고 봉합하는 보다 고차원적인 항이 아니라 대립을 대립으로 확인하고 자기에게로 귀환하는 두 항이다. 결국 헤겔 철학의 핵심은 대립항들의 종합을 위한 상향 운동이 아니라 화해불가능한 근본적인 '적대'와 불일치를 통찰한 점에 있다. 헤겔이 말하는 분열의 종합 혹은 화해 역시 영원한 적대나 불화에 대한 또 다른 표현이라는 것이다.

따라서 헤겔의 '부정성'은 부정이 스스로를 부정하는 가운데 자기를 타자화하고, 이 타자 속에서 자기를 발견함으로써 더 높은 종합으로 이행하는 상향적 운동이 아니다. 즉 헤겔은 객관과 주관, 사유와 존재, 감성계와 초감성계, 자연과 자유, 유한과 무한의 종합과 화해를 주된 사유 대상으로 삼음으로써 이들 사이의 심연을 극복하려 한 철학자라

---

39 포스트 마르크스주의에서 '적대'는 정체성들 사이에 존재하는 것으로 이해된다. 하지만 지젝에게 적대는 인간 주체나 사회 모두에 있어 조화나 통합을 통해 메울 수 없는 틈이며 균열 혹은 간극이고 구멍이다. 특히 사회적으로 적대는 근본적으로 불가능한 것을 분열시키는 근원적 불가능성이다. 이는 부르주아와 프롤레타리아에 기반한 마르크스의 계급적 적대와 친화성을 갖는다고 볼 수 있겠다. 지젝이 비판하는 알튀세르 역시 헤겔의 '모순' 개념에 주목하면서 유사한 인식에 도달한다. 그리고 마르크스주의의 새로운 과제로 정신분석과의 대결을 요구한다. 따라서 후기의 알튀세르와 지젝의 교자첨을 연구하는 일 역시 흥미로운 작업이 될 것이다. 이는 다음 과제로 미룬다.

는 평가는 오인에 불과하다는 것이다. 부정성의 자기 관계는 부정 그 자신에 대한 부정으로서 부정의 타자화가 아니라, 첫 번째 부정 그 자체를 부정함으로써 부정을 급진화하는 것이다. "하나의 단계에서 또 다른 단계로 운동하는 내적 논리는 하나의 극단(부정)에서 정반대의 극단(부정)으로, 그리고 나서 그것들의 더 높은 통일로 운동하는 그런 것이 아니라, 오히려 두 번째 이행은 첫 번째의 근본화"라는 것이다.40

지젝에게 부정 자체의 근본화를 향한 이러한 운동은 "부정성이 부정되고 있는 것보다 선행한다는 것, 그리고 모든 실정적인 동일성이 자리 잡을 수 있는 바로 그 자리를 여는 부정적인 운동"41이다. 따라서 부정의 부정은 부정의 결과물인 타자가 맞서고 이 타자를 자기로 인식함으로써 자기에게로 복귀하는 긍정적 종합 혹은 화해의 제스처가 아니다. 절대적 부정성에서의 부정은 어떤 종류의 실정적인 동일성으로의 회귀도 수반하지 않는다. 그리고 이는 동일성의 자기 매개적 과정에서 어떤 이행적인 계기로도 환원되지 않는다. 그가 보기에 첫 번째 이행(부정의 자기 타자화)으로부터 두 번째 움직임(자기 타자로부터 부정 자신에게로의 복귀)은 첫 번째 부정의 근본화이자 부정 그 자신이 취하는 동어반복적인 형식적 제스처에 불과하다. 부정의 부정은 가장 순수한 지점에서 형식적인 반복을 수행하는 제스처라는 점에서 종합과 화해라는 상승적 발전의 움직임으로 이를 읽는 것은 문제가 있다는 것이다. 그 점에서 헤겔이 말하는 '부정의 자기 관계'는 부정의 부정을 통해 열린 틈새를 봉합하는 것이 아니라 차이와 틈새를 격화시키는 데 기여하는 논리적 장치이다.42

---

40 S. 지젝: 『까다로운 주체』, 이성민 역, 도서출판b, 2005, 120쪽.
41 S. 지젝: 『이데올로기라는 숭고한 대상』, 이수련 옮김, 인간사랑, 2002, 299쪽.
42 결국 지젝이 읽은 헤겔의 요점은 "부정의 부정에서는 부정성이 자신의 파괴력을 모두 보존"하고 있으며 우리의 동일성을 위협하는, 이러한 부정적이고 파괴적인 힘이 동시에 그것(부정) 자체의 실정적인 조건이 된다"로 정리할 수 있을 것이다. Slavoj Žižek: The Žižek Reader, Blackwell: Oxford 1999, 226-227쪽.

이러한 형식적인 제스처, 동어반복적인 행위의 모습을 띠는 부정의 급진화를 통해 우리가 만나게 되는 것은 종합이나 화해가 아니라 단순한 무Nichts이자 공백이다. 부정성의 자기 관계를 통해 산출되는 것은 구체적인 내용으로 채워진 실정적인positive 무엇이 아니라, 무 혹은 부재로서의 공백에 다름 아니라는 것이다. 지젝은 "실체는 실체로서뿐만 아니라 주체로서도 사유되어야 한다"는 헤겔의 명제 역시 비슷한 방식으로 해석한다. 그에 따르면 헤겔의 이 진술은 실체의 주체로의 구체화나 주체의 실체로의 고양 및 이념화와는 아무런 상관이 없다. 실체와 주체의 화해와 통일이란 한낱 상상에 불과하다고 보기 때문이다.

지젝에게 주체의 자리는 실체의 균열, 실체가 벌여 놓은 깊은 심연과 공백의 자리일 뿐이다. 지젝의 논지를 따라가보면, 실체는 주체가 존재하지 않는 지점에서만 가시화될 뿐이며, 주체 역시 실체가 부재하는 지점을 통해서만 나타난다. "주체란 실체 속에 현현하는 내속적인 균열이며, 실체의 부재지점일 따름이다."43 실체의 내재적 균열을 실체의 부재와 연결짓는 이러한 시도는 부정의 자기귀환, 즉 부정의 자기관계를 텅 빈 형식이 가시화되는 어두운 심연abyss으로 보는 시각의 결과물이다.

타자관계 역시 통상적 해석과 달리 자기관계의 매개로 포섭되지 않는다. 오히려 자기관계는 타자관계에 의존함으로써만 가능한 것이라는 점에서 그것의 불안정성을 드러낸다. 이로써 자기관계와 타자관계의 종합으로서의 자기관계의 도식은 거부된다. 여기서도 부정의 자기관계성은 타자에 의존하는 자기관계의 불안정성, 타자관계성에 의존하면서도 내용적으로 무이자 공백으로만 서술가능한 자기관계의 공허함을 드러낸다. 결국 부정의 부정은 타자를 접수하고 그것을 내용으로 갖는 구체적인 충만으로서의 긍정이 아니고, 부정 자신의 자기동일성, 즉 그 자체로 아무 것도 말해주지 않는 오직 부정적일 뿐인 공허한 형식

---

43 S. 지젝: 『부정적인 것과 함께 머물기』, 47쪽.

에 불과하다는 결론으로 이어진다. 지젝이 보기에 부정의 자기 관계가 갖는 내용적 무, 공백을 자기의 본질로 자각하는 것이 절대지의 본질이다. 그리고 이는 칸트적 자기의식의 핵심이기도 하다.

요약하자면 지젝에게 헤겔의 화해나 종합은 대립하는 항들 사이의 고양과 진보로서의 화해, 즉 '불화들간의 화해'가 아니라 '불화의 화해'이다. 헤겔적 절대자 역시 "유한자의 반성적 대립과 모순 너머에/위에 어떠한 것도 없다"44는 깨달음이다. 헤겔적 종합은 차이를 더욱 벌려 놓음으로써 그것을 명료하게 하는 것인 동시에 합일 자체가 늘 실패할 수밖에 없다는 자각을 의미한다는 것이다. 부정의 근본화는 부정의 강화이고 이를 통해 주체와 객체, 자아와 타자 사이의 틈새를 열어 보이는 것인 셈이다. 조화와 균형, 안정과 투명함의 가면을 쓴 우리 사회나 주체 모두 균열과 적대의 틈새를 안고 있는 것이다.

이러한 새로운 헤겔 읽기는 칸트를 경유하여 그를 읽은 결과이기도 하다. 지젝은 칸트와 헤겔을 갈라놓은 경계선은 우리가 생각하는 것보다 훨씬 더 미세한 것일 수도 있다고 한다.45 칸트와 헤겔 사이에 놓인 차이점은 물자체Ding an sich, Thing itself를 접근불가능한 것으로 실체화하는가 그렇지 않은가에 있다. 그는 칸트의 경우 현상의 한계 지평 너머로 금기시되었던 물자체를 우리의 유한한 사유 지평의 본질로 받아들였다. 하지만 "칸트는 현상계와 초현상계 사이의 균열을 치유하는 데 급급했던 반면, 헤겔은 이 분열을 근본화"46한다. 지젝이 보기에 '없음으로서만 있을 수 있는' 이 현상의 경계지점은 헤겔이 말한 복귀된 부정의 공허함으로서의 자기관계를 지칭할 뿐이며 상징질서의 틈새, 공백, 부재지점을 말해줄 뿐이다. 칸트에게 초월적 통각은 모든 경험적 현상 인식의 가능 조건이면서 그 자체로 인식 불가능한 현상계와 물자체Ding an sich의 경계지점이다. 지젝이 보기에 그 자체

---

44 S. 지젝:『까다로운 주체』, 141쪽.
45 같은 책, 330쪽.
46 같은 책, 40쪽.

로 인식할 수 없는 것은 그 자체로 아무런 내용이 없는 텅 빈 형식이기도 하다. 따라서 부정의 자기 관계인 주체 역시 그 자체로는 아무런 실정적 내용도 갖지 않는 공허한 형식에 불과하다. 결론적으로 헤겔은 칸트 철학의 단순한 극복자가 아니라 현상계와 물자체 사이의 균열을 더욱 급진적으로 벌여 놓은 급진적 칸트주의자로 이해된다. 지젝이 보기에 헤겔은 물자체를 실체로 간주하고 현상의 피안으로 밀어낸 칸트와 달리, 현상계의 끝을 물자체의 적극적인 가시지점으로 근본화한 점에 있다. 물자체를 실체로서 현상의 피안으로 밀쳐내지 않고, 현상계의 극한을 물자체로 단언함으로써 칸트가 벌여놓은 틈새를 더 벌여놓았다는 것이다. 그에게 '물자체'는 현상계 너머의 어떤 실체적인 것이 아니라 현상계의 종결 지점 그 자체이다. 헤겔은 칸트가 벌여놓은 현상계와 물자체 사이의 심연을 부정적으로 회피하지 않고, 이를 현상계의 내재적 본질로서 적극적으로 가시화하고 있다는 점에서 전혀 다르다는 것이다. 그에게 현상의 경계지점은 현상계를 현상계로 구성하는 본질적인 지점이면서 현상계가 종결되는 현상계의 부재지점이기도 하다. 변증법적으로 현상계와 구별되는 방식 그 자체를 통해 현상계를 구성하는 본질이 현상계의 끝인 셈이다.

결국 지젝은 현상과 물자체 사이의 간극 사이에서 현상계의 끝, 즉 현상계의 경계지점을 물자체와 동일시함으로써 가장 칸트적인 방식으로 칸트를 넘어서고자 한다. 그에 따르면 "헤겔은 칸트가 분열만을 본 곳에서 어떻게 이미 종합이 실현되는가를 보여주며, 그리하여 지성적 직관 속에서의 종합이라는 별도의 추가적 행위를 요청해야 할 그 어떤 필요도 없음을 보여준다." 따라서 문제는 "검은 공백을 메움으로써가 아니라 공백을 메우려고 하는 여하한 실정적 존재물에도 선행하는 것으로서 이 공백을 그 자체로 긍정함으로써 칸트에서 헤겔로 이행하는 것이다."[47] 지젝에게 물자체의 가시지점이자 현상계의 부재지점인 현상계의 경계지점은 칸트의 '초월적 통각'이기도 하다. '검은

---

47 같은 책, 78쪽.

'공백'은 어떤 세계 내부의 균열 지점이다. 그것은 현상 세계의 인식을 위한 근거이자 그 자체로 인식될 수 없는 현상의 피안이고 텅 빈 내용으로서의 초월적 통각이다. 주체를 실체의 내재적 균열로 읽는 지젝에게 이 균열점은 주체의 존재 지점으로서 실체의 한계 지점임과 동시에 부재 지점이다. '나는 사유한다Ich denke'로서의 초월적 통각이 현상적 내용의 삭제를 통해서만 작동할 수 있는 것처럼, 주체 역시 실체 혹은 '실재'에 대한 삭제와 배제를 통해서만 정립 가능하다. 그 결과 주체는 그 내용이 아무 것도 없는 무nothing, 공백, 텅 빈 형식에 불과하다. 따라서 칸트적 주체는 보편적인 실체 속의 실체의 부재 지점 및 부정의 자기 관계가 보여주는 공허한 형식과 동일한 논리적 위상을 갖게 된다. 이로써 지젝은 차이와 타자를 배제함으로써 동일성 사유를 구축한다는 비판을 받아온 헤겔 철학을 구출하고 그것을 차이의 철학으로 재구성할 수 있는 이론적 논거를 갖춘다.

하지만 지젝은 헤겔의 칸트 비판, 즉 칸트의 초월적 통각이나 물자체를 비판하는 과정 자체에 대해서는 별 관심을 갖지 않는다. 익히 알려져 있듯이 헤겔은 칸트의 추상적이고 형식주의적 측면에서 탈피하기 위해 논리적인 것과 역사적인 것의 연관성에 주목하였다. 하지만 지젝은 정신의 자기 운동과 구성의 과정으로 변증법을 이해하고자 한 헤겔의 시도에 대해서는 별 언급을 하지 않는다. 헤겔 철학의 역사성에 대한 설명의 부재는 실재계 개념에 입각한 라캉의 후기 정신분석이론과의 '매끄러운' 연결에는 유리할 수 있을지 모르지만 헤겔 연구자들의 무거운 비판에 직면하게 된다.[48]

결론적으로 지젝에게 칸트의 초월적 자아는 헤겔의 '실체 없는 주체' 내지 '실체의 내적 균열로서의 주체'와 동일한 선상에서 분석된다. 그리고 헤겔의 실체 없는 주체는 '상징계 속의 균열과 공백으로서의 실재'라는 라캉적 주체로 번역된다. 이데올로기적 '누빔'(고정)의 실패

---

48 김현: 위의 책, 302쪽 참조.

지점인 상징계 속의 공백은 정치적 주체와 진정한 행위의 출현을 위한 가능성에 대한 논의와 이어지면서 지젝의 최근 논의들로 확장되고 있다.

3. 실재계의 변증법

흔히 지젝은 '실재의 철학자'라 불리는데, 라캉적 의미의 '실재the Real'를 확장하고 재전유했다고 간주되기 때문이다.49 물론 실재계는 '상상계'나 '상징계'와의 연관 속에서 이야기되지만, 그가 실재계를 무엇보다 강조하는 것은 분명한 사실로 보인다.

우선 라캉의 '상상계'는 거울에 비친 자기 모습을 보고 자기의 정체성을 구성하는 '오인'의 단계이다. '상징계'는 일반적으로 현실reality이라고 부르는 세계, 사회체 내에서 다양한 이름을 가지고 삶을 영위하는 세계, 언어를 통해 변별화된 세계이다.50 반면 '실재계'는 알 수 없는 삶의 세계, 즉 언어를 통해 구성된 상징계에 포획될 수 없는 언어 이전의 세계이다. 나아가 그것은 상징계에 의해 분절화되고 파편화된 채 상징계 '안에서' 부유하는 세계이다. 상징계는 늘 실재에 대한 완벽한 분별화 혹은 포획에 실패한다. 하지만 상상계가 상징계 내부에

---

49 T. 마이어스: 『누가 슬라보예 지젝을 미워하는가』, 이성민 옮김, 앨피, 2005, 65쪽.
50 라캉은 두 단계의 동일시, 즉 상상적 동일시(일차적 동일시)와 상징적 동일시(이차적 동일시)의 동시적 진행을 통해 주체화의 과정이 진행된다고 주장한다. 단계적이면서 상보적인 이 두 과정은 그 만큼 동일시의 과정이 복잡하고 강고한 것임을 말해준다. 우선 상상적 동일시는 상징적 동일시의 승인을 요구하고, 상징적 동일시 역시 상상적 동일시의 동력을 요구하기 때문이다. '집안의 대들보'에 대한 지젝의 예화는 이러한 동일시의 과정을 잘 보여준다.(『이데올로기라는 숭고한 대상』, 360쪽 참조할 것) 여기서 어머니는 '말 없는 희생'이라는 상상적 동일시의 과정을 거쳐 "주어진 현실을 '실효성'의 현실로 전환하는 순수하게 형식적인 제스처"를 통해 주체로 된다. 그녀는 단순히 수동적으로 희생당하는 주체가 아니라 능동적으로 자신의 자리를 발견한다는 점에서 능동적 존재이고 따라서 윤리적 책임을 피할 수 없다.

구멍으로 표류하는 실재를 메우고 보충하는 대리적 기능을 한다. 즉 상징계를 통해 변별화된 실재의 구멍을 기만적으로 메우는 역할을 함으로써 상상계는 실재계의 귀환을 막고 상징계의 원활한 작동을 돕는 것이다. '대상 a(objet petit a)'는 바로 상징계의 틈새를 막는 작인agency이다.

반면 실재계는 상징계가 존재할 수 있는 초월적 근거이자 상징계 속으로 전면적으로 흡수될 수 없는 세계이다.51 따라서 그것은 상징계의 완벽한 존립을 교란하고 방해하는 상징계의 부재조건이기도 하다. 상징계는 온갖 방법을 통해 실재를 분절하기 때문에 실재의 직접적 인식은 불가능하다. 그것은 상징화의 메커니즘이 느슨한 순간을 틈타 간접적으로만-어떤 것의 침투에 의해 상징계가 교란되는 순간 그 효과를 통해서만-알 수 있다. 결국 실재계는 상징계의 작동 이전의 사물의 상태라는 점에서 그것에 선행한다. 하지만 그것은 상징계의 작동 결과 남은 '잔여물remainder'이기도 하다. 상징계 이후의 실재계는 상징계 안에서 다양한 방식으로 의미화되고 해석된다. 하지만 그것은 단일한 의미로 고정될 수 없다는 점에서 상징계의 실패지점이면서 상징계 내부

---

51 지젝에게 실재는 칸트의 물자체와 유사한 성격을 갖는다. 하지만 상징계와 분리된 전적인 타자가 아니라 상징계를 가능하게 하는 주축이면서 상징계의 효과이기도 하다. 이러한 시각은 '정반합의 변증법'을 읽는 그의 방식과 관련이 있어 보인다: "'정립반영'은 텍스트의 진정한 의미에 직접 도달할 수 있다고 믿는 순진한 독법에 상응한다. 우리는 텍스트가 말하고자 하는 바를 직접적으로 (아무런 매개 없이) 이해할 수 있다고 가정한다. 물론 진정한 의미를 알고 있다고 주장하는 상호 배타적인 독법들이 무수히 생겨나게 되면 문제가 발생한다. 그것들 중에 무엇을 선택할 것인가? 그것들의 주장을 어떻게 판단할 것인가? '외재적 반영'은 이러한 난국으로부터 헤어날 수 있는 돌파구를 제시해 준다. 그것은 '텍스트의 진정한 의미', 그 본질을 도달할 수 없는 저 너머의 것으로 바꾸어 놓는다. 다시 말해 그것을 초월적인 '물자체'로 만드는 것이다. (…) 이러한 '외재적' 반영에서 '규정적 반영'으로 이행하기 위해서는 어떻게 '본질'의 외재적 반영의 규정들(텍스트의 진정한 의미의 일련의 왜곡된 부정적 반영들)이 지닌 외재성이 '본질' 자체에 이미 내재해 있는 것인지를, 어떻게 해서 내적인 '본질'이 이미 그 자체로 탈중심화되어 있는 것인지를, 어떻게 해서 이 본질 자체의 '본질'이 그러한 일련의 외재적인 규정들 속에 있는지를 깨닫기만 하면 된다." S. 지젝: 『이데올로기라는 숭고한 대상』, 355-356쪽.

의 구멍 즉 상징계의 부재 지점이다.52 지젝이 실재계에 주목하는 이유가 바로 이러한 변증법적인 요인 때문이다. 실재계는 상징계의 블랙홀이자 상징계의 자장 안에서 자리 잡지 못하고 끊임없이 표류하는 '잉여'이다. 이를 통해 지젝은 상징계가 결코 자기 완결적인 패쇄적 체계일 수 없다는 결론을 추론한다. 그런 점에서 실재계는 늘 상징계를 교란하고 분쇄할 수 있는 위협 요소이다. 상징계 내부로 실재계가 귀환하는 사태는 상징계의 파열로 귀결된다: "라캉의 실재는 (…) 상징화에, 변증법적 과정에 저항하는 견고한 중핵으로서, 자기 자리에 존속하면서 항상 그리로 돌아오는 것이라고 여겨진다."53

지젝에게 주체는 바로 실재계와 상징계의 이 틈새에 존재한다. 실재계의 변증법적 특징은 지젝이 주체화의 가능성을 모색하는 준거점이다. 그에 따르면 만일 상징계가 실재에 대한 불완전하고 불충분한 재현이 아니라면, 즉 우리가 실재를 온전하게 이해할 수 있다면 주체들은 사라지고 말 것이다. 모든 것이 이해된 것과 정확하게 일치하고 모든 것이 '전체 그 자체whole itself'로 파악되며 모든 사람들의 보는 방식 자체가 일치한다면 의미화의 끊임없는 연쇄 자체는 존재하지 않을 것이기 때문이다.

그러나 모든 기표가 모든 기의와 완벽하게 일치하는 것은 우리의 환상 속에서나 가능하다.54 주체는 실재계/상징계의 틈새에 존재하며, 실재에 대한 인식의 불완전성과 불충분성을 벗어날 수 없기 때문에 가능하기 때문에 양자 사이의 조화와 화해는 불가하다는 것이다. "그 대

---

52 오이디푸스 과정을 통해 상징계에 안착한 주체는 아버지의 이름으로 억압되고 상실된 기표, '즉 어머니의 욕망'을 찾으려 한다. 그러나 상징계는 그것의 억압을 통해 설립된 것이기에 상징계 자체가 제공할 수 없는 기표이다. 그런 점에서 상징계적 욕망의 대상, 즉 어머니의 욕망은 상징계의 구멍이다. 이는 시니피앙의 연쇄에 의해 결코 메워질 수 없는 영원한 구멍이다. 최초의 모성적 시니피앙이 영원히 억압되고 상징계를 벗어나며 생긴 빈 공간에 욕망의 대상으로 놓이는 것이 바로 '물'(das Ding)이다.
53 S. 지젝: 『까다로운 주체』, 273쪽.
54 T. 미이어스: 앞의 책, 63쪽.

신 실재와 완전히 일치하는 상징적 질서만이 존재할 것이다. 우리를 인간으로 존재하게 하는 것, 우리를 주체로 만드는 것은 의미화 연쇄이며, 그에 대한 우리의 결정이다. 그것이 사라지면 그에 따라 우리의 주체도 사라지게 된다." 만일에라도 그런 일이 일어난다면 "우리는 더 이상 인간 존재나 주체가 아닌 단지 상징적 질서의 명령에 맹목적으로 복종하는 자동기계나 로봇일 것이다. 이것은 우리가 물리적으로 탈물질화된다는 의미가 아니라, 결정하고 선택하고 생각하는 존재로서의 우리가 사라진다는 뜻이다."[55]

상징계에 선행하면서 상징계를 통해 완전하게 파악되지 않는 실재계의 변증법적 특징 때문에 현실reality과 사회체 등은 늘 불완전체의 모습을 띨 수밖에 없다.[56] "상징화에 저항하는 견고하고 꿰뚫을 수 없는 중핵"이면서 "아무런 존재론적 일관성도 가지고 있지 않은 기괴한 순수 실체"인 실재는 "상징화의 모든 시도가 좌초하는 암벽, 가능한 모든 세계(상징적 세계) 속에서 동일하게 남아 있는 단단한 응어리"[57]이다. 상징계와 실재계의 변증법적 작용 속에서 주체는 상징계의 본원적 공백, 결여를 의미한다. 주체가 빗금친($)로 표시되는 것도 그 때문이다.

---

55 같은 책, 63쪽.
56 흔히 우리는 '정치'를 국가와 같은 유기적 공동체를 유지하기 위해 구성원들의 다양한 입장들을 조화시키는 행위로 이해한다. 하지만 지젝은 라클라우와 무페의 입장을 받아들여 이러한 정치 관념을 환영에 불과한 것으로 본다. "사회(혹은 공동체)라는 것은 존재하지 않는다"는 것이다. 그는 이를 라캉의 '여자는 존재하지 않는다'는 진술의 수준에서 받아들이며, 공동체의 근원적 불가능성, 결여를 의미하는 '적대' 개념을 지지한다. 사회는 유기적인 실체로 존재하지 않으며, 사회는 사회를 존재할 수 없게 만드는 적대를 가리는 환상으로서 요구되는 것이다. 반면 '정치'가 아닌 '정치적인 것'은 사회라는 환상 구성물을 만드는 방식을 포함해서 이 적대를 드러내고 이와 함께 존재할 가능성을 모색하는 모든 이론적·실천적 행위를 포함하는 개념이다. 지젝에게 불가능성, 결여와 같은 '부정성'과 관련된 개념들은 그 자체로 부정적인 개념이 아니다. 사회의 불가능성이야말로 새로운 가능성의 조건이라고 보기 때문이다.
57 S. 지젝:『이데올로기라는 숭고한 대상』, 286쪽.

그런데 지젝에게 이러한 주체는 초월적 통각(칸트)으로 이해되기도 하고, 부정의 동어반복적 제스처를 통한 부정 그 자체의 근본화로서의 헤겔적 무(공백)를 의미하기도 한다. 이는 상징계를 통해 구성된 주체의 다양한 정체성들이 불안정적이며 동요할 수밖에 없음을 말하는 것이기도 하다. 알튀세르의 말처럼 주체는 상징계나 대타자의 호명만으로 완벽하게 구성되지 않는다. 즉 주체화의 과정은 그러한 명령을 자신의 정체성으로 오인하는 매끄러운 과정이 아니다. 즉, 주체는 호명과 정체성 구성의 과정이 늘 엇나가기 때문에 존재한다. 호명의 빗나감은 실재가 상징계에 침입하고 출현하는 방식이다. 또한 이는 주체의 술어를 구성하는 여러 가지 정체성에도 불구하고 정체성 없음으로 귀결되는 실재와의 대면 순간이다. 나아가 이러한 동요는 대타자의 호명에 대한 주체의 의문과 관련된 순간이기도 하다. 즉 환상의 작인인 대상 a를 통해 실재의 침입을 봉합하려는 제스처로부터 단호하게 환상을 가로질러 실재의 사막을 횡단하는 행위이기도 하기 때문이다. "대타자, 즉 제도적인 상징체계 속의 지지대를 제거하는"[58] 행위이기도 한 것이다.

주체는 환상과 실재 사이에 존재한다. 환상의 안경을 쓴 주체가 실재를 대면하는 방법은 상징계의 모든 호명들과 정체성들을 벗어던질 때에만 가능하다. 상징적 질서의 불완전성과 결여를 인식하고 자동인형됨을 거부함으로써, 즉 상징계의 전복과 교란을 통해 실재와 대면해야만 '실재의 응답'에 근접할 수 있는 것이다. 주체화의 길은 '세계의 밤'을 관통함으로써만, 환상의 스크린을 찢고 실재를 횡단해야만 가능하다는 것이다. 이는 라캉이 말하는 '분석의 끝'이기도 하다.

---

[58] S. 지젝: 『그들은 자기들이 하는 일을 알지 못하나이다』, 93쪽.

4. 주체와 진정한 행위

 '소통 자본주의communicative capitalism' 시대 냉소주의에 젖은 지식인들에게 자본주의의 토대를 전복할 수 있는 가능성은 전무하다. 지젝 역시 지금의 질서를 근본적으로 바꾸는 것이 녹록하지만은 않다고 인정한다. 하지만 '도무지 정신 나간 짓'으로밖에 보이지 않는 '신념의 도약'이 가능하다면 일말의 변화 가능성을 기대해볼 수 있지 않겠냐고 제안한다. 그러면서 마르크스주의와 정신분석이 이러한 '광기'와 같은 '진정한 행위'를 뒷받침할 수 있는 이론이 될 수도 있음을 단언한다. 이 둘은 실패한 이론으로 평가되지만 여전히 그 안에는 무시 못 할 해방적 잠재력이 깃들어 있다고 보기 때문이다. 지젝의 주체이론은 마르크스주의와 정신분석의 절합을 통해 '포스트주의' 시대의 이론적 '교착상태'를 극복하려 하고 있기 때문이다. 과연 그의 이론이 지금의 정치·경제적 현실에 대한 적절한 대답이 될 수 있는지는 두고두고 점검해보아야겠지만, 분명 우리의 이론과 실천에 반성의 계기로 기능할 수 있음은 분명해 보인다.

 앞서 말했다시피 지젝은 칸트가 벌려놓은 현상과 물자체의 틈새 자체에 주체 혹은 실재라는 이름을 부여한다. 그리고 틈새로 잠시 나타나는 이 실재는 자기의식에 내재한 칸트적 역설을 가장 분명하게 보여준다고 한다. 그가 보기에 칸트의 급진성은 주체를 존재의 대사슬 속에, 즉 우주라는 전체 속에 자리매김하는 것의 불가능성을 선취한 점에 있다. 칸트에게 있어 주체는 가장 근본적인 의미에서 탈구되어 있고, 주체는 근본적으로 그 자신의 자리를 결여하고 있다. 이러한 해석은 헤겔의 부정성 개념과 연결되면서 결국 주체는 정신분석적으로 빗금친 S로서 결여된 주체의 논리로 귀결된다. 여기까지는 포스트주의의 주체이론 혹은 라캉의 초기 이론에서 전개되는 주체 논의와 거의 유사한 느낌을 준다. 하지만 지젝은 구성적으로 결여된 이 주체를 통해 정치적 주체 혹은 정치적 행위('진정한 행위')의 가능성을 모색한다는 점

에서 포스트주의와 갈라선다.59

지젝에게 '정치화'는 누군가 사회적 위치에 직접 등록되지 않음으로써 주체화의 제스처를 내포하는 것이다. 여기서 주체화의 제스처는 상징계의 균열 지점, 존재론적 틈새 혹은 공백과 조우할 수 있는 계기가 되는 주체성의 지점을 일컫는다. 이 주체성의 지점을 설명하기 위해 지젝은 "추상적 부정성의 폭발"60(혹은 추상적 부정의 근본화)이라는 헤겔의 개념을 동원한다. 하지만 지젝의 주체 논의는 늘 돌고 도는 느낌을 주고 일종의 논리적 비약과 같은 인상을 유발할 뿐만 아니라, 논지 자체가 어려워 당혹스럽기까지 하다. 이를테면 상징계와 실재계의 변증법적 긴장 속에서 상징계에 실재가 침입하는 이 사태 혹은 지점을 '틈새'라고 설명하는가 하면 이 틈새야 말로 주체의 자리라고 반복해서 단언하는 대목에서는 의아스러운 측면이 없지 않다. 물론 근본적 차원에서 주체와 실천 문제가 논의되어야 한다는 진정성 있는 주장이라는 점에는 이의가 없겠지만 말이다.

그러나 실재와 대면하는 주체가 주체의 탄생이면서 죽음을 의미하는 것이라면 그것이 대안적 실천의 마련에 어떤 의미를 갖는 것일까 의문을 가져봄직하다. 물론 그 죽음이 실제 죽음이 아니라 상징적 죽음, 즉 상징계와의 근본적 단절과 실재에 대한 인식을 의미한다손 치더라도 이해가 쉽지 않은 대목이다. 그리고 실재와의 대결이 주체의 인식론적 전환을 의미하는 것인지 존재론적 차원의 전복을 의미하는지 그 의미가 확연하지도 않은 것 같다. 물론 그 둘이 확연하게 나뉘는 것도 아니고, 지젝이라면 그 둘을 모두 포함하는 차원이라고 응답하겠지만!!

---

59 J. Dean: Žižek's Politics, New York, 2006, 175-177쪽 참조.
60 S. 지젝: 『까다로운 주체』, 392쪽.

5. '시차'와 진리

지젝의 헤겔 그리고 라캉을 통해 우리는 주체의 위치와 주체 구성의 불완전성을 이해할 수 있다. 또한 알튀세르와 지젝의 이데올로기 분석이 보여준 것처럼 민족주의, 종교적 근본주의, 현실 사회주의, 나아가 후기 자본주의의 상징질서가 어떻게 유지되고 작동하는가에 대한 심도 깊은 고민의 계기들을 제공받을 수 있다. 하지만 이러한 분석과 실천의 연결고리라 할 수 있는 그의 주체 이론이 과연 정치적 장의 변화 가능성을 타진하는 데 얼마만큼의 의미가 있을까 하는 의문이 여전히 남는다. 물론 상징들을 통해 제공된 정체성이 공백이고 무이며 비어있는 것이라는 측면에서 우리는 저항적 주체의 구성 지점을 모색할 수는 있다. 하지만 이 저항의 지점 역시 상징화 혹은 지배가 작동하는 도구로 기능할 가능성 역시 남아 있다. 그렇다면 그의 윤리학이 지배와 저항의 끊임없는 순환논리로 귀결될 위험은 없겠는가? 물론 그가 별 관심을 두지 않거나 폄훼하는 트로츠키의 '영구혁명론', 혹은 끊임없는 부정의 변증법을 그 역시 상정하고 있는 것은 아닌지 하는 의혹을 가져볼 수 있을 것 같다. 그러나 여러 의문의 여지에도 불구하고 보편성의 예외지점 혹은 상징계 속의 균열 지점은 여전히 정치적 주체 행위를 사유할 수 있는 출발점을 제공하고 있다.

혼히 지젝의 철학을 두고 세련된 라캉적 분석과 덜 해체된 전통적 마르크스주의 사이에서 분열되어 있다는 비판이 제기되기도 하지만, 그 스스로는 라캉을 통한 헤겔의 새로운 독해가 자신의 가장 중요한 철학적 기여라고 기염을 토한다. 라캉 정신분석의 기본 개념들에 내장된 정치적 잠재력을 들추어내기 위해서는 헤겔로의 회귀가 필요하다는 것이고 헤겔의 변증법을 구출하기 위한 유일한 방안 역시 라캉을 경유하는 방법밖에 없다고 보는 것이야 말로 지젝 작업의 뼈대다. 사실 이러한 출발점은 이데올로기 이론의 새로운 개발과 맞닿아 있는 것이지만, 이후의 주체 이론이나 행위와 실재의 윤리학에서도 일관되게 유지되는 이론적 프레임이기도 하다.

우선 변증법과 관련하여 지젝의 『시차적 관점』에 주목해보자. '시차視差, parallax'는 가라타니 고진의 『트랜스크리틱』에서 빌려온 개념으로, 서로 다른 곳에서 보았을 때 서로 다른 위치나 형상으로 보이는 것을 지칭하는 과학 용어이다. 한 쪽 눈을 가리고 사물을 보았을 때 그 위치나 형태가 다르게 보이는 것도 시차의 한 예라 할 수 있다. 지젝은 이 책에서 서로 다른 시각(관점)이 만들어 내는 시차를 설명하기 위해 양자물리학(파동과 입자), 신경생물학(의식현상과 회백질 더미), 철학(존재와 존재자), 정신분석학(욕망과 충동) 등의 과학적·철학적 성과들을 동원한다. 이러한 '시차' 개념은 헤겔의 변증법에 대한 독해와 직결된다는 점에서 지젝의 사유에 있어 중요한 의미를 갖는 것으로 보인다. 왜냐하면 그것은 두 층위 사이에 어떠한 공통 언어나 기반이 존재하지 않기 때문에 변증법적으로 매개·지양될 수 없는 근본적인 '이율배반'으로 정의되기 때문이다.61 철학과 과학, 정치라는 3가지 사유 양식에 나타나는 시차적 간극을 탐색함으로써 그가 노리는 것은 '변증법적 유물론'의 새정의이다.

물론 '시차' 개념은 이미 이라크 전쟁에 대한 이론적 개입이라 할 수 있는 『이라크』에서 '진리'를 설명하기 위해 사용된 바 있다. "민주주의는 인류에 대한 신의 선물"이라는 부시의 발언처럼 서구 민주주의에 대한 이데올로기적 믿음(상상계)이 이 전쟁의 첫 번째 이유이다. 새로운 세계질서 안에서 미국의 확고한 위치를 주장하려는 것(상징계)이 전쟁의 두 번째 이유이다. 석유의 안정된 공급이라는 경제적 이해관계(실재계)는 세 번째 이유이다. 우리는 흔히 3번째 항을 통해 이라크 전쟁의 원인을 설명하지만, 지젝에게 중요한 것은 어느 하나가 나머지의 '진리'라는 것이 아니라 '진리'란 관점의 이동 그 자체라는 것이다. 시차적 관점에서의 진리가 쟁점인 셈이다.

---

61 A. Kotsko: Žižek and Theology, New York, 2008, 102-103쪽 참조.

지젝의 주장에 따르면 '시차'는 변증법적 사유의 장애물이 아니라 변증법의 전복적 핵심에 다다를 수 있게 해주는 개념이다. 그는 시차를 정치에 도입하는 것이 지금 이 세계가 직면한 '저항의 교착상태'를 돌파하는 하나의 방법이 될 수 있다고 한다. 이는 '유사-행동'을 거부하고 보다 근본적인 차원의 역전 혹은 '배반'을 수반하는 '진정한 행위'에 대한 요구와 맞물려 있다. 이를테면 그는 바디우를 비롯한 동료 이론가들의 국지적 행동에 대한 참여 요구를 거부한다. 왜냐하면 그러한 실천들은 시스템이 더욱 부드럽게 작동하도록 도와주는 것으로 귀결될 뿐이며 '능동적', '참여적'이 되려는 충동은 실제로는 아무런 일도 일어나지 않고 있다는 사실을 은폐할 뿐이기 때문이다.62 지젝에게 중요한 것은 비판적인 참여와 행동을 통해 권력자들과 '대화'에 나서기보다는 바틀비Bartleby, the Scrivener의 경우처럼 '불길한 수동성'으로 퇴각하는 것이 진정한 어려운 일이라고 한다.63 이는 제국주의, 식민주의, 세계대전이라는 파국적 조건 속에서 레닌이 보여주었던 제스처를 반복해야 한다는 요구와 연결된 행동이다. 당시 레닌은 엄중한 시대사적 조건임에도 좌절하지 않고 즉각적인 행동 지침을 내놓지 않았다. 대신 그는 도서관에 칩거하면서 헤겔 연구에 몰두하였을 뿐이다.

지젝이 레닌에 관심을 가진 근본 이유는 무엇이었을까? 앞서 말한 유사-행동과의 근본적 단절이었다. "우리가 양보할 수도 없고 양보해서도 안 되는 '레닌주의적' 입장은 다음과 같은 것이다. 오늘날 실질적인 사상의 자유는 현재 지배적인 지위에 있는 자유민주주의적이고 '탈이데올로기적인' 합의에 의문을 제기할 자유를 의미하며, 그것이 아니

---

62 "예컨대, 사람들은 언제나 개입하여 '뭔가'를 하고, 학자들은 무의미한 '논쟁'에 참여한다. 가령 자유주의적 좌파 또는 민주적 사회주의자들도 혁명을 말하지만, 그들은 혁명을 위해 치러야 할 실제적 대가에 대해서는 눈을 감는다. 자신의 학술적 특권이 전혀 위협받지 않는 한도 내에서 마르크스주의를 옹호하거나 급진적인 담론을 쏟아내는 데 열중하는 '강단좌파'의 경우도 마찬가지다. 그러한 발언을 뒷받침하고 있는 발언 위치, 곧 물적 토대와 시스템 자체는 결코 건드리지 않으며 위험에 빠뜨리지도 않는다."
63 S. 지젝:『시차적 관점』, 김서영 옮김, 마티, 2009, 746-748쪽 참조.

라면 아무런 의미도 없다."64 오늘날의 '소통 자본주의'는 지배의 구도에 대한 '합의'만 유지된다면 아무리 급진주의적인 주장이라 하더라도 묵인되고 관용된다.65 이는 "원칙 없는 관용적 다원주의"에 불과하다. 그리고 지젝에 보기에 이러한 자유의 허용에는 어떤 '금지'가 기입되어 있다. 가령 요즈음 큰 관심의 대상이 되고 있는 '다문화주의'의 경우에도 관용은 '진짜 타자'가 아닌 경우에만 허용된다. 따라서 '절대적 타자'나 '무조건적 환대'의 담론들은 "이미 미세한 '고급화'와 '교화'를 거친" 타자만을 향한 것이라는 점에서 문제적이다. 그렇다고 지젝이 '근본주의자들'의 태도에 동조하는 것은 아니다. 그들 역시 타자의 향유에 대한 무관심한 '성자적' 태도, 보편적 대의의 명분 아래 보편화할 수 없는 특수한 경험에 의지하고 있기 때문이다.

지젝이 보기에 레닌주의적 제스처는 서구 민주주의의 소통과 관용의 서사나 근본주의자들의 서사를 극복할 수 있는 유일한 출구이다: "오늘날 재발명되어야 할 레닌의 유산은 '진리의 정치'이다. 자유주의적 정치적 민주주의와 '전체주의'는 모두 진리의 정치를 배척한다. 물론 민주주의는 소피스트들의 통치이다. 오직 의견들만 있을 뿐이다. (…) 그러나 '전체주의' 체제 역시 진리의 닮은꼴만을 강요한다. 독단적인 '교시'의 기능은 통치자의 실용적 결정을 정당화하는 것일 뿐"이다. '좌익 소아병', 정치적 극단주의와 과잉 근본주의 역시 늘 이데올로기적-정치적 전치displacement이다.66 그리고 이는 "끝까지 가는 것의

---

64 S. 지젝/V. I. 레닌: 『지젝이 만난 레닌』, 정영목 옮김, 교양인, 2008, 273쪽.
65 "네 마음대로 말하고 써라. 단 지배적인 정치적 합의에 실제로 의문을 제기하거나 그것을 방해하지만 마라. 비판적 논제로서는 모든 것이 허용된다. 아니, 제발 그렇게 해 달라. 지구 생태계의 파국에 대한 예상. 인권 침해. 성 차별, 동성애 혐오, 반페미니즘. 멀리 떨어진 나라들만이 아니라 바로 우리가 살고 있는 거대 도시에서 점점 늘어나는 폭력. 제1세계와 제3세계. 부유한 사람들과 빈곤한 사람들 사이의 간극. 디지털화가 우리 일상생활에 가하는 강력한 충격." 같은 책, 266쪽.
66 지젝은 기존의 정치적 행태를 5가지로 분류한다. 먼저 초정치parapolitics는 적대를 게임의 규칙에 따라 경기를 하는 탈정치화된 경쟁으로 재공식화한다. '시민 개인'이라는 환상에 근거한 형식적·절차적 민주주의 이른바 '사유민주주의'

거부"의 태도이기도 하다.67 이러한 태도는 정치가 경제 영역을 참조해야만 제대로 독해될 수 있다는 마르크스의 핵심 통찰(정치경제학)을 간과한 '순수 정치'의 환상일 뿐이다.

지젝은 포스트주의에 보편성/진리 해체의 시도와 근본주의자들의 사이비-보편에 맞서 새로운 보편성과 진리의 구성을 일관되게 주장한다68. 이는 화해할 수 없는 '차이들'로 인해 산산히 흩어진 전선을 세우기 위한 준거를 마련하고자 하는 의도이다. 하지만 이는 지금의 '게임 규칙'을 다시 짜는 가운데 재구성되어야 할 진리이다. 그가 보기에 반세계화 운동과 이론들은 질 수밖에 없는 게임의 규칙에 안주하면서 게임의 규칙을 즐기거나 은밀히 공모하고 있다고 본다. 이를 위해서는 '정치적인 것의 완전한 재발명'을 위한 변증법적 사유 혹은 시차적 사유와 레닌주의적 실천 전략이 요구된다고 그는 주장한다.69

가 대표적이다. 후정치post-politics는 상이한 전략적 이해관계들의 절충과 병합의 모델에 따라 작동한다. 적대를 정체성들 사이에 존재하는 것으로 보는 '정체성의 정치'가 이에 해당한다. 원-정치arche-politics는 폐쇄적인 유기적 공동체 모델에 따라 작동한다. 극정치ultrapolitics는 갈등을 공동체와 그 적들 사이의 전쟁으로 환원시킨다. 나치즘과 반유대주의가 대표적이다. 마지막으로 메타정치metapolitics는 유토피아적 사회주의로서 여기서의 마르크스주의는 정치적 갈등을 인지하려는 시도이기는 하지만 단지 경제적 과정들을 위한 '그림자 극장'으로 나타난다. 이와 관련해서는 I. 파커: 『Žižek』, 이성민 옮김, 도서출판b, 2008, 165-210쪽을 참조할 것.

67 "자코뱅이 급진적 테러에 의존한 것은 경제 질서의 근본적 기초를 흔들어놓을 능력이 없다는 사실을 증언하는 일종의 히스테리적인 행동화acting out가 아니라면 무엇이겠는가? 심지어 '정치적 올바름'의 이른바 '과잉'에도 똑같은 이야기를 할 수 있지 않을까? 그것은 또 인종 차별과 성 차별의 현실적(경제적 등) 원인들을 흔들어놓는 것으로부터 후퇴했다는 사실을 드러내는 것 아닐까?"

68 지젝이 말하는 보편성은 "보편적 자기의식은 자기를 다른 자기 속에서 긍정적으로 자각하는 것"이라는 헤겔의 문장에 매달리는 자들이 말하는 것과 다르다. 즉 보편성을 개인이라는 개별자로 환원시키면서 적대가 은폐된 자기 완성 즉 교양Bildung을 통해 획득될 수 있는 성격의 것이 아니다. 그리고 이는 사회라는 개별자로 보편성을 환원시키는 것과도 다르다(필연적 대의를 강조하는 스탈린주의식 유물론). 지젝이 제시하는 변증법적 적대에 기반한 보편성은 저항적, 열린 보편성의 차원을 강조한다. 균열의 보편성 혹은 보편성 내부의 균열을 강조하는 그의 변증법에서 보편성은 과거와의 근본적 단절을 통해서만 가능하다.

69 S. 지젝: 『지젝이 만난 레닌』, 564쪽 참조.

지젝에게 문제는 그야말로 정치경제학이다. 지젝은 마르크스 정치경제학이야말로 변증법적이거니와, 이는 경제와 정치 사이의 '시차'를 고려하고 있기 때문이다. 레닌의 위대한 점은 정치와 경제 두 수준을 함께 사유할 수 있는 개념의 부재에도 불구하고 그렇기 때문에 '반복'해야 할 제스처이다. '바보야, 문제는 정치-경제야'라는 요구에서 중요한 것은 반세계화(반지구화) 운동이 아니라 '자유와 민주주의'를 자명한 것으로 간주하는 태도 자체를 의문시하는 것이다. 자유 민주주의가 사실은 사적 소유에 근거하고 있음을 분명히 해야 한다는 것이다: "따라서 두 겹의 싸움을 해야 한다. 첫째는, 그래, 반자본주의다. 그러니 자본주의의 정치적 형식(자유주의적 의회 민주주의)의 문제를 다루지 않는 반자본주의는 아무리 '급진적'이라 해도 충분하지 않다. 자유민주주의 유산을 실제로 문제로 삼지 않고도 자본주의를 훼손할 수 있다는 믿음이야말로 오늘날의 핵심적인 유혹이다."70

들뢰즈/가타리는 자본주의 체제가 끊임없는 위기를 자기 발전의 동력으로 삼는 체제임을 분명히 한 바 있다. 공리의 추가를 통해 자기 성도를 공고히 하는 체제가 자본주의거니와, 심지어 혁명과 창의성 혹은 탈영토화의 슬로건들을 체제 내화하고 있는 데서 그것을 알 수 있다. 그야말로 자본주의는 내재적 장애 혹은 적대를 자기 가능성의 필수적 조건으로 삼고 있는 셈이다. 그런 점에서 운동의 과제는 끊임없는 자기 혁명인 질서를 혁명하는 것이다. 이를 위해 지젝은 자주 브라이언 싱어의 <유주얼 서스펙트> 수준의 실천을 언급한다: "강요된 선택의 상황에서 카이저 소제는 자기 자신에게 가장 소중한 것을 죽임으로써 어떤 의미에서 자기 자신을 죽이는 미치거나 불가능한 선택을 한다. 이런 행동은 무력한 자기 공격이 아니라, 그 속에서 주체가 자신을 발견하게 되는 상황의 좌표를 바꾸는 행동이다."71 이는 마치 플러그를 뽑듯 한꺼번에 단절을 실행하는 '언플러깅'의 실천이다.

70 S. 지젝: 『지젝이 만난 레닌』, 485쪽.
71 S. 지젝: 『잃어버린 대의를 옹호하며』, 그린비, 2009, 258-259쪽.

6. 로베스피에르와 마오

『잃어버린 대의를 옹호하며』와 『로베스피에르: 덕치와 공포정치』에서 지젝은 일종의 폭력론을 통해 폭력과 혁명 문제에 대해 더욱 근본적인 차원의 문제제기를 한다. 그에게 '혁명적 폭력' 혹은 '공포정치'는 특수한 원칙이 아니라 민주주의의 일반원칙을 매우 긴박한(절실한) 요구에 적용한 결과이다.72 자코뱅의 폭력과 파리 코뮌의 폭력은 '신적 폭력'으로서 신(인민, 익명의 몫 없는 자들)의 소리를 실행한 것이었다: "'우리는 인민의 의지를 수행하는 도구로서 행위하고 있다'라는 도착적인 의미에서가 아니라, 고독한 주권적 결정의 영웅적 승인이라는 의미에서 말이다. 그것은 절대적인 고독 속에서 이뤄진(살인의 결정, 자기 자신의 삶을 상실할 위험을 무릅쓴) 결정. 대타자에 근거하거나 그것에 보호받지 않는 결정이다. 만약 그것이 삶의 유한성을 초월하지 않는다면, 즉 '불멸'이 아니라면 그 실행자에게 천사의 무고함으로 살인할 면허가 주어지지 않을 것이다. 신적 폭력의 모토는 '세상이 망하더라도 정의는 세우라'는 것이다. '인민'(익명의 '몫 없는 자들')이 테러를 강요하고 다른 몫 있는 자들에게 대가를 치르게 하는 것은 정의를 통해서, 정의와 복수 사이의 구분 불가능한 지점을 통해서이다."73

지젝에 따르면 로베스피에르Maximilien Francious Isidore de Robespierre는 위에서 말한 입장에서 혁명적인 '신적 폭력'의 희생자들에 대한 휴머니즘적 동정을 비판했다. 비인간적 폭력이었다는 것이다. 자코뱅의 유산이 우리에게 던지는 질문은 바로 "혁명적 폭력의 (자주 탄식할 만한) 현실은 우리로 하여금 폭력의 이상 자체를 거부하도록 하는가, 아니면 그것을 오늘날의 전혀 다른 역사적 조건 속에서 반복하여 그 현실화로부터 그것의 잠

---

72 같은 책, 240쪽.
73 같은 책, 246쪽

재적 내용을 부활시킬 방법이 있는가?"라는 것이다. 물론 지젝은 그렇게 할 수 있고 그렇게 해야 한다는 대답을 준비한다. "그리고 '로베스피에르'라는 이름으로 지칭되는 사건을 반복하는 가장 정확한 방식은 (로베스피에르의) 휴머니즘적 폭력으로부터 반-휴머니즘적(오히려, 비인간적) 폭력으로 이행하는 것"이다.74

물론 지젝이 자코뱅의 공포정치를 무조건적으로 옹호하는 것은 아니다. "자코뱅이 급진적 테러에 의존한 것은 경제 질서의 근본적 기초를 흔들어놓을 능력이 없다는 사실을 증언하는 일종의 히스테리적인 행동"일 수 있기 때문이다. 때문에 지젝은 자코뱅의 진정한 위대함을 급진적 테러가 아니라 일상의 재조직에 관한 정치적 상상력에서 찾는다. 이는 러시아 혁명의 경우에도 그렇거니와, 1920년대 새로운 일상생활의 의례들을 창안하고자 했던 강력한 실험이야말로 진정한 혁명의 순간이었다는 것이다. 이 과정에서 구체적인 테러가 동원되었지만 그 결과는 완결적이지 못했다. 그래서 지젝은 "민주주의적 절차보다 상위에 있는 이런 과잉의 평등-민주주의는 오직 자기 대립물로서 혁명적-민주주의의 테러의 형태로만 '제도화될' 수 있다"75는 결론으로 나아간다.

이러한 시각은 마오쩌둥Mao Tsetung의 모순론에 대한 지젝의 독법에서도 이어진다. 그는 "모순의 보편성이 내재하는 곳은 정확히 모순의 특수성 속에서라는 사실을 그들은 이해하지 못한다"라고 교조적 마

---

74 같은 책, 248쪽. 이는 지젝의 헤겔 독법에 근거하여 설명되기도 한다. 그가 보기에 헤겔에게서는 '무형의 초월적 세계' 즉 절대자가 '그 자신'과 전쟁 중이다. 자기 파괴적인 절대자는 부정성의 자기관계성의 운동의 양태로 현실 세계에 반드시 출현한다. 그런 점에서 혁명적 테러에 대한 헤겔식의 독법은 그것이 자유의 전개 과정에 필수적 성분임을 인식하는 것이다. 이는 불교나 힌두교의 모든 것을 포용하는 자비와 대립되는 기독교의 '무자비한 사랑'의 방식이기도 하다. 기독교의 관용을 모르는 폭력적 사랑은 차이를 세우려는 모든 열정을 가라앉히라는 불교의 태도를 넘어서고 있다고 보는 것이다. 지젝에 따르면 기독교의 사랑은 존재의 질서 속에 차이와 간극을 도입하고 타자들을 희생시켜 어떤 대상에 특권을 부여하고 고양시키는 것이다. 사랑은 폭력인 셈이다.
75 같은 책, 265쪽.

르크스주의자들을 비판하는 마오의 손을 들어준다. 변증법적 종합을 대립물들간의 투쟁을 포괄하는 고차원적 통합 혹은 화해로 보는 통상적인 해석을 거부할 때에도 마오의 통찰은 빛을 발했다. 그러나 '대립물의 영원한 투쟁'에 대한 우주론-존재론의 원리에 기대에 따라 종합(통합) 일반에 대해 갈등과 분열의 선차성을 이야기하는 순간 마오의 오류가 나타난다고 지젝은 비판한다. 마오는 "부정의 부정이란 없다. 긍정, 부정, 긍정, 부정. (…) 사물의 발전 속에서, 사건들의 연쇄 속의 모든 연관은 긍정인 동시에 부정이다. 노예제 사회는 원시사회를 부정한다. 하지만 봉건사회와 관련해서는 거꾸로 긍정을 구성했다. 봉건사회는 노예제 사회와 관련해서는 부정을 형성하지만 자본주의 사회와 관련해서는 긍정을 구성했다. 자본주의 사회는 봉건사회에 대해서는 부정을 형성했지만 사회주의 사회와 관련해서는 긍정을 구성했다."[76]

지젝에 따르면 '부정의 부정'에 대한 마오의 부정은 "혁명적 부정성을 진정으로 새로운 긍정적 질서로 이동시키는 시도의 실패"를 낳았다. 이는 결국 "모든 혁명의 일시적 안정화는 결국 낡은 질서의 복권으로 귀착되고 말았다. 그래서 혁명의 생명력을 유지하는 유일한 방법은 끊임없이 반복되는 부정이라는 '가짜 무한성'으로, 이것은 결국 거대한 문화혁명에서 정점에 도달했다"[77]는 냉혹한 평가로 이어진다. "문화혁명은 새로운 시작을 위한 길과 공간의 청소라는 의미에서 부정적일 뿐만 아니라, 새로운 생성에 대한 무능의 지표라는 의미에서 그 자체로 부정적"이기 때문에, '혁명과 함께 하는 혁명', 혁명과정에서 자신의 출발점이었던 전제 자체를 혁명하는 진정한 혁명에 도달하지 못했다. 스스로 어떤 대의를 위해 '자살'하는 <터미네이터>의 T-101(아놀드 슈왈츠제네거 分)과 <스타워즈>의 다스 베이더가 그랬던 수준의 '부정의 부정'이야말로 마오에게 아쉬운 부분일 수 있다고 지젝은 보고 있는 것일까? 어쨌든 지금까지의 혁명은 너무 극단적이어서가 아

---

76 같은 책, 284쪽.
77 마오쩌둥:『마오쩌둥: 모순론·실천론』, 프레시안북, 2009, 240쪽.

니라 충분히 극단적이지 못했던 점에, 혁명적 시도 자체를 문제 삼는 수준에 다다르지 못했다는 점에 실패의 원인이 있다고 판단하고 있는 것은 분명하다.

지젝이 말하는 진정한 혁명의 두 가지 필요조건은 '극단적 부정의 제스처'와 '새로운 삶의 창안'이다. 지젝은 라캉을 참조하여 이렇게 주장한다: "근본적인 혁명 속에서 사람들은 단지 '그들의 오래된 꿈을 실현할' 뿐만 아니라 그것을 꿈꾸는 방식 자체를 다시 창안해야 한다. (…) 요컨대 우리의 꿈을 위해 현실을 변화시키기만 하고 이런 꿈들 자체를 변화시키지 않는다면, 조만간 우리는 과거의 현실로 돌아가고 만다". 지젝에게 문제는 새로운 일상의 재조직을 위해 충분히 끝까지 밀어붙이는 것이다. 문화혁명의 마지막 국면에서 당의 슬로건에 '충실하게' 국가와 당의 소멸을 요구하는 노동자들의 요구를 무력 진압한 마오의 대응은 혁명을 충분하게 끝까지 밀어붙이지 못한 것으로 평가된다. 지젝에게 마오의 교훈은 "다시 시작하라, 다시 실패하라, 더 잘 실패하라"[78]베케트Samael Beckett는 것이다.

이는 스탈린 시대의 공포정치에도 해당된다. 지젝이 보기에 모스크바 공개재판과 대숙청은 초자아적 차원을 보여주는 대표적인 사례이다. 공산당에 의해 자행된 공산당원에 대한 무차별적 숙청 작업은 체제의 극단적 자기모순을 보여주는 사건으로서 체제의 기원에는 진정한 혁명적 차원이 있었음을 역설적으로 증명한다. 일련의 대규모 청산 작업은 체제 자체의 기원적 차원 즉 진정한 혁명의 차원을 지우려는 것이면서 '억압된 것의 귀환'을 통해 체제의 핵심에 자리한 근본적 부정성의 잔여물이기도 하다. 그러면서 지젝은 여러모로 스탈린 시대가 노멘클라투라Nomenklatura 지배 하의 관료적 사회주의가 아니었다는 평가를 내린다. 본격적이고 효과적인 관료체제의 작동은 브레즈네프 Leonid Brezhnev 시기에 와서야 작동한다고 보기 때문이다. 노멘클라투

---

78 S. 지젝: 『잃어버린 대의를 옹호하며』, 17쪽.

라의 안정적 지배가 안착하고 나서야 현실 사회주의는 작동하며, 이는 공산주의적 전망의 포기와 실용적인 권력 장치로 나타난다.[79] 마오의 실책이 오히려 중국에서의 자본주의적 폭발을 열어젖힌 것처럼 말이다.

스탈린과 레닌의 과오에 대해 지젝은 레닌의 『국가와 혁명』에 담긴 교훈을 기억하라고 주문한다. 혁명적 폭력의 목표는 국가권력의 장악이 아니라 국가 권력의 변형과 그것의 기능방식이나 토대와의 관계 등을 근본적으로 재구성하는 것이어야 한다는 주장 말이다. 이는 프롤레타리아 독재의 중핵이기도 하다. 지젝이 보기에 프롤레타리아 독재는 일종의 (필연적) 모순어법으로서 프롤레타리아트가 지배계급이 되는 국가 형태가 아니다. 민중의 새로운 참여 형태에 출발하여 국가 자체가 근본적으로 바뀌어야만 거기에 도달할 수 있기 때문이다.

7. '파국'의 좌표와 실재와의 대면

『처음에는 비극으로 다음에는 희극으로』에서 지젝은 최근 세계금융위기 시대의 자본주의에 대한 이론적 개입을 시도한다. 나아가 그는 2부 '공산주의적 가설'에서는 도래할 혹은 도래해야 할 공산주의의 필요조건을 기술하고 있다. 특히 이 책이 흥미로운 것은 금융위기와 함께 9·11 이후 미국 우파와 좌파의 현실 진단과 그에 대한 대안들에 대해 근본적 문제제기를 담고 있다는 점이다. 이를테면 금융위기 이후 부시와 오바마 정부는 다양한 금융 구제안을 내놓았는데, 공화당의 보수파 정치인은 이를 지나치게 '사회주의적'이라고 비난하였다. 남의 나라 이야기만은 아닐 것 같은 이러한 반응에 대해 지젝은 모순이지만 필연이라고 주장한다. 그도 그럴 것이 부자를 망하지 않게 돕는 것에 대해 사회주의라는 낙인을 찍고, 여태까지 국가의 개입이 없었던 것처

---

[79] 같은 책, 379쪽.

럼 비난하는 것은 모순이라는 것이다. 지금의 자본주의에서 금융경제의 붕괴는 실물경제의 위기를 불러올 것이 뻔한데, 이 둘을 구분하고 실물경제를 살려야 한다고 광분하는 것은 기만이요 사기이다. 나아가 위기 때마다 자본주의 자체의 문제가 아니라 우연적인 일탈 때문이라고 합리화해온 지배 이데올로기의 반복이라는 점에서는 필연이다.80

좌파들의 반응에 대한 지젝의 비판은 좀 더 신랄하다. 진보적인 인사들은 구제금융안을 격렬히 비난하면서 결과적으로 보수파와 같은 지점에 서 있는 자들이 있는가 하면, 오바마를 지지해야 했던 민주당원들과 은행국유화를 대안으로 내세웠던 진보 인사들은 구제금융안을 지지하고 나섰다. 지젝은 이러한 균열과 혼란은 위기의 본질과 지배 이데올로기의 변주를 이해하지 못한 데서 기인했다고 본다. 즉 자본주의는 늘 위기를 안고 있는 형식이며, 국가는 자본의 순환을 돕는 상부구조임을 간과 혹은 망각하고 있다는 것이다. 또한 그는 지금의 위기가 새로운 공간을 열어줄 것이라는 좌파의 기대를 순진하면서도 근시안적인 낙관론에 불과하다고 평가한다. 왜냐하면 이러한 위기는 인종차별과 전쟁, 제3세계 빈곤의 심화, 양극화 강화로 이어질 것이 뻔하기 때문이다.

이러한 냉혹한 인식과 평가 속에서 좌파의 역할은 무엇일까? 지젝의 주문은 냉소적 현실주의에서 벗어나 자본주의 체제의 결함을 끈질기고도 집요하게 제기하고 지배 이데올로기에 맞서는 새로운 서사를 창안하고 확산시키라는 것이다. 그가 보기에 "공산주의는 다시금 문 앞에 와 있다."81 그가 말하는 공산주의는 물론 어떤 구체적인 사회체제의 비전이나 목적지가 아니다. 20세기의 공산주의와 결별해야 한다는 그의 요구에서 이는 분명하게 드러난다. 또한 우리가 기대야 할 대타자는 없고 역사의 전진을 담당할 특권 계급 역시 존재하지 않는

---

80 S. 지젝: 『처음에는 비극으로 다음에는 희극으로』, 김성호 옮김, 창비, 2010, 33-35쪽 참조.
81 같은 책, 169쪽.

다. 지젝은 '모든 민중의 프롤레타리아화'가 진행되고 있는 지금의 현실에서 우리 스스로 나서서 프롤레타리아의 주체와 임무를 재구성하는 것이 중요하다고 본다. 그에 따르면 지적재산권, 개발과 환경파괴, 유전공학 등을 통해 자본주의는 인간의 내면과 외면을 사유화하고 있는 지금의 상황이 프롤레타리아화의 과정을 야기하고 있다. 이러한 상황에서 "세계 자본주의에서 '살아있으면서 죽은 자들', 신자본주의적 '진보'의 뒤에 남겨진 모든 자들, 쓸모없고 무가치하게 된 모든 자들, 새로운 조건에 적응하지 못하는 모든 자들을 재통합하는 기획은 어떠한가?"[82]라는 제안을 내놓는다.

지젝의 이 책이 다른 저서들에 비해 잘 읽히는 장점에도 불구하고 그의 전 저작을 관통하는 모종의 불만은 여전히 남는다. 과연 '새로운 공산주의의 재발명', 즉 새로운 주체와 진정한 행위에 직면할 때마다 제기되는 '어떻게?', '과연 그것이 가능할까?'라는 의문은 완전히 가시지 않는 것이다. 그러나 이러한 이론적 공백이 어쩌면 지젝의 강점일지도 모르겠다. 지금 시대의 프롤레타리아가 과연 누구이며, 다양한 주체들을 어떻게 조직화할 것인가에 대한 답은 역시 우리의 몫으로 남는다. 다가오는 파국의 시대를 이겨낼 이론적·실천적 맷집을 키우는 일은 지젝에게 부재한 구체적 실천방안을 채워나가는 과정 그리고 그가 제기한 문제들과 집요하게 씨름하는 과정을 통해 가능하겠기에 하는 말이다. 마르크스가 제시한 혹은 다른 좌파 이론가나 실천가들이 내어놓거나 행한 '구체'의 부재에 비추어 지젝을 비판할 수는 있을 것이다. 하지만 지젝은 그 어떤 구체적인 방안을 제시하지 않는다. 그의 과제는 어쩌면 문제제기와 이론적·실천적 상상력의 출발점을 제안하는 데 있을 수도 있기 때문이다.

마지막으로 지젝이 드는 추락하는 비행기의 예로 글을 마무리하고자 한다. 그는 파국에 직면한 여객기 안에서는 어떤 자세로 몸을 웅크

---

82 같은 책, 198쪽.

리느냐는 크게 의미가 없다고 단언한다. 예고된 재난의 외면은 파국을 막는 데 방해가 될 뿐이기 때문이다. 문제는 다시 파국을 예고하는 '적대'라는 실재와의 대면인 셈이다: "우리는 가능성의 차원에서 우리의 미래가 끝장나게 돼 있다는 것, 파국이 우리의 운명이라는 것을 받아들여야 한다. 이러한 인정을 바탕으로 운명 자체를 변화시킬 행위를 수행하는 데 나서야 하며, 그럼으로써 하나의 새로운 가능성을 삽입해야 한다."[83] 역시 당위적이고 어렵다. 허나, 어쩌랴, 길은 우리 앞에 놓여 있거늘!!

---

[83] 같은 책, 297쪽.

기독교의 귀환

1. 기독교의 현실과 신학

한국 근·현대사에서 종교는 권력의 알파요 오메가였다. 늘 정치적 중립을 입에 달고 살면서도 한국의 종교 권력은 현실 권력과 야합하는 가운데, '상호부조'의 묘를 발휘해왔다. 일제강점기의 친일 행위부터 친미 반공주의나 개발독재의 전방위적 지원 등을 통한 과거 독재정권에 대한 엄호까지 다양한 권력 지향적 행태들이 이미 다각적으로 밝혀진 바 있고 지금은 점점 더 노골화하고 있다. 이른바 지난 쇠고기 파동이나 4대강, 세종시 문제 등 정권의 위기 때마다 되풀이되는 '대통령과 종교계원로들의 조찬모임' 같은 이벤트들에 등장하는 성직자들의 얼굴들은 이미 성직자라기보다는 거대 기업의 최고 경영자라는 인상을 더 강하게 풍긴다.

특히 특정 대형 교회를 비롯한 일부 개신교는 이미 루터Martin Luther와 캘빈Jean Calvin의 '성서대로'라는 자신의 기원을 망각하고 권력의 별동대이기를 넘어 스스로 권력이 되고자 온갖 저열한 행태를 보이고 있다. '고소영'(고려대-소망교회-영남)과 '개독교' 등의 신조어는 한국 기독교의 '외설성'을 여실히 보여주고 있다. 여기에 대형 교회 목회자들의 비리와 세습, 물신주의와 성장주의, 수구 보수적 행태, '예수천국 불신지옥'으로 상징되는 패권적 선교방식 등은 한국 기독교의 굴절된 모습을 단적으로 보여준다. 추문에 휩싸인 정치인들의 경우 정치 일선에서 물러나기도 하고 비리로 유죄판결을 받은 기업인은 '잠시나마' 2선으로 후퇴하기라도 하지만, 유죄판결은 물론 각종 언론 매체에 그 행태가 폭로되더라도 목회자들은 그 건재함을 과시한다.

물론 종교와 권력의 밀착 현상은 우리에게만 보이는 특이한 현상은 아니다. 콘스탄티누스의 공인 이후, 서구 그리스도교는 스스로 권력이 되기도 하고 힘에 부칠 경우 권력에 기생하여 그 권력을 유지해 온 역사가 있기 때문이다. 십자군 원정, 마녀사냥, 브루노를 화형시켰고 갈릴레이를 재판했으며 데카르트를 몸 사리게 했던 종교재판소, 제국교회, 반유대주의, 미국의 종교 근본주의 등은 서구의 종교 역시 자기 배신('도착perversion')의 길을 걸어왔음을 분명하게 보여준다. '악의 축'과의 전쟁을 선언하면서 성령의 인도를 받았다는 부시의 고백은 기독교의 '도착'이 어떤 결과를 내어올 수 있는지를 단적으로 보여준다.

한때 교회가 약자들의 벗이 되어야 한다면서 성서를 '근본적으로' 해석하려 했던 해방신학자 레오나르도 보프Leonardo Boff 주교를 파문했던 교황청의 교리성 장관이 지금의 교황이다. "가톨릭교회는 중남미 원주민들에게 종교를 강요하지 않았으며 당시 인디언 부족들은 기독교를 조용히 갈망하며 유럽 선교사들을 환영했다"라는 등의 발언에서 종교, 특히 그리스도교의 문제가 우리만의 일이 아님을 알 수 있다. 너무도 시대착오적인 '교황무오류설', '성서의 정신으로' 등의 공허한 '빈서'에 기대이 시구의 기독교는 급선식하急轉直下의 주락을 시작하고 있는 중이다. 그런 의미에서 "아마도 신은 없을 것이다. 걱정 말고 인생을 즐겨라"라는 외국의 버스 광고는 지금의 상황과 관련하여 시사해주는 바가 크다. '거듭난 무신론자born-again Atheist' 리처드 도킨스Clinton Richard Dawlcins의 말처럼 "세금감면, 노력 없는 존경, 공격당하지 않을 권리, 어린이를 세뇌할 권리 앞에 무임승차하고 있는" 종교는 어찌 보면 인류 역사의 가장 큰 '추문'으로 평가받을지도 모를 일이다.

마르크스가 『헤겔 법철학비판: 서문』(1843)에서 "종교는 아편이다"84라고 한 것도 이러한 이유들에서였을까? 하지만 반공주의적 교과서를 통해 널리 회자된 이 말은 과거 한국의 운동 세력에게도 그대

---

84 K. Marx: Zur Kritik der Hegel'schen Rechts-Philosophie: Einleitung, Karl Marx- Friedrich Engels Gesamtausgabe, Bd. I/2, 1982, Berlin, 170쪽.

로 수용되어 종교에 대한 진지한 접근을 가로막은 측면이 있다. 마르크스의 종교관을 배타적인 '반종교주의' 혹은 '무신론'으로 매도하거나 마르크스를 종교 탄압의 원흉으로 간주하는 우파의 의도는 그렇다 하더라도, "종교 비판은 모든 비판의 전제"[85]라고 했던 그의 진술에 대해 모르쇠로 일관했던 비판 세력의 무책임은 시급히 교정되어야 할 것으로 보인다. 마르크스에게 종교는 '추상적 원리'이기 이전에 이데올로기적인 역사적 산물의 한 형태이다. 즉 종교는 그것이 등장한 현실적 토대에서 생겨난 역사적 산물이기 때문에 그 시대 현실을 복합적으로 반영하고 있는 것이다.

그렇기 때문에 종교는 그것의 현실적 토대인 현실 맥락 속에서 복합적인 평가가 요구된다. 이를테면 대통령을 비롯한 특권층이 다니는 대형 교회의 신자들은 자신들의 행위가 성서에 기초하고 있는 것처럼 행동한다. 부시가 벌이는 '반테러 전쟁' 역시 '성전聖戰'이라는 신념에 기초하고 있다. '돈과 권력'의 상징 '맘몬mammon' 신을 경계했던 예수의 이름 아래 정치-자본-종교의 현대판 '성 삼위일체'는 마르크스가 살았던 시대보다 더욱 복잡한 메커니즘으로 작동한다. 사태를 더욱 복잡하게 만드는 것은 온갖 부정적 모습에도 불구하고 교회를 중심으로 한 파워블록에 대해 대중들은 여전히 '도착적인' 신뢰를 보이고 있다는 점이다. 이러한 모순적인 현실을 종교의 태생적·내재적 한계로 판단하여 일방적인 부정만 하는 것은 합당하지 않다. 예수의 '복음'과 '공생애'는 여전히 하나의 복합적인-또한 모순적인-삶의 모델일 수 있기 때문이다. 더욱이 국내외적으로 여전히 다수의 민중들이 종교 안에서 삶을 영위하고 있고 긍정적으로든 부정적으로든 그로부터 영향을 받고 있는 시점에서 종교에 대한 무관심은 변혁적 동력의 상실로 귀결될 가능성이 크다.

성서는 그것의 해석을 둘러싼 다양한 입장들의 쟁투장이다. 기독교

---

85 같은 책, 170쪽.

의 역사는 성서 해석을 둘러싼 피의 역사였고, 이는 지금도 계속되고 있다. 헤게모니를 장악한 교회 권력은 자신의 필요에 따라 수많은 이단들을 양산했고 지금도 정당한 하나의 입장을 중심으로 그 '잉여들'을 단죄하고 있다. 교황청의 '교리성'과 근본주의 신학자들의 성서 해석은 '절대적인' '주인 기표master signifier'의 역할을 하고 있고 이는 현실의 폭력으로 이어진다. 하지만 성서에 대한 다른 접근이 지속적으로 있어왔지만 '아버지-기표'와 그것의 물질적 구현체인 정교政敎 권력은 너무나 강고한 나머지 제대로 연구되지 못하고 있는 형편이다. 역시 종교적 틀을 '넘나-드는' 성서 해석과 그것을 현실적으로 구현하고자 하는, '종교의 사회적 책임'을 실천할 수 있는 방편들에 대한 고민이 필요한 시점이다.

세계적으로 기존 제도 종교의 문제점을 비판하면서 차이와 다양성에 기초하여 종교의 새로운 비전을 제시하고자 하는 시도가 포스트모던 신학의 이름으로 제출되고 있다. 그 결과 여성, 소수자, 환경 등과 관련한 새로운 해석들과 실천 방안들이 구상되기도 했다. 그러한 이론적 성과들과 실천들은 성서 해석을 풍부하게 했고 '다양성'과 '차이', '정체성'을 존중하는 종교적 실천 방안들에 대한 관심을 촉발하기도 했다. 그러나 포스트주의적 신학의 한계에 대한 비판 역시 지속적으로 제출되고 있다. 정치와 권력, 이데올로기, 주체 등의 문제에 대한 소극적 대응은 여전히 포스트주의 신학에 있어서도 '맹점'으로 평가된다. 하지만 포스트주의의 성과들을 비판적으로 전유하면서도 그것을 넘어서기 위한 시도들이 있어 관심이 요구되고 있다.

이 글에서 중심적으로 살펴보고자 하는 지젝은 물론, 알랭 바디우와 아감벤 등[86]이 대표적이다. 이들은 과거 종교에 대한 좌파들의 무관심을 일갈하면서도 성서를 자본주의와의 정공법적 대결의 좌표로

---

[86] 이들의 '기독교 작업'은 최근 국내에도 소개되었다. A. 바디우: 『사도 바울』, 현성환 옮김, 새물결, 2008. G. 아감벤: 『남겨진 시간』, 강승훈 옮김, 코나투스, 2008.

옮겨 놓으면서 그것의 현재성actuality을 새롭게 조명하고자 한다. '보편성'과 '진리' 개념은 이들의 공통된 화두이다.

물론 이들의 목표가 성서 내재적 해석을 지향하거나 성서학자들의 기존 해석을 반박하고자 하는 것은 아니다. 이들에게 문제는 자본주의에 포획된 주체화의 현실을 뛰어 넘을 수 있는 대안적 주체화의 가능성을 타진하고 새로운 실천을 뒷받침할 수 있는 윤리학 혹은 정치학을 구성하는 것이기 때문이다. 그런 점에서 이들에게 성서는 하나의 참조점이다. 그런 맥락에서 헤겔과 라캉 및 마르크스, 나아가 벤야민이나 키에르케고르SØren Kier Kegard, 레닌 등 다른 지향의 이론들을 비벼 그 결과를 통해 성서를 해석하고자 하는 지젝의 기독교 분석 역시 중요한 이론적·실천적 시사점을 제공하고 있다. 지젝의 신학 작업은 '현실 기독교real existing Christianity'에 대한 반성은 물론이고 그 자신의 이론적 배치를 알 수 있는 에움길의 역할을 해줄 것으로 기대된다.

2. 벤야민과 셸링

사실 지젝의 거의 모든 책은 신학적 언급들을 담고 있다. 하지만 초기의 경우 기독교에 대한 그의 진술은 자신의 이론적 진술을 뒷받침하기 위한 예화의 성격이 강했다. 하지만 흔히 기독교 3부작으로 불리는 『무너지기 쉬운 절대 The Fragile Absolute』(2000), 『믿음에 관하여 On Belief』(2001), 『인형과 난장이 The Puppet and the Dwarf』(2003)의 경우 신학적 논의들을 통해 종전까지 작업해오던 이데올로기 비판과 주체subjectivity 이론을 풍부하게 하고자 한다. 논의의 초점이 유대주의Judaism와 기독교의 관계나 바울Paul the Apostle의 역할 등에 맞추어져 있지만, 기독교를 경유하여 실천적·윤리적 좌표를 구성하고자 하는 노력이 읽힌다. 그런 점에서 지젝의 종교 담론은 이론과 실천의 '매개' 역할을 한다고 할 수 있고, 이미 그 자체 안에 이론과 실천(윤리)이 중첩되어 나타난다고 볼 수도 있다.

우선 지젝은 종교와 관련해서도 라캉의 정신분석과 헤겔철학 및 신학에 기대고 있다. 물론 바디우의 『사도 바울』의 경우처럼 그의 목표는 자신의 이론 체계를 기독교에 적용하는 것은 아니다. 기독교의 출현에 대한 정신분석적 의미화 작업은 자신의 초기 작업에 대한 자기 반성적 의미를 담고 있다. 반성의 쟁점은 "행위에 의하여 대타자를 중지시키기는 쉽다. 찰나의 순간에 대타자의 비-존재non-existence를 경험하기란 쉽다. 하지만 판타지를 횡단한 '이후' 우리는 무엇을 할 것인가"[87]라는 질문 속에 들어 있다. 초기 지젝의 작업은 이데올로기의 작동방식과 주체화의 상관성을 면밀하게 분석한 후 그것의 횡단 가능성을 타진하는 것이었다. 하지만 이는 횡단 이후 새로운 대타자를 수립하는 것으로 해석될 여지가 있었다. 그렇지만 이후 새로운 대타자를 지속적으로 순환·교체하는 일이 과연 그럴만한 가치가 있는 것인가 하는 문제에 직면하게 된다. 그가 보기에 근본적 자유의 계기인 '행위'는 본질적으로 가치가 있다. 그러나 새로운 주인 기표master signifier의 교체가 지속적으로 반복되는 일종의 순환 논리에서 빠져나올 수 있는 방법은 무엇이겠는가 하는 질문에 부딪히게 되는 것이다.

이후 지젝은 『까다로운 주체 Ticklish Subject』에서 알랭 바디우의 '진리-사건truth-event' 개념과 비판적으로 대결하면서 이 문제의 출구를 마련하고자 한다. 그는 '기독교의 설립자' 바울에 대한 바디우의 독법과 씨름하면서 이데올로기와 주체의 문제로부터 윤리와 행위로의 강조점 이동을 예고한다. 바디우 읽기는 이후 바울의 제스처와 기독교에 대한 상반된 읽기로 이어짐과 동시에 신학에 대한 관심을 강조하는 계기가 된다. "모름지기 진정한 변증법적 유물론자가 되고자 한다면, 그리스도적 경험을 거쳐야 한다", "기독교의 전복적 핵심은 유물론적 접근에서만이 가능하다"[88]는 조금은 도발적인 진술은 그것을 말해준다.

---

[87] S. Žižek: The Indivisible Remainder: An Essay on Schelling and Related Matters, New York 1996, 133쪽(이하에서 IR로 표기하고 쪽수를 적어둔다.)
[88] S. Žižek: The Puppet and the Dwarf: The Perverse Core of Christianity, Cambridge: MIT Press 2003, 6쪽(이하에서 PD로 표기하고 쪽수를 적어둔

우선 기독교에 대한 전회turn에 결정적 계기를 마련해 준 바디우의 바울 읽기와 그에 대한 지젝의 반응을 읽기 위해 우리는 지젝의 벤야민 Walter Benjamin과 셸링Friedrich Wilhelm Joseph von Schelling 읽기를 살펴볼 필요가 있다.

벤야민은 너무나 이질적인 유대교의 메시아주의와 역사적유물론을 접속하려 한 이론가이다. 특히『역사의 개념에 대하여』에는 벤야민의 실험적 사유들이 압축적으로 녹아 있거니와, 지젝은 정신분석적 역사 개념과 벤야민의 역사관이 무관하지 않음에 주목한다. 그는 일단 벤야민이 그랬던 것처럼 우리의 일상 속에 강하게 각인되어 있는 '연속성'으로서의 역사 혹은 완결된 서사로서의 진보 개념에 대해 이의를 제기한다. 지젝이 보기에는 정신분석적 관점에서의 인류 역사 역시 상징 질서를 분해하고 재구성하는 일련의 '중단들interruptions'에 의해 정지되어 왔다. 다시 말해 역사는 그것의 비-서사적 중핵non-narrative kernel 혹은 '영도degree zero'인 '죽음 충동death drive'에 의해 정의된다는 것이다. 벤야민의 『역사의 개념에 대하여』 역시 마르크스주의에서 죽음 충동의 비-역사적 순간에 집중했던 유일한 지점이라고 그는 평가한다.[89]

벤야민에게 역사에 대한 '상식'의 관점은 "승자들의 시선과 일치한다. 상식은 역사를 오늘날 지배하는 자들의 통치를 가져온 완결된 '진보'의 역사"로 본다. 하지만 진정한 마르크스주의적 혹은 프롤레타리아적 관점은 "역사에서 실패했던 것", "실제로 일어났던 것의 연속성을 확정하기 위해 부인되어야 했던 것"에 초점을 맞춘다. 나아가 벤야민이 보기에 "역사적유물론에 특별한 것이 있다면-우리는 사건들의 상호연관과 변증법적 운동의 총체성 속에서 그 사건들을 이해해야 한다고 하는 마르크스주의적 독견doxa(혹은 상식적 견해)과 반대로-역사적 순간을 포착arrest해서 붙잡아두고immobilize 그것의 총체성으로부터 세부를 떼어놓는isolate 능력일 것이다."[90] 그가 총체성으로부터 떼어놓고

다.)
89 A. Kotsko: Žižek and Theology, T&T Clark 2008, 74-75쪽 참조.

자 한 세부detail는 과거 실패의 순간이다. 그리고 승자들에 의해 마련된 역사적 총체성을 분해하는 작업은 역사적 유물론자들에게 "현재의 혁명적 상황을 (…) 과거 실패한 상황들의 반복, 그 순간들의 결을 거스른 '구원redemption'"으로 상상할 수 있게 해준다. 지젝은 과거에서 구제해야 할 순간은 벤야민의 제1테제에 언급한 신학을 통해 포착될 수 있다고 본다. "사람들은 이 장치에 상응하는 짝을 철학에서 표상해 볼 수 있다. '역사적유물론'이라 불리는 인형이 늘 이기도록 되어 있다. 그 인형은 오늘날 주지하다시피 왜소하고 흉측해졌으며 어차피 모습을 드러내서는 안 되는 신학을 자기편으로 고용한다면 어떤 상대와도 겨뤄볼 수 있다"91. 하지만 지젝은 지금 상황이 바뀌었다고 주장한다. 즉 역사적 유물론이 신학의 표면 밑으로 숨어야 하는 상황이 된 것이다.(PD 3)

지젝의 관점에서 정지의 순간이라는 벤야민의 혁명 개념은 근본적으로 열려있는 것으로서의 역사 개념과 함께 간다. 이는 역사 속에서 연속성과 총체성의 서사를 만들려는 시도와의 단절을 의미하는 것이기도 하다. 즉 역사에 대한 자의적·신화적 상징화에 브레이크를 거는 것인 셈이다. "일련의 사건들-그들의 의미, 그들의 역사적 지평은 사후에 상징적 네트워크에 등록됨으로써 결정된다."(PD 136) 이런 식의 역사 개념은 스탈린주의의 그것과 대비되는데, 그도 그럴 것이 지젝은 스탈린주의가 피억압자들의 역사적 관점을 "역사의 객관적 필연성"에 의해 그 우월성을 보증 받은 '한 승자a victor'의 역사로 변질시켰다고 보기 때문이다. 스탈린주의적 주체는 모든 사건(의 과거-현재-미래)들이 이미 역사적 필연성이라는 대타자를 위해 고정적이거나 '객관적인' 의미를 마련해 놓고 있는 것으로 본다.(SO 142)92 하지만 지젝은 이후

90 같은 책, 76쪽에서 재인용.
91 W. 벤야민:『역사의 개념에 대하여, 폭력비판을 위하여, 초현실주의 외』, 최성만 옮김, 길, 2008, 330쪽.
92 S. Žižek: The Sublime Object of Ideology, New York 1989, 142쪽(이하에서는 SO로 표기하고 쪽수를 적어둔다).

이러한 역사 개념을 '도착perversion'으로 규정하고 이는 대타자에 직면하여 자기의 책임을 포기해버리는 행위로 이어지고 말 것임을 분명히 한다.

하지만 지젝이 주목하는 벤야민의 역사적 유물론은 '과거의 역사에 대해서조차' 책임을 지는 급진적 자세를 요구한다. 그리고 과거의 의미는 현재 투쟁의 결과에 의해 결정될 것이라고 한다. 그는 스탈린의 이름과 더불어 연상되는 변증법에 반대한다는 점에서 벤야민의 '정지'의 변증법을 헤겔 변증법에 대한 자신의 이해와 연결 짓는다.(SO 137) 이후 '과거의 개방성'과 '중단으로서의 혁명' 개념은 지젝이 벤야민에게서 얻어낸 통찰로서 그의 저서들을 줄곧 관통한다. 『시차적 관점』에는 벤야민의 죽음과 관련한 지금까지와 다른 이야기가 실려 있다. 즉 강제수용소에 보내질 것을 두려워 해 자살했다는 지금까지의 이야기와 전혀 달리, 자신에 대한 비판을 담은 『역사의 개념에 대하여』가 출판될 것을 두려워한 스탈린의 첩자에 의해 피살되었다는 미확인 견해를 전하고 있는 것이다.[93] 하지만 이 에피소드를 소개하는 지젝의 의도는 분명하거니와, 벤야민은 그에게 신학적인 전회의 촉발자임과 동시에 스탈린 비판의 중요한 이론적 전거가 되어준다. 더욱이 지젝의 바울 읽기나 레닌 읽기는 벤야민적인 분위기가 농후하며, 신학을 정치 혹은 유물론과 연결하려는 의지가 강하게 피력되고 있기도 하다. 또한 이들이 모두 궁극적으로 배반당한 인물들이라는 점도 흥미로운 동기를 제공한다.

지젝의 신학으로의 움직임을 예고하는 또 하나의 움직임은 셸링 독서이다. 그는 셸링의 『Weltalter』를 일종의 '변증법적 유물론의 정초 작업'(IR 36)으로 간주한다. 통상적인 유물론의 관점에서 셸링은 관념론자이기 때문에 그의 신학적 주장들은 비판 혹은 논외의 대상이 된다. 하지만 지젝은 오히려 신학적이고 신화적인 내용이 셸링의 작업에

---

[93] S. 지젝: 『시차적 관점』, 김서영 옮김, 마티, 2009, 11-13쪽 참조.

필수적인 것이라고 주장한다. "상징질서의 순환 고리를 깨고자 노력하거나 실재와 그것의 전-상징적 적대의 관점에서 상징계의 발생(기원)을 설명하고자 할 때 신화적 서사를 형성하고자 하는 욕구가 생긴다."(IR 9) 지젝의 말로는 분명 "허무맹랑한 거짓"이야기로 비쳐질 수 있는 신화가 유물론적 관점에서 보든 정통 기독교 관점에서 보든 셸링에게는 '사라지는 매개자vanishing mediator'를 드러내는 수단이 되고 있다. "'진리가 아닌 것'처럼 여겨지는 부분이나 측면을 무시해버리려는 모든 시도는 반드시 진리 자체의 상실을 가져온다."(IR 7)

지젝은 "태초에 말씀이 있었다"라는 성경 구절에서 태초begin-ning를 대문자 'Beginning'으로 표기한다. 그는 셸링이 태초가 처음이 아님을 입증하는 과정에 주목한다. 태초 이전에 "카오스적-정신병적 상태의 우주가 있었으니, 그때 우주는 맹목적 충동의 반복과 불규칙한 맥동의 상태였다".(IR 13) 이 충동이야말로 현실의 궁극적 기반, 모든 것의 토대라고 지젝은 이해한다. 어떤 것도 이 '무nothing' 혹은 '심연abyss'을 앞서지 않는다. 이 심연의 자연은 '고삐 풀린 자유'로서, 이는 이는 누구에게 '속해 있는' 사유가 아니라 "아무 것도 의지하지 않는 순수하게 비인격적인 의지"(AoF 15)이다. 셸링에게 신은 애초에 이 자유의 일부였다. 그는 아직 존재Being가 아니었고 비존재non-being의 상태를 즐기는 순수한 '무Nothingness'에 불과했다. 여기서 신은 아직 토대, 즉 현실의 근거 중 일부이지 독립성을 획득하지는 못했다. 그가 개별적 존재로서 독립성을 획득하기 위해서는 토대로부터 자신을 분리시켜야 한다.

데카르트가 철학의 제1원리, 즉 '존재의 확고한 토대'를 확보하기 위해 그랬던 것처럼, 신은 자기 존재의 기초를 마련하기 위해 세계로부터 철회하는 방법 혹은 "그 자신에게서 토대를 축출하는 것"을 선택한다. 지젝은 이를 신성한 광기의 한 형식, 헤겔이 말한 '세계의 밤'의 광기와 유사한 것으로 해석한다. 신은 스스로의 존재를 확정하기 위해 광기의 경험을 겪어야 하거니와, '무'와 신 자신 사이의 '사라지는 매개자'를 형성하는 것이 바로 이 밤의 광기이다. 여기서 우리는 주체(신)의 구성이 상실, 자신의 토대 혹은 본질 자체의 축출 과정을 통과한다는 점을 다시 확인하게 된다. 주체는 주체로서의 일관성 혹은 정체성을 유지하기 위해 그 외부에 그 토대를 남겨 두어야 한다. 하지만 주체와 대상은 서로 연결되어 있다. 라캉은 이 관계를 '외밀함ex-timacy'라는 개념, 즉 주체의 존재 한 가운데 있는 것이 자신 외부에 존재하는 방식을 의미하는 신조어로 설명한 바 있다. 상징계와 실재계의 관계 역시 마찬가지다.94

지젝이 셸링 독서를 통해 이야기하려는 바는 실재계에서 상징계로의 이행을 통한 '주체화'의 과정이다. 그에게 실재 혹은 토대는 언어로 새겨지기 이전의 세계이며 언어는 상징적 질서의 매체이다. 신의 경우에도 실재와 거리를 두려면 실재와 단절하고 말씀의 선포를 거쳐야 한다. 신은 '순수한 무'의 일부였지만, 상징적 주체로서의 신은 '주체화' 과정 이후 다른 운명을 살아야 한다. 하지만 상징적 질서는 불완전하며 결여로 구성되어 있다. 상징계 속의 간극은 상징 질서의 완벽함의 가상을 분쇄하고 주체화의 일관성 벗어나는 잉여를 남기기 마련이다.

아무튼 지젝이 셸링을 통해 얻고자 한 통찰은 다음과 같은 것이었다: "요점은 셸링 내부에 진실 아닌 것을 거부하는 것이 아니다. 진리의 핵심을 얻기 위해 허무맹랑한 ('몽매주의적인', '신지학적-신화론적인') 이러한 체계의 외피를 거부하는 것은 중요하지 않다. 우리의 현 관점에서 볼 때 진리는 노골적으로 '진리 아닌 것'으로만 비쳐질 수는 없다. 따라서 '진리 아닌 것'을 버리려는 모든 시도는 불가피하게 진리 그 자체의 상실을 수반한다."(IR 7) 이는 프로이트나 라캉의 정신분석적 '신화들'에도 적용되는 진술일 것이다.(프로이트의 『토템과 터부』에 나오는 원초적 아버지의 이야기나 『모세』의 해석 역시 그렇다.) 하지만 이는 바울을 매개로 한 지젝의 바디우 읽기에서도 적용 가능한 진술이다. 기독교의 기원에 대한 그 나름의 다시 말하기는 어떤 의미에

---

94 T. 마이어스:『누가 슬라보예 지젝을 미워하는가』, 박정수 옮김, 앨피, 2005, 90-94쪽 참조.

서 '신화'로 볼 수 있기 때문이다. 그는 벤야민과 셸링을 통해 바디우와의 만남을 예비했고, 이로써 신학은 '라캉-헤겔-마르크스' 사유체계의 배경으로 새롭게 자리 잡게 된다.

3. 바디우, 바울과 진리의 정치

지젝이 바디우의 진리-사건 이론에 매력을 느낀 것은 그의 바울 독서 때문만은 아니다. 정작 그의 관심은 바디우가 라캉에게서 진리에 대한 중요한 전거를 가져오고 있다는 데 있다. 지젝이 보기에 '포스트모던' 철학은 고대 그리스의 소피스트나 회의론자들과 유사한 면이 있는데, 그들은 진리 개념의 취급을 거부한다는 공통점이 있었다. 그런 맥락에서 라캉 역시 포스트모던의 '성 삼위일체holy trinity'로 간주되곤 하는데, 지젝은 이를 심각한 오해로 간주한다. 물론 전-근대의 '전통적인 진리 개념'으로 회귀하는 것에 반대한다는 점에서 '포스트모던'과 통하는 면이 없는 것은 아니지만, 포스트모던 시대의 '진리 개념'이라 할 수 있는 '실재the Real' 개념을 집요하게 추적한다는 점에서는 포스트모던으로부터 거리를 둔다고 보기 때문이다.

지젝이 보기에 포스트모던은 진리를 주장하는 정치적 기획들에 잠재적인 전체주의의 혐의를 둔다는 점에서 서구 주류 정치학과 유사한 문제에 직면해 있다. 지젝 역시 '도착'이라는 정신분석적 범주를 통해 전체주의를 분석한 바 있고 그것을 매우 부정적인 현상으로 비판한다. 하지만 그는 라캉의 주체성subjectivity 개념이 서구의 주요 사상들과 다르다는 점을 입증하기 위해 부단한 노력을 한다. 이러한 그의 주된 목표는 정치적인 것이다: "이 책은 그 기본적인 취지에 있어서는 철학적이다. 하지만 그것은 우선 최우선적으로 참여적인 정치적 개입이다. 우리의 글로벌 자본주의와 그것의 이데올로기적 보충물, 자유-민주주의적 다문화주의의 시대에 걸맞는 좌파적·반자본주의적 정치 기획을 우리가 어떻게 재정식화할 수 있을까 하는 뜨거운 문제들을 고심하고

자 하기 때문이다."[95] 여기서 알 수 있듯이 지젝은 그의 주체성 이론과 현재의 정치적 배치를 벗어날 수 있는 정치학을 발전시키고자 한다. 바디우에 대한 그의 '양가적' 읽기는 이러한 기획의 단초를 제공한다.

지젝은 진리, 주체, 보편성 등의 중요한 문제들과 씨름하는 바디우의 결정적 중요성을 평가한다. 그도 그럴 것이 바디우의 진리의 정치학은 자신의 그것과 유사하기 때문이다. 하지만 그는 라캉에 대한 바디우의 비판, 즉 정신분석이 새로운 정치적 실천의 기초를 제공할 수 없다는 주장에는 반대한다. 특히 바디우는 라캉의 죽음충동 개념을 거부하거니와, 이는 지젝이 보기에 "비-사유non-thought에 대한 굴복"이다. 죽음 충동은 '사라지는 매개자' 혹은 '자기-지시적 부정성'으로서의 주체를 명명하기 위한 핵심 개념으로서, 그것은 주어진 상황으로부터 그 자신을 떼어놓는 부정적 제스처를 함축하기 때문이다.[96] 지젝이 보기에 이 제스처는 새로운 어떤 것이 출현하기 위해서는 필연적인 것이다. 지젝과 바디우의 이러한 입장차는 그들의 바울 독서를 통해 여실히 드러나거니와 이를 살펴보는 것으로 논의를 확장해보자.

『사도 바울』에서 바디우는 화폐 질서의 지배를 받는 자본주의를 추상적 보편성이 지배하는 상황, 포스트모던이라는 특수한 정체성을 우선시하는 정체성주의를 상대주의적 차이가 지배하는 상황으로 이해한다. 사도 바울은 1세기 로마 제국의 상황에서 이 두 가지 지배 논리와 맞서 싸운 투사로 소개된다. 지젝의 '신학적 유물론'처럼, 바디우 역시 신에 대한 신앙에는 별 관심이 없다. 다만 그는 추상적 보편성(총체성의 지배)과 정체성에 입각한 상대주의(특권의 지배)에 맞서기 위해 유물론의 관점에서 바울을 최초의 보편주의자로 읽어낼 뿐이다. 바디우는 투사 바울 속에서 그리스도교 주체의 특이성을 발견한다. 바울은 당시 지배 담론들이 요구하는 주체의 모습들과는 다르다는 것이다.[97]

---

95 S. Žižek: The Ticklish Subject. The Absent Center of Political Ontology, New York 1999, 7쪽(이하에서는 TS로 표기하고 쪽수를 적어둔다).
96 A. Kotsko: 앞의 책, 78-79쪽 참조.

당시의 지배 담론은 그리스의 철학적 담론과 유대의 예언적 담론이다. 그리스의 철학적 담론은 '총체성의 담론'으로서 지혜sophia를 중심으로 한 담론이다. 여기서 지혜는 "로고스를 존재와 짝지음으로써 세계의 고정된 질서를 전유하는 것"이며, 이러한 논리 안에서 주체는 "자연적 총체성의 이성 안에" 포획된다.(83) 나아가 그리스 담론은 "퓌시스(존재의 정돈되고 완결된 전개로서의 자연)를 이해할 수 있는 소피아(내적 상태로서의 지혜)를 주장한다는 점에서 본질적으로는 총체성의 담론"(83)인 것이다. 이와 다른 지배 담론으로 유대 담론이 있거니와, 바디우는 이를 '예외의 담론'이라고 한다. 신으로부터 특권적 지위를 부여받았다고 하는 선민사상이 그것이다: "예언적 표징, 기적, 신에 의한 선택이란 자연적 총체성을 넘어선 초월성을 가리키기 때문이다. 유대 민족 자체가 표징인 동시에 기적이며 선택이다."(84)

바디우가 보기에 이 두 가지 담론들은 "지배라는 동일한 형상의 두 측면"으로서 상호보완적으로 작동한다. 그리스적 총체성에는 기적이라는 예외적 표징만이 결여되어 있다. 반면 유대인의 예외적 특성으로 인해 총체성의 질서로부터의 예외라는 특권이 유대 담론에 작동한다. 하지만 쌍을 이루는 이 두 담론은 모두 보편적인 것이 되지 못한다. 어느 한 쪽 없이는 불완전하기 때문이다. 총체적 질서와 그 여백으로서의 예외는 한 쌍이기 때문에 그들은 공히 법에 의한 지배를 성립시키는 담론들이기도 하다. 모든 것에 합당한 지위를 부여하는 유사-보편적 법의 지배이건, 특수한 존재자에게 예외적 특권을 부여하는 전능한 입법자의 법이건 말이다. 이 담론들의 체제에서 세계를 정초하는 '존재'로서 실재는 법적 상태로 나타나게 된다.

바울의 투쟁 대상인 두 지배적 담론은 '상황 상태situation state'이다. 이 개념은 바디우의 존재론에서 나온 것이다. 그는 '존재'를 일자로 이해하는 철학적 전통을 거부한다. 존재는 그 어떤 통일성(일자)도

---

97 A. 바디우: 『사도 바울』, 앞의 책, 15-35쪽 참조. 이하에서는 쪽수만 표기함.

거부하는 '순수 다수'이다. 그런데 이 순수 다수는 '공백'이다. 순수 다수 혹은 불안정한 다수에게는 그 어떤 원자적 실재성도 있을 수 없기 때문이다. 다수는 고유한 근본적 불안정성으로 인해 어떤 질서로 완전히 통합할 수 없고, 임의적 질서가 부여되더라도 그 질서 안에 완전히 포섭되거나 수렴되지 않은 채로 존재하게 된다. 그런 의미에서 바디우는 존재를 '상황 내의 공백'으로 이해한다. 불안정한 순수 다수가 실재성의 옷을 입기 위해서는 어떤 안정성이 부여되어야 하는데, 바디우는 이를 '상황situation'이라 부른다. 즉 상황이란 불안정한 다수가 셈을 가능하게 하는 어떤 구조를 받아들여 성립한 것이다. 상황이 성립하면 다수는 셀 수 있는 것이 되는데 이를 현시presentation라고 한다. 현시되어진 안정된 다수성이 바로 상황이다. 이를 더욱 밀고 나가기 위해 바디우는 칸토어Georg Ferdinand Ludwig Philipp Cantor의 집합이론을 전용하는데, 집합이란 어떤 주어진 조건 하에서 그 대상들을 알기 쉽게 묶어 놓는 것이다. 집합은 해당 원소들을 식별가능하게 만드는 (정치적) 공정인 셈이다. 하지만 바디우에 따르면 모든 집합에는 현시되지 않는 요소, 즉 공집합이 존재하는데, 이러한 공백은 현시구조의 완결성을 방해하는 불안정의 요소이다. 수학에서는 이러한 공집합을 셈하기 위해 다시 두 번째 셈을 구하는 과정, 즉 부분집합('멱집합')을 구한다. 구조화된 상황 내에서 현시되지 않은 공백을 세기 위한 두 번째 셈이 '상황 상태'이다. 이 과정을 통해 '상황'을 구성하는 요소들이 재현되고 상황의 구조 역시 재구조화된다. 상황 상태란 공백을 재현하고 고정할 목적으로 상황을 특정화하여 관리하는 권력이다. 그런 점에서 상황의 상태state는 곧 '국가State'이기도 하다. 그럼에도 공집합은 여전히 사라지지 않고 남는다. 공집합은 모든 집합에서 재현 불가능한 것, 그리고 고정 불가능한 것, 제거 불가능한 것으로 남아 있는 것이다. 앞서 말했던 총체성과 예외성은 유대 담론과 그리스 담론이라는 담론적 상황을 재현하고 관리하는 담론의 상황 상태라 할 수 있다.

하지만 바울은 두 지배 담론에 맞서기 위한 세 번째 담론, 즉 기독교 담론을 찾아낸다. '하나의 법'에 의한 지배를 구축하고 실재를 이

법 안에 가두는 '상태적인 것'으로서의 두 담론과 달리, 바울의 기독교 담론은 법 대신에 '사건'을 실재로 삼는 보편적 평등의 담론이다. 그는 지배 담론을 아버지의 담론으로, 그리고 보편적 평등의 담론을 아들의 담론으로 명명한다.(반면 라캉과 지젝이라면 이를 '성차 공식'에 입각하여 남성적인 것/여성적인 것으로 구분했을 것이다.) 아들의 담론은 법이라는 상태적 실재가 아니라 사건으로서의 실재에서 출발한다. 이 세계의 궁극적인 것('존재')은 사건밖에 없다. "사건 그 자체로부터, 비-우주적이며 탈-법적인 사건, 어떤 총체성에의 통합도 거부하며, 어떤 것의 표징도 아닌 사건 그 자체로부터 출발해야 한다. 하지만 사건으로부터 출발한다는 것은 어떠한 법칙도, 어떤 형태의 지배-현자의 지배든 예언자의 지배든-도 가져오지 않는다."(85) 바울에게는 부활한 그리스도가 그 사건의 이름이다. 바디우는 역사적 예수나 예수의 죽음보다 그의 부활이 중요하다. 바울의 '회심'은 부활한 그리스도와의 우발적 만남이라는 사건에 기인하는 것이기 때문이다. "분명히 초월적인 장치들을 지지하고 찬양하는 바울 본인에게도 사건은 죽음이 아니라 부활이다."(129) 그리스도의 부활 사건은 그리스인이건 유대인이건, 남성이건 여성이건, 귀족이건 노예이건 모두를 평등한 아들로 만든다.

'사건의 철학자' 바디우에게 사건은 어떤 상황 내에서 공백이 드러나는 지점이다. 지금까지의 상황 속에서 '현시'되지 않았던 것이 섬광처럼 돌발하는 것이고, 기존의 시스템 안에서 자리 없는 것, 비-존재라고 할 수 없는 어떤 것의 예측 불가능한 출현이 사건인 것이다. 그것은 상황의 질서나 법칙과 무관할 뿐만 아니라 오히려 그것에 어떤 단절이나 중단(지젝의 경우 '단락')을 가져온다. 물론 그것은 결코 상태가 아니므로 상황의 법칙과 질서를 중단시킨 후 곧 사라지는 불안정한 것이다. 그렇지만 사건은 돌발했다 사라지는 것으로 끝나지 않고, 그것을 경험한 어떤 자를 '주체'로 부른다. 사건의 효과로서 그 주체는 사건에 충실한 가운데 그 효과를 지속시키기 위해 투쟁하는 '투사'이다. 그리스 담론의 현자=철학자 주체나 유대 담론의 예언자 주체와 달리, 바울의 '사도' 주체는 그리스도라는 사건이 진정으로 일어났음을 선언하는 자 그리고 그 사건과의 만남에 대한 확신을 가지고 선언하는 자, 그 사건이 모든 이를 평등한 아들로 만드는 사건임을 선언하는 자 이다. 사건의 보편적 효과를 선언하고 모든 이에게 그것을 전달하는 자인 것이다.

하지만 이 주체 역시 원래 상황에 포함된 존재였다는 점에서 분열된 주체이기도 하다. 바리새파 바울이 그랬던 것처럼, 그는 상황의 법칙과 질서의 지배 속에 있었으며 그에 종속되어 그것을 자동적으로 수행하는 자에 불과한 존재였기 때문이다. 하지만 사건은 그 상황의 법칙과 질서를 중단시키는 것이고, 그럼으로써 이전과 다른 상황을 열어 젖히는 보편적 열림의 가능성이다. 사건 이후의 주체는 이러한 분열을 새로운 주체 탄생, 즉 중단과 분리의 계기로 삼는 자이다. 바디우가 보기에 바울은 "~이 아니라 ~임"의 정식을 통해 이러한 과정을 명쾌하게 설명한다. "너희가 법 아래에 있지 아니하고 은혜 아래에 있음이라."(로마 6:14) "그런즉 이제 내가 사는 것이 아니요 오직 내 안에 그리스도께서 사시는 것이라."(갈 2:20) "그러므로 내가 이후로는 종이 아니요 아들이며 하나님으로 말미암아 유업을 받을 자니라."(갈 4:7) 여기서 '~이 아니라'는 기존 상황 법칙과의 단절을 의미하며 '~임'은 새로운 세계의 열림이다. 하지만 기존 사건과의 단절로서, 공백의 돌발로서 출현하는 사건은 상황의 언어로 표현될 수 없다. '결정 불가능한 사건'으로서의 사건은 철학적 논증이나 표징에 의한 확증이 불가능하다. 사도-주체는 사건이 일어났음을 선언함으로써 결정 불가능한 사건을 구현한다. 바울은 그것을 복음이라 명명하고 그것이 진리라 선언했다. 진리는 사건 이후의 사후적 구성물인 셈이다.

여기서 중요한 것은 이러한 과정이 일종의 영구혁명이라는 것이다. 이전 상황의 단절과 그에 따른 새로운 상황으로의 전진은 하나의 상태로 고정되기 전에 계속되어야 하기 때문이다. 구원은 사건에 대한 충실성fidelity의 과정으로서 상태가 아니다. 바디우에게 구원은 믿음, 사랑, 희망의 차원에서 진행된다. '믿음'은 사건이 자신을 주체로 세웠음에 대한 확신이다. 그것은 신분이나 자격과 상관없이 주어지는 순수한 증여이며 권리와 무관한 선물이다. 사건은 보편적인 것으로서 특수한 차이와 상관없이 주체를 그 안으로 초대하는 것이기 때문이다. 보편적 믿음은 사건에 의한 주체화가 철저하게 '특이한singular' 것이다. 이 진리를 모든 이들에게 전달하고 실천하는 것이 '사랑'이다. 그것을 통해 사건 이후의 진리는 보편화된다. 사랑은 그리스도교 주체, 구원받은 주체에게 새로운 법, 문자적이지 않은 법이 된다. 이는 모든 특수성과 차이를 넘어 모든 이를 진리로 부르라는 충실성의 명령이다. 그리고 사랑은 주체가 스스로에게 부과하는 새로운 법이며 진리를 보편화하고자 하는 노력이기도 하다. "진리의 사건 이후의 보편성을 끊임없이 세계 안에 기입하고 이 보편성이 주체들을 삶의 길에 합류시킬 수 있도록 해주는 법이 되도록 해야 하는 것이 사랑의 임무다."(170) 진리의 보편주의를 선언하고 실천하는 일에는 시련이 따르는 법이다. 그것은 진리의 보편적 전달에 따르는 시련에도 불구하고 진리에 계속 충실할 수 있는 주체의 확고부동함이다. 이는 최후의 심판 날에 믿지 않는 자를 모두 심판할 것이고 믿는 자는 고립할 것이라는 '원한감정'에서 출발하지 않는다. 철저하게 현재적인 희망은 사건 이후 주체성의 한 양상이다.

바디우는 바울의 이러한 사유를 '은총의 유물론'이라 부른다. 그에게 유물론이란 물질을 '존재', 혹은 실재로 이해하는 통속적 차원을 넘어선다. 구원받은 주체란 사건이라는 객관적인 실재에 의해 구축되는 것이고, 구원은 주체의 충실성에 의해 계속된다는 것이 유물론의 핵심이고, 사건은 그 어떤 자격(정체성, 특수성, 차이)과 상관없이 누군가에게 도래하는 것이라는 점에서 '은총'이라는 것이다. 총체성의 위계적 서열화를 분쇄하고 특수한 정체성의 그 어떤 특권도 부정한다는 점에서 사건은 평등의 보편주의이기도 하다. 보편적 평등, 아버지의 지배를 폐기하고 아들들의 동등성을 구성할 때에만 사건의 진리는 도래한다. "사건은 그것이 보편적 아들-되기를 발생시키지 않는다면 왜곡된 것이다. 그러한 사건을 통해 우리는 자녀로서의 동등성을 갖게 된다."(117) "지배자를 축출하고 아들들의 평등을 정초"(117)하고자 한 예수의 부활 사건은 바울에게 보편적 평등주의로 향하는 계기를 제공한다. 하지만 이러한 은총은 바울만의 전유물은 아니다. 이는 그의 '하느님의 동역자'라는 표현에서 알 수 있다. "모든 평등은 하나의 노동에 함께 속해 있는 평등이다. 진리의 공정에 참여하는 자들은 논란의 여지없이 그러한 도정의 동역자들이다."(117)

4. 유대주의의 전유, 욥의 저항

그런데 한 가지 특이한 점은 바디우의 경우 '그리스도-사건'으로서 부활을 강조하면서도 십자가의 의미는 가능한 한 최소화하고 있다는 사실이다. 그도 그럴 것이 그에게 십자가는 그리스도가 인간이었음을 반증하는 것에 다름 아니라고 보기 때문이다. 이는 죽음충동에 대한 바디우의 부정적 생각과 관련이 있다. 로마서 7장에 대한 해석에서 그는 내재적 위반의 논리를 '죽음충동'으로 부르면서 바울을 법과 그에 따른 '죽음충동'으로부터의 탈출을 시도하는 자로 해석한다. 지젝이 보기에 이는 용어상의 실수로써, 바울이 '죽음충동'으로 그리고 있는 것은 '외설적 초자아 보충물obscene superego supplement'이라 불려야 한다. "성 바울이 씨름하고 있는 문제는 죽음충동에서 벗어나려 시도하는 것이라기보다는, 어떻게 '도착'의 덫을 피할까 하는 것이다. 즉 법의 위반을 발생시키는 '법'의 도착에서 벗어나는 것이 문제인 것이다. 법은 '법Law'으로서의 그 자체를 표명하기 위해 어떤 위반을 필요로 한다."(TS 148) 바울은 여기서 히스테리적 주체가 처한 어떤 막다른 골목을 보여주는데, 상징 질서의 모순적 성격을 의식하기 시작했기 때문이다. 바울 역시 그 자신도 그것을 선동한 죄로 잘못 고소된 바 있는 그 원리, 즉 "좋은 결과를 가져올 수도 있을 죄를 범하자"(로마 3:8)를 따름으로써 법과 위반의 악순환을 끊고자 하는 도착적 유혹을 느낀다. 하지만 지젝은 이러한 도착적 태도는 법으로부터의 탈출과 거리가 멀고, 돌파의 한 계기가 될 수도 있는 히스테릭한 질문의 공간을 축소할 뿐이라고 본다. 그가 보기에 바울과 정신분석의 공통점은 그러한 도착과 정확하게 반대되는 목표를 추구한 점에 있다.

라캉이 말하는 '법을 넘어서는 사랑의 영역the domain of Love beyond Law'에 도달하는 방법은 바디우의 진리-사건과 거의 동일하다고 지젝은 인정한다. 하지만 바디우의 경우 '외설적 초자아 보충물'로부터 벗어나기 위해 부활과의 직접적인 동일시를 요구하는 반면, 라캉의 경우 "법 때문에 죽어야 한다"고 주장한다. 이는 안티고네처럼 판타지를 가로지르고 주체가 처한 교착상태를 경험함으로써 '상징적 죽음'을 감수하는 것이다: "'죽음'이 그것의 가장 급진적인 수준에서 의미하는 것은 그저 세속적인 삶을 통과하라는 것이 아니라 (헤겔이 언급한 다음과 같은 진술처럼) '세계의 밤'98을 통과하는 것이다. 즉 자기-철회, 주체성의 절대적 축소(뺄셈), '현실'과의 연결로부터 분리를 감행하는 것이다. 이는 상징적인 새로운 시작New Beginning의 영역, 새롭게 등장한 주인기표에 의해 지지되는 '새로운 조화New Harmony'의 출현 영역을 열어 줄 '환상의 상막을 섞어 버리는 것'이다."(TS 81) 지젝은 이런 점에서 '은총의 신학자' 바디우와 반대로, 라캉을 '십자가의 신학자'라고 부른다. 여기서 쟁점은 죽음에 대한 강조의 온도차이다. 물론 지젝이 보기에 상징적 죽음이 새로운 주인기표 혹은 '진리-사건'의 등장으로 이어질 것으로 본 것은 바디우와 라캉의 공통점이다.

하지만 '진리-사건이 정말 진리-사건이라는 것을 어떻게 나는 알 수 있나'에 대한 답변에서는 차이가 나타난다. 이 질문은 '진정한' 혁

---

98 "인간은 이런 밤, 즉 모든 것을 단순한 상태로 포함하고 있는 이 텅 빈 무이다. 무수히 많은 표상들, 이미지들이 풍부하게 있지만, 이들 중 어느 것도 곧장 인간에게 속해있지 않다 – 혹은 현전해 있지 않다. 이런 밤, 여기 실존하는 자연의 내부-순수 자기 self-는 환영적 표상들 속에서 주변이 온통 밤이며, 그 때 이쪽에선 피 흘리는 머리가, 저쪽에선 또 다른 하얀 환영이 갑자기 튀어나왔다가는 또 그렇게 사라진다. 무시무시해지는 한 밤이 깊어가도록, 인간의 눈을 바라볼 때, 우리는 이 밤을 목격한다." S. 지젝: 『까다로운 주체』, 이성민 옮김, 도서출판b, 2005, 55쪽 재인용.

명은 어떤 혁명이냐는 물음이기도 하다. 이를테면 지젝이나 바디우 모두 나치가 외관상으로는 혁명적이라는 사실에 동의한다. 다만 잘못된 혁명이었을 따름이라는 것이다. 바디우의 경우 나치가 '진리-사건은 보편적이어야 한다'는 사실에 위배되는 여러 정황들을 제시할 수 있을 것이다. 유대인들은 분명 나치-운동에 참여할 수 없는 철저한 배제의 대상이었기 때문이다.

반면 지젝은 진리-사건과 죽음충동의 간극(틈새)을 강조 한다. "라캉은 포스트모던적 문화 상대주의자가 아니다: 진정한 진리-사건과 그 외형 사이에는 차이가 있다. 그리고 이러한 차이는 진리 사건 속에 죽음충동의 공백, 급진적 부정성의 공백, '존재의 질서Order of Being'를 순간적으로 중지시킬 틈새가 계속 공명하고 있다는 사실에 기인한다."(TS 162~163) 다시 말해 죽음 충동의 '한계 경험'은 진리-사건의 공간을 열어주고 촉진시키지만, 늘 그것의 과잉은 진리-사건을 잠식해 버릴 위험 역시 안고 있다는 것이다. 지젝이 보기에도 나치는 자본주의와 단절을 시도하긴 했지만 그것은 수행되지 않았다. 왜냐하면 근본적 사회 모순('적대')이 자본주의 자체보다는 유대인에게서 비롯된 것으로 보았기 때문이다. 그리고 나치 '혁명'은 아무 것도 바꾸지 못했다.

이처럼 지젝과 바디우는 진리-사건 이론에 있어 근본적인 차이를 보인다. 하지만 지젝은 진리 정치를 향한 바디우의 제스처에 공감하면서 기독교의 출현이 진리-사건의 빼어난 사례라는 주장에는 동의한다. "우리에게 오늘 필요한 것은, 바울의 기독교가 로마의 글로벌 제국에 대해 행했던 것과 똑같이, 자본주의적 지구화를 잠식할 수 있는 제스처이다."(TS 211) 지젝은 바울 스타일의 현실 개입을 요구하면서 작금의 현실을 분석하는 데 관심을 갖는다. 나아가 『무너지기 쉬운 절대 The Fragile Absolute』에서 그는 글로벌 자본주의와 정체성의 정치에 대한 바디우의 비판을 공유하면서 인종주의, 특히 발칸이나 중동 등의 갈등들에 대한 서구인들의 태도에 깃든 냉소주의적 이데올로기를 비판한다. 특히 바울적인 현실 참여와 관련하여 그는 지금의 상황을 '도착의 유혹the temptation of perversion'이라 규정한다. 그가 보기에 현 사회는 점차 도착으로 치닫고 있다. 자본주의는 '영원히-새로운' 형태들을 취하면서 늘 새로운 욕망을 양산하고 있다. 법과 그것의 초자아의 외설적 보충물에 대한 복잡하고 모호한 태도를 견지하면서, 사람들은 '즐겨라!'라는 초자아의 명령과 직접 동일시한다.

지젝은 이러한 상황을 두고 '쾌락주의hedonism'의 일반화로 설명한다. 한편 주체들은 점차 자신들을 소비자라고 생각하면서 소비재들의 선택을 정체성 주장의 장으로 간주한다. 다른 한편 전통적 도덕 규칙들이 '건강'이나 '웰빙'에 대한 관심으로 대체된다. 지젝이 보기에 이는 향유Jouissance가 과도해지지 않고 자기-파괴적으로 되지 않음을 확인시켜주려는 시도이다. 무카페인 커피, 다이어트 콜라, 무알콜 맥주, 무지방 아이스크림 등은 이러한 도착적 경향의 주된 징후이다.[99] 여기서 도착자the pervert가 근본적으로 원하는 것은 구속을 벗어난 향유가 아니라, 다스릴 수 있는 수준(적당한 수준)에서 향유를 유지하는 데 도움을 줄 법의 향유이다. 지젝이 보기에 이러한 '도착'은 '전통의 대타자'를 지속적으로 약화시킨 現代性modernity의 출현에 그 원인이 있다. 과거 사회가 신의 의지나 자연 질서에 기반한 사회였다면, 현대는 '신이 죽은' 혹은 '대타자가 존재하지 않는' 사회이다. 대타자는 주이상스

---

[99] "우리는 오늘날 '모든 것이 허용된' 바야흐로 포스트 시대를 살아간다고들 한다. 우리는 이러한 자유를 마음껏 그리고 부담 없이 즐기기 위해, 카페인 없는 커피, 지방 없는 크림, 알코올 없는 맥주, 사상자 없는 전투를 즐긴다. 그러나 우리가 즐기는 것은 가상현실이다. 그것은 실체의 단단한 중핵이 제거된 현실이기 때문이다. 역설적으로 포스트시대는 실체를 금지한다. 흡연과 약물에 대한 다양한 규제, 섹슈얼 해리스먼트가 없는 거래로서의 사랑, 콘돔 없는 섹스에 대한 공포 등등. 우리는 쾌락을 추구해야 하기 때문에 위험한 과잉을 피해야 한다. 그렇다면 우리가 추구하는 쾌락은 궁극적으로 누구의 쾌락을 위한 것인가? 간단하다. 우리는 상품을 소비하는 기계로서 다치거나 빨리 죽지 말고 오래오래 작동되어야 한다. 이것이야말로 미셸 푸코의 생체정치의 진실이며, 니체의 최후의 인간이 보여주는 삶이다. 사실 우리는 제한 없는 쾌락 속에서 궁극적인 것을 제한 당한다. 혁명 없는 혁명의 시대. 시간은 이미 정지했다. 진정한 의미에서 삶은 끝났다. 단지 지속되는 것은 이미 죽은 삶의 생명뿐이다." 정혁현: 『지젝과 기독교』, 제3시대 그리스도교연구소 탈향 강의 자료집. 2008년.

jouissance의 원초적 파괴력으로부터 주체를 보호하고 법의 내재적 위반을 통해 한 줌의 주이상스만을 제공하는 기능을 한다. 따라서 '신의 죽음'이나 '대타자의 비-존재'는 주체에게 이중의 구속을 부과한다. 한편으로 법이 없다면 주이상스는 주체 붕괴의 위협을 가한다. 다른 한편 법의 와해 역시 주체가 법의 위반을 통해 얻어낸 한 조각 주이상스를 박탈한다. '도착'은 이러한 이중 구속에 대처하려는 시도이다. 하지만 쾌락주의 문화의 맥락에서 '전통적 가치들'로의 회귀는 해결책이 아니라 문제를 악화시킨다. 그 점에서 도착의 이중 구속에서 벗어나기 위해 동양 종교(이를테면 선불교)에 관심을 갖는 서구인의 태도에 대해서도 지젝은 부정적이다. 서구의 불교는 현 자본주의의 극단적 요구들에 적응하는 데 도움을 줄 뿐이기 때문이다.

하지만 지젝은 로마서 7장의 진술에서 탈-도착적 사유의 단초를 찾고자 한다. 그가 보기에 '현실 기독교'의 궁극적인 핵심 전략 역시 '도착'이다. 현실 "기독교는 이교도적 자유를 위한 프레임일 뿐"(PD 57)이라는 점에서 말이다. 여기서 '이교도적'이라는 수식어는 기독교의 원초적 제스처로부터의 이탈을 의미한다. '현실기독교'는 현실사회주의가 그랬듯 도착적 쾌락을 위해 혁명적 잠재성을 저 버렸다. 기독교의 금지와 자기 부인의 체제는 "이교도적 쾌락만을 누릴 수 있게 해주는 프레임일 뿐이다. 죄의 감정은 우리에게 쾌락에 열중할 수 있게 해주는 사기에 지나지 않는다."(PD 57) "기독교의 궁극적 사기는 병리적 자극, 다시 말해 고통, 즉 그리스도의 훼손된 신체에 고착됨으로써 내적 평화와 구원이라는 공식적인 메시지를 유지한다는 점"(PD 97)이다. 나아가 지젝은 기독교의 신 역시 도착적이라고 주장한다. 인간의 구원을 명목으로 '대타락Fall'을, 구원 계획을 실행한다는 이유로 유다Judas의 배반 행위를 몸소 기획한 점에서 말이다. 신 스스로 "좋은 결과를 가져다 줄 수도 있을 악을 행하는 것"은 '기독교의 도착적 중핵'을 시위한다. 여기서 기독교의 원초적 제스처가 지닌 혁명적 잠재력에 도달하는 유일한 방법은 이러한 도착적 핵심을 버리는 것이다.

지젝의 주장대로라면 '현실 기독교'의 도착성을 벗어나기 위한 첫 단계는 바울의 기독교를 생성시켰던 유대적 맥락을 이해하는 것이다. 유대교에 대한 지젝의 태도는 유대교를 부정적으로 보는 바디우와 현저한 차이를 보인다. 바디우는 유대주의가 바울의 미션에 반대되는 모든 자질들을 요약해서 보여주고 있다면서 그것을 '영속적 패배'로 비판한 바 있다. 바울은 보편적인 반면 유대주의는 극히 특수적particular이라는 것이다. 그리고 바울은 은총을 설파하는데, 유대교는 법에 의존하고 있다. 바울은 진정한 삶에 문을 열어 주는데, 유대교는 죽음의 통로라는 것이다. 물론 바디우는 그리스도의 십자가 처형에 유대인들이 책임이 있다는 반-유대주의를 단적으로 거부한다. 유대인에 대한 부정적 평가의 뿌리 역시 바디우가 말하는 죽음충동(지젝이라면 '외설적 초자아 보충물'이라고 불렀을 것이다)이다.

반면 유대주의에 대한 지젝의 작업은 정반대의 입장을 보여준다. 그는 법에 대한 유대적 자세야 말로 초자아의 논리 혹은 '내재적 위반'의 논리로부터 자유롭다고 보기 때문이다. 『무너지기 쉬운 절대 The Fragile Absolute』와 『믿음에 관하여 On Belief』에서 지젝은 프로이트의 『모세와 일신교 Moses and Monotheism』에 기초해서 유대주의를 설명하고자 한다. 프로이트는 모세가 이집트인이었고 일신교의 최초 사례였던 아톤Aton 신앙을 고수한 인물이었다고 한다. 하지만 아톤 신앙을 강제했던 파라오가 죽자 이집트인들은 유일신 아톤을 버린다. 그래서 모세는 유대인 노예들에 관심을 갖고 아톤 종교를 영속시킬 수 있다는 희망을 안고 그들의 이집트 탈출을 주도했다는 것이다. 하지만 모세는 혹독한 지도자이자 아톤 신앙에 너무 엄격한 인물이었기 때문에 유대인들은 반란을 일으켜 그를 죽이고 강요된 아톤 신앙을 버린다. 프로이트의 『토템과 신앙』에서 살해된 원초적 아버지Urvater가 이후 죄를 지은 아들들에 의해 난폭한 내면적 권위로 회귀하듯이, 모세 역시 살해 후 더욱 두렵고 강력한 형식, 즉 야훼Yahweh로 되돌아온다. 프로이트는 그리스도의 죽음에 기초한 바울의 '새로운 종교 창조'는 일종의 '단락short-circuit'을 통해 이러한 원초적 범죄를 넘어서려고 시도한다고 한 바 있다.(Moses 113) 유대인을 향한 그리스도의 메시지는 "너희는 하느님을 살해했음을 인정하지 않으려 한다"는 것이다. 반대로 기독교는 "우리가 같은 일을 저지른 것은 사실이다. 하지만 우리는 그것을 인정했다. 그리고 이후 우리는 죄씻음을 받았다."(Moses 115)

지젝은 프로이트의 신화에서 중요한 모순을 찾아낸다. 유대인 주체는 "단지 상징적 규칙을 고수할 뿐이다. 하지만 그 규칙은 외설적인 환상적 배경을 빼앗겼다. 유대주의 안에는 위반의 범인들 사이에 이해를 구하는 사적인 눈짓의 여지도 없고 그들의 공모된 범죄에 대한 외설적 연대 책임의 자리도 없다."100 하지만 뒤이어 "유대주의는 외설적인 언캐니한 분신obscene uncanny double의 유령 그림자에 시달리는 공식적 담화를 가진 종교이다. 과도한 위반의 원초적 폭력 제스처의 그림자 말이다(이는 유대주의에 과도한 뻔뻔스러움과 생명력을 부여한 외상적 중핵에 대한 바로 그 부인된 애착이다)"(OB 137)라는 약간 다른 뉘앙스의 진술을 첨가한다. 물론 이런 견해는 모세 살해자에 대한 프로이트의 언급을 참조하고 있다. 하지만 이후 지젝은 프로이트의 이론에서 모순을 발견한다. 우선 '모든' 공동체가 어떤 부인된 원초적 범죄에 근거하고 있다면, 유대인의 범죄가 유대 민족의 특이성을 설명해 주는 요소가 되지 못하는 모순이 생기기 때문이다. 더 구체적으로, 프로이트가 기술하는 내면화된 권위의 구조는 분명 초자아를 발생시킨다. 그러나 유대 공동체의 원초적 범죄가 유대 민족 고유의 특이성의 원천임을 인정하는 것 자체가 모순적일 수 있다. 왜냐하면 그 범죄는 초자아의 결여라는 유대 민족만의 특이성의 원천일 수 없기 때문이다.

그래서 지젝은 프로이트에 직접 기대어 유대 민족의 특이성을 설명하려는 시도를 포기한다. 물론 이는 프로이트 이론에 대한 전면적 거부는 아니고 일종의 보완이라 할 수 있다. 프로이트는 특수한 민족 집단으로써 유대의 기원을 설명해 줄 수 있는 저력이 있다. 하지만 법에

---

100 S. Žižek: On Belief, New York 2001, 127쪽(이하에서는 OB로 표기하고 쪽수를 적어둔다.)

대한 유대적 자세 속에서 그가 본 특이성의 설명을 위해 지젝은 나름의 유대적 기원을 더욱 밀고 나가고자 한다. 이를 위해 그는 아브라함이나 다윗 같은 명백한 영웅들에 초점을 맞추기보다 유대 전통 내에서 약간은 예외적 인물이라 할 수 있는 욥Job에 관심을 둔다. 모세나 다윗 같은 '남성적' 주인 형상과 달리, 욥은 자기에게 닥친 무자비한 수난들과 그것을 기획한 하느님에 히스테리적인 질문을 던지는 인물이다. 지젝은 욥의 문제 제기를 혁명적 변화의 필수적 첫 단계라고 주장한다: "욥기를 매우 도발적으로 만들어 주는 것은 그저 분명한 해결책이 존재하지 않는 다양한 관점들을 보여주기 때문만은 아니다. (…) 욥이 직면한 당혹스러움은 하느님을 그가 도저히 이해할 수 없는 물物, Thing로 경험한다는 사실에 기인한다. 그가 따라야 할 시련들을 부과하면서 하느님이 그로부터 무엇을 원하는지 욥은 도무지 알 길이 없다. 결과적으로 욥은 신적 질서에 어떻게 적응해야 할지 알 길이 없다. 그리고 그 질서 속에 자기 자리가 어디인지 인식할 수도 없다."(PD 124) 결국 마지막 즈음에 욥의 시련들에 대한 친구들과의 '위로라는 명분의' 논생에 하느님이 개입하지만 아무런 대답도 주지 않는다. 대신 우리는 "마치 무기력 혹은 나약함에 사로잡힌 것처럼 보이는 그리고 공허한 자기 과시로써 그의 궁핍한 상황을 벗어나려 시도할 뿐인 하느님"(PD 125)을 만나게 된다.

욥은 매우 가혹한 질문을 던짐으로써 하느님을 극단의 지점으로 몰고 갈 수 있다. 지젝은 욥에 대한 새로운 해석을 통해 "하느님에 대한 굳건한 믿음으로써 그의 시련을 이겨내는 인내심 있는 수난자"라는 종래의 이미지를 벗겨낸다. 반대로 그는 끊임없이 자기의 운 없음을 거부하고 불평하면서 "자기 고통의 무의미함"을 주장한다. 신학에 충실한 것처럼 보이는 친구들과의 논쟁은 욥의 비타협적 자세를 잘 보여준다. 그럼으로써 욥기는 "고통을 정당화하는 근본적인 담화 전략들을 폭로함으로써 이데올로기 비판을 수행한 인류 역사 최초의 모범적 사례"(PD 125)라는 평가를 얻게 된다. 결국 하느님은 욥에 저항할 수 없고 욥의 편을 든다. 욥의 말이 다 옳고 세 신학자들의 말은 다 틀렸다는 식으로 말이다. 하지만 욥이 정당했다는 하느님의 마지못한 인정은 욥의 도전에 대한 무기력한 행위와 짝을 이루는 것일 뿐이다. 하지만 하느님은 다음 행보를 취하는 대신 자신의 공개적인 실패를 선언할 뿐이다. 이에 대해 욥은 그저 침묵으로 일관하는데, 이러한 반응에 대해 지젝은 욥의 이러한 선택이 "그가 신의 압도적인 현존에 기가 꺾였기 때문도 아니고 그가 지속적인 저항의 표명을 원했기 때문도 아니다. 즉 하느님이 욥의 질문에 대한 대답을 피했다는 사실에 대한 저항 말이다. 오히려 (이러한 선택의 이유는) 암묵적인 연대의 제스처 속에서 신의 무기력함을 지각했기 때문이다. 하느님은 정당한 것도 아니고 부당한 것도 아니며, 그저 무능력할 뿐이다. 욥이 갑자기 깨달은 사실은 그의 불행에 대한 재판에 실제로 회부된 사람은 자신이 아니라 하느님이었다는 것이다. 그리고 하느님은 그 테스트에서 형편없이 실패했다."(PD 126~127) 결국 실험에 빠진 자는 하느님 자신이다.

　　신의 무기력과의 이러한 조우는 여타 민족들과 유대 민족을 나누어 주는 준거가 된다. 지젝이 보기에 유대 공동체는 여전히 초자아 구조와 유사한 부분이 있다. 욥의 침묵은 유대 공동체가 계속 '현상 유지keep up appearances'를 선택했음을 보여준다. '아무일 없었던 것처럼'의 제스처는 그러한 선택의 결과물이다. 그런 식으로 유대 공동체는 부인된 트라우마 혹은 '유령의 서사spectral narrative'와 관련된 형상을 고수한다. 그럼에도 불구하고 유대적 구조는 특이하다. "결정적인 분리선은 부인된 유령들에 대한 충성심과 공적 의례를 수반하는 이교도의 외설적인 입문적 지혜initiatory wisdom 사이에 그어질 수 있다. 유대의 부인된 유령의 서사는 신의 불가해한 전능함에 대한 외설적인 이야기를 하지 않고, 오히려 그의 정반대를 행한다. 표준적인 이교도의 외설적 보충물에 의해 봉인된 하느님의 무기력을 이야기하는 것이다."(PD 129) 이러한 근본적 차이는 세계 곳곳의 디아스포라 공동체로 살아가면서 보여준 유대인들의 놀라운 생명성과 지속성을 이해하는 열쇠가 된다.

　　(율)법에 대한 유대의 특이한 자세는 민족들 사이에 적절한 자리를

찾을 수 없었던 결여에 뿌리를 두고 있다. 지젝은 그런 점에서 유대법이 '언플러깅unplugging'의 제스처에 의존하고 있다고 주장한다. 일단 디아스포라 상태의 유대인들은 율법을 참조함으로써 살고 있는 사회로부터 거리를 유지한다. 그런 점에서 유대법은 여타 다른 법체계들과 완전히 다르다. 다른 이교도들의 법은 사회적 교환을 조절하는 반면, 유대인들은 다른 차원, 즉 사회법과 관련하여 근본적으로 이질적인 신적 정의의 차원을 도입한다. 모든 (이교도) 사회들은 주이상스에 대한 자유로운 접근권을 지닌 전능한 아버지 형상(혹은 신)의 판타지에 기초하고 있고, 궁극적으로 "승리에 찬 권리/부분들에 대한 전체the Whole의 힘을 다시 주장하는 것"처럼 '균형의 회복'이야 말로 정의로 평가된다. 다시 말해 이교도 사회들은 그 핵심의 부정(원초적 폭력)을 정당화하는 이데올로기적 판타지의 장막을 기초로 하고 있는 것이다. 반대로 유대의 정의 개념은 "최종 상태final state의 비전인데, 여기서 개인에게 행해진 모든 잘못된 것이 해결될 것이라고 한다."(PD 119) 이러한 정의 개념은 이데올로기적 판타지에 대한 비판을 담고 있다. 그리고 '외설적 초자아 보충물'의 도착적 논리로부터 벗어나려는 모든 시도는 이러한 비판에서 시작되어야 한다.

5. 사랑과 배반의 사랑 공동체?!

지젝이 보기에 "바울은 그저 유대적인 위치에서 또 다른 위치로 이동한 인물만은 아니었다. 그는 유대적인 위치를 유지하면서 유대적인 입장에 대해 무언가를 행했다."(PD 10) 바울의 위치 변경은 가장 근본적으로 "이방인Gentiles에게 장애물로 작용한 법을 새롭게 이해한 점"(PD 11)에 그 의미가 있다. 지젝은 바울에 대한 전통적인 해석에 거의 변경을 가하지 않으면서도, 바울의 주된 비판 표적이 유대의 법이었다고 주장한다. 바울은 법이 궁극적으로는 도착의 유혹으로 귀결되고 마는 '외설적 초자아 보충물'의 논리에 근거하고 있다고 생각한다는 것이다.

하지만 지젝이 보기에 유대의 법은 이미 외설적 지지물에 의존하지도 않고 초자아의 보충물도 빼앗겨 버린 상태이다. 그는 율법에 대한 바울의 공격에 대해 그것을 옹호하면서 유대주의와 기독교가 내재적 위반을 먹고 사는 '이교도'의 도착적인 법을 넘어서고 있다고 주장한다. 여기서 모순이 발생한다. 왜냐하면 이렇게 되면 유대의 법이 바울이 행한 것보다 더 훌륭하다는 가정이 생겨나기 때문이다. 지젝은 이러한 이론적 난점 혹은 모순을 바울의 내면적 갈등에 원인이 있다고 생각한다(사실 바울 자체가 모순적인 인물이다).101 하지만 그는 법에 대한 유대적인 자세가 문제가 아니라 그 해결책이 문제라는 주장으로 문제를 비켜간다.

지젝은 바울이 이방인들Gentiles을 법에 대한 유대 특유의 '언플러깅'의 태도로 인도한 점을 높이 평가한다. 이로써 이방인들 역시 "법 the Law에 대한 외설적·리비도적 투여를 중단시킬 수 있는"(PD 113) 행위에 참여할 수 있기 때문이다. 이렇듯 법이 역설적으로 그것의 위반을 애원하게 되는 사태는 바로 그러한 리비도 투여 때문이었다. 여기서 지젝은 유대주의와 기독교의 관계에 대한 프로이트의 해석, 즉 바울은 유대주의가 감춰두었던 것을 드러냄으로써 기독교를 설립한다는 견해를 수용하는 것처럼 보인다. 하지만 프로이트의 경우 그리스도를 모세의 반복으로 보는 반면, 지젝은 그리스도를 욥의 반복 혹은 신학적 급진화로 해석한다. 욥이 하느님의 세찬 권력 이면에 감추어진 신의 무기력을 확인하지만 그러한 무기력에 대한 연대의 일환으로 침묵을 선택한 것처럼 말이다. 알다시피 욥은 대타자를 위해 현상을 유

---

101 "여기에서 나는 법칙 하나를 발견하였습니다. 곧 나는 선을 행하려고 하는데, 그러한 나에게 악이 붙어 있다는 것입니다. 나는 속사람으로는 하나님의 법을 즐거워하나, 내 지체 속에는 다른 법이 있어서 내 마음의 법과 맞서서 싸우고, 내 지체 속에 있는 죄의 법에다 나를 사로잡는 것을 봅니다. 아, 나는 비참한 사람입니다. 누가 이 죽음의 몸에서 나를 건져 주겠습니까? 우리 주 예수 그리스도를 통하여 나를 건져 주신 하나님께 감사를 드립니다. 그런데 내가 마음으로는 하나님의 법에 복종하고, 육신으로는 죄의 법에 복종하고 있습니다."(로마서 7: 21-25)

지함으로써 '믿는다고 가정된 주체'의 논리를 유지한다. 이는 산타 할아버지에 대한 아이들의 믿음을 방해하지 않기 위해 우리가 그에 대한 믿음을 공유하는 것과 흡사하다. 하지만 아이들은 나이가 들면서 부모들의 계략을 간파한다. 그러면서도 그들은 산타에 대한 자신들의 순진한 믿음을 상상하는 부모들의 믿음을 깨지 않도록 여전히 그 사실을 믿고 있는 것처럼 행동한다.102 지젝은 욥이 바로 이러한 전략을 행동으로 옮긴 것으로 본다.

하지만 그리스도는 십자가에서의 외침("주여, 왜 저를 버리십니까")을 통해 '믿는다고 가정된 주체'의 이러한 사이클을 파기함으로써 한 걸음 더 나간다. 이 지점에서 지젝은 그리스도를 신의 성육신incarnation으로 보는 전통적인 견해를 뒤집는다. 만일 예수가 많은 예언자들 중 한 사람으로 '탈신화화'된다면, 그는 그저 또 다른 욥에 불과할 것이다. 하지만 그리스도는 하느님이기 때문에 그의 외침은 더욱 급진적인 결론, 즉 십자가 위에서 "하느님이 일순간 무신론자인 것처럼 보이"(PD 14)는 결과를 초래한다. 지젝이 보기에 십자가에 대한 바울의 설교는 하느님이 그 자신의 무능력에 직면했음을 폭로하고 있다.

그러나 지젝은 바울의 진정한 천재성을 다른 지점에서 찾는다. 즉 바울은 하느님의 자기 포기가 현실적으로 가능한 최선의 뉴스임을 지각하고 있다는 것이다. 지젝은 이러한 제스처를 변증법적 '부정의 부정'의 궁극적인 사례로 치켜세우는데, 이는 외견상의 패배를 가장 위대한 승리로 전환시킨 모델로 보기 때문이다. 이러한 승리를 표현하는 신학적인 개념이 부활resurrection이다. 지젝은 헤겔을 참조하여 부활이 궁극적으로는 '성령'의 출현과 동일하다고 본다. 그리고 성령은 그리스도에 바탕을 둔 새로운 공동체의 결속으로 이해된다. 이렇게 보면 유대 공동체처럼 바울의 공동체 역시 하느님 혹은 대타자의 무기력에 의해 모인 집단이다. 그들은 법에 대한 유대 고유의 '언플러깅'의 태도,

---

102 A. Kotsko: 앞의 책, 94쪽 참조.

즉 외설적인 초자아 보충물로부터의 자유를 공유하고 있는 셈이다. 지젝은 고린도서 1장에 나오는 'as if not'의 바울 논리를 통해 이러한 '언플러깅'을 설명한다. 이러한 태도는 이데올로기적 판타지를 전혀 손 대지 않는 냉소적 자세와는 전혀 다르다. 바울이 여기서 말하고 있는 것은 "상징적 영역 그 자체이다. 나는 상징적 의무들을 이용한다. 하지만 나는 수행적으로 그것들에 매이지 않는다."(PD 112) 지젝이 보기에 바울적 주체는 주체를 법에 묶어 놓기 위해 한 줌의 주이상스를 제공하는 '잉여 복종surplus obedience'의 논리를 벗어나고 있다.

하지만 바울의 새로운 공동체는 비밀스러운 '유령의 서사'로부터 벗어나고 있다는 점에서 유대 공동체와 구별된다. "유대인들이 충실히 지키고 있는 비밀은 신의 무능력에 대한 공포이다. 그런데 '이러한' 비밀은 기독교를 통해 '드러난' 비밀이다. 이는 기독교가 유대주의 이후에만 나타날 수 있는 이유이다. 그것은 유대인이 최초로 직면한 공포를 폭로하고 있다."(PD 129) 신의 무능력을 공개적으로 드러낸 덕분에, 바울 공동체는 "프로이트가 『토템과 터부』와 『모세와 일신교』에 기술한 바 있는 메커니즘을 통해 형성되거나 결속되지 않은 공동체의 최초 사례를 제공한다"(PD 130). 지젝은 이 공동체의 이중적 의미를 적시한다. 첫째, 이 공동체는 진실로 '보편적'인 사회체sociality의 최초 형식이다. 왜냐하면 "전 사회적 질서 안에서의 특별한 지위에 상관없이 (성령의) 이러한 보편적 공동체에 '직접' 참여할 수 있기"(PD 130) 때문이다103. 나아가 이 공동체는 '공식적인' 얼굴을 보충해주는 대중기만용 서브텍스트subtext를 은폐하지 않고 조직된 첫 사회체 형식이기도 하다. 지젝이 보기에 이러한 배치는 정신분석의 목표이기도 하다. 정신분석 역시 "기만하거나 감추지 않는 언어의 실천"(FA 120)을 추구하기 때문이다. 그리고 이러한 실천은 법을 보존하기 위해 법을 위반

---

103 누구든지 그리스도와 합하여 세례를 받은 자는 그리스도로 옷 입었느니라. 너희는 유대인이나 헬라인이나 종이나 자주자나 남자나 여자 없이 다 그리스도 예수 안에서 하나이니라.(갈 3:27-28)

하거나 혹은 '좋은 결과를 가져올 수도 있을 악을 행하는' 도착적 자세와 정반대되는 것이기도 하다.

외견상 바울 공동체는 이방인, 노예, 여성 등의 '차이들'을 다 수용한다는 점에서 '자유주의적인 관용'의 인상을 준다. 이는 포스트주의와 자유주의를 비판해 온 지젝 스스로의 입장에 모순되는 것 같은 인상을 주기도 한다. 하지만 지젝에게 기독교는 보편적 인권('누구나 일반적인 인권들을 갖는다')이라는 표면적 수준의 '공식적인' 특수성을 넘어 '대상 a'104의 절대적 특수성particularity을 지향한다. 이러한 특수성의 다른 이름이 '사랑'이다. 지젝은 전통적인 신학의 주장처럼 '성령'을 사랑의 계약과 동일시한다. 하지만 그는 '하느님의 죽음' 혹은 '대타자의 무기력에 대한 공식적인 폭로'의 증거, 즉 십자가 처형의 직접적인 결과를 성령으로 해석한다는 점에서 전통 신학을 벗어난다. 다시 말해 사랑의 계약이라 할 수 있는 성령은 '하느님의 죽음', 즉 십자가의 부정성을 구체적으로 입증하는 것과 변증법적으로 동일하다는 것이다.

이는 지젝 특유의 기독론Christology이라 할 수 있다. 정통 기독교에 시 성 삼위일체의 성사hypostasis는 인간의 본성을 갖고 있다. 우리는 흔히 이러한 본성을 신적 본성에 추가되어 있는 긍정적인 '어떤 것'으로 생각하는 경향이 있다. 지젝 역시 이러한 도식을 수용하지만 변증

---

104 "욕망의 대상인 a는 마치 거세의 대가처럼 상징계의 중심에 떠있는 별이다. 그것은 원초적인 거세의 대가라는 의미에서 우리의 욕망의 대상이며, 바로 원초적인 거세에 대한 어떤 대가를 약속한다는 의미에서 우리가 상징계 속의 삶을 살만한 것으로 받아들이게 만드는 환상의 대상이다. 반면, 그것은 바로 환상의 대상이라는 의미에서, 실제로 아무 것도 가지고 있지 않은 대타자가 모든 것을 가진 존재처럼 보이게 만드는 작인이라는 의미에서 S_1 의 외상적이며, 치명적인 약점을 표시하는 빛나는 별이다. 바로 이 objet petit a에서 주체($)를 분열시키는 결여와 대타자의 결여가 만난다. 그런 의미에서 대상 a는 실체가 주체로 변하는 공간이다. 대상 a는 실체인 대타자 속에서의 주체가 소외되는 동시에 주체가 특이한 존재로서 자신 속으로 분리되는 기점이다. 대상 a는 대타자의 결여를 가려주지만, 대타자는 결코 대상 a를 통제하지 못한다. 그것은 대타자 외부로부터 온 것, 혹은 대타자가 배제하지 못하고 남은 것, 즉 실재의 잉여, 주이상스이기 때문이다." 정혁현, 앞의 글.

법적 비틀기를 시도한다. 신적인 것의 관점에서 그리스도의 인성은 하느님 자기 내부의 균열gap이 불가피하게 만들어 낸 '똥 부산물, fallout'이다. 지젝은 이를 욥이 직면했던 하느님의 무기력과 연관해서 설명한다. 성육신은 욥의 하느님과의 동일화를 급진화하고 있다는 것이다. 인간적인 것의 관점에서 그리스도의 신성은 그를 다른 인간과 구별시켜 주는 틈새이다, 그리고 이 균열은 그리스도의 십자가 고통과 죽음에서 가장 분명하게 드러난다. 추방자outcast이자 하느님의 균열을 드러내는 똥으로서 그리스도는 '제2의 아담', 즉 인류를 구원하기 위해 아담을 반복하는 자로서의 인성을 구현하고 있다. 이러한 구원은 하느님으로부터 인성을 자유롭게 만드는 행위로 생각해야 한다는 것이 지젝의 해석이다. "그리스도의 사후, 피안의 하느님이 들어설 자리는 없다. 일단 헤아릴 길이 없는 그리스도의 아우라가 육체적으로 성육신의 모습을 벗어버리자마자 남는 것은 그 아우라에 전염된 믿는 자들의 공동체뿐이다."(OB 91)

지젝이 보기에 대타자의 제 살 깎기에 다름 아닌 그리스도는 주체서로 서로의 주이상스와 직접 대면하는 주체 집단의 가능성을 열어준다. 즉 상징적 허구가 아닌 주체의 '실재'에 기반한 집단성의 가능성 말이다. 다른 주체를 이상화하는 감상적인 사랑과 달리, 기독교의 사랑은 다른 주체의 유한성 및 약점과 직접 동일시하는 것이다.(신에 대한 욥과 예수의 사랑, 예수에 대한 유다와 바울의 사랑, 프로이트에 대한 라캉의 사랑, 마르크스에 대한 레닌의 사랑). 지젝은 이러한 성령의 논리를 '분석가 담화discourse of analyst'와 유사한 것으로 본다. 왜냐하면 거기에서도 역설적으로 제 살 깎기를 감행하는 대타자로서 분석가의 역할 가능성이 점쳐지기 때문이다. 지젝은 더 나아가 '성령' 혹은 '분석가 담화'와 진정한 혁명 집단 사이의 유사성을 끌어낸다. 여기서 레닌의 볼셰비키 혁명은 일차적인 참조점이 된다. 지젝은 그러한 사례를 통해 이러한 실천이 유토피아적인 기획만은 아니라고 단언한다. 그런 일은 역사 속에서 실제로 돌발해왔기 때문이다. "바울은 실제로 '성령'이라 불리는 특이한 사랑의 형식에 토대를 둔 공동체를 창설했다. 그리고 라캉은 실제로 분석가 집단의 구성을 위해 투쟁했다. 레닌은 진정한 혁명을 이끌었다."

하지만 지젝은 이들 새로운 집단 형식이 무너지기 쉬운fragile 것임을 경고한다. 이를테면 레닌의 혁명은 지젝이 도착의 정수로 비판한 바 있는 스탈린주의로 이어졌다. 지젝은 바울 집단도 자칫 언제든 도착으로 변질될 수 있다고 주장하면서 '현실 기독교'와 스탈린주의의 유사성을 유추한다. 법에 대한 이교도적 자세로부터 이방인을 끌어내기 위해 기획된 것들(희생의 질서를 폐지한 희생자로서의 그리스도 이념, 법과 죄의 용서를 넘어서는 사랑 개념, PD 110)이 결국 전도된 모습으로 변질될 때 도착이 일어나고, 기독교도는 이교도로 복귀하고 만다. 이를테면 자비와 은총 개념은 권위의 관점에서 해석되면 다른 뉘앙스로 받아들여지고 만다. 즉 법에 대한 이교도의 관점을 견지하는 가운데 위반적 주이상스의 배출구를 제공하면서, 그리스도의 희생은 도무지 갚을 수 없는 빚이 되고 만다. 이 빚은 주체를 자유롭게 하는 대신 그를 구속한다. 이런 일은 궁극적으로 기독교가 법에 대한 유대직 자세를 거부했기 때문에 일어난다. 지젝의 견해에 따르면 이러한 도착에서 벗어나 기독교적 사랑의 지평에 이르는 길은 유대적 자세의 반복 혹은 업그레이드 밖에 없다. 기독교의 반-유대주의는 유대적 경험을 거부함으로써 기독교가 그 전복적 핵심을 '도착적 중핵perverse core'으로 변질시켰음을 단적으로 증언하는 사례다. 부시의 도착적 '성전聖戰' 역시 이러한 도착의 경향을 여실히 보여준다.

결국 지젝의 견해를 따라가 보면, 결론은 '도착적 중핵'을 버리기 위해 기독교는 최초의 순간, '무신론의 종교religion of atheism'로 돌아가야 한다. 하느님조차도 무신론자인 그 순간 말이다. '도착'은 대타자의 권위를 승인한 외설적 주이상스와 동일하다. 하지만 진정한 기독교의 제스처는 대타자의 비-존재non-existence를 인정하는 것이다. 그리스도가 죽을 때, 그와 함께 사라져 버린 것은 "아버지, 왜 저를 버리시나이까?"라는 말 속에 묻어 있는 비밀스러운 희망이다. 나를 버린 아버지가 있다는 희망 말이다. '성령'(그리스도의 죽음을 통해 생겨난 새로운 종류의 계약)은 '대타자'(아버지 하느님)에 의지하지 않는 공동체이다.

물론 지젝의 목표가 기독교의 전통으로 돌아가는 것은 아니다. 그는 "휴머니즘 내부에 마저 살아있는 종교적 핵심, 우리 행위의 '객관적 의미'를 결정해줄 '대타자'인 역사에 대한 믿음을 맹신하는 스탈린주의에까지 남아 있는 그 핵심에 맞서 싸울 것을 강조하는 것이기 때문이다. 지젝이 보기에 기독교가 전복적 핵심을 되찾기 위해서는 지젝이 말하는 진정한 윤리적 행위의 위험을 감수해야 한다. 이는 스스로 기꺼이 '최악the worst'을 선택함으로써, 이를테면 "기독교의 제도적 조직화라는 겉옷을 포기함으로써"(PD 171)만 가능하다. 벤야민의 혁명 개념은 우리에게 일종의 시사점을 준다. 즉 패배하고 좌절했던 '과거'로 손을 뻗쳐 실현하지 못했던 잠재력을 구하는 것이 중요한 과제인 셈이다. '제도'와 '권력' 밖의 기독교는 여전히 비판적 사유와 실천의 보고寶庫일 수 있다는 것이다.

6. '반복'과 '배반' 사이의 가능성

비판이론에 관심 있는 이들에게 지젝은 여러 점에서 부러우면서도 생뚱맞다. 가령 그의 왕성한 생산력은 물론이고 대중들에게 다가서고자 하는 노력은 타의 추종을 불허한다. 그는 인간의 철학적·존재론적 문제들과 씨름하기 위해 모두가 조심스러워 하는 '저급한'(?) 대중문화나 성적인 농담을 입에 담는 것도 서슴지 않는다. 이는 그의 고유한 변증법적 사유와 연관된 전략이고, 상식으로 포장된 이데올로기의 틀을 깨려는 일종의 충격 요법이다. 그런 점에서 그는 브레히트Bertolt Brecht를 닮았다. 가끔 그는 우리가 그냥 보아 넘긴 영화들에서 '자연스럽게' 독자들의 상식에 훅을 날리곤 한다. 이를테면 그는 <스타워즈> 시리즈를 언급하면서 '선'을 대표하는 공화국에서 '제국'을 읽어내고 '악의 축'의 일원인 다스 베이더에게서 '진정한 행위'의 윤리적 모범을 발견하는 식이다. 하지만 상식을 배반하는 이러한 독법은 늘 신자유주의적 소비 자본주의의 정치·경제적 현실 분석과 겹쳐 있다.

나아가 우리가 지젝에게서 더욱 주목해야 할 것은 모두가 버린 과거의 잔해 속에서 '반복'해야 할 사유와 실천의 단초들을 찾아내려는 노력일 것이다. 그는 '도구적 이성'의 장본인으로 치부되던 데카르트나 헤겔에게서 급진적 사유의 단초들을 찾아내고, '죽은 개' 취급을 받는 마르크스나 레닌, 심지어 모택동이나 스탈린에게서까지 '반복해야 할' 편린들을 찾아내어 새로운 좌표를 구성하고자 한다. 물론 지젝은 현실 사회주의를 직접 경험한 인물로서 그 체제의 도착성을 누구보다 면밀하게 분석하고 비판한다. 하지만 그는 서구 좌파들의 성급한 현실 사회주의 비판과 온갖 '몰락의 서사narrative of Fall'에 대해서는 더욱 반대한다. 중요한 것은 현실 사회주의에 대한 단순한 거부보다는 '어떻게' 일이 틀어져 버렸는지에 대한 세밀한 분석이라고 보기 때문이다. 지젝이 헤겔 변증법에서 도출해낸 '부정적 제스처negative gesture'는 과거의 실패로부터 현재를 위한 폭발적 에너지를 분리함으로써 과거를 구해내고 이를 '승리'의 동력으로 삼으려는 전략이라 할 수 있다. 지젝은 바디우와 다른 방식으로 바울에게서 그러한 실천의 모델을 본 셈이다.

'반복'은 마르크스나 레닌, 그리스도나 바울 등의 말과 행위를 똑같이 되풀이하는 것이 아니다. 그들이 실제로 한 일이 아니라 하지 못한 일, 끝내 '현실 기독교의 타락'과 '소련의 몰락'으로 귀결되고 말았지만 세상을 바꿀 가능성을 모색했던 시도들을 반복하는 것이야 말로 상상할 수 없을 정도로 위축된 지금의 상황을 돌파할 수 있는 첫걸음이라는 것이다. 바울의 성령 공동체와 대타자에 근거하지 않지만 모종의 사회적 특수성을 갖는 사회적 집단화로써의 분석가 담화에 대한 지젝의 설명은 여전히 모호하고 그래서 답답한 느낌마저 든다. 정통 기독교 신학자들은 지젝을 '너무 기독교적이지 않다'고 비판을 하고 해방 신학자들은 '너무 기독교적이다'고 비판을 한다. 이러한 양가적 평가는 어쩌면 지젝의 의도일 수도 있다는 생각이 든다. 문제는 신학이 교회 안에 그리고 교회를 위해 존재해야 한다는 뿌리 깊은 사유에 대한 도전에서 출발하는 것이기 때문이다. '반복'을 통해 마르크스와 레닌을 '배반'해야 하는 것처럼, 예수와 바울을 배반하려는 노력을 통해서만 우리는 그 결과를 알 수 없는 불확실한-하지만 새로운-사유와 실천의 지평으로 나아갈 수 있을 것이기 때문이다. 마지막으로 종교, 특히 기독교의 순수성을 믿는 이들에게 지젝이라면 '바보야, 문제는 정치·경제학이야!'라고 훈수를 둘 것만 같다.

정치적인 것의 윤리와 진리

1. 2011년, '월스트리트를 점령하라!'

2011년은 신자유주의적 세계화에 큰 흠집을 남긴 한 해로 기억될 것이다. 중동('재스민 혁명')과 미국('월가의 점령 시위'), 유럽과 남미 ('분노의 시위') 등 전 세계에서 끊이질 않는 일련의 사건들은 종래의 세계 질서에 근본적인 의문을 던진 바 있다. 그중 가장 극적인 사건은 아마 재스민 혁명과 미국의 '월스트리트' 시위일 것이다. 특히 세계 금융자본주의의 심장부인 월가의 시위는 전 세계로 확장될 조짐을 보이면서 신자유주의의 보편성에 대한 믿음에 의문을 제기하고 있다. 물론 이러한 사건들로 근본적인 변화가 찾아올 것이라고는 예단할 수 없다. 그리고 그것이 어디로 귀결될지 어느 누구도 장담할 수 없다. 자본주의는 위기가 닥칠 때마다 '착한 자본주의'(자본주의4·0)의 제스처를 통해 자신을 포장한 바 있기 때문이다. 올해 벌어진 일련의 세계적 사건들에서 변화의 징후를 읽어내는 것은 모두의 자유일 것이다. 하지만 여기에는 그 이상의 발걸음이 요구된다.

그런 점에서 '월스트리트를 점령하라'(OWS, Occupy Wall-Street!) 시위대 앞에서 행한 슬로베니아 철학자 지젝Slavoj Žižek의 연설은 시사해주는 바가 많다. 여기에는 급진민주주의를 지지했던 초기의 입장을 벗어난 이후 공산주의를 반복하자고 역설하는 지젝의 견해가 오롯이 담겨 있다. 우선 그는 "카니발은 싸구려가 될 것이다. 여기서 멋진 시간을 보내고 있다고 여러분 스스로와 사랑에 빠지지 말라. 이 시간들의 진정한 가치를 시험하는 것은 앞으로 닥칠 날들이다. 우리가 돌아가야 할 일상생활이 어떻게 바뀔 것인가 하는 문제"[105]라고 강조한다. 여기서 우리는 혁명 이후 일상을 근본적으로 개조하지 못한 러시아와 중국의 실패에서 교훈을 찾으려는 지젝의 태도를 엿볼 수 있다. 그에 의하면 근본적인 수준의 변화를 위해서는 진짜 어려운 문제들과 씨름을 해야 한다. 우선 "가능한 가장 좋은 세계에 살고 있지 않은 것"이 분명해진 이상 "우리는 대안에 대해 생각할 수 있고, 또 해야만 한다." 부패나 탐욕을 자행하는 개인을 증오하는 수준을 넘어 이들을 부패하게 만드는 시스템 자체를 바꾸지 못한다면 이번 시위는 실패한 것에 다름 아니다.

그리고 지젝은 겉으로 시위대를 지지하는 거짓 동료들의 잘못에 일희일비하지 말 것을 주문한다. 그들은 "카페인 없는 커피를, 알콜 없는 맥주를, 지방 없는 아이스크림을 먹는 것처럼" 시위대를 '무해한 도덕적 항의자'로 만들려 하고 있기 때문이다. 미국이 제3세계에 노동과 고문을 아웃소싱하고 결혼정보회사가 데이트까지 아웃소싱하는 것을 넘어 정치 참여마저 아웃소싱하는 관행에 의문을 던지고 그것들을 되찾아 오는 '행위action'야 말로 '진리'로 가는 첫걸음이다. 이는 미국의 보수 근본주의자들이 신주단지 모시듯 하는 '기독교 국가'의 자긍심에서 '기독교성Christianity'을 복원하는 것이기도 하다. 바울이 입증했듯 기독교의 핵심은 '성령'에 있다. 월스트리트 자본가들은 맘몬이라는 거짓 우상을 좇는 사이비 기독교도들일 뿐이다. 왜냐면 그들은 "사랑으로 결합된 믿는 이들의 자유롭고 평등한 공동체"라는 기독교성을 배반하고 있기 때문이다.

금융자본과 국가의 카르텔은 노골적인 폭력으로 시위대를 진압하고 있다. '점령'이라는 폭력적 언표를 문제 삼으면서 말이다. 하지만 지젝은 벤야민Walter Benjamin을 따라 지배 권력의 '신화적' 폭력에 맞서는 '신적' 폭력성을 옹호한 바 있다.106 신적 폭력은 기존의 상징질서와

---

105 Slavoj Žižek: Occupy Wa http://www.abc.net.au/unleashed/3496710.html (검색: 2011. 11. 24) 이 장의 인용은 모두 이 연설문에서 가져왔다. 따라서 별도의 각주를 생략한다.
106 슬라보예 지젝: 『폭력이란 무엇인가』, 이현우 외 옮김, 난장이, 2011, 297-309쪽 참조.

시스템의 작동방식을 멈추려는 데서 시작한다. 물론 월가의 시위를 체제에의 근본적인 변화에 값하는 신적 폭력으로 볼 수 있느냐에 의문이 제기될 수 있다. 지젝의 연설은 시위가 보다 근본적인 수준에서 진행되어야 한다는 요구일 뿐이다. 그의 요구는 상징계의 좌표를 근본적으로 바꾸어야 한다는 시각을 담고 있다. 이는 행위의 차원에서 작동하는 이데올로기에 대한 근본적인 수정 요구이기도 하다. 그에게 이데올로기가 행위에 각인되어 있듯이, 진리의 차원도 단절(단락)과 기존 혁명에 대한 배신과 반복의 '행위'에서 비롯하기 때문이다. 그런 의미에서 시위대의 (순수한 상징적) 폭력은 글로벌 자본주의 시스템을 지탱하기 위한 폭력에 비길 수 있는 것이 아니다.

지젝은 기존의 개념들을 뒤집는 데 능수능란하다. 이를테면 신자유주의의 생존법칙에서 도태된 이들을 지배자들은 '루저looser'라 부른다. 그러나 그가 보기에 진짜 루저들은 월스트리트에 있다. 그들은 국민들의 세금 수천 억 달러를 날렸기 때문이다. 그들은 시위대를 사회주의자로 색칠하지만 미국에는 이미 부자들을 위한 사회주의가 존재한다. 시위대가 자본주의의 공리인 '사유재산권'을 존중하지 않는냐고 비난하지만 힘들여 이룩한 사유재산을 단숨에 날린 이들은 바로 그들이다.

그렇다면 부자들의 사회주의인 자본주의에서 어디로 가야 할 것인가? 지젝은 사회주의로는 약하며 공산주의를 선택지로 삼는다. 물론 이것은 1990년 무너진 공산주의('현실 사회주의')가 아니다. 최근 유럽의 우파들은 물론이고 좌파들도 중국에 큰 관심을 보이고 있다. 하지만 지젝이 보기에 중국의 공산주의자들은 가장 효율적이고 무자비한 자본주의 국가에서 권력을 잡고 있다. 유럽이나 미국의 자본주의보다 더 역동적인 중국의 자본주의! 공산주의자들이 운영하는 중국 자본주의의 성공은 자본주의와 민주주의의 이혼을 예고하는 불길한 증환이다. 그런 점에서 민주주의를 훼손한다는 협박에 굴할 필요가 없다. 파국에 이른 자본주의와 민주주의에 연연하지 말고 이제 '공유the commons'를 생각해야 한다. 자연과 사유화된 지식, 생명공학의 공유를 향한 '끊임없는' 반복과 실패야 말로 온전한 민주주의의 첨경이다. 지젝이 말하는 공산주의는 작금의 자유민주주의와 자본주의 이후의 대안 체제이다. 그것은 과거의 공산주의가 아니라 새롭게 창안되어야 할 새로운 공산주의 즉 '코뮤니즘'으로 정리될 수 있을 것이다.

지금의 방식에 몇 가지 장식을 바꿈으로써 세상이 나아질 수 있다고 생각하는 이들은 '몽상가'이다. 중요한 것은 눈앞에 주어진 자유의 '미혹'에서 벗어나 불가능하다고 여겨지는 것들을 행위로 옮기는 것이다. 포스트모더니즘의 자유에 대한 요구들은 이미 현실에서 실현되고 있다. 개인적 자유의 영역과 과학기술의 영역에서는 불가능이 점점 가능해지고 있다. 우리는 온갖 기괴한 섹스를 즐길 수 있다. 모든 음악, 영화, TV 시리즈의 무한 다운로드도 가능하다. 돈만 있으면 우주여행도 가능할 판이다. 유전자 치료를 통해 신체적·정신적 능력을 강화할 수 있고 소프트웨어의 프로그램 변형으로 영생이라는 테크노-그노시스적 꿈을 현실화할 수도 있다. 보드리야르가 말하는 '외설obscenity의 시대'를 살아가며 우리는 '즐겨라!'라는 초자아의 명령을 충실히 살아가고 있다.

하지만 무한한 자유의 시대라는 오인에도 불구하고 사회·경제의 영역에서는 할 수 없는 것들과 해서는 안 되는 것들 천지다. 집단적 정치행동은 테러로 매도되고 복지국가에 대한 요구마저도 경제위기의 주범으로 몰린다. 부자 증세에 대한 요구는 경쟁력을 해칠 수 있기에 불가능한 것으로 치부된다. 의료 체계에 대한 개선은 전체주의 국가(우리의 경우 '사회주의')의 정책이라며 안 된다고 한다. 높은 수준의 생활이 아닌 더 나은 수준의 생활에 대한 갈망들을 묵살하는 것이야말로 '장밋빛 낙원'을 약속했던 신자유주의가 지금껏 해온 일이다. 지젝은 이번 월가의 시위가 가능한 것과 불가능한 것의 자리바꿈을 위한 시발점이 되기를 기대한다. 그 결과 영생은 아닐지라도 더 많은 연대와 건강보험을 누릴 수 있기를 소망한다. 하지만 이 정도도 그저 주어지지는 않는다. 여기에는 행위의 수준에서 작동하는 '이데올로기'와의 대결과 불가능해 보이는 '자본주의의 끝'에 대한 상상, 그리고 그것을 현실화할 수 있는 행위의 감행이 있어야 하기 때문이다.

물론 진리의 시간은 쉽게 오지 않는다. 지젝에게 진리는 자본주의의 끝과 관계가 있다. 그것은 지금의 대안을 상상하고 그것으로부터의 탈출을 감행하는 행위에서 시작한다. 그러나 자본주의의 종말은 지구의 종말보다 더 어려운 것으로 여겨지는 것이 현실이다. 우리는 수많은 종말론 영화를 통해 지구의 종말을 상상하는 데 익숙하다. 하지만 자본주의의 종말은 상상하기가 쉽지 않다. '이데올로기'는 그러한 종말을 상상하는 일조차 가로막고 있다. 그리고 현 시스템이 제공하는 '무한한 자유'(?)는 진리 요구와 행위를 무화시킨다. 그만큼 진리의 시간을 향한 행위의 도정은 더디기만 하고 어렵다. 인내가 필요하다는 지젝의 주문은 그것의 어려움을 말해준다.

지젝은 월가 연설에서도 그의 여러 저서들에 실려 있는 오래된 농담을 반복한다. 그 농담을 한 번 들어보자. 동독 노동자 한 명이 시베리아에 일하러 갔다. 모든 우편물이 검열당하기 때문에 그는 친구에게 이렇게 말했다. "암호를 정하자. 만약 나에게서 편지를 받았을 때 보통 쓰는 파란 잉크로 글씨가 쓰여 있다면 사실이고, 빨간 잉크로 쓰여 있는 부분은 거짓말인 것으로 하자." 한 달 후 그의 친구는 파란 잉크로 쓰인 첫 번째 편지를 받았다. "여긴 모든 것이 완벽해. 가게는 물건으로 가득차 있고 식품은 풍족하고 아파트는 크고 난방도 잘 돼. 극장은 서방에서 온 영화를 틀어주고 예쁜 여자들이 줄을 서 있어. 근데 딱 하나 없는 건 빨간 잉크야."

지젝이 보기에 이는 우리의 상황이기도 하다. 원하는 모든 자유를 누릴 수 있지만 진리를 표현할 수 있는 한 가지가 **빠져** 있다. 그가 보기에 우리가 느끼는 자유는 부자유를 명시할 수 있는 언어가 없기 때문이다. '빨간 잉크'의 부족은 그러한 난처한 현실에 대한 은유이다. 현실의 분쟁을 설명하기 위해 사용되는 '테러와의 전쟁', '민주주의와 자유', '인권' 등은 우리의 인식을 미혹시키는 틀린 용어들이다.[107] 그러나 월가 시위대는 행위를 통해 '빨간 잉크'를 제공한다. 물론 빨간 잉크 자체가 진리는 아니다. 그렇지만 진리로 가는 중요한 수단이다.

2. 〈브이 포 벤데타〉, 사건과 진리

워쇼스키 형제의 〈브이 포 벤데타〉(V for vendetta)는 지젝의 진리의 정치를 이해하는 데 유용한 도구가 될 수 있다. 영화는 "기억하라! 기억하라! 11월 5일을. 화약음모 사건을. 그 사건은 결코 잊혀선 안 된다"는 나탈리 포트만의 네레이션으로 시작한다. 이는 1605년 11월 5일 영국의 제임스 1세의 독재에 항거하여 36배럴의 화약을 숨겨 의회 지하터널로 잠입했다가 체포되어 처형된 실존 인물 '가이 포크스'를 가리킨다. 이 영화의 배경은 통제사회와 파시즘이 결합된 가까운 미래사회이다. 제3차 세계 대전 이후 2040년 영국. 히틀러에 대한 패러디로 보이는 당의장 '서틀러'가 군대와 미디어를 장악하고 있다. 그는 극단주의자들이 살포했다고 보도된 바이러스 테러 이후 신속한 백신 생성을 통해 사법, 입법, 행정 등 모든 권력을 장악한다. 물론 이 모든 것은 자작극이다. 이 사회에는 야간 통행금지마저 실시된다. 사복비밀경찰 '핑거맨'은 24시간 감시하며 전체주의적 공포를 조장한다. 스피커와 TV에서는 최상층 권력자들의 메시지가 쉼 없이 흘러나온다. 여기서 피부색이나 성적·정치적 성향이 다른 사람들은 '정신 집중 캠프'로 끌려가 생체실험의 대상이 된다. 남은 사람들은 일상의 자유에 도

---

107 지젝의 연설문은 그의 저작들을 인용하고 변주한 것들로 채워져 있다. 이를테면 "우리의 부자유를 표명할 수 있는 바로 그 언어를 결여하고 있기 때문에 우리는 '자유로움'을 느낀다. 바로 이런 빨간 잉크의 결여가 의미하는 바는 오늘날 우리가 '테러와의 전쟁'이라든가, '민주주의와 자유', '인권' 등등과 같은 현금의 갈등을 지칭하는 데 사용하는 모든 용어들이 거짓된 용어라는 것이다. 그것은 그 상황에 대해 사유할 수 있게끔 허용하는 대신에 우리의 상황인식을 신비화하고 있다. 바로 이런 정확한 의미에서 우리의 '자유' 그 자체는 우리의 좀 더 내밀한 부자유를 가려버리고 지속시켜준다." 슬라보예 지젝: 『실재의 사막에 오신 것을 환영합니다』, 이현우 외 옮김, 자음과모음, 2011, 12쪽.

취되어 엄격한 통제 속에서 일상을 살아간다.

주인공 이비는 어린 시절 반체제 운동가였던 부모를 잃은 트라우마를 안고 있다. 방송국에서 일하는 그녀는 통금 시간이 지나 거리로 나왔다 핑거맨에게 체포될 위기에 처한다. 그때 '가이 포크스'의 가면을 쓴 '브이'(V)라는 의문의 사나이가 나타나 그녀를 구해준다. 그는 셔틀러 체제의 바이러스 실험의 생존자이기도 하다. 그의 가면은 '가이 포크스'의 '반복'을 의미함과 동시에 억압과 통제에 길들여진 영국인들에게 저항정신을 불러일으킨다. 초인적인 능력을 지닌 그는 몬테크리스토 백작 영화를 즐겨보고 '오페라의 유령'의 주인공과 닮았으며 '쾌걸 조로'의 형상을 하고 있다. 브이는 이비가 보는 앞에서 재판소를 폭파하고 1년 뒤 국회의사당의 폭파를 단언한다. 그는 지금의 폭력적인 셔틀러 체제의 수립을 주도하고 자의든 타의든 생체실험 등의 음모에 가담했던 인사들을 하나 둘씩 정리한다. 브이의 '범죄'(?)를 통해 사람들은 공포와 두려움에 길들여진 자신의 삶을 반성하고 새로운 세상에 눈을 뜬다. 권력 시스템은 시민들의 공포를 먹고 산다. '하나 된 국민, 하나 된 조국'을 설파하는 아담 셔틀러는 물리적인 폭력의 수단들로 공포를 자극한다. 나아가 시스템은 금융자본과 정치권력, 주류 언론과 결탁하여 지배 이데올로기에 대한 저항을 무력화한다. 셔틀러를 패러디한 한 코미디언에 대한 무참한 살해는 언론 장악을 통한 소통의 차단과 여론 조작의 극한을 묘사한다. 하지만 브이가 보기에 두려움을 극복하는 일이야말로 진정한 자유로 가는 첫걸음이다. 그래서 그는 방송국에 침투하여 전파를 탈취한다. 그리고 그는 "국민의 힘으로 정부를 바꾸자"고 역설한다. 하지만 이비를 비롯한 주체들은 여전히 공포에 대한 굴종과 자유를 향한 투쟁 사이에서 갈등한다.

반체제 운동의 희생자를 부모로 둔 이비는 한동안 자기 세계가 무너지는 것을 두려워한다. 그녀도 타성과 한줌의 기득권 및 편의주의와 무사안일주의에 젖어 살아가는 것이다. 처음에 그녀는 브이의 행동을 무모한 테러와 다를 바 없는 것으로 본다. 브이는 그녀의 공포를 벗겨

주기 위해 가상의 감옥 체험과 정치고문을 경험하게 한다. 이비는 독방에서 한 동성애자 여성이 휴지조각에 남긴 편지를 읽고 자유의 힘을 인식한다. 그녀는 브이를 통해 '진리에 대한 용기'의 필연성을 인식한다. 워쇼스키 형제는 자유를 억압하는 원리의 이면엔 '동일성 신화'와 일상의 자유에 대한 환상이 자리하고 있음을 보여준다. 히틀러 이후 셔틀러 체제는 여전히 홀로코스트의 예외상태를 통해 주권을 행사하는 체제이다. 이 체제의 전복을 위해서는 이데올로기 장치가 설파하는 순수에 대한 신화로부터의 '분리'가 필요하다. 그리고 진리를 향한 행위가 도입되어야 한다. 브이의 행위는 호명된 이데올로기적 주체들에게 정치적 '주체화'의 단초를 마련한다. 영화에서 브이는 사건의 촉매로 작용한다. 그는 사람들의 '동일성'을 깨트리며 자신의 자리에 다양한 '주체'가 올 수 있음을 시위한다. 혁명 혹은 진리의 주체는 여성, 장애인, 유색인, 청소년 등 어느 누구도 올 수 있다. 이비의 말처럼 V는 '비어있는 기표'처럼 "나이고 우리 모두"이기 때문이다.

방송국에서 브이는 다음과 같이 말한다: "400여 년 전 한 위대한 시민이 11월 5일을 우리의 기억 속에서 잊히지 않게 했습니다. 그가 희망한 건 공정과 정의, 그리고 자유의 심오한 의미를 세상에 일깨우려는 것이었습니다. 그건 세상을 올바로 보는 시각입니다." 그리고 셔틀러를 죽인 브이도 죽임을 당한다. 그의 시신을 실은 폭약 탑재 국회행 지하열차는 국회의사당으로 돌진한다. 하지만 지젝을 참조하여 말하자면 진리는 브이의 가르침에 있지 않다. 그것은 행위와 더불어 나타나기 때문이다. 바울의 공동체가 사랑과 연대를 통해 성령의 공동체가 되었듯이, 진리는 영화의 마지막 장면에서 드러난다. 하지만 브이가 체제의 유통망을 통해 유포한 '가이 포크스' 가면을 쓴 시민들의 광장 점령 역시 진리와 주체화를 향한 사건의 시작에 불과하다. 지젝의 말처럼 정말 두려운 것은 '사건'을 "'아, 그때 우린 젊었고 참 멋졌지'"라고 후일담으로 서사화하는 것이기 때문이다. 옛날의 '실패한' 혁명가 가이 포크스를 '반복'한 브이, 이러한 실패를 '더 잘' 끊임없이 반복하는 과정이 필요한 것이다. "환상을 품지 않고, 낙담하지 않으며,

극도로 힘든 과업에 다가서면서 몇 번이고 다시 '처음부터 시작할 힘과 유연성을 유지하는 공산주의자는 운이 다하지 않는다"는 레닌의 진술과 "다시 시도하라. 또 실패하라. 더 낫게 실패하라"108는 베케트의 진술이 의미하는 것도 바로 그 점이다.

지젝의 진리를 말하기 위해 우리는 기존의 상징 질서에 저항할 수 있는 진정한 '행위'에서 시작할 필요가 있다. 주인공 브이는 죽음을 맞기 전에 이미 죽어 있는 존재이다. 브이는 이미 생체 실험소의 화재 속에서 첫 번째 죽음을 경험했다. 그리고 브이가 마련한 호된 훈련(취조와 고문, 삭발 등)을 경험한 이비 역시 첫 죽음을 통과한다. 일종의 정화의식과 같은 빗속 장면은 브이와 이비의 기존 상징계로부터의 단락 즉 첫 번째 죽음을 보여준다. 사회가 부여한 환상을 거부한 브이는 결국 두 번째 죽음을 결행함으로써 살게 된다. 이비 역시 환상의 스크린을 찢고 냉소적 주체의 자리를 벗어난다. 냉소적 주체의 자리란 무사안일적 스노비즘의 자리 가까이에 있다. 그녀는 자신의 '죽어 있는 삶mere life'을 인식한다. 하지만 살아있는 죽음의 영역에 들어가는 것이 두려워 두 삶 사이에서 어중간한 위치를 점한다. V를 쫓는 경감과 같은 부류는 그저 그렇고 그런 죽어 있는 주체('죽어 있는 삶')의 자리를 벗어난다. 그는 셔틀러 정권의 악행을 발견하고 시스템의 비밀에 접근하기 때문이다. 하지만 그는 끝내 체제 내 자기 자리로부터의 '분리'를 감행하지 않는다.

흔히 우리는 지젝을 '실재계the Real'의 철학자로 부르곤 한다. 이는 우선 그가 라캉주의자임을 말해준다. 그는 "프로이트의 무의식이 놀라운 것은 이성적 자아가 그보다 훨씬 큰 영역의 맹목적이고 불합리한 본능의 영역에 종속되어 있음을 주장해서가 아니라, 어떻게 무의식 자체가 오직 자신의 문법과 논리에 복종하고 있는지를 입증했기 때문이다"109고 주장한다. 이는 사실 라캉의 프로이트에 해당하는 이야기로

---

108 슬라보예 지젝:『처음에는 비극으로 다음에는 희극으로』, 김성호 옮김, 창비, 2010, 174쪽.

봐도 될 것이다. 라캉에게 무의식은 정복해야할 충동의 저장고가 아니라 외상적 진실이 말을 하는 장소이다. 그런 점에서 프로이트의 "wo es war, soll ich werden"은 "내 진실의 자리에 나는 과감히 접근해야 한다"110로 읽혀야 한다. '거기서' 우리는 더불어 사는 법을 배워야 할 진실과 대면해야 한다. 그 진실이란 실재이다. 정신분석학은 치료를 위한 이론이나 기법이기 이전에 개인들을 인간 존재의 가장 근본적인 영역과 대면시키는 이론이자 실천이다.

실재계는 상징계the Symbolic, 상상계the Imaginary와 더불어 현실을 구성하는 세 가지 차원이다. 여기서 난해한 'RSI' 도식에 대한 세세한 설명은 뒤로 미루기로 한다. 다만 지젝이 체스의 예를 통해 비교적 쉽게 풀이해놓은 것이 있으므로 그것으로 설명을 대신한다: "체스를 하기 위해 따라야 하는 규칙은 체스의 상징적 차원이다. 순전히 형식적인 상징적 관점에서 '기사'는 이것을 둠으로써 일어날 수 있는 변동 안에서만 정의된다. 이 상징적 차원은 상상적 차원과 명확히 대비된다. 상상적 차원에서 각각의 말들은 특유의 형태를 가지며 서로 다른 이름(왕, 왕비, 기사)으로 개별화된다. 그래서 규칙은 같지만 서로 다른 상상계, 즉 '메신저' '러너' 따위의 이름으로 불릴 수도 있다. 마지막으로 실재계는 게임의 과정에 영향을 미칠 수 있는 연속적인 환경의 전체집합이다. 경기자의 지능이나 경기자를 당황하게 하고 갑자기 게임을 중단시키는 예기치 못한 침범 같은 것이다."111

상징계는 놀이를 가능하게 하는 체스의 규칙이다. 이는 말의 이동을 지정한다. 체스판을 사회라 생각하고 우리를 그 속의 말이라 생각하면 상징계는 현실의 법칙이고 우리는 그에 따라 살아간다. 상상계는 게임에 견고한 지반을 이루는 환상의 차원이다. 상상계에서 왕, 왕비,

---

109 슬라보예 지젝: 『HOW TO READ 라캉』, 박정수 옮김, 웅진지식하우스, 2007, 9쪽.
110 같은 책: 10쪽.
111 같은 책: 18-19쪽.

기사는 메신저나 러너로 불릴 수 있다. 규칙(상징계)이야 어떻든 자기 말의 자유로운 이동을 소망하는 것 따위는 상상계에 속한다. 놀이의 세계가 그렇듯 이 상상적인 것이 공유되고 새로운 규칙으로 수용될 경우 그것은 새로운 상징계로 등록된다. 실재계는 게임판을 뒤엎는 우발적 상황이다. 그것은 일종의 놀이 파괴자 즉 스포일러라 할 수 있다. 장기판을 뒤엎는 어린 아이의 '예기치 못한 침범'이 바로 그것이다. 게임이 중지됨으로써 놀이판은 깨지겠지만, 이는 또한 해방을 의미할 수도 있다. 상징계에 구멍을 내는 송곳이자 그 구멍 자체가 실재계이다.

9·11의 스펙터클이나 브이의 국회의사당 폭파사건은 자본주의적 상징계에 구멍을 낸 실재의 침입이기도 하다. 이는 지금의 게임을 계속 할 것인지, 그리고 사회적 좌표 속의 삶을 계속 살 것인지를 고민하게 하는 '사건'이기도 하다. 실재가 침입하고 난 이후 지금까지의 삶의 법칙에 의문을 제기하는 일은 무척 두렵다. 지젝은 그러한 실재와의 대면을 촉구하지만 말이다. 그래서 우리는 '환상fantasy'을 통해 진실과의 대면을 회피한다. 9·11의 진짜 원인과 면밀히 대결하기보다 테러와의 전쟁, 악의 축에 대한 미국 민주주의의 우월성 신화 등에 대한 믿음은 바로 환상의 스크린으로 작동한다. 우리는 늘 '빨간 약' 대신에 '파란 약'을 선택하곤 하는 것이다. 지젝이 말하듯 월가의 시위대들은 '빨간 약'을 선택했다. 그리고 가이 포크스의 가면을 쓴 런던 시민들도 그랬다. 수많은 브이들과 이비들이 사건의 진리를 통해 사랑의 공동체를 이루는 과정에 '진리'는 자리할 것이다. 그러나 그 진리는 고정태가 아니다. 수많은 실패의 반복 속에서 끊임없이 갱신되어야 하는 것이기 때문이다. 이는 바로 마르크스-레닌, 프로이드-라캉의 반복이며 그에 대한 '배신'이기도 하다. 끊임없이 더 잘 실패하지 않고 일회적 사건을 후일담의 안주로 삼는다면 그것은 더욱 처절한 재앙의 예고편이 될 가능성이 크기 때문이다.

3. '수동성'과 '실재에 대한 열정'

지젝이 후기 라캉과 마르크스를 경유하여 헤겔을 살리고자 한다는 것은 잘 알려진 사실이다. 후기 라캉은 상징계로부터 실재계로의 강세 이동을 감행한 것으로 알려져 있다. 이는 상징질서에 대한 종속('소외')을 벗어날 수 있는 가능성('분리')을 보여준 이론적 도약으로 평가된다. 좌파 라캉주의자 지젝이 이러한 분리의 과정을 놓칠 리 없다. 하지만 라캉의 강조점 이동을 초기와 후기 사이의 인식론적 단절로 보는 시각에는 무리가 있다. 후기 라캉에겐 초기의 이론이 전제로 깔려 있기 때문이다. 오히려 강조점의 이동은 현실과 이론적 조건의 변화에 따른 전략의 이동과 변화로 보는 것이 자연스럽다. 지젝의 경우에도 분명 후기 라캉에 많이 기대고 있지만 전체적으로 라캉의 전체 작업들에 대한 의존도를 보여주고 있는 것으로 보인다. 이는 지젝 자체의 작업에도 마찬가지다. 초기 급진민주주의자 지젝의 이데올로기 작업과 후기 공산주의자 지젝의 저술 작업을 단절로 보게 될 경우 그의 정교한 현실 분석을 소홀히 할 가능성이 크기 때문이다. 오히려 라캉과 지젝의 초기와 후기 사이의 '시차視差'에 주목하는 것이 생산적일 것이다. '진리'를 향한 정치적 행위는 후기 자본주의의 복잡한 현실에 대한 인식에서 시작하는 것이기 때문이다. 이는 '바보야, 중요한 것은 정치경제학이야'라고 할 때 지젝이 요구하는 바이기도 하다.

여기서 라캉에 대한 지젝의 독법을 조금 더 따라가 보자. 우선 상징적 차원에서 작동하는 대타자the big Other 이야기부터 해보기로 한다. 인간의 커뮤니케이션은 복잡한 규칙과 전제 위에서 이루어진다. 소통을 위한 문법규칙은 흔히 '코드'로도 불린다. 상징적 질서는 제2의 자연으로서 내 행동을 조종하고 통제한다. 대타자는 바로 이러한 상징적 차원에서 작동한다. 여기서 그것은 어떤 단일한 작용인agent으로 인격화되거나 사물화되기도 한다. 내 뒤에서 늘 나를 지켜보는 '신'이나 내게 명령하며 내 인생을 바치도록 만드는 대의(Cause, 자유, 공산주의, 민족 등)처럼 말이다. '소타자'(small other, 개인들)의 상호작용에는 늘 대타자가 끼어든다. 무인도에 신디 크로포드와 표류한 가난한 농부의 에피소드는 대타자의 역할을 이해하는 데 도움이 된다. 섹스를 나눈 크로포드가 농부에게 섹스가 만족스러웠냐고 묻는다. 농부는 만족을 표하면서 완벽한 쾌락을 위해 한 가지 부탁을 추가한다. 자신의 '절친'처럼 바지를 입고 얼굴에 콧수염을 그려달라고. 물론 자기는 동성애자가 아니라는 말로 그녀를 안심시킨다. 이후 농부는 그녀의 옆구리를 툭 치며 수컷끼리의 은밀한 공모의 미소를 던지며 하는 말: "무슨 일이 있었는지 알아? 나 방금 전에 크로퍼드랑 섹스했다." 농부의 친구처럼 언제나 증인으로 현존하는 제삼자에게서 알 수 있듯이 "방해받지 않은, 순수하게 사적인 쾌락"112은 없다. 그것은 늘 은밀하게 타자(대타자)의 응시gaze에 의존한다. 우리 역시 '대타자', 즉 자아-이상 Ich-Ideal의 응시를 의식하며 살아간다. 이를테면 주위의 모든 사람을 매료시키기 위해 노력하는 남편, 헌신적인 아내, 매력적인 몸매의 소유자 등 응시를 만족시키기 위해 삶을 영위하는 것처럼 말이다.

하지만 엄청난 위력에도 불구하고 대타자는 "주관적 전제subjective presupposition라는 위상 속에서 비실체적, 혹은 문자 그대로 가상적virtual이며 부서지기 쉬운 것"113이다. '무너지기 쉬운 대타자'인 것이다. 그것은 주체가 마치 그것이 존재하는 것처럼 행동하는 한에서만 존재한다. 말했다시피 공산주의나 민족 등의 이데올로기적 대의는 개인들의 존재적 기반이며 삶의 의미를 제공하는 참조점이다. 그것은 자신이 "대타자 속에 있음을 인정하는 개인들의 실체적 토대"이고 존재적 기반이며, "삶의 의미 전체를 제공하는 참조점"114이다. 믿고 따르는 개인이 없다면 그것은 아무런 힘도 갖지 않는다.

그러나 상징계 속의 대타자가 하는 기능은 훨씬 더 복잡하다. 지젝

112 같은 책: 21쪽.
113 같은 책: 21쪽.
114 같은 책: 21쪽.

은 이를 설명하기 위해 '상호수동성interpassivity'의 개념을 끌어온다. '상호작용성interactivity'이라는 디지털 시대의 신화는 이 개념 앞에서 무력화된다. 지젝의 말처럼 디지털 가상현실은 "실체, 즉 실재the Real 의 견고하게 저항적인 핵이 제거된 현실 자체"115를 제공한다. 문제는 스펙터클에 능동적으로 참여하고 규칙까지 바꿀 수 있는 참여 민주주의의 미디어라는 디지털 신화의 이면에는 상호수동성이 도사리고 있다는 점이다. 온라인 게임의 경우 내가 없어도 그 세계는 자동적으로 즐겁게 돌아간다. 연예 개그 프로의 '웃음소리'는 나대신 수동성(즐김)을 갖는다. 그것은 내게 수동성을 앗아간다. 그래서 대상 자체가 나대신 쇼를 즐기고 향락의 의무에서 나를 해방시킨다. 이때 대타자는 시청자의 예상된 반응을 스스로 연출하여 스스로 그 웃음을 즐긴다. 상갓집에서 상주들 대신 울어주는 곡비哭婢가 그렇고, 녹화 비디오가 그러하며, 대신 기도를 해주는 티베트의 마니차가 그렇다. 이 경우 "나는 타자를 통해 수동적이 된다. 나는 내 경험의 수동적 측면(즐김)을 타인에게 양보하는데, 그동안 나는 계속 능동적으로 참여할 수 있게 된다."116

상호수동성은 진보 정치에서도 위력을 발휘한다. 이는 체제 유지의 알리바이로 전락해버린 (유럽)좌파의 곤경과도 관련이 있다. 국민들은 늘 참여하여 무엇인가를 하고자 하고 학계는 쉬지 않고 무의미한 논쟁에 관여한다. 권력자들은 침묵보다 참여를 선호한다. 그들은 불온한 수동성 -바틀비의 수동성- 보다 게임판에 참여하기를 원한다. 지젝은 이러한 상호수동성에서 벗어나기 위한 첫걸음으로 '수동성' 속으로 물러나기를 요청한다. 지금의 '상징적 좌표'에의 참여를 거부하는 것 말이다. 이는 이후 좌표계 전체를 실질적으로 바꿀 행위, 즉 진리의 토대가 되어야 하겠지만.

반면 '실재the real'는 괴물이다. 그것은 '현실reality'이 아니다. '현실'은 구성된 어떤 것이다. 현실 속에서 진실의 차원이 출현한다. 테리

---

115 같은 책: 61쪽.
116 같은 책: 40쪽.

이글턴은 이것에 이렇게 접근한다. "쇼펜하우어는 우리가 영원히 괴물을 품고 사는 존재이며, 우리 존재의 핵심에는 잔인할 정도의 낯선 무언가가 있다고 보았다. 우리를 구성하는 재료이지만 우리에게 전혀 무관심한 그것, 쇼펜하우어가 의지라고 일컬은 이것은 우리에게 목적이라는 환상을 부여하지만, 그 자체로는 목적도 감각도 가지고 있지 않다. 쇼펜하우어에 깊은 관심을 가진 프로이트는 욕망이라는 개념을 이 괴물성의 비형이상학적 양상으로 제시한다. 욕망은 의미에 무관심하고 매우 비인간적인 과정이며, 그것이 오로지 자신에게만 관심이 있다는 사실을 감추고 우리를 조종한다."117 이 괴물은 사적인 것이 아니다. 즉 그것은 비인간적이며 비인칭적이다. 라캉은 이를 '라멜라lamella'를 통해 설명한 바 있다. 라멜라는 존재하지는 않지만 집요하게 존속한다. 프로이트는 그것을 '부분대상partial object'으로 불렀다. 지젝의 설명을 빌자면 그것은 "신체 없이도 존속하는 신비로운 자동성을 지닌 기이한 기관"118이다. 온몸이 사라졌는데도 미소만은 남겨 놓은 체셔 고양이와 같은 것이다. 리비도의 맹목적이고 파괴불가능한 고집에 프로이트는 '죽음충동'이라는 이름을 주었다. 그것은 "생명의 기괴한 과잉, 삶과 죽음, 생식과 부패의 (생물학적) 순환 너머에서 지속되는 '죽지 않는' 존속"을 시위한다. 그리고 프로이트는 "고통스러운 과거의 경험을 반복함으로써 유기체에게 주어진 자연적 한계를 벗어나, 심지어 유기체의 죽음까지 초월하여 존속하는 기괴한 고집과 같은 것"119이라 하였다.

지젝은 안데르센의 <빨간 구두>를 통해 이를 설명한다. 소녀는 춤을 멈추고자 하지만 '빨간 구두'는 도무지 멈추지 않는다. 이는 모든 인간적 제한(규범, 규칙 등)을 무시하고 고집스레 존속하는 소녀의 충동을 상징한다. 여기서 벗어나는 길은 다리를 잘라내는 것뿐이다. 이는 우리에게 매우 낯익지만 아주 낯선 것으로 돌변하는 '언캐니

---

117 테리 이글턴: 『반대자의 초상』, 김지선 옮김, 이매진, 2011, 305쪽.
118 앞의 책: 『HOW TO READ 라캉』, 96쪽.
119 같은 책: 98쪽.

uncanny'한 것이다. 라캉은 이를 '괴물thing'이라 불렀고, 이글턴은 이것이 '실재'를 의미한다고 본다. 영화 <에일리언>의 외계생명체나 찰리 채플린의 <시티 라이트>의 뱃속 호루라기처럼 실재는 파괴불가능하고 파멸적인 낯선 침입자이다. 하지만 지젝에 따르면 실재는 "상징적 네트워크 자체 내부의 틈"이다. 그것은 '실체적 사물the substantial Thing'이 아니라 상징적 네트워크, 즉 상징계의 간극이 불러낸 효과라는 것이다. 이는 프로이트가 말하는 외상Trauma과도 관계가 있다. 충격적인 외상적 사건은 '상징적 곤경'(혹은 '상징화의 곤경', '상징계의 곤경')을 보여준다. 그것은 상징계 내부의 간극을 메우기 위해 불려 나온다. '실재'는 외상적이면서 과잉적이므로 그것을 '현실'로 모두 담아낼 수 없다.[120]

이를 사회에 적용할 경우 사회적 적대social antagonism가 실재이다. 그것은 계급적대, 계급투쟁이다. 그리고 반유대주의나 최근 유럽의 반이민주의는 이러한 적대를 특정한 집단에 덮어씌운다. 그것을 상징적으로 '구체화'하고 '사물화'하는 것이다. 유대인과 이민자는 조화로운 사회체에 침투하여 적대를 야기한 외부의 침입자로 상상되는 셈이다. 여기서 지젝은 이데올로기적 전도를 확인한다. 사회적 적대는 유대인이라는 '외재적 사물'로 인해 야기된 것이 아니라 내재적인 적대라는 곤경이 반유대주의를 부른 것이기 때문이다. 하지만 이데올로기 안에도 진실은 깃들어 있다. 허구이며 환상의 스크린인 '현실'에 실재가 도사리고 있듯이. "진실은 허구의 구조를 갖는다"는 라캉의 말도 이러한 맥락에서 읽힐 수 있다. 현실을 가장 잘 알고 있다고 자신하는 냉소주의자들이 가장 잘 속는다. 그들은 자신의 눈만 믿고 상징적 허구의 위력, 즉 "이 허구가 우리의 현실을 구성하고 있다"는 사실을 간과하기 때문이다.[121]

지젝은 "실재에 대한 직접적 경험"이 20세기(그리고 지금)를 규정하고 있다고 주장한다. "일상의 사회적 현실에 대립하는 것"인 실재는

---

120 이현우: 『로쟈와 함께 읽는 지젝』, 자음과모음. 2011, 31-35쪽 참조.
121 앞의 책: 『HOW TO READ 라캉』, 55쪽.

"환멸을 낳는 현실의 층위들에서 벗어나기 위해 치러야 할 대가에 해당하는 극단적 폭력 안에서 경험된다"122 일상의 사회적 현실의 바깥을 직접 실현하려는 현상들이 20세기를 지배하고 있다는 말이다. 1953년 노동자 봉기를 진압하는 소련 탱크들을 보고 공산당 가입의 충동을 느꼈던 브레히트를 지젝은 예로 든다. 밋밋한 '현실'의 가짜를 대신할 '실재'(진짜)에 대한 열망은 쿠바에서도 찾아볼 수 있다. 그곳에서는 상품 소비의 계획적 순환에 맞서 상품들을 닳을 때까지 사용한다. 자동차를 40년 가까이 탄다든가 하는 행동이 '혁명적 사건에 대한 진정성'(진짜)으로 경험된다. 이는 욕망의 '자제'나 '금욕'이기도 한데, 쿠바의 '거세에 대한 충실성fidelity to castration'은 쿠바의 정치적-이데올로기적 정체성을 말해주기도 한다. 이러한 과잉 충성은 혁명적 사건에 충실한 결과로 찾아온 것이기도 하다.123

'근본주의자의 테러' 역시 실재계에 대한 열정의 표현이다. 하지만 이러한 열정은 역설을 안고 있다. 그것은 '실재'의 정반대인 '연극적 스펙터클'에서 절정에 이르기 때문이다. 실재에 대한 열정은 실재를 가장한 극적 스펙터클(가상)로 끝난다. 그 대신 가상을 향한 '포스트모던'한 열정이 실재에 대한 열정으로 둔갑하여 폭력적으로 회귀하는 역설이 이 시대를 지배한다. '카페인 없는 커피', '섹스 없는 섹스', '정치 없는 정치', '타자성이 제거된 타자의 경험'으로서의 서구 자유주의적 다문화주의 등은 실체가 빠져 있는 현실을 일반화한다. 이것들은 "실재계의 견고하고 저항적인 핵심"('적대')을 소거한 결과물이다. 즉 실재와의 마주침을 피해보고자 하는 시도인 것이다. 가상현실이 현실을 대체한 결과 '진짜 현실'은 가상으로 경험된다. 이는 9·11 사건이나 제3세계의 참상이 우리와 무관한 미디어 속 가상 이미지로 지각되는 데서 잘 드러난다.124 여기서 중요한 것은 악몽 같은 현실을 허구로 오

---

122 슬라보예 지젝: 『탈이데올로기 시대의 이데올로기』, 김상환 외 옮김, 철학과현실사, 2005, 16쪽.
123 앞의 책: 『실재의 사막에 오신 것을 환영합니다』, 19-20쪽 참조.
124 같은 책. 23-24쪽 참조.

인하지 않는 것이다. 환상의 스크린을 통해 실재가 가상(허구)으로 옷을 갈아입는 양태를 간파해야 하는 것이다. 하지만 '진짜 현실'에서 허구를 찾아내는 것은 현실이 허구의 가면임을 폭로하는 것보다 어려운 일이다. 따라서 중요한 것은 우리에게 익숙하지만 낯선, 우리 존재의 핵심에 더 가까운 현실이 '환상'을 통해 출현했을 때, 그것을 가상으로 오인하지 않는 것이다.

그러나 '실재'를 향한 모든 열정이 거부되어야 하는 것은 아니다. 다만 20세기의 그것은 마지막까지 가기를 거부하는 실재와의 대면을 회피하려는 시도였을 뿐이다. 그것은 영화 <지옥의 묵시록>의 커츠 대령의 경우에서 잘 드러난다. 그는 상징적 법에 종속되지 않는 외설적 향락을 대변하는 '원초적 아버지Urvater'이다. 그는 소름끼치는 향락의 실재와 대면하려 하므로 제거되어야 한다. 하지만 커츠는 체제가 필연적으로 만들어낼 수밖에 없는 과잉이라는 점이 문제다. 빈라덴이나 탈레반이 그렇듯이, 시스템은 그 자신의 과잉과 싸움을 벌여야 하는 것이다. "<지옥의 묵시록>의 궁극적 통찰은 권력은 자기 자신의 과잉을 발생시킨다는 것, 권력은 자신이 맞서 싸우는 것을 흉내냄으로써 그 과잉을 제거해야 한다는 것"125이다. 그런 점에서 중동 근본주의자들의 테러를 비롯한 전 지구적 분쟁들을 '문명의 충돌'로 해석하려는 경향은 문제적이다. 이는 자유주의 서방 국가들이 소련과 힘을 합쳐 그 자신의 과잉인 파시즘을 제거해야 했던 것과도 같다. 시스템이 자체의 과잉을 양산하고 그것을 제거해야만 하는 이러한 과정은 '악순환'이다. 지젝에 따르면 이 영화의 전복적인 버전이 있다면 베트콩에게 커츠의 제거를 부탁하는 것이었을 것이다. 하지만 이 영화에는 정치적 집단행동이 빠져 있다. 커츠 대령 식의 초자아적 외설성에 의존하지 않는 혁명적 행동과 같은 불가능해 보이는 행위야말로 '진보적인' 실재에 대한 열정이다. 그런 점에서 근본주의자들의 '실재에 대한 열정'은 가짜다. 그것은 권력의 추악스럽고 외설적인 이면과의 동일시이면서 그 권

---

125 앞의 책: 『HOW TO READ 라캉』, 137쪽.

력에 대한 보증이기 때문이다. 실재는 과잉적 요소의 파괴를 통해 접촉할 수 있는 것이 아니다. 적대라는 실재와의 대면만이 진보적이다.

하지만 지젝은 실재를 직접 대면할 수 없는 '끔찍한 괴물terrifying Thing'로 비유하지 말 것을 주문한다. 궁극적인 실재는 상상적이거나 상징적인 베일에 싸인 무엇이 아니기 때문이다. 기만적인 외관 밑에 가공할만한 괴물이 존재한다는 생각 자체가 궁극적인 외관이라는 것이다. 실재라는 괴물은 존재한다는 가정을 통해 상징적 세계의 일관성(조화와 균형)을 보장한다. 그리고 그것은 적대와의 대면을 회피하게 해주는 환영적 유령(허깨비)이다. 사회적 적대를 유대인이나 이민자들에게 덮어씌움으로써 사회 전체의 모순을 봉합하려는 시도인 것이다.126 실재적인 적대를 '악의 축'이라는 스크린으로 가린 채 자신들을 피해자로 둔갑하는 미국의 행태 역시 이와 관련된다. 미국의 대테러 정책은 자신의 경제적 이해관계의 산물이다. '경제 환원주의'가 적대의 실상에 더 가까이 갈 수 있는 분석의 틀일 수 있다는 지젝의 언급은 이와 관련이 있다. '팜므 파탈femme fatal과 같은 '여성-괴물Women-Thing'의 형상 역시 성관계의 본질적인 교착상태와의 대면을 회피하기 위해 불러들인 궁극적 허깨비일 뿐이다. 어떤 불길한 행위자가 우리를 노리고 있다는 환상적 시나리오를 통해 적대는 봉합되고 오히려 시스템 폭력의 알리바이로 기능한다.

4. 포스트주의적 '탈정치' 비판과 진리 행위

지젝과 바디우, 랑시에르 등의 이론들이 공유하는 지점은 이전의

---

126 "처음 보기에 실재계는 우리가 직접 대면할 수 없으며 오직 상징적 허구들과 가상적 구성이라는 렌즈를 통해서만 알아볼 수 있는 불가능한 중핵이다. 다시 보면 이 중핵 자체가 전적으로 가상적이고 사실 존재하지 않는 것이며, 오직 사후적으로만, "실제로 존재하는 모든 것"을 뜻하는 다양한 상징적 구성물로부터 재구성될 수 있는 X이다." 슬라보예 지젝: 『시차적 관점』, 김서영 옮김, 마티, 2009, 58쪽.

포스트 담론들의 한계를 비판하는 가운데, 민주주의를 다시 정의하려는 시도일 것이다. 여기에는 신자유주의의 위기, 테러리즘의 확산, 전지구적 환경 위기 등의 사태에 포스트주의가 제대로 대응할 수 없었다는 나름의 진단이 깔려 있다. 이를 정리하면 포스트모던적 해체의 언어유희 시대는 끝났으며, 우리에게는 명확한 책임감이 필요하다는 것 정도이겠다. 이는 또한 '실재'의 기습에 맞먹는 현실의 충격에 대응할 수 있는 이론에 대한 요구이기도 하다. 이러한 흐름 속에서 포스트주의의 기피 대상이었던 진리와 정치에 대한 새로운 담론들이 부상하고 있는 지금의 상황은 분명 예사롭지는 않다. 지젝, 아감벤, 바디우, 랑시에르 등의 저작들에 대한 관심, '죽은' 마르크스의 저작들이 서적시장에서 부활하고 있는 상황은 분명 탈-포스트주의의 시대적 징후라 할 수 있다.

지젝은 거의 모든 저서에서 포스트주의에 대한 비판을 감행한다. 그는 스스로를 계몽주의의 전통 속에 위치시킨다. 그는 칸트가 말했던 '이성의 공적 사용'이 소멸하는 전 세계적 현상에 맞서 이성의 적극적 활성화를 주문한다. 그는 포스트주의에 의해 진리가 해체된 이후 과연 우리가 어떤 기준을 갖고 살아야 하는 지의 문제와 씨름하고자 한다. 그는 복잡한 이데올로기의 작동방식을 규명하는 데 만족하지 않고 '해체' 이후의 '대안'을 찾고자 하는 것이다. 그 대안은 정치적 행위를 통한 진리 구성의 지속적인 '과정'에 놓인다. 특히 그는 데리다의 초기 해체론에 비판적이다. 그는 알튀세르나 들뢰즈, 혹은 아도르노 등에 대해서는 양가적 입장을 취한다. 반면 데리다의 경우 텍스트주의 혹은 텍스트중심주의로 해석되면서 '포스트모던적 해체의 언어유희'로 비판된다. 물론 지젝은 후기 데리다의 입장 변화나 그에 대한 정치적 전유의 시도들에 대해서는 큰 관심을 갖지 않는다. 주로 그가 겨냥하는 것은 데리다 자체가 아닌 영미권에 수용된 데리다이다. 아울러 그는 포스트모더니즘 사상가로 수용된 라캉을 '정치적으로' 되살리고자 한다. 2003년 한국 방문 때 가진 대담에서의 다음 발언은 지젝 사상의 출사표로서 의미가 있다: "적어도 앵글로 섹슨적 관점에서 라캉은 "의미가 해체되어야 한다, 주체는 무의식적 메커니즘에 의해 지배된다 등 등……"을 입증했다고 간주되고 있는데, 저는 그렇게 보지 않습니다. 저는 데리다적인 해체의 영역과 라캉적인 정신분석의 영역이 총체적으로 양립 불가능하다고 생각하며, 이에 대해 점점 더 커다란 확신을 가지게 되었습니다. 이때 두 사람이 "총체적으로 양립불가능하다"는 것은 둘 중 누구 하나가 더 옳다는 게 아니라 그 둘 사이의 직접적 대화는 전혀 불가능하다는 의미에서입니다."127

이처럼 지젝은 라캉을 통해 포스트주의와 거리두기를 시도한다. 이는 어떻게 가능할까? 그에게 라캉과 마르크스의 접속은 '지금 여기'의 현실과 주체들을 설명할 수 있는 이론적 틀을 제공해 줄 것으로 여겨진다. 이는 그를 '라캉주의 좌파'로 범주화하는 계기가 된다. '문제설정'이 다른 해체론적 포스트주의와 갈라서고 마르크스를 통해 정신분석의 잠재적 전복성을 찾아내려는 시도가 지젝의 출발점이었던 셈이다. 여기에는 또한 헤겔에 대한 포스트주의적 '원한'을 극복하고자 하는 그의 열망이 담겨 있기도 하다.

바디우나 랑시에르와 비교했을 때 지젝의 행보는 상당히 과격한 인상을 준다. 초기에는 그 역시 민주주의를 급진적으로 해석하기 위해 노력했다.128 "민주주의는 모든 가능한 체제들 중에서 최악의 것이다. 그러나 문제는 어떤 것도 그보다 낫지 않다는 것"이라는 처칠의 주장은 그의 초기 입장을 대변하고 있다. 루마니아 차우세스쿠 정권의 전복 이후 반란자들이 내건 깃발은 지금의 시대를 보여주는 상징이다. 이 깃발의 중앙('붉은 별')은 잘려나갔고 '구멍'이 나있다. 이 구멍은 과거의 주인기표가 무효화되고 새로운 주인기표가 등장하지 않은 이행기의 표식이다. 이러한 시점에서 급진 민주주의자 지식인의 임무는 대타자 내부의 결핍(실재라는 '구멍')을 봉합하려는 시도에 맞서 이 구멍

---

127 슬라보예 지젝:「철학과 정신분석의 만남」,김상환 옮김.『철학과 현실』, 2003년 가을호.
128 앞의 책:『저음에는 비극으로 나음에는 희극으로』, 303쪽.

을 점유하는 것이 된다. 이 구멍을 상징화하려는 일체의 시도에 맞서 그것을 끝까지 권력의 공백으로 유지하는 것이 초기 지젝의 화두였다.

하지만 '레닌'을 '반복'하면서 그는 이론적 도약을 감행한다. 서구 자유민주주의의 관용적 제스처에 대한 완전한 거리두기를 통해 그가 지키고자 하는 것은 레닌적인 '진리의 정치'이다. 이는 '원칙 없는 관용주의'와 대립된다. 그것은 "오늘날 실질적인 사상의 자유는 현재 지배적인 지위에 있는 자유민주주의적이고 '탈이데올로기적인' 합의에 의문을 제기할 자유를 의미하며, 그것이 아니라면 아무런 의미도 없다는 것"[129]이라는 진술에서 잘 나타난다. 이후 지젝은 '민주주의의 새로운 용법'을 발굴함으로써 국가 권력을 변형하고 국가의 기능 방식과 토대와의 관계를 근본적으로 바꾸려는 끊임없는 '행위'를 주문한다. '대타자'나 '대의'에 입각한 일체의 혁명적 정치를 회의하는 것이 아니라 대타자의 '결핍'을 스스로 채우려는 '순수한 주의주의pure voluntarism'의 행위들이 필요한 시점이라는 것이다.

지젝에게 '진리'는 '실재'에 대한 태도를 둘러싼 싸움이기도 하다. 진리를 둘러싸고 벌어지는 계급투쟁 속에 진리는 드러난다. 포스트주의적 '탈정치' 담론들에 기댄 급진적 정치학radical politics은 '적대'와의 대결 대신 상징계의 외연을 넓히는 일에 골몰하고 있다. 이제는 질문의 방식을 바꿀 필요가 있다. '진리는 무엇인가?'보다 '누구를 위한 진리인가?' 이러한 문제설정은 '진리'에 대한 지젝의 개념과 겹치는 것이기도 하다. 그는 이를 '사도의 진리'로 명명한다. 지젝은 바디우의 『사도 바울』과 아감벤의 『남겨진 시간』에 대한 나름의 독서를 통해 이를 설명한다. 우선 그는 지금의 '단순한 삶mere life', 즉 벌거벗은 삶에 대한 관리와 통제를 분석하는 것만으로는 '정치'의 온전한 의미를 파악할 수 없다는 전제에서 출발한다. '정치'를 '생체정치'로 환원하고 소수자의 정체성 표명을 위한 공간 창출을 정치의 과제로 삼는 것은 전혀

---

129 슬라보예 지젝: 『지젝이 만난 레닌』, 정영목 옮김, 교양인, 2008, 273쪽.

'실재'를 건드릴 수 없다는 것이다. 이는 '탈정치'와 급진민주주의에 대한 비판이기도 하다. 비판은 "급진적인 정치적 실천 그 자체가 권력구조를 불안정하게 하고 바꿀 수 있는 항구적 과정으로 인식되며, 결코 효과적으로 권력구조를 약화시키지 못한다"130 점에 모아진다. 급진적 외양에도 불구하고 이러한 경향은 정치를 시스템에 충격을 주면서 부분적인 변화를 가하는 지속적 과정으로 축소하기 때문이다. 이것으로는 시스템을 바꿀 수 없다. 오히려 그것이 체제 안정화의 알리바이로 작용할 수 있는 역설이 포스트 시대 탈정치가 처한 곤경이기도 하다. 물론 지젝은 배제된 자들이 자신들의 '정체성'을 표현할 수 있는 공간을 확장하려는 시도에 반대하는 것은 아니다. 문제의 근본적 해결은 그것의 근본적 원인에서 시작되어야 한다. 물론 그것은 복잡한 이데올로기적 환상과 강고한 상징질서에 의해 가려져 있고, 무의식과 행위의 차원 심층으로까지 파고든 주체화의 메커니즘에 의해 부인되기도 한다. 하지만 이러한 방해물들과의 끊임없는 대결과 '집단적' 분석, 실재와 대결하려는 행위 속에서 진리의 '순간'은 열릴 수 있다.

지젝은 행위의 기준과 관련하여 단두대에 대한 체스터턴의 언급을 참조한다. 여기서 진화론자/혁명론자의 짝패가 대비된다. 진화론자는 도끼의 진화에 관심을 갖는다. 하지만 지젝이 보기에 단두대에 사용되는 도끼의 진화는 단두대의 본래 기능과는 하등 상관이 없다. 그래서 혁명론자는 단호하게 그것의 본래 기능을 단언한다. 단두대가 아무리 정교하게 발전하더라도, 그 기능은 머리를 자르는 데 있다는 것이다. '행위의 이론가the theorist of the Act' 바디우 역시 행위Act를 어떤 상황(상황상태)을 돌파하기 위해 사회적 상징계의 좌표를 변화시키는 것으로 본다. 지젝이 보기에 이러한 행위가 가능하기 위해서는 '영원Eternity'에 대한 참조가 필수적이다. '시간' 속에 영원을 개입시키는 것은 결단과 행동을 통해 상황을 중지시키고 새로운 좌표를 마련하는 일이기도 하다. 하지만 역사주의적 진화론자들은 끊임없는 지연과 사태의 복잡

---

130 앞의 책: 『실재의 사막에 오신 것을 환영합니다』, 142쪽.

화를 통해 행위를 지속적으로 미룬다. 지젝은 복잡한 상황의 실타래를 풀기 위해 급진적이고 폭력적인 단순화가 요구될 때가 있다고 주장한다. 어떤 점에서 이러한 주장은 청산주의적이고 모험주의적인 뉘앙스를 띤다. 하지만 더욱 모험적일 필요가 있다고 그는 주장한다. 그래야 기존의 상징계 밖에서 새로운 가능성을 발굴하는 것이 가능하기 때문이다.[131]

지젝에게 '진리'의 행위는 윤리적인 행위이다. 이는 시스템에 참여하길 거부하고 기존의 상징계에 선을 긋는 행위이다. 이를테면 이스라엘 점령 지구 팔레스타인 주민을 '호모 사케르homo sacer'로 대하지 않고 '이웃'으로 대한 이스라엘 군 내부의 '명령 거부자들'이 그렇다. 그들은 "네 이웃을 사랑하라!"라는 계명을 "팔레스타인 사람들을 사랑하라!"[132]라는 계명으로 치환하여 '이웃' 주민들의 무력적인 길들이기에 참여하지 않았다. 이러한 바틀비적 거부의 제스처는 사도 바울의 제스처이기도 했다. 이스라엘의 일부 군인들 역시 유대인/팔레스타인인, 정치공동체의 구성원/몫 없는 자들('호모 사케르') 사이의 구분을 '거부'하고 나섰기 때문이다. 이는 "영원한 정의가 경험적 현실이란 시간 영역에 잠시 나타난 영원한 정의"이다. 지젝은 어떠한 경우에라도 이러한 '불가능한' 윤리적 행위를 견지하는 태도만이 상징적 좌표계를 돌파할 수 있는 윤리적 행위라고 주장한다. 이야말로 '행위'이고 기적 같은 '진리'의 순간이라는 것이다. 그리고 이스라엘과 팔레스타인 사이의 악순환적 폭력뿐만 아니라 전 지구적 자본주의 시스템 안에서 벌어지는 악순환의 고리를 끊을 수 있는 행위가 윤리적 행위이다. 그런 의미에서 포스트주의는 문제 유예의 논리일 뿐 진리로부터는 거리를 두고 있다.[133]

---

131 같은 책: 143쪽 참조.
132 같은 책: 164-165쪽 참조.
133 그런 의미에서 어떤 사태에 대한 양비론적 태도는 윤리적 행위로부터 멀어지는 첩경이다. 폭력을 행사하는 이스라엘이나 피의 보복으로 응전하는 팔레스타인이나 다 똑같다. 둘 모두를 비판하면서 도덕적인 우위를 점할 수 있는

5. '사도'의 진리

 미국 월가에서 벌어진 '1%에 맞서는 99%의 저항'을 목도하면서 지젝은 '자본주의와 민주주의의 결혼은 끝났다'고 선언했다. 99%의 부를 독점한 1% 투기 금융자본에 대한 저항이야말로 공산주의라고 보는 점에서 진리는 자본주의적 공리계와의 '절연cut'하는 '행위'에 놓인다. 그에게 민주주의의 적은 자본주의였다. 전 지구적 세계체제를 지탱하는 중국의 지금은 민주주의를 억압함으로써 이루어진 것이다. 그런 점에서 중국의 공산주의는 공산주의(사회주의)에 대한 부정적 '배반'에 힘을 얻고 있다. 1%의 '이너서클'과 탐욕적 금융자본은 'democracy'에 대한 배반이다. 이러한 상황에서 "반자본주의 운동이야말로 민중에 의한 지배, 민중이 주인되는 정치, 민주주의를 재고안하는 동력"이 될 수 있다. 물론 포스트주의에 대한 비판에도 불구하고 지젝이 성, 환경, 인종, 세대 등의 후기 자본주의적 문제들을 부인하는 것은 아니다. 하지만 자본주의가 이들 사회문제들을 관통하는 '실재적' 적대임을 인정한다면 진보의 개입은 자본주의에 대한 반대를 분명히 해야 한다는 것이 그의 주장이다. 그에게 반자본주의와 민주주의는 '진리' 구성의 과정으로서 '행위'와 직결된 문제이다.

 지젝은 포스트 시대 '탈정치post-politics'가 가져온 정치 지형의 변화에 주목하면서 행위의 시급성을 강조한다. 2002년 프랑스 대선에서

> '거리'를 확보하고자 하는 시도는 윤리적이지 않다는 것이다. 이 대신 "그래도 책임에서 면제되지 않는다"는 것을 인정하는 것이 중요하다. 상황을 면밀하게 파악하고 어느 한 쪽을 지지함으로써 그 책임을 질 수 있다. 지젝이 보기에 누가 더 잘못했는지를 분명하게 가려내고 그에 대해 책임을 지게 하는 것이 더 윤리적인 태도이다. 파시즘이 나쁘긴 하지만 더 큰 악인 공산주의에 대한 대응으로 불가피한 면이 있었다거나, 일본이 나쁜 건 맞지만 원폭 피해자인 일본도 희생자, 히틀러가 나쁜 놈이지만 독일 곳곳에 융단폭격을 가한 연합군도 잘못한 것이 있다는 식의 태도는 현대판 양비론의 대표적 태도이다. 히틀러나 스탈린 그 놈이 그 놈이라든가 파시즘이나 현실 사회주의나 초록은 동색이라는 진단도 한 사례가 될 수 있을 것이다.

사회당 리오넹 조스팽 후보가 탈락하고 극우파인 장-마리 르펜이 보수당 자크 시라크와 결선 투표를 벌인 것은 하나의 징환적 사건이었다. 그 결과 "정치적 구분선은 더 이상 우파와 좌파 사이에서가 아니라 '온건한' 탈정치의 전 세계화 영역과 극우적인 재정치화 사이에 그어지게 되었다."134 이데올로기의 종언 이후 좌우파의 투쟁이 무효화되었다는 것이 탈정치를 주장하는 이들의 입장이다. 그렇지만 극우파의 정치세력화는 좌파의 표징이었던 정치의 부활이자 복권이다. 그것을 통해 정치는 극우 포퓰리즘의 형식으로 부활한다. 이러한 상황에서 탈정치 담론은 이데올로기의 종언 담론만큼이나 순진하고 유해하다. 유럽 사회에서 '진지한 정치 세력'으로 등장한 극우파는 '정치의 시대'가 갔다는 제스처 대신 '급진적 정치화'의 자세를 취한다. 이는 '도착적' 형식의 정치의 귀환이다. 극우파에 의해 '삶'이 대표되는 비극적 현상을 극복하기 위해서는 뒤집혀진 '정치'를 바로 세우는 것이 필요하다. 이는 아무 일도 일어나지 않기를 바라는 탈정치적 무사안일주의로부터의 '단절'을 요구하는 것이기도 하다.

'정치'는 급진적 정치 행위를 통해 해결될 수 있는 사안을 행정 절차의 문제로 축소하고 환원하는 것에 대한 거부이기도 하다. 하지만 극우 포퓰리즘이 '사이비행위'의 영역을 선점하고 있는 지금의 상황은 (자유)민주주의가 처한 곤경을 보여준다. 여기서 탈출구는 '광기'에 비견될 만한 행위이다. 그것이 광기인 것은 아무런 보증도 갖지 않는 결단을 함축하기 때문이다: "진정한 행위가 어떻게 민주주의 한계 내에 포함될 수 없는 지 그것을 알 수 있는 것도 바로 여기다. 행위는 응급 상황에서 일어나는데, 그 때에는 위험을 감수하면서 어떠한 정당화도 없이 행동해야 하며, 그 행위 자체가 그의 사후적인 '민주적' 정당화의 조건을 만들어낼 일종의 파스칼적 내기를 걸게 된다."135 "진정한 혁명적 해방은 [....] 훨씬 더 직접적으로 폭력과 동일시된다. [...] 자유는

---

134 같은 책: 190쪽.
135 같은 책: 210쪽.

더 없이 행복하게 중립적인 조화와 균형의 상태가 아니다. 오히려 그것은 이러한 균형을 교란하는 매우 폭력적인 행위이다."(PD 31)

지젝은 바디우나 아감벤(그리고 데리다)처럼 사도 바울을 통해 자신의 진리에 대한 요청을 뒷받침하고자 한다. 그에 따르면 사도 바울의 진리 요구는 종교를 테마로 하고 있는 것이 아니라 근본적으로 새로운 사유 지평에 관여하고 있다. 이는 마르크스와 프로이트, 라캉의 경우도 그러하다. 그들의 저술들에서 중요한 것은 추상적 내용의 전달이 아니다. 오히려 그들이 서 있는 그 지점Ort과 그들이 분리되어 있지 않음을 인식할 때 그들의 가르침은 이해될 수 있다. 지젝이 키에르케고르를 참조하여 기독교를 해석하는 대목은 바울과 이들의 교훈을 이해하는 참조점으로 삼을 수 있다. 지젝은 키에르케고르의 '천재Genie'/(기독교적) '사도Apostel'의 짝패를 이용한다. 여기서 '천재'는 소크라테스의 경우처럼 보편적인 추상적 의미에서의 진리를 고지한다. 이 진리는 그의 삶과 분리될 수 있는 것으로 여겨진다.

반면 '사도'는 삶과 결부된 '진술 행위Akt der Aussage'를 통해 진리를 선언함으로써 권위를 얻는다. 그리스도는 시대 초월적 진리를 예고하는 '천재'가 아니다. 그는 지식의 중립적인 외양을 말소해버리는 행위를 통해 진리 과정을 구현한다. 그리스도는 결코 이론적으로 보편화할 수 있는 가르침에 근거하여 복음에 충성할 것fidelity을 요구하지 않는다.136 이는 소크라테스와 같은 그리스 철학자나 하는 짓이다. 그가 요청하는 것은 그리스 철학의 관점에서 볼 때 '너무나 인간적'이어서 스캔들이 되어버린 자신의 행위에 대한 충실성이다. 복음과 그것을 몸소 보여준 인물과 행위의 결속에 대한 충실성. "기독교의 역설은 영원한 진리를 역사적 사건과 연결해주는 이러한 끈(결속)에 있다"137는 지젝의 진술은 이러한 맥락에서 이해할 수 있다.

---

136 Dominik Finkelde: Slavoj Žižek Zwischen Lacan und Hegel, Wien, 2009, 147-149쪽 참조.
137 같은 책: 118쪽.

지젝은 마르크스와 프로이트(혹은 라캉)를 '사도'로 이해할 수 있다고 주장한다. 그들 저술 속의 진리들의 경우 그것들이 선언되는 '지점'(장소, Ort)들과 긴밀히 연결되어 있다고 보기 때문이다. 즉 구체적인 사건들과 진리의 결속을 보여주고 있다는 것이다. 여기서 진리의 문제는 어떤 이론을 경험적으로 입증하여 본질적인 것을 찾아내는 것과는 별 관련이 없다. 역사적 실천('행위') 속에서 자라난 권위에 대한 '믿음' 때문에 사람들은 마르크스나 프로이트를 따르는 것이기 때문이다. 역사적 사건과 결부된 '행위'의 차원에 그들의 진리가 위치해 있다는 점이 중요하다는 것이다. '무의식' 같은 프로이트의 개념들이나 마르크스의 '계급' 개념은 보편적 의미의 진리로 이해될 수 없다. 그것들은 경험적으로 입증될 수 있는 것은 아니기 때문이다.[138]

지젝에 따르면 인간은 늘 상징계 속에서 성장한다. 라캉을 따라 그는 이를 '강요된 선택'이라 부른다. 하지만 인간은 이러한 강요된 선택을 반복할 수 있기도 하다. 지젝의 윤리학에서 이 반복의 행위는 '무 Nichts' 속으로 들어가는 것을 의미한다. 상징계로의 진입을 다시 체험할 수 있는 순간이 찾아올 수 있다는 것이다. 행위는 그 자체를 통해서만 가능한 새로운 의미지평의 구성 가능성을 열어준다고 한다. 여기서 반복은 기존 좌표계에서 지시된 행위의 반복이 아니다. 라캉은 이를 "나는 찾지 않는다. 발견한다"[139]고 간명하게 표현한 바 있다. 프로이트와 자신의 전이 관계를 '사랑'으로 명명했던 라캉은 전이관계의 생산성을 입증하고자 했다. 기성 정신분석학계와의 스캔들이야말로 '반복'의 한 사례가 될 수 있을 것이다.

우리는 마르크스와 프로이트(라캉)를 사랑할 수 있다. 하지만 이러한 사랑은 그들의 이론에 대한 맹목적 충성을 의미하지 않는다. 그들이 위대한 것은 후배들이 그 자신들을 측정할 수 있는 지평을 열어주고

---

138 Rex Butler: Slavoj Žižek zur Einführung, Hamburg: Junius Verlag, 2006, 189-190쪽 참조.
139 같은 책: 191쪽.

있다는 점에 있다. 지젝은 그들의 복음과 인물(사건 속의 행위) 사이의 시차적 지점에 위치함으로써 새로운 것을 발견할 수 있는 생산적 전이 관계를 주문한다. 여기에는 대화와 배신의 동시적 수행이 요구된다. 그들은 결코 소크라테스적 의미에서의 대가Meister가 아니기 때문이다. 선행자들의 이론과 행위에 대한 대화와 배신의 이중적 실천 속에서 새로운 기적의 창안의 순간은 찾아올 수 있는 것이다.140

6. '바보야, 문제는 정치경제학!'

이렇듯 지젝에게 진리의 구성은 현실에 대한 정치한 분석('이데올로기론')과 그에 대한 집단적 개입('행위')의 이중적 과정으로 이루어진다. 그런 점에서 초기의 지젝과 후기의 그를 구분하는 것은 의미가 없다. 인식과 실천의 통일이라는 마르크스주의의 오랜 전통이 현재적으로 변용되어 계승되고 있기 때문이다. 그렇다고 '행위' 요청을 빌미로 그를 낙관주의적 행동주의자로 보는 것도 성급한 평가이다. 어떤 점에서 그는 '비관론자'일지 모른다. 그는 『종말의 시대를 살아가기』에서 우리가 '영점zero point'을 향해 서서히 접근하고 있다는 주장을 한다. 이를테면 생태계 문제만 보더라도 그렇다. "진정한 유토피아는 지금과 같은 상태가 무제한적으로 계속되는 것"이라는 진술은 그의 비관론을 짐작케 한다. 물론 우리는 지금의 상황을 잘 알고 그것을 이성적으로 인정한다. 하지만 밖의 이상 없음에 아무 문제가 없는 것으로 단정한다. 지젝의 말처럼 일상의 이데올로기에 공갈당하며 살아가고 있는 것이다. 환경 재앙의 위험을 너무 잘 알고 있으면서도 그것이 일어나지 않을 거라고 믿는 것 사이의 분열된 존재가 우리인 셈이다.

사실 '문화이론의 엘비스'라는 별명이 말해주듯 지젝의 인기는 겹겹이 꼬인 현실을 역설적이고 이질적인 철학으로 풀어내는 데서 비롯

---

140 앞의 책: Dominik Finkclde, 150-151쪽 참조.

한 것인지도 모른다. 그의 지적 결실들은 현실에 대한 '낯설게 하기'와 '거리두기', '확장적 사유'를 추동하는 힘이 있다. 그래서 레닌 등을 통해 급진적 윤리와 행위를 주문하는 것에 불편함을 느끼는 이들도 있다. 하지만 그의 강점은 이론적 작업을 통해 부단히 현실에 개입하는 것에 있음을 기억할 필요가 있다. 이는 이론적 경향이 강한 그의 초기 작업들에서도 확인되는 사실이다. 최근의 반이민주의의 붐을 입고 등장한 극우정치의 바람에 대한 개입, 자유민주주의 국가의 실체, 케인즈 국가주의 경제(그가 보기에 신자유주의는 이를 지탱하는 이데올로기일 뿐이다)에 대한 비판, 이슬람 근본주의의 '외설적' 기원에 대한 개입 등 그의 관심은 전방위적이다. 게다가 전 세계 저항운동에 대한 연대 실천도 소홀히 하지 않는다. 물론 그 역시 인식적 차원의 진리를 부인하지는 않는다. 하지만 '앎'의 문제만으로 '진리'는 구성되지 않는다는 것이 지젝의 입장이다. 여기에는 '결단'의 순간과 고집스러운 행위가 요구된다는 것이다. 그는 베케트의 입을 빌어 이렇게 이야기한다: "침묵 속에서 당신은 알지 못한다. 당신은 계속 가야한다. 나는 계속 갈 수 없다. 그래서 나는 계속 갈 것이다."[141]

사실 지젝이 보기에 가장 큰 재앙은 전 지구적 자본주의의 모순, 환경문제, 극우파의 득세 등의 문제가 아닌지도 모른다. 그는 가장 큰 문제를 비현실의 비극적 참상들과 근본적인 수준에서 대결하고자 하는 좌파정치의 소멸에서 찾기도 하기 때문이다. 그가 보기에 (유럽의) 좌파들은 현실의 비극에 대해 누가 죄인인지를 찾는 도덕성 게임에 열중하고 있다. 하지만 문제는 훨씬 더 보편적인 데서 찾아야 한다는 것이 그의 일관된 입장이다. 우리의 경제 구조, 우리의 삶의 방식이 문제라는 것이다. 다시 말해 법적·도덕적 언어로 현실에 개입하는 것은 사태를 근본적으로 개선할 수 없다. 문제를 도덕화하는 순간 무슨 말이든지 할 수 있게 된다. '어떻게 전체적인 시스템이 자본으로 하여금 비극들을 초래하게 만드는가'를 사유하지 않는 한 지금의 반자본주의

---

[141] 앞의 책: 『HOW TO READ 라캉』, 184쪽.

의 과잉은 가짜 과잉에 불과하다. 지금 벌어지는 일련의 비극이 전 지구적 자유주의적 시스템에서 비롯된 것임을 분명히 해야 하고 대안을 구성할 수 있는 좌파정치의 복원이야말로 당면한 과제로 보는 것이다. 다음 인터뷰 답변은 이러한 진단의 핵심을 담고 있을 뿐만 아니라 그의 이론적·실천적 방향을 요약하고 있다: "좌파는 '어떻게 전체 경제 구조를 재건설 할 것인가'에 대한 보다 전지구적인 관점을 놓치고 있습니다. 제 말은, 그들이 진짜 원인들에 대해서는 입을 다물고 있다는 것입니다. 이것이 저를 매우 슬프게 합니다. 이건 전형적인 문제입니다. 오늘날 좌파가 하는 것은 삭감에 반대하는 것 밖에 없습니다. 솔직히 말하겠습니다. 이런 사회적 의미에서 좌파는 보수적인 힘입니다. 빠르게 변화하는 사회의 사회적 의미에서 봤을 때 오늘날의 혁명적 계급은 자본가들입니다. 슬픈 현실이죠. [...] 기름 유출 사건을 예로 들어보죠. 저는 '우리는 자본주의를 바꿔야 한다'와 같은 원시적인 구좌파의 슬로건 따위를 외치는 게 아닙니다. 제가 얘기하는 것은 오늘날의 계몽된 자본가들조차 알고 있는 것입니다. 단순히 선과 악의 대결과 같이 도덕적인 언어로 이루어지는 싸움이 아니라는 것입니다. '우리의 경제를 어떻게 조직할 것인가', '우리가 어떤 정치적인 선택을 하고 어떤 경제적인 선택들을 할 것인가'와 같은 문제들에서 더 급진적인 변화가 필요하다는 것입니다. 요지는 단순합니다. 한마디로 좀 더 전지구적 관점을 가지고 사고하기를 시작해야 한다는 것입니다. 그러면 당신은 저를 이상주의자라고 부를 수 없을 것입니다."[142] 이는 '바보야, 문제는 정치경제학이야'라는 주장의 핵심이기도 하다.

---

[142] http://suyunomo.net/?p=6882(검색일: 2011년 12월 4일)

부정과 위반의 정치학

3

마르쿠제의 프로이트 수용과 현실 부정의 시학
바타이유의 에로티즘과 위반의 시학
탈식민주의와 포스트탈식민주의의 정치적 가능성

마르쿠제의 프로이트 수용과 현실 부정의 시학

1. 프로이트를 경유한 비판이론의 재구성

현실사회주의의 몰락 이후 한국 지식계는 다양한 부침浮沈을 경험하는 가운데 나름의 방향 찾기를 위해 다각적인 노력들을 기울여 왔다. 한편에서는 제각기 다른 모습의 포스트주의에 몸을 의탁하는가 하면, 또 다른 한편에선 마르크스주의의 공백 찾기와 그 틈새 메우기에 힘썼다. 간혹 그러한 시도들은 마르크스주의를 비롯한 제반 비판이론의 시효성 상실을 주장함으로써 '우향우'의 길을 가기도 했지만, 그에 비판적인 몇몇 사람들은 마르크스주의의 역사적 한계를 인정하면서도 그 한계를 벗어나기 위해 다양한 고육지책을 모색한 바 있다. 특히 후자는 현실사회주의의 몰락 및 신자유주의의 득세라는 현실적 위기에 직면하여, 그리고 더욱 복잡해져 가는 국내·외 정세의 문제점들에 직면하여 이론적 변신을 요구받고 있다. 결국 이러한 요구는 현실 변화에 상응하는 비판이론의 재정립에 대한 것일 수밖에 없을 것이다. 이런 맥락에서 90년대 이후 많은 관심을 모았던 성과 정치의 상관성을 둘러싼 논의 역시 현실적 모순들과 난점들을 극복하기 위한 이론적 대응으로 여겨진다. 이는 체제 유지를 위해 기능하는 권력이 단수가 아닌 복수로 존재하며, 이런 여러 개의 권력들은 서로 상보적으로 얽혀 있음을 보여준다. 다시 말해 한 사회를 구성하고 억압하는 권력의 형태들은 크고 작은 다양한 권력들로 구성되어 있으며, 그 권력들은 거시적 차원에서뿐만 아니라 미시적으로도 작동하고 있다는 것이다.

무엇보다 이들이 갖는 의미는 마르크스주의에 대한 관계 속에서 더욱 절실해진다. 왜냐하면 마르크스주의가 현실에 대한 비판적 응전應戰의 도구로서 부족하다는 의심을 받고 있는 지금의 현실에서, 이러한 담론들은 마르크스주의의 새로운 출발점과 고민점이 어디에 놓여야 하는가를 가늠케 해주는 측면이 있기 때문이다. 그런 점에서 빌헬름 라이히Wilhelm Reich와 마르쿠제Herbert Marcuse 및 들뢰즈/가타리 등의 저술들은 현재적 시점에 걸맞는 새로운 '비판이론' 재구성에 중요한 이론적 단초들을 제공한다. 게다가 이들은 당대 현실운동의 위기를 극복하기 위해 전통 마르크스주의의 문제점들을 비판하면서도, 프로이트주의를 통해 마르크스주의의 외연을 확장하고자 함으로써 새로운 이론적 실천방법을 보여주었다. 물론 이들의 논의는 그 내용이 모두 다르고 심지어 서로에 대해 비판적이기까지 하지만, 변혁적 실천을 위해 이론이 갖추어야 할 또 다른 계기들을 보여주고 있다는 점에서도 지금 우리에게 갖는 의미는 클 수밖에 없다. 이 글에서 이들을 모두 다룰 수는 없다. 다만 프랑크푸르트 학파의 비판이론Kritische Theorie 진영에서 가장 실천적인 면모를 보여 준 마르쿠제의 프로이트 수용양상과 예술연관성, 실천론을 중심으로 논의를 전개하면서 그가 갖는 현재적 의미와 한계를 살펴보고자 한다.

2. 부정적 사유와 리비도적 합리성

알다시피 프로이트 마르크스주의Freudian Marxism-혹은 프로이트 좌파Freudian Left-는 프로이트주의와 마르크스주의의 결합을 통해 역사과정의 주·객관적 요인을 통일적으로 파악하려는 의도를 가지고 등장했다. 이러한 시도의 한 가운데에는 현실의 가파른 변화와 그에 따른 운동의 위기가 자리하고 있었다. 가령 라이히Wilhelm Reich의 문제제기, 즉 "왜 1920년대 말과 1930년대 초의 대공황에도 불구하고 대중들은 이데올로기적으로 좌익으로 향하지 못하고 파시즘과 같은 급진적 우익에 경도되었는가?"[1]라는 질문은 독일 노동운동의 실패 및 위기와 맞물려 있

---

1 Wilhelm Reich: 『파시즘의 대중심리』, 오세철/문형구 옮김, 현상과 인식, 1987,

다. 이는 결국 경제적 토대와 이데올로기적 상부구조 사이의 균열을 설명하지 못하는 교조적 마르크스주의에 대한 문제제기이기도 했다. 프랑크푸르트 학파 역시 1930년대 초부터 프롬Erich Fromm과 마르쿠제Herbert Marcuse를 중심으로 프로이트주의의 다각적인 수용을 위해 노력했거니와, 이 또한 파시즘의 등장 및 현실운동의 위기에 대한 나름의 대응방식을 찾기 위함이었다.

프랑크푸르트 학파의 성원들 중, 프로이트의 수용을 통해 비판이론의 발전을 본격적으로 모색한 최초의 인물은 프롬이었다. 그는 프로이트의 후기 이론, 특히 리비도 경제학에 의거하여 파시즘과 권위 및 제반 억압의 기초인 가족의 본질을 해부하려 했다. 하지만 제2차 세계대전 이후, 프롬은 프랑크푸르트 학파에서 이탈하여 사랑과 관용이라는 애매한 개념을 내세우면서 다분히 보수적이고 종교적인 경향을 띠게 된다. 그도 그럴 것이 프롬은 프로이트 이론의 핵인 생리학적 관점을 거부하고 실존주의적 측면에 집착했기 때문이다. 이에 대해 마르쿠제는 프롬을 비롯한 신프로이트 학파에 대해 비판적인 반응을 보였다: "프로이트의 생물학주의를 밀어내고 무의식에서 의식으로, 생물학적 요인에서 문화적 요인으로 초점을 옮기면서, 본능 속에 뻗어 있는 사회의 뿌리를 자르고, 대신에 근원과 정당성을 묻지 않고, 사회를 개인과 맞서는 수준에 있는 기존의 환경으로 보았다."[2] 이러한 비판에서도 여실히 드러나듯이, 프로이트주의와 마르크스주의의 생산적 결합이라는 비판이론의 처음 목표를 시종일관 밀고 나간 사람은 바로 마르쿠제였다. 그는 프로이트의 정신분석학을 그 본질상 '사회학적인 것'으로 간주하면서, 프로이트의 생물학주의를 사회이론으로 해석했다. 『에로스와 문명』(Eros and Civilization, 1955)은 마르쿠제의 이러한 독특한 프로이트 해석을 가장 잘 보여주는 저작이다. 특히 이 책은 60년대 서

38쪽.
2 Herbert Marcuse, 『에로스와 문명』, 김인환 옮김, 나남출판, 1996, 23쪽. 이하에서는 EC로 표기하고 쪽수를 적어둔다.

구의 변혁운동 속에서 제기된 '새로운 감수성' 및 '위대한 거부'에 대한 요구와 직접 연결된다는 점에서 매우 중요한 저작으로 여겨진다.

『에로스와 문명』은 2차 대전 이후 서구 사회의 현실적 경험의 산물이었다. 마르쿠제를 비롯한 비판이론가들은 2차 대전의 종전終戰과 더불어 비억압적인 사회의 건설을 위한 역동적인 흐름들이 나타날 것이라는 기대를 품었다. 하지만 현실은 그런 바람과는 정반대로 진행되었고, 오히려 훨씬 더 세련되고 은밀한 지배방식이 도입되었다. 마르쿠제가 보기에 서구 사회는 엄청난 경제적 풍요를 통해 대량소비사회에 들어섰으며 새로운 통제방법을 개발하였다. 이제 물리적 억압이나 노골적인 폭력은 사라졌지만, 성적 충동의 대상으로 제작된 상품들이 무제한 공급됨으로써 에로스 본능과 공격본능의 무분별한 발산이 가능하게 되었고, 그 결과 비판적 이성을 마비시키고 본능의 창조적 승화를 억압하는 사태가 벌어지게 된 것이다. 마르쿠제의 프로이트 해석은 바로 물질적 풍요를 누리는 소비자본주의 사회 배후의 은밀한 억압과 지배 이데올로기의 메커니즘을 밝히려는 의도 속에서 행해졌다. 그가 보기에 전통 마르크스주의는 대중의 '자발적 복종'을 가능케 하는 현대 사회의 작동방식을 해명할 수 없기에 프로이트의 정신분석적 관점을 받아들여야 하며, 그럼으로써 마르크스주의의 비판적 잠재력 또한 소생할 수 있을 것이라고 기대했다.

마르쿠제의 이론적 여정은 비교적 복잡한 편이다. 그는 하이데거의 존재론과 마르크스주의의 통합을 시도하는가 하면 헤겔 존재론에 역사적 구체성을 부여하려고 하고, 급기야는 프로이트주의를 비판이론의 한 영역으로 흡수하려는 과감한 시도를 한다. 그렇지만 그의 사유에도 일관된 흐름은 있다. 마르쿠제는 독일 관념론에 깊이 발을 담그고 있던 사람으로 마르크스주의와 관념론의 긍정적인 점을 통합하려 했다3. 마르쿠제 사유의 특징은 무엇보다 '부정적 사유'와 '리비도적 합리성'

---

3 Hauke Brunkhorst: 『Marcuse zur Einführung』, Junius Verlag, 1990, 7-21쪽 참조.

이라는 개념으로 요약될 수 있다. 그는 우선 헤겔 변증법의 핵심을 '부정성'에서 찾고, 이를 현실비판의 원리로 삼았다: "부정적 사고능력은 변증법적 사고의 원동력으로서 사실들facts의 세계를 그 세계 자체의 내면적 부적당성을 따져 분석하는 도구로 사용된다"4. 뿐만 아니라 마르쿠제는 변증법적 사고야말로 "세계가 자유롭지 못하다는 경험으로부터 출발"(GR 19)한다고 하면서 자유와 행복의 개념을 도입한다. 이후 그는 『에로스와 문명』을 통해 '억압으로부터의 해방'이라는 이념을 제시함으로써, 자유와 행복 이념에 보다 적극적인 의미를 부여한다. 결국 마르쿠제는 전 생애에 걸쳐 헤겔 변증법의 '부정'과 프로이트의 '본능이론'을 마르크스주의로 수렴하려 했던 셈인데, 이는 '위대한 거부'라는 실천 개념으로 구체화된다. 특히 이 글의 관심 대상인 마르쿠제의 프로이트 수용은 보수적인 해석으로부터 프로이트의 적극성을 되살리려는 시도이면서, 더 나아가 그의 예술론에 실천적인 매개로 기능한다는 점에서 주목을 요한다. 이에 대해 논의하기 전에 그의 현실 인식의 한 자락을 살펴보는 것이 좋을 것이다. 왜냐하면 마르쿠제의 프로이트 해석은 선신화된 현대산업사회에 대한 비판과 맞물려 있기 때문이다.

3. 일차원적 사회와 일차원적 사유구조

마르쿠제가 보기에 생산력과 생산관계 간의 모순은 더 이상 모순으로 기능하지 않는다. 왜냐하면 생산력은 이제 사적 소유와 충돌하기는커녕 오히려 그것을 강화할 수 있을 정도의 부를 만들어내게 되었기 때문이다. 이를 가능하게 한 것은 바로 현대산업사회의 과학기술이었다. 마르쿠제는 테크놀로지가 지배하는 이러한 사회를 '일차원적 사회Onedimensional

---

4 Herbert Marcuse: 『위대한 拒否』, 유효종/전종덕 옮김, 광민사, 1980, 18쪽. 이하에서는 GR로 표기하고 쪽수를 적어둔다.

Society라 부른다. 그는 현대산업사회에서 인간 존재를 둘러싸고 전개되는 모든 현상들을 '일차원적'이라고 규정한다. 다시 말해 지금의 사회는 일차원적으로 치닫고 있으며, 이 사회에서 인간과 지식, 예술 그리고 언어 등 모든 것이 일차원적으로 변질되어 버렸다는 것이다.

마르쿠제는 우선 일차원적 사회의 특징을 새로운 통제방식에서 찾는다. 선진산업사회의 테크놀로지는 엄청난 양의 물질적 풍요를 통해 반대 목소리나 반대세력들의 제안을 체제 내로 통합함으로써 갈등을 없애는 통제방식을 취한다[5]. 마르쿠제에게 있어 이런 식의 통제는 종래의 지배방식처럼 폭력적인 양상을 띠지는 않지만 그 결과에 있어서는 더욱 더 가공할만한 것이다. 왜냐하면 전례 없는 물질적 풍요덕분에, 사람들은 저항의지('부정')를 잃어버렸고 기존질서에 동일화됨으로써 변화 자체를 원하지 않게 되어버렸기 때문이다. 아도르노와 호르크하이머가 『계몽의 변증법』에서 밝힌 것처럼, 과학 기술의 진보는 인간에 의한 자연지배의 단계를 넘어 인간에 의한 인간의 지배 도구로 되었다. 마르쿠제에 의하면 기술적 합리성의 원래 목적은 "자연의 지배를 통해 모든 자유의 구체적 실체인 결핍으로부터 자유를 획득하고, 각 개인이 자신의 삶에 대한 자율성을 자유로이 발휘할 수 있도록 하는 것"(EM 18)이었지만 이제 인간과 자연 모두에 대한 효과적인 지배의 도구로 전락하고 말았다.

마르쿠제에게 있어 현대산업사회의 일차원적 성격과 사유양식은 부정되고 극복되어야 할 대상이다. 즉 일차원적 체제를 타파하고 이차원적 사회를 건설함으로써, 예속상태를 극복하고 자유를 쟁취해야 한다는 것이다. 하지만 이는 매우 어려운데, 그 이유는 일차원적 사회에서는 문화산업이 '허위욕구 false needs'를 만들어 내어 만족시키기 때문이다. 마르쿠제는 이러한 허위욕구를 두고 억압과 부자유를 즐겁게 받아들

---

[5] Herbert Marcuse, 『Der eindimensionale Mensch』, Schriften Bd. 7, Suhrkamp, 1989, 21-38 쪽 참조. 이하에서는 EM으로 표기하고 쪽수를 적어둔다.

이는 태도, 즉 '불행 속에서의 도취감euphoria in unhappiness'으로 정의한다. 이는 결국 '자발적 복종'의 다른 말로써, 이러한 태도가 '허위적'인 이유는 "자유로운 자기결정이 아닌 지배적인 이해관계"(EM 73) 속에서 형성되었기 때문이다. 이러한 허위욕구는 현대산업사회로 하여금 일차원적 사회를 계속 유지할 수 있게 해주는 역할을 한다.

또한 마르쿠제는 현 사회가 고급문화의 저항적·초월적 요소를 말살함으로써 문화를 기존 사회로 흡수시키고 있거니와, 이로써 문화와 사회의 적대 관계는 흐릿해지고 있다고 주장한다. 그는 문학과 예술의 본질을 '모순을 유지하고 보존하는 소외'로 규정한다. 마르크스의 소외 개념은 자본주의 사회에서의 노동소외였음에 반해, 마르쿠제의 '예술적 소외'는 소외된 실존에 대한 의식적 초월이다6. 이는 마르쿠제의 '부정적 사유'와 직결된다. 그도 그럴 것이 마르쿠제는 현대사회의 제 반모순들의 극복가능성을 예술적 사유에서 찾고 있기 때문이다. 하지만 선진산업사회에서는 문화가 현실에 의해 파괴되고 압도당하고 있다. 즉 예술 고유의 부정성의 원리(비판능력)가 위협받게 된 것이다. 그 결과 문화의 영역에서 새로운 전체주의가 조화적 다원주의의 모습을 띠고 나타난다는 그의 진술은 작금의 '포스트 증후군'과 관련해서도 시사하는 바가 크다. 하지만 마르쿠제는 이러한 사태에 굴하지 않고, 새로운 해방적 예술의 전망을 조심스레 모색하기도 한다(해방적 예술에 대한 마르쿠제의 논문들은 바로 프로이트주의의 수용과 관련이 있다. 이는 뒷부분에 가서 살펴보기로 한다).

마르쿠제는 실증주의 속에서 선진산업사회를 뒷받침하는 일차원적 사유양식을 발견한다. 그에 따르면 실증주의적 경향의 경험주의는 관찰·분석·계산 그리고 규제할 수 있는 요인들 사이의 상관관계를 발견하고 규칙들을 통해 개별적인 작용들의 전체적인 영향을 계산하면서도, 그 관찰대상들의 배후에 있는 본질을 보지 못하고 현실적인 불행

---

6 같은 책, 76-102 참조.

을 종식시킬 수 있는 수단도 제시하지 못한다. 특히 실증주의는 자연과학적 방법에 기대어 사실과 가치의 분리 및 학문의 중립성을 주장하면서, 진리란 경험을 통한 사실의 일치에서 성립된다고 한다. 하지만 실증주의는 기술적 합리성의 이론적 버팀목에 다름 아니다. 왜냐하면 기술적 합리성 역시 보편적 진보를 상정하면서, 기술의 중립을 표방하기 때문이다. 마르쿠제는 가치판단으로부터 자유로운 이론이란 있을 수 없으며, 이는 비판이론도 마찬가지라고 한다. 왜냐하면 사회를 분석하려는 이론이라면, 인간의 삶을 살 만한 가치가 있는 것으로 만들어야 하며 그것을 가능케 해줄 방법과 수단을 찾기 위해 노력해야 하기 때문이다[7].

마르쿠제에게 있어 실증주의로 대변되는 일차원적 사유는 반드시 극복되어야 하는데, 왜냐하면 "일차원적 사유는 현실을 이성의 구체화로 보고 이 현실의 보다 합리적인 조직화를 일삼으며 주어진 현실의 턱을 넘어서길 거부"(EM 157)하기 때문이다. 이는 이차원적 사유, 즉 부정 변증법적 사유를 통해서만 가능하다. 이차원적 사유는 "주어진 현실의 틀을 넘어서 보다 나은 가능성의 실현을 위해 대립하는 사유"(EM 265)이기 때문이다. 마르쿠제는 이러한 부정적 사유의 구체적 가능성들을 새로운 예술 속에서 찾는다. 다시 말해 분열된 세계와 화해하지 않는 속성을 지니는 새로운 예술은 현존하는 것에 대한 부정, 즉 '위대한 거부'의 시발점이 될 것이기 때문이다.

예술을 통한 현실구원 및 화해의 유토피아는 비판이론에서 흔히 나타난다. 아도르노 역시 심미적 체험을 통한 주체와 객체의 화해를 언급한 바 있다. 마르쿠제는 이러한 대안을 의식(감성)혁명 및 생리학적 본능구조의 변화와 연결시킨다. 이러한 시도로 인해, 그는 낭만주의자라는 혐의를 받기도 한다. 물론 마르쿠제의 이러한 대안은 비현실적인 측면이 다분하다. 하지만 온갖 요인들로 인해 현실 운동의 출구가 막

---

[7] 같은 책, 139-158 참조.

혀 있고 현실사회주의의 실패를 지켜본 우리로서는 마르쿠제의 슬로건이 절실하게 다가오는 측면이 있다. 마르쿠제의 의식혁명 및 '위대한 거부'를 떠받치고 있는 이론적 지주는 바로 부정 변증법과 프로이트의 욕망이론으로 보인다.

4. 에로스 효과와 위대한 거부

마르쿠제는 "문명은 인간 본능에 대한 영원한 억압에 기초하고 있다"(EC 21)는 프로이트의 명제에 기대어 근본적인 문명비판을 시도한다. 이는 선진산업사회의 새로운 통제 및 억압방식을 해명하는 기초작업인 동시에, 그러한 현실적 모순들을 타개할 수 있는 실천적 '해방론'의 모색으로 이어진다. 그는 프로이트의 후기 이론, 특히 본능이론과 승화론을 정치적·사회학적 맥락에서 해석함으로써 변화된 시대에 걸맞는 적절한 정치이론을 도출해내려 했다. 그는 당대의 프로이트 해석들이 프로이트 이론의 혁명적인 면을 거세한 채 생물학적 결정론에 빠져 정신분석이론을 탈역사화하고 있음을 비판하면서 프로이트 이론이 지닌 역사적·정치적인 면을 부각시키려 했다. 이 책의 부제 "프로이트 이론의 철학적 연구"가 말해 주듯이, 마르쿠제는 프로이트의 생물학주의가 심층차원에서는 정치이론 내지 사회이론이라고 하면서 이를 적극적 의미로 해석한다[8]. 프로이트의 본능 및 문명에 대한 메타 심리학은 역사적 구조에 대한 통찰의 과정을 거쳐 '철학적·사회학적'으로 해명될 수 있다고 보기 때문이다. 이는 결국 프로이트의 후기이론을 마르크스주의적 관점으로 읽는 작업으로 귀결되며, 마르쿠제의 급진적 의식혁명의 이론적 토대가 된다.

마르쿠제는 『에로스와 문명』을 통해 프로이트의 문명론과 선진산업사회에 대한 분석을 변증법적으로 결합함으로써 인류의 문명과정을

---

[8] 앞의 책, 『에로스와 문명』, 22-25 참조.

살펴봄과 동시에 현재의 억압상태를 파헤치며, 진정한 해방은 무엇인가라는 문제에 대해 나름의 대답을 시도한다. 프로이트는 인류의 문명 과정을 에로스 본능과 타나토스 본능 사이의 투쟁이라고 하면서 인류 문명의 진보에 대해 숙명론적인 견해를 피력했다. 프로이트에게 삶의 본능인 에로스와 죽음본능인 타나토스간의 투쟁은 인간 자체의 발전과 유기체의 생존 전체의 비밀을 밝히는 열쇠거니와, 이는 '계통발생'은 '개체발생'을 반복한다는 말로써 요약될 수 있다. 마르쿠제는 프로이트의 이런 가설을 확대·해석하여 문명 생성이 반드시 억압을 전제로 한다고 보고, 이를 '역사적 현상'으로 규정한다.9

프로이트는 무의식과 의식(초기) 혹은 이드와 에고(후기)의 기능을 쾌락원칙과 현실원칙이라는 개념을 통해 설명한 바 있다. 인간은 근본적으로 무의식에 잠재하는 에너지, 즉 원초적 욕구인 쾌락원칙pleasure principle을 따르려 한다. 그러나 이러한 원칙은 외부 현실의 저항에 부딪쳐 좌절됨으로써 심리적 외상Trauma을 남긴다. 다시 말해 쾌락원칙에 따라 작동하는 본능적 욕구는 즉각적인 만족을 지향하지만, 현실원칙의 지배를 받는 가운데 원초적 목적을 이루지 못하는 것이다. 현실원칙은 사회가 모든 인간의 욕구를 충족시켜 줄 수 있을 만큼의 재화를 가지고 있지 못하기 때문에, 즉 물질의 희소성으로부터 살아남기 위해(자기보존본능) 쾌락의 실현을 포기시키고 본능에 억압적 통제를 가하는 것이다. 현실원칙은 외부에서 개인에게 부과되는 모든 유형의 사회적 규범과 제재 전체를 강행하는 지배원칙이며, 사회가 개인을 전면적으로 지배하는 과정이다. 이런 과정을 거쳐 현실원칙은 사회질서의 유지를 위해 개인의 언어와 의식, 사고와 행동을 조종한다. 개인적 욕망에 대한 이런 식의 조직화 과정에서, 개인의 에로스 본능은 변질되고 억압된다. 이런 의미에서 그는 개인심리학의 본질을 사회심리학으로 보았다.10

---

9 같은 책, 29-37 참조.
10 같은 책, 39-49 참조.

정신분석학을 정치학의 영역으로 확대시키려는 마르쿠제의 의도는 '수행원칙performance principle'과 '과잉억압surplus repression'이라는 그의 독특한 개념을 통해 잘 드러난다. 나아가, 마르쿠제는 인간으로 하여금 현실세계에서 분별있게 살아갈 수 있게 해주는 '기본억압basic repression'의 개념을 부정하진 않는다. 들뢰즈/가타리나 일부 급진적 페미니스트들의 경우 욕망에 대한 일체의 억압을 부정하는 반면, 마르쿠제의 경우 프로이트의 '승화이론'을 받아들임으로써 세련된 체제순응이론을 만들어 내고 있다는 비판을 받는 것도 이런 맥락에서 이해될 수 있다. 하지만 그의 논의를 따라가 보면 그렇지도 않은데, 그것을 뒷받침해주는 것이 바로 '수행원칙'과 '과잉억압'이라는 개념이다.

마르쿠제는 프로이트가 본능억압과 문명발전 간에 작용해온 상관성을 해명할 수 있는 결정적인 단초를 제공했으나, 억압의 발생과 범위에 대한 분석에 있어서는 충분히 역사적이지 못했다고 본다. 프로이트는 시대에 따라 사회적으로 유도된 억압의 다양성을 무시하고 있다는 것이다. 그가 보기에 현실원칙 하에 본능이 억압·변형되는 것은 어떤 특정한 역사적 형태에 불과하다. 성적인 것을 포함하는 인간의 제반 욕구는 역사적으로 결정되고 역사적 흐름에 상응하여 변신을 거듭한다. 원래 본능을 억압하는 현실원칙의 배후에는 결핍이 자리하고 있었다. 이 결핍이라는 경제적 상황을 해결하기 위해 본능을 억압하고, 에로스를 노동으로 집중시켰던 것이다.

그러나 현대산업사회에서는 노동의 필요에서가 아니라 지배 세력의 이익수호를 위해 본능의 억압이 강요된다. '수행원칙'은 과잉억압을 통해 사회 구성원들의 사고와 행동 및 욕망을 조종·지배하는 현대 사회 특유의 현실원칙이다. 마르쿠제는 경제적 업적과 수행성에 따라 사회가 계층화되고 있음을 강조하기 위해 이 개념을 사용했다. 앞서 말했듯이 그렇다고 해서 그가 경제적 결핍의 극복과 생산적 노동을 위한 일정한 욕망의 억압까지 부정하는 것은 아니다. 하지만 그는 문명의 유지·존속에 필수적인 '기본억압'과 '과잉억압'을 구분함으로써, 프로이트 이론의 한계를 극복하려 한다. '과잉억압'은 합리적 착취의 다른 이름으로서 기본억압과는 달리, 전적으로 사회적 지배만을 위해 부과되는 불필요한 억압이다.11

현대산업사회에서 노동은 자신의 본능에 대한 충족, 즉 쾌락원칙을 따르지 않는다. 인간들은 자신의 삶을 누리는 것이 아니라, 생산장치 속에서 이미 정해 놓은 기능을 수행할 따름이다. 인간은 일하는 동안 자신들의 욕구를 충족시킬 수 없으며 소외된 상태에서 노동한다. 이러한 소외상태 아래에서의 노동은 결국 본능의 억압을 전제로 한다는 점에서 쾌락원칙의 부정이다. 생산과 노동의 통제는 인간본능을 제도적으로 변형하고, 사회질서에 순응하게끔 인간본능의 구조를 개조한다. 현대산업사회는 원래의 욕구를 변화시키거니와, 새로운 욕구의 창조 및 충족의 방식에서 비합리성을 드러낸다. 현대사회에서 자행되는 합리적인 착취방식은 진보를 가장한 지배의 합리화이며 이는 대중들의 '자발적 복종'을 통해 영구화된다.

문명의 발전과 더불어 에로스 본능과 노동의 간극이 너무 벌어져, 이 둘은 공존할 수 없게 되었다. 왜냐하면 인간은 노동하는 동안 그만의 욕구를 충족시킬 수 없기 때문이다. 그래서 인간은 소외 속에서 노동할 수밖에 없는 처지로 전락하게 되는데, 이 과정에서 소외된 노동과 리비도에 대한 억제가 정당화된다. 리비도는 사회가 요구하는 활동에 묶여 사회적으로 유용한 노동으로 변질된다. 본능에 대한 이러한 억압과정 이면엔 사회적 권위가 큰 역할을 한다. 사회적 권위는 초자아super-ego의 형성과 더불어 내면화됨으로써 정당한 것으로 간주된다. 다시 말해 초자아는 사회·문화적 영향(가정교육, 학교, 종교 등)에 의해 형성되며, 외부로부터 부과되는 이러한 제한은 자아의 양심(초자아)이 되고, 이는 무의식적·자동적으로 기능하면서 도덕성 그 자체를 드러내는 것이다.

11 같은 책, 89-111 참조.

마르쿠제는 기본적으로 이드id를 긍정적으로 보고, 이드에 대한 억압을 철저하게 부정하려 한다. 그에게 있어 도덕의 담지자, 즉 양심으로 나타나는 초자아는 에로스 본능의 적대자이기 때문에 '부정'의 대상이 된다. 마르쿠제는 초자아에 의해 지탱되고 있는 문명 및 억압 사회의 지양 가능성('억압 없는 문명')을 환상fancy과 상상력 속에서 찾는다. 프로이트 역시 상상력을 현실원칙으로부터 고도의 자유를 유지하는 정신활동으로서 무의식과 의식을 연결시켜 준다고 보았다: "환상은 정신구조 전체 안에서 결정적인 기능을 한다. 환상은 무의식의 가장 깊은 층과 의식의 가장 높은 생산물(예술)을 연결시키고 꿈과 현실을 연결시킨다…환상과 성욕의 친화성은 환상의 기능에 대하여 결정적인 것으로 유지된다"(EC 149). 뿐만 아니라 환상은 "성욕의 도착된 표현으로서 구성적 역할을 할뿐만 아니라, 예술적 상상력으로서 도착을 완전한 자유와 만족의 이미지에 연결시킨다"(EC 63). 이렇듯 비판이론가들에게 예술은 모순을 유지하거나 보존하는 소외였거니와, 이는 현존하는 것에 대한 항거인 동시에 위대한 거부Great Refusal의 단초이기도 하다. '위대한 거부'는 과잉억압에 대한 저항이며 궁극적인 자유를 향한 추구이다.

마르쿠제에게 예술의 궁극적 목적은 이성과 감성의 화해인데, 그는 이러한 이상적 화해의 원형을 신화에서 찾는다. 신의 뜻을 거역하고 인간에게 판도라의 불을 가져다준 프로메테우스는 노고와 생산성 및 진보(실행원칙)를 훌륭하게 수행한 문화적 영웅이다. 그 반대편엔 오르페우스와 나르시스가 있다. 오르페우스는 하프의 명수로서 창조자·해방자·시인의 이미지로 등장한다. 나르시스는 충족적 자기애의 상징으로서, 그의 일차적 자기애는 자아와 객관적인 세계를 통합함으로써 환경을 자기 안으로 끌어들인다. 마르쿠제는 오르페우스와 나르시스를 억압 없는 기쁨과 만족의 대변자로 내세우면서, 이 둘 속에서 에로스와 타나토스의 화해를 본다. 더 나아가 그는 현대사회의 수행원칙과 과잉억압의 극복, 즉 억압적 질서의 부정 가능성을 진정한 에로스 속에서 찾는다: "만일 본능의 목적이 삶의 종결이 아니라 고통의 종결-

긴장의 해소라면, 본능의 입장에서 역설적으로 볼 때 삶과 죽음의 갈등이 감소되면 감소될수록 삶은 만족의 상태에 더 가깝게 간다. 쾌락원칙과 열반원칙이 수렴한다. 동시에 과잉억압을 벗어난 에로스는 강화될 것이고, 강화된 에로스는 죽음본능의 목적을 흡수할 것이다"(EC 230).

마르쿠제는 『해방에 관한 시론』(An Essay on Liberation, 1968)을 통해 기존의 혁명적 기획과 조직을 뛰어넘는 변혁을 구상하는데, 여기에서 독특한 점은 무정부주의적 자발성이 별 여과 없이 드러나는 데 있다. 다시 말해 그는 엄격한 전위적 모델에 입각했던 종래의 혁명방식이 이제는 불가능하다고 하면서, 새로운 형태의 사회주의를 위해서는 새로운 출발점이 있어야 한다고 보았다. 그것이 바로 '새로운 감성 new sensibility'에 기초한 정치적 실천이다. 새로운 감성은 에로스 본능의 비억압적 승화를 필요로 하는데, 왜냐하면 자유로운 리비도 에너지의 공급은 노동의 성격변화, 더 이상 상품에 의해 매개되지 않는 인간관계의 필요조건이기 때문이다.12

지금까지 살펴본 것처럼, 마르쿠제는 프로이트의 후기이론을 정치적·사회적 맥락에서 재해석함으로써 이를 신사회 운동의 이론적 기초로 활용한다. 그의 일관된 주제였던 경험적 현실에 대한 철학적 '부정'의 원리는 프로이트의 이론의 도움으로 리비도 본능의 해방이라는 지평을 획득하게 되며, 이는 감성해방을 시발점으로 하는 '위대한 거부'로 귀결되는 셈이다.

5. 새로운 감성과 사회변혁

마르쿠제 비판이론의 지향점은 문명 그 자체에 대한 비판은 아니었다. 오히려 그는 미래 해방사회를 위해서는 선진산업사회의 과학기술

---

12 앞의 책, 『위대한 拒否』(GR), 101-122 참조.

이 필수적이라 하면서, 문제는 이를 세계적인 규모에서 합리적으로 이용하는 것이라 했다. 하지만 그가 보기에 이러한 이용 가능성은 요원하다. 왜냐하면 가까운 장래에 빈곤과 결핍은 극복되겠지만, 욕구 자체의 근본적인 변화가 없는 한 관료주의적 복지국가라는 이율배반은 계속될 것이기 때문이다. 마르쿠제에게 중요한 것은 "욕구충족에 있어 예속을 영속화시키는 착취제도에 대한 의존관계를 재생산함이 없이 자신의 욕구를 어떻게 충족시킬 수 있느냐"(GR 87)하는 것이다. 이렇게 보았을 때 마르쿠제 변혁론의 핵심은 인간 본성 구조의 근본적인 변화라 할 수 있으며, 이는 '생물학적 혁명biological revolution'으로 표명된다.

이 혁명은 "인간 하부구조 내의 억제와 만족의 근원에 도달하게 되는 정치적 실천, 급진적인 가치의 재창조를 목적으로 하는 기존 사회로부터의 조직적인 이탈과 거부를 의미하는 정치적 실천"(GR 89)이고, "기존의 익숙한 감각방식과의 단절"(GR 89)을 포함하는 혁명이다. 이러한 대안 속에서 프로이트와 마르크스주의가 자연스럽게 만난다. 결국 『에로스와 문명』의 의도 역시 진정한 자유사회 건설을 위한 이론적 토대의 마련이었던 셈인데, 이후 그는 『마르크스주의와 페미니즘』(1974)을 통해 이러한 생각을 더욱 구체화한다. 이 책에서도 유사한 견해가 피력되고 있거니와, 요컨대 앞으로의 혁명은 인간 본능 구조의 깊이까지 파고드는 것이 되어야 한다는 것이다. 왜냐하면 "제 2의 본성, 이러한 내성적 패턴에까지 전개되지 않는 한, 사회적 변혁은 여전히 불완전하며, 심지어는 자기 부정적으로까지 될 것"(GR 93)이기 때문이다. 마르쿠제가 보기에 현 사회를 자유사회로 전환시킬 급진적 변혁은 마르크스주의 이론 내에서 거의 생각된 적이 없다. 마르크스주의가 나름의 현실 비판력과 부정의 정신을 온전하게 구현하고자 한다면 프로이트의 문제의식을 끌어안아야 한다. 즉 사회변혁은 "정신 및 육체의 상이한 본능적 욕구에 있어서의 변혁"(GR 106)을 전제로 한다는 사실을 받아 들여야 하는 것이다. 이를 위해 그는 '새로운 감성'이라는 실천적 슬로건을 제시했다.

'새로운 감성'은 혁명의 객관적(현실적) 조건의 완전한 실현을 가능케 해줄 주관적 차원의 기획이다. 마르쿠제는 착취의 목적에 복무하는 과학기술의 해방과 더불어 의식과 상상력의 효과적인 상승을 요구함으로써, 종래와는 다른 새로운 변혁론을 구상한다. 마르쿠제에 따르면 새로운 감성은 에로스 본능의 향상을 전제로 하며, 이 과정에서 해방된 의식은 "생의 보호와 만족 속에서 사물과 인간의 가능성을 자유롭게 발견하고 실현시키는 과학과 기술의 발전을 촉진"(GR 102)시킬 것이라 한다. 이러한 낙관적 견해는 여타 비판이론가들에게서는 찾아볼 수 없는 것으로, 마르쿠제 후기 사상의 전반적인 기조를 이룬다. 그의 혁명론은 60년대 전 세계에서 전개된 일련의 현실 운동에 기대고 있거니와, 그의 논의는 너무 공상적이라는 비판을 감내해야 했다. 하지만 그는 "폭력과 착취의 맥락 밖에서 생물학적·심리학적으로 사물과 인간관계를 경험할 수 있는 사람들에 의하지 않는 한 어떠한 경제적·정치적 변혁도 이러한 역사적 연속체의 단절을 가져오지 못할 것"(GR 102)이라고 하면서, 이런 입장의 철회를 거부했다. 그가 보기에 이미 새로운 감성은 전 세계적으로 관철되고 있는데, 왜냐하면 세계적 규모의 대항운동이 새로운 생존방법과 형식을 위해 투쟁을 벌이고 있기 때문이다. 그는 별 주저 없이 이러한 투쟁들을 기성체제와 도덕 및 문화에 대한 부정임과 동시에 감각적인 것의 복권을 위한 시도라고 단언한다.

마르쿠제는 이러한 '새로운 감성'을 미적 에토스의 창출과 연결짓는다. 그는 '미적'이라는 용어가 '감각에 속하는 것'과 '예술에 속하는 것'이라는 이중적 의미를 갖는다고 하면서, 이는 "자유로운 환경 속에서의 생산적이며 창조적인 과정의 특성"(GR 102)을 가리킨다고 한다. 결국 마르쿠제 역시 예술을 통해 현실 구원을 모색하는 비판이론 특유의 대안에 기대고 있는 셈인데, 그럼에도 그의 입장은 훨씬 더 적극적인 모습을 띤다. 왜냐하면 그에게 있어 미적 차원은 자유사회의 실현 여부를 평가하는 '계량기'이기 때문이다. 심지어 미적 상상력은 자유의 이미지를 산출함으로써 경험적 현실의 변형이 가능함을 보여주며, 객관 세계의 초월을 위한 실마리를 제공할 수도 있다.

마르쿠제의 견해에 의하면 원래 욕망의 대상으로서 미는 원초적 본능인 에로스와 타나토스의 영역에 속했었다. 하지만 금기와 억압, 효율성 논리에 의해 미적 상상력은 희생되었고, 도구적 이성에 의해 위협받는 지경에 다다르게 되었다. 이런 상황에서 사회변혁의 출발점은 에로스적·미적 상상력의 복권이어야 한다는 것이 마르쿠제의 일관된 생각이다. 이는 압제의 틀 속에 갇혀 있던 감성을 해방시켜 감성과 이성 사이에 새로운 관계를 정립하는 것이기도 하다. 이러한 목표의 실현은 새로운 미적·예술적 환경을 창조하고자 하는 집단적인 실천을 통해 가능하다. 마르쿠제가 보기에 이러한 실천은 "인간의 비공격적·에로스적·감성적 제 능력이 자유 의식과 조화를 이루는 속에서 인간과 자연을 화해시키기 위해 노력하는"(GR 108) 양상으로 전개되어야 한다. 왜냐하면 개인적 감성 및 욕망의 영역을 배제한 모든 시도들은 비민주적이고 관료주의적인 의무와 명령에 의해 실패하고 말 것이기 때문이다.

마르쿠제에 의하면 에로스 본능은 예술을 통해 현실 부정 및 초월의 지평으로 나아감으로써 삶의 통일과 고양을 위해 노력한다. 만일 에로스 본능에 대한 비억압적 승화가 실현된다면, 이는 더 이상 쾌락원칙에 대한 착취적 억압을 요구하지 않는 리비도 에너지의 공급을 가능케 해줄 것이다. 그가 보기에 자본주의사회뿐만 아니라 사회주의사회에서도 진정한 인간해방은 기대할 수 없게 되었다. 특히 소비에트는 정치적·경제적·군사적 관료제도의 독재권을 가짐으로써, 진정한 사회주의의 발전을 위한 프로그램을 배반했다. 마르쿠제가 구상하는 사회주의의 모습은 "경쾌하고 멋지고 유쾌할 수 있고, 그래야 한다"(GR 103)는 것으로 요약될 수 있는데, 이는 그야 말로 제반 부자유의 극복을 위한 에로스 본능적 차원의 요구라 할 수 있다.

6. 의의와 한계

　90년대 벽두에 일어난 현실사회주의의 몰락은 분명 충격이었다. 왜냐하면 남한 변혁운동은 직접적이든 간접적이든 소련을 위시한 동구 블록으로부터 이념적 좌표를 부여받고 있었기 때문이다. 이와 더불어 마르크스주의는 비판적 사회이론의 독점적 지위를 내놓아야 하는 상황에 직면한 것으로 보였다. 그런 점에서 1990년대 이후 제각기 다양한 모습으로 소개되고 논의된 포스트-담론들은 마르크스주의의 죽음 내지 주체의 종언을 선언했다. 이들의 이런 주장은 사회주의 사회 역시 이성과 합리성의 과도한 지배가 낳은 폐단으로부터 자유롭지 못했음을 밝혀주었다는 점에서 일말의 타당성을 갖는다. 하지만 지금의 시대 현실에 비추어 보았을 때, 포스트주의자들의 모호한 정치적 함의는 그들의 현실진단에 대한 동의를 어렵게 한다. 왜냐하면 이들은 신자유주의 세계화 전략 속에서 자행되고 있는 전세계적 억압과 착취, 새로운 계급질서의 양산 등에 대해 아무런 대답도 할 수 없기 때문이다.

　오히려 새로운 비판적 사회이론의 재구성에 관심이 있는 이들의 입장에서는 전통 마르크스주의의 공백을 인정하고 새로운 차원의 문제들을 도입함으로써 마르크스주의의 실천적 한계들을 극복하려 했던 일련의 노력들에 더 많은 점수를 줄 수밖에 없다. 그런 점에서 마르크스주의와 프로이트주의의 종합을 통해 마르크스주의가 갖는 이론적 난점들을 극복하려 했던 라이히나 마르쿠제의 시도는 이론적 성공 여부를 떠나 재평가되어야 할 것으로 여겨진다.

　잘 알려져 있다시피 마르쿠제 또한 마르크스와 프로이트의 사상을 종합함으로써 '기술적 합리성'의 지배를 받는 선진산업사회의 문제점들을 폭로했다. 그가 해석한 프로이트주의는 일종의 사회철학 내지 사회비판으로서, 인간 존재를 일차원적 존재로, 그리고 문화적·창조적 잠재력이 내재된 에로스적 본능을 파괴적인 죽음충동으로 변질시키는 현대사회의 비인간성을 비판했다. 프로이트의 경우 억압 없는 문명사회는 있을 수 없다고 하여 숙명론적 비관론에 빠져 있었으나, 마르쿠제는 비억압적 문명사회가 가능하다고 보아 현실원칙과 쾌락원칙의 공존가능성을 모색한다. 그에게 있어 이러한 공존은 창조적 에로스에 기반한 예술을 통해 가능하다. 왜냐하면 그는 예술 본연의 현실 부정성과 초월성을 통해 진정한 인간해방이라는 유토피아를 보여줄 수 있다고 보기 때문이다. 변혁이 도무지 불가능해 보였던 시기에 새로운 비판적 사회이론을 구성하려 했던 마르쿠제의 노력은 현재의 우리에게 많은 시사점을 던져준다. 왜냐하면 그의 이론은 개관할 수 없을 정도로 복잡해져 가는 현실 속에 내장된 복잡한 모순들을 분석하고 비판함에 있어 심리적·이데올로기적 억압의 기제에 대한 관심을 환기시켜 줄 뿐만 아니라, 더 나아가 변혁의 필요조건으로서 육체 및 욕망해방의 지평을 열어주고 있기 때문이다.

하지만 많은 장점에도 불구하고, 그의 논의에는 몇몇 심각한 한계들이 존재한다. 이는 마르쿠제의 이론 전반에 걸쳐있는 문제이기도 하거니와, 그의 현재적 읽기는 이러한 한계의 극복을 전제로 할 수밖에 없다. 우선 그는 당면 문제점들의 도출에서는 예리한 면모를 보여주지만, 그 논의를 구체화하는 데 있어서는 객관성을 결여하고 있다. 가령 그가 말하는 에로스의 실체가 명확히 제시되지 않고 있다. 물론 그는 에로스를 리비도의 성질을 지니지만 자기보존본능까지 포함하는 '삶의 본능'이라고는 했지만, 이것이 현실적으로 어떻게 드러나며 가능한가라는 문제에 대해서는 별 언급을 하지 않는다. '억압 없는 문명'이라는 유토피아적 전망 역시 마찬가지다. 전망이 전망으로서 기능을 하려면 나름의 현실적 재료와 근거가 주어져야 하는 데, 그가 도출해낸 전망은 도무지 실현가능성이 없어 보인다. 그로 인해 마르쿠제의 전망은 전망이라기보다 슬로건의 성격을 띠게 된다. 이런 예는 그의 저술들에 허다하게 나타나는데, 이를테면 '에로스와 노동의 관계'를 기술하고 있는 부분은 대표적인 예라 하겠다.

더 나아가 마르쿠제는 억압을 지나치게 일반화함으로써 계급적 억압을 희석시키는 경향이 있다. 다시 말해 그는 과잉억압을 수행하는 '수행원칙' 개념을 도입하여 제반 억압을 동일화함으로써 당면 사회의 적대적 갈등들을 간과하고 있는 것이다. 물론 이는 더 이상 계급투쟁이 가능하지 않다는 그의 현실인식에서 기인하는 것이기는 하지만, 실패한 68혁명에 대한 지나친 낙관으로 인해 그의 '해방론'은 추상적 변혁논리로 전락하고 만다. 이는 주체문제의 근본적 결함으로 귀결되거니와, 그는 주체문제와 관련하여 지나치게 부화뇌동附和雷同하는 모습을 보인다. 가령 그는 학생운동이 전면에 제기될 때는 학생을, 히피들의 반제도적 행동들이 이슈화될 때에는 '아웃사이더'들을, 여성문제와 관련해서는 여성들을 변혁의 담지자로 내세우는 식으로 목전目前의 현실운동에 지나치게 기대고 있다. 특히 제3세계의 구체적인 실상을 언급하지 않은 채, 3세계 주민들을 변혁주체로 내세울 때엔 도덕적 당위론에 기반하여 주체론을 전개한다는 인상까지 준다.

물론 마르쿠제의 논의는 현실의 미시적 억압을 비롯하여 은폐되어 나타나는 다양한 억압을 분석하고 폭로하는 데엔 무척 유용하다. 하지만 그의 비판이론이 제 몫을 감당하려 할 경우, 분석의 치밀함 외에도 그러한 억압들에 대한 극복 가능성을 좀 더 엄밀하게 구체화할 필요가 있다. 이 점에서 마르쿠제의 논의는 도덕적 논의로 전락할 위험을 다분히 안고 있다. 우리는 그의 논의가 변혁적 당위론에 머무르고 있음을 인정할 필요가 있다. 물론 그렇다고 해서 그의 이론적 실천이 폄하될 수 있는 것은 아니다. 왜냐하면 그는 현대사회의 억압적 양상들을 분석하고 비판함에 있어 어느 누구보다 단호하고 일관적이었을 뿐만 아니라, 종래의 마르크스주의가 간과했던 문제들에 주목하고 있기 때문이다. 따라서 현재의 시점에서 마르쿠제를 읽는 일은 그가 제시해 놓은 변혁의 목표들을 실현 가능한 전략 및 전술들로 구체화하는 데서 출발해야 할 것이다.

바타이유의 에로티즘과 위반의 시학

"간단하게 말해보자면, <자연을 몰아내봐라,
자연은 뛰어 돌아올 테니.>"

1. 에로티즘의 사상가, 바타이유

바타이유George Bataille는 철학, 경제, 종교사, 생물학, 민족학, 문학, 미술 등 여러 분야를 오가며 저술 활동을 펼친 '통섭'('이종접합')의 선구자이다. 물론 그는 마르크스나 프로이트, 니체 등의 대가들에 비해 많은 저술을 남기지는 않았다. 하지만 그의 모든 저술들에는 다양한 학문 영역들이 교차하고 있어 입체적 독서와 성찰이 요구된다. 이를테면 『저주의 몫』을 읽으며 우리는 철학, 경제, 인류학, 정치학 및 사회학 등의 의제들이 씨줄과 날줄로 얽혀 있음에 놀라게 된다. 이는 『C 신부』, 『마담 에드와르다』, 『하늘의 푸른 빛』 등의 소설이나 『문학과 악』 같은 비평서의 경우에도 그렇다. 『내적 체험』, 『니체에 관하여』 등의 철학적 저술, 『선사시대 그림: 라스코 또는 예술의 탄생』, 『마네』 등의 미술사적 저술 등은 이미 '한계-체험limit-experience'을 향한 학문적 경계 허물기의 모범 사례로 평가된다.

바타이유는 우리의 상식에서 벗어나는 이종異種, das Heterogene에 관심을 가졌다. 비생산적 소비, 에로티즘, 죽음 등은 이성과 문명의 '외부'로서 대표적인 이종의 영토였다. 그가 보기에 '이종'의 세계는 과잉과 역설, 모순의 세계로서 이성적 인식이 가닿을 수 없는 '비지식의 상태'요 '지고성'의 경지이며 불가능의 영역이다. 이러한 이종의 세계를 관통하는 주제는 '에로티즘'이다. 물론 '과잉 에너지 즉 잉여의 소비'를 다룬 『저주의 몫』을 자신의 대표 저작으로 꼽은 바 있지만 바타이유의 전체 저술들은 '저주'의 영역이었던 성sexuality과 에로티즘을 공론화하려는 부단한 노력을 보여준다. 죽음과 종교, 매혹과 광기, 금기와 위반 등 문명과 이성(노동)이 터부시해온 성의 양면적 얼굴을 외면하고서는 삶의 '총체성totality'에 도달할 수 없다는 것이 바타이유의 판단이다. 그는 '사랑'이라는 그럴듯한 말로 포장된 '성'의 맨 얼굴을 봐야만 한다고 역설한다. 생산성과 유용성을 지향하는 노동 담론에 맞서 그는 '악惡'으로 단죄된 에로티즘 담론에 정당한 지위를 부여하고자 한다. '악'에 대한 그의 관심은 기독교와 이성 중심주의적 노동사회에 의해 배척받아온 '성聖' 체험의 회복을 겨냥한다. 바타이유의 작업은 이렇게 요약될 수 있겠다: "단정한 걸음걸이 너머의 길, 과학 또는 사유의 오만이 유지될 수 없는 길, 에로티즘과 사유의 세계를 더 이상 가르지 않는 다른 길을 생각해 볼 수 없을까?"13

이제 '에로티즘'과 '일반경제학' 등의 작업이 재조명되고 있지만 바타이유는 평생 오해와 비판에 시달려야 했다. 브르똥Andre Breton의 오물 작가라는 비판을 필두로 사르트르나 라캉 등과의 불화로 인해 그는 '내적 망명'을 감내해야 했다. 하지만 68혁명을 전후로 그에 대한 관심이 일고, 푸코가 그를 최고 작가의 반열에 올리면서 새로운 평가를 얻기 시작한다. 그에 대한 부정적 견해나 호의적인 평가 모두 '에로티즘'을 둘러싼 것이었다. 하지만 "그가 없었다면 아마도 우리에게 푸코도, 들뢰즈도, 데리다도, 그리고 수많은 철학자도 없었을 것"14이라는 진술에서 그의 학문적 의의를 감지할 수 있을 것이다. 부르디외Pierre Boudriard나 보드리아르Jean Baudriard의 작업 역시 바따이유에게서 많은 영감을 얻고 있는 것으로 평가된다. 푸코는 그를 '위반의 사상가'로 평가하면서 자기 시대의 가장 중요한 사상가들의 한 사람이며 그의 저작은 계속 자라날 것으로 전망한 바 있다.

인간 안에는 문명사회(인간성)와 야만사회(동물성)가 공존한다. 이들은 서로를 배척하면서도 서로를 각자의 조건으로 삼고 있다. '암흑의

---

13 조르주 바타유: 『에로티즘의 역사』, 조한경 옮김, 민음사, 1998, 24쪽.
14 베르나르 시세르: 『프랑스 지성사 50년』, 유재석 옮김, 끌리오, 1998, 82쪽.

작가' 바타이유는 특히 에로티즘과 그에 결부된 폭력성과 죽음, 종교성에 관심을 가졌다. 결국 에로티즘 연구는 그에게 인간의 존재론을 재구성하고자 하는 시도이다. 왜냐하면 "에로티즘이란 자기의 존재를 문제 삼는 인간의 의식 안의 어떤 것"15이기 때문이다. 이 글은 바타이유의 에로티즘 3부작인 『에로티즘』, 『에로티즘의 역사』, 『에로스의 눈물』을 통해 그의 사유를 일별하고자 한다. 그리고 바타이유 사유의 현재적 의미와 한계를 짚어보고자 한다.

2. 프로이드와 킨제이 비판

인간은 낮과 밤으로 표상되는 야누스적 두 얼굴을 갖고 있다. 스페인 화가 고야Francisco de Goya는 <이성이 잠들면 괴물이 나타난다>는 그림을 통해 이성과 폭력, 문명과 야만의 모순적 양면성을 강렬하게 보여준 바 있다. 하지만 서구의 근대는 이성과 소명을 위해 폭력과 야만(혹은 비이성)의 침묵을 강요해 왔다는 것이 바타이유의 주장이다. 사실 이러한 견해는 새로울 것이 없는 것이려니와, 이미 사드나 보들레르, 졸라 등의 많은 문학 작품들과 니체, 프로이트 등의 분석들에서도 어렵지 않게 접할 수 있는 것들이다. 하지만 바타이유가 보기에 이러한 주장들은 일종의 역사성을 결여하고 있고 각론의 수준에 머물고 있다.

바타이유는 인간과 사회에 대한 총체적 인식을 위해서는 '저주의 영역들'을 포함해야 하며, 에로티즘이야말로 인간의 양면성을 밝혀줄 실마리라는 데서 논의를 시작한다: "우리가 인간-인간이 무엇을 의미하는가-을 포착할 수 있다면, 그것은 오직 기만적인 방법을 통해서이다. 인간성은 언제나 모순을 드러내며, 지극한 선함과 잔인함을, 극도의 순결함과 불순함을, 아주 매력적인 모습과 가장 추한 모습을 시도

---

15 앞의 책, 15쪽.

때도 없이 드러낸다. 종종 우리는 세계와 인류가 마치 같은 것인 것처럼 말한다. 그러나 인류는 겉보기에는 이웃이지만 기실 서로 낯선 세계들로 구성돼 있다. 이따금 그들 사이에는 엄청난 거리가 있다. 도둑의 세계와 카르멜 수녀원의 세계는 하나의 별과 다른 별 사이의 거리보다도 멀다고 할 수도 있다. 이 각각의 세계들은 서로를 모르며 배척한다. 그러한 양립불가능성은 한 개인에게서도 보인다. 가족 내에서 남자는 상냥하기가 천사 같다. 그러나 밤이 오면 그는 타락의 세계를 뒹군다. 가장 놀라운 것은 각각의 세계는 다른 세계를 모르거나 적어도 모른 척하는 것이, 내게 암시하는 세계들의 규칙이라는 점이다."16

하지만 에로티즘을 담론의 의제로 불러오기란 쉽지 않은 작업이었다. 바타이유의 저작들이 일으켰던 논쟁과 푸대접의 역사는 이 주제의 민감성을 여실히 보여준다. 그도 그럴 것이 에로티즘은 물론이고 그와 연동된 폭력과 죽음, 위반 등의 개념들은 매우 내밀한 영역을 건드리면서 정상성의 경계를 지울 수 있기 때문이었다. 성과 상상력의 해방을 요구하며 위반을 통한 사회 변화를 추구했던 68혁명을 전후해서야 바타이유의 복권이 이루어진다는 사실은 무척 시사적이다. 하지만 문명과 언어가 사유의 저편으로 내쫓으려 아무리 애를 써도 밤의 영역들은 언제든 귀환할 틈새를 노린다. 물론 비이성적 폭력과 에로티즘은 "일단 이성이라는 벽에 부딪치며, 언어의 침묵적 멸시 앞에서 갈 곳을 못 찾는다."17 하지만 영원한 금지는 없다. 금기의 목소리가 높다는 것은 그 만큼 위반의 힘이 드세다는 것을 말해 줄 뿐이다. 밤의 왕국이 언어로 표현되지 않는다고 해서 그것이 '무無'인 것은 아니다. 상징적 언어를 비켜나 있으면서도 그 내부에서 한 순간 이성의 왕국을 쑥대밭으로 만들 수 있는 것이 죽음과 폭력을 내장한 에로티즘이다. 우리의 필연적 일부이면서도 불편한 진실로 부정하려 했던 에로티즘은 사태의 진실에 접근하기 위한 첩경인 것이다: "어둠이 덮인 곳에 한번쯤 조명

---

16 같은 책, 21-22쪽.
17 같은 책, 209쪽.

을 비춰보지 않는다면, 어떻게 우리를 다 알았다고 할 수 있을 것인가?"18

　물론 이론적 수준에서 인간의 성적 욕망을 다룬 사람은 바타이유가 처음이 아니었다. 우선 무의식과 성욕의 상관성에 주목했던 프로이트가 있고, 할리우드 영화에서 그럴듯하게 포장한 바 있는 『킨제이 보고서』의 저자 킨제이Alfred Charles Kinsey 박사도 있다. 두 사람은 정신분석과 생물학이라는 상이한 학문적 지반에서 출발했지만 '과학성'에 대한 열망을 공유하고 있었다. 바타이유는 두 사람의 공과를 평가하면서도 '내적 경험'을 과학의 언어로 표현할 수 있다는 이들의 이론적 전제에 대해서는 분명한 거리를 둔다. 프로이트의 후기 이론은 성본능과 죽음본능을 중심으로 인간의 본능을 설명한다. 프로이트의 영향을 받은 바타이유도 성본능과 죽음의 상관성에는 동의를 한다. 하지만 프로이트의 '과학적' 접근이 성의 구체적인 사실과 거리가 먼 추상적 이론일 수 있음에 대해서는 비판적이다. 꿈에 떠오른 무의식적 상징들에 대한 해석이 모호할 뿐만 아니라 한 편의 소설을 만들어낼 가능성이 농후하기 때문이다.

　프로이트에 대한 바타이유의 비판은 두루 뭉실하다. 하지만 생물학적 관점에서 성의 과학을 추구한 킨제이에 대해서는 비교적 세세하고 가혹한 평가를 내린다. 혹벌 연구자 킨제이는 곤충의 생태처럼 인간의 성적 욕망 역시 과학적으로 데이터화할 수 있다는 생각을 품는다. 성적 욕망을 수치화하고 계량화함으로써 성적 사태의 진실에 도달할 수 있다고 그는 판단한 것이다. 이에 대해 "그는 성기를 한쪽 발을 사물 취급하듯이 사물 취급했으며 성기의 기능 중 하나인 성행위도 사물 취급했다"19고 바타이유는 냉소적 평가를 내린다. 그의 비판에 따르면 킨제이는 과학적 범주를 벗어나는 부분마저 동물적인 것으로 간주함으로써 인간 고유의 성적 '체험'에 대해서는 은폐하거나 침묵하도록 하

18　같은 책, 304쪽.
19　같은 책, 169쪽.

였다. 이는 대상을 외적인 것으로 자리매김하고 과학자의 위치를 진리의 자리로 인정하는 한 피할 수 없는 사태이다. 하지만 바타이유는 인간 행위가 동물의 행위와 같아 보일 때조차도 다르다고 주장한다. 인간의 성적 현상에는 과학적 객관성을 벗어나는 잉여가 있으며 이를 과학의 서사로 재현하는 순간 왜곡이 생겨날 수밖에 없다는 것이다.

바타이유에게 성은 '내적 체험'의 차원에서 논의될 필요가 있다. 성을 객관적으로 다루는 것도 의미가 있지만, 성이 이성과 과학을 벗어나는 일 역시 비일비재하기 때문이다. "성을 해부학자가 핀셋에 끼워 관찰하는 하나의 곤충과 같은 사물로 취급한다면, 또는 성을 인간 정신과 전혀 무관한 것으로 본다면 우리는 중대한 난관에 봉착할 것"[20]이라는 경고는 킨제이에 대한 비판의 결정판이다. 킨제이의 보고서는 성을 사물 대하듯이 연구한 결과물이지만 역설적으로 성이 사물일 수 없음을 드러내고 만다. 킨제이는 대상을 객관적 연구 대상으로 대할 수 없음을 솔직하게 밝힘으로써 육체와 성적 충동이 시적이고 신적인 것('聖스러운 것')임을 자인하고 말기 때문이다. 과학적으로 설명이 되지 않는 부분을 설명하기 위해 그리고 관찰의 주관성을 의심받을 만한 대목에서 수와 통계에 의존하는 것은 성행위가 단순한 과학적 대상이 아님을 반증한다는 것이 바타이유의 설명이다. 성의 내밀한 경험은 "빈도수, 행위 방식, 나이, 직업, 그리고 계급 등의 외적인 관찰만으로 파악하기 어려운 것이다." "사람의 수, 키, 몸무게, 나이, 또는 눈의 색깔 등에 관한 연구가 인간에 대한 연구라고 할 수"[21] 없는 것처럼 말이다.

킨제이 보고서에 대한 바타이유 비판의 핵심은 이런 것일 터이다. 길지만 바타이유의 에로티즘 논의의 핵심을 짚고 있기에 그대로 인용한다.

---

20 같은 책, 169쪽.
21 같은 책, 179쪽.

"어떤 도표를 보면 열 번째 칸에 '미국 국민에게 있어서의 오르가즘의 근원'이라는 제목이 있으며, 그리고 자위, 성희, 혼인관계 또는 혼외관계, 수간, 동성연애 등등의 어휘에 숫자가 덧붙여져 있다. 만약 그러한 내용을 읽고 우리가 웃음을 참을 수 없다면 그 웃음은 그것이 보여주는 불가능에 가까운 몰상식 때문에 웃는 웃음이다. 사물(마치 강철이나 구리의 톤수처럼)을 지칭하는 그런 기계적인 분류와 내적 진실 사이에는 엄청난 차이가 있다. 그들의 기본적인 연구방법이 되고 있는 앙케이트, 다시 말해 성에 관한 이야기를 듣는 일도 사실은 내밀성의 도움을 받지 않고서는 가능하지 않다. 그들의 일은 아니었지만 그들은 '이야기'에 관해 이렇게 고백하고 있다. '이야기들은 종종 깊은 상처, 낙심, 고통, 불만, 실망, 비극적 상황, 철저한 재앙의 기억을 내포한다'. 그러나 사실 불행의 느낌은 성행위의 내적 의미와는 무관하다. 성행위의 내적 의미는 적어도 그것의 심연으로 되돌려 보내져야 한다. 그것은 건져내려면 할수록 왜곡되기 일쑤다. 연구자들 자신도 그들이 보고하는 성적 현상이 얼마나 깊은 곳에 묻혀 있는가를 모르지는 않았다. 그러나 그들은 그것을 잘 알면서도 작업방식을 바꾸지 않았다. 예외를 두면 그들의 속셈과 취약성(관찰을 하는 대신 피관찰자의 이야기에 의존하는 방법의 취약성)이 드러날까 두려웠기 때문이다. 그들은 그들의 눈으로 직접 관찰한 내용이 아닌 제3자의 증언(제3자가 제공한 자료)을 근거로 책을 출판했다. 그들은 어린 아이들(6개월에서 12달 사이의 어린 아이)이 자위행위를 통해 오르가즘에 도달하는 데 소요되는 시간 -아주 짧은 시간- 을 측정해 보기도 했다. 어떤 때는 초침 시계로, 또 어떤 때는 크로노미터로 그 시간을 측정했다는 것이다. 웃지 않을 수 없다. 사물을 다루는 방법으로 외적 관찰이 불가능한 까다로운 내밀성을 다루는 그들은 우리로 하여금 웃지 않을 수 없게 한다. 성인에게 있어서의 그것은 더 까다롭다. 그러나 어린 아이의 경우에 있어서도 마찬가지다. 어린 아이 앞에 있으면, 한없이 해맑고 귀여운 어린 아이 앞에다 기계를 들이대고 하는 그것이 무색하지 않은가? 연구자들의 주장에도 불구하고 진실은 명백히 드러난다. 착각이 아니고는 천박한 사물과 신성한 것을 그렇게 혼동할 수는 없다. 성인(또는 어린아이)의 내부에 이는 어떤 육중한 폭력을 거리낌 없이 사물의 영역으로 끌어내릴 수는 없다. 인간 또는 동물의 폭력이 비록 잔잔한 듯이 비칠지 몰라도 우리는 결코 그것을 아무런 심적 동요 없이 관찰할 수는 없는 것이다."[22]

바타이유의 이러한 주장에 수긍한다면, 우리는 에로티즘에 대한 과학적 접근에 거리를 두어야 한다. 그것은 "어떤 특별한 조건하에서만 접근이 가능한 딴 세상의 것"[23]이기 때문이다. 킨제이 보고서는 "앞으로 오랫동안 전 세계의 모두에게 모욕감을 느끼게 할"[24] 뿐이다. 차라리 사물로 환원할 수 없는 것이라면 그대로 두고 보는 편이 더 낫다. 라캉이 말하는 물자체Ding an sich처럼 성은 지식의 한계를 벗어나는 내적 체험이므로 오히려 지식(상식)을 포기할 때 진실의 일면을 내비치기 때문이다. 결국 "에로티즘의 복잡한 체계를 전혀 파악하고 있지 못한 과학은 에로티즘을 사물화시켜 그것의 부분적인(극히 일부분의) 진리를 밝히는 데는 성공했지만, 에로티즘의 진리라고 이름할 수 있는 본체는 밝히지 못하고 실패"[25]했다. 인간의 성이란 사물을 파악하는 과학적 방법으로는 접근이 불가능한, 그래서 오직 침묵과 금기를 통해서만 접근이 가능한 역설적 진리임을 간과했기 때문이다.

3. 금기와 위반

"에로티즘의 본질은 쾌락과 금기의 풀 수 없는 엉킴에 있다.
쾌락의 현현 없이는 금기가 있을 수 없고,
금기의 느낌 없이는 쾌락이 있을 수 없다."

아리스토텔레스가 이성에서 인간의 특이성을 본 것처럼, 이성은 동

---

22 같은 책, 171-172쪽.
23 같은 책, 283쪽.
24 같은 책, 184쪽.
25 같은 책, 172쪽.

물과 인간을 가르는 주요한 기준이 되어 왔다. 인간이 이성에 기대어 선과 악, 진리와 허위, 유용한 것과 그렇지 못한 것을 구별할 수 있고 현실을 인식하며 가치를 판단할 수 있다는 믿음은 '근대'의 원동력이기도 했다. '노동하는 인간homo faber'이나 '생각하는 인간homo sapiens'이라는 규정은 인간의 종적 우위를 말해주는 교리이기도 했다. 이후 '놀이하는 인간homo ludens'이니 '종교적 인간homo religios'으로서의 인간을 강조하려는 시도가 있기는 했지만, 이성적 존재로서의 인간 규정은 무척이나 강력한 것이었다.

바타이유도 노동과 이성이 인간의 본질적인 특징이라는 점을 인정한다. 나아가 그는 노동을 에로티즘 탄생의 전제로 평가한다. '공작인 工作人homo faber'는 연장을 만듦으로써 노동을 발전시켰다. 연장의 사용은 인간이 목적의식적으로 물질을 가공했음을 말해준다. 목적을 갖고 물질을 가공하여 만든 최초의 돌연장은 추론을 통한 최초의 결실이었다. 자연의 변형 과정에서 획득된 추론 능력은 자연 대상뿐만 아니라 인간도 변화시켰다. 약 100만 년 전 노동을 통한 인식 능력, 즉 이성을 획득하면서 인간은 동물성을 벗는다.

하지만 바타이유가 보기에 동물성에서 벗어나는 과정은 노동과 이성만으로 이루어지지 않는다. 여기서 또 다른 결정 요인은 에로티즘의 인식이다. 3만 년 전 호모 사피엔스가 남겨 놓은 그림들은 본능적 충동에 충실한 동물들과 다른 차원의 성性 인식을 증언한다. 즉 이성적 인간은 본능적 충동의 의미를 파악하고 거기에 목적을 부여했다는 것이다: "성적 활동의 목적을 의식한 최초의 인간들에게 있어 그 목적은 아기들의 탄생이 아니었음이 틀림없다. 요는 성적 활동으로부터 비롯되는 즉각적인 쾌감이었다."26 출산이 아닌 쾌감을 성 행위의 목표로 삼은 데서 인간은 동물로부터 다시 멀어진다.

그러나 노동은 에로티즘에 저주의 그림자를 덧씌우는 계기를 제공

---

26 같은 책, 31쪽.

하기도 한다. 인간은 끊임없이 노동에 지상권을 부여하는 가운데 폭력과 소모의 에로티즘을 배척해왔기 때문이다. 그런 점에서 "노동은 자유로운 에로티즘과 대립한다. 노동은 자유로운 에로티즘을 제한하며, 반대로 극도의 에로티즘은 노동에 해를 끼친다."[27] 바타이유에 의하면 인간은 노동을 통해 문명을 일구었지만 종속적이고 도구와도 같은 사물로 전락하고 말았다. 이러한 노예적・종속적 상태를 벗어나기 위해서는 '내적 체험'을 통해 '주권성sovereignty, 至高性'의 상태로 나아가야 한다. 노동의 대립체로 인식된 성행위는 쾌락을 목적으로 한다. 에로티즘은 "어떤 유보도 방해하지 못하며, 어떤 계획도 금지하지 못하고, 어떤 노동도 저지하지 못하는 무한한 욕망"[28]이기 때문이다. 이성적 행동을 강조하는 노동의 입장에서 쾌락의 획득은 물질적 상실, 에너지의 상실을 수반한다. 그런 면에서 노동에 몰두하는 사회에서 쾌락의 추구가 금기와 단죄의 대상이 되는 것은 당연한 수순이었을 것이다. 중세 이후 축제나 놀이가 급격히 쇠락의 길로 접어든 것도 유사한 맥락이다. 그리고 베버Max Weber가 『프로테스탄티즘』과 자본주의 윤리에서 밝혔듯이 칼뱅을 비롯한 개신교의 윤리 역시 이러한 노동 지상주의에 크게 기여했다.

바타이유에 따르면 이성이나 노동은 인간사의 절반에 불과하다. 금기는 노동과 이성이 작용하는 낮의 현실을 보존하고자 한다. 그러나 금기와 변증법적으로 얽혀 있고 밤의 질서를 적극적으로 불러 오는 위반의 과정 역시 엄연한 현실이다. 인간은 '호모 에로터쿠스homo eroticus'이기도 한 것이다. 인간은 동물과 달리 금기를 통해 욕구를 채운다: "인간으로 하여금 동물적 느낌에서 벗어나게 해주는 것은 이성이 아니라 오히려 금기이다."[29] 인간 사회 도처에 존재하는 금기들 다수는 죽음과의 접촉을 금하거나 성적 본능을 통제하고 조절하고자 마련된 것이다. 터부

---

27 조르주 바타이유: 『에로티즘의 역사』, 114-115쪽.
28 같은 책, 162쪽.
29 조르주 바타이유: 『에로스의 눈물』, 유기환 옮김, 문학과 의식사, 2002, 71쪽.

taboo는 불결하면서도 아찔한 무엇으로서 초자연적인(혹은 그렇다고 여겨지는) 원리를 지닌 사물과의 접촉을 금한다. 이들 전염성 강한 사물과의 접촉 혹은 그로 인한 위험들을 미연에 예방하는 것이야 말로 노동과 문명을 지켜낼 수 있기 때문이다. 특히 성이나 죽음은 무섭지만 매혹적인 폭력을 수반하는 '아찔한unheimlich, uncanny' 경험과 관련이 있기에 제1의 금기 대상이었다. 그야말로 '세계의 밤die Nacht der Welt'인 셈이다.

근친상간, 월경 등의 금기들은 세계 도처에서 발견된다. 외디푸스 비극과 우리의 달래강 전설, 도깨비굿 등은 성 금기들의 위력을 강력하게 시위한다. 하지만 바타이유에 따르면 최초의 금기는 죽음과 관련이 있다. 뒤에서 상술하겠지만 죽음의 인식은 에로티즘의 또 다른 젖줄이기도 하다: "오늘날까지도 발견되고 있는 고대인들의 뼈는 죽은 사람들에 대한 어떤 태도가 고대부터 비롯되는 것임을 알게 한다. 아직 똑바로 서지도 못하고, 그리고 우리와는 비교할 수 없을 정도로 두개골이 덜 발달된 네안데르탈인조차도 죽은 사람들을 매장했던 것이다. 죽은 사람들 앞에서의 이러한 태도는 그렇게 유인원에게까지 거슬러 올라간다."30 백만 년 전부터 죽음을 의식하고 매상 풍습을 시켜왔을 정도로 인간에게 죽음의 공포성은 가공할 만한 것이었다. 인간 고유의 죽음의 금기에는 살해의 금기와 망자와의 접촉을 금하는 것이 포함된다.

죽음은 세계를 한 순간의 폐허로 만들 수 있는 것이었기에 폭력의 상징으로 비쳐졌다. 이는 친숙한 일상 세계나 노동 세계와는 전혀 다른 영역이며 그곳의 일단이라도 접하기 위해서는 다른 사고방식이 요구되는 세계였다. 누군가의 죽음은 개별적인 죽음으로 끝나지 않고 계속 위협을 하기 때문에 산자들은 죽은 자를 두려워한다. 죽음의 위협을 벗어나기 위해 인간은 죽은 시신이 잘 건조하기를 기다리거나 그것을 땅에 묻었다. 부패와 무질서를 몰고 올 썩지 않은 시체는 온갖 재

---

30 조르주 바타유: 『에로디즘의 역시』, 31쪽.

앙의 원인이기도 했기 때문이다. 반면 시체의 온전한 건조는 죽음의 폭력성이 효과적으로 예방되었음을 말해주는 증거였다: "산 사람들의 눈에는, 폭력의 세계와 무질서의 세계에 속하는 죽음은 폭력과 무질서를 언제라도 전염시킬 준비를 하고 있는 데, 시체가 잘 건조하면 그 힘이 다하는 것으로 보였던 것이다."[31] 매장은 물론이고 복잡한 장례 의례 역시 망자를 보호하기보다는 죽음의 전염으로부터 자신들을 보호하기 위한 것이다.

반면 바타이유는 성 금기의 경우 죽음의 금기만큼 보편적이거나 역사적이지 않다고 본다. 물론 세계 어디서나 성 금기가 있다는 점에서 보편적일 수 있겠지만 선사시대의 증거가 남아있지 않기 때문이다. 발기된 남성의 성기를 감추거나 은밀히 성행위를 하는 것은 보편적인 형상이다. 하지만 성기에 대한 태도나 성행위에 대한 제한이 지역이나 시대에 따라 다르게 나타난다는 점에서 성 금기의 임의성을 단정할 가능성이 있다. 그러나 바타이유에 따르면 이러한 공간적·시간적 차이들이 성 금기를 상대적인 것으로 만드는 것은 아니다. 어떤 면에서 성 금기와 관련한 차이나 변화들은 사소한 것이며 금기의 심오한 의미들은 그 너머에 숨어있다고 보기 때문이다. 오히려 성행위와 관련된 다양한 제한들은 우리 모두를 구속하는 어떤 기본적인 규칙 혹은 성을 제한하는 보편적인 금기의 존재를 반증한다. 인간은 어떤 식으로든 성 금기를 의식하고 있으며 시간과 장소 및 사람에 따라 금기의 실천 양상들이 다르게 나타날 뿐이다.[32]

프로이트나 마르쿠제와 마찬가지로 바타이유는 자연과의 거리두기가 지금의 문명을 가져왔다고 본다. 우선 인간은 자연을 거부하는 동물이다. 그는 노동을 통해 자연을 파괴하거나 그것을 인위적인 세계로 변화시킨다: "우리는 자연스러운 것에 대한 혐오감을 아이들에게 주입시키려고 하며, 육체에 대한 우리의 감정, 아무 것도 숨기지 않는 성

[31] 같은 책, 50쪽.
[32] 같은 책, 54-55쪽 참조.

생활에 대한 우리의 혐오감을 공유할 때까지 아이들을 씻기고 옷을 입히는 노력"33을 그치지 않는다. 교육과 훈육은 아이들을 우리들 생각대로 길들이는 일에 오랜 정성을 기울여왔다. 그러면서 우리는 자연 혹은 동물적 육신의 세계를 몰아냈노라 자신한다. 하지만 바타이유의 말처럼 동물성은 그렇게 간단하게 축출될 수 있는 것이 아니다. 아니 인간들은 아예 그렇게 할 생각조차 하지 않았다. "다만 인간들은 그것을 빛에서 거둬들여, 우리의 눈에 비치지 않는 어둠에 가둠으로써 교묘하게 위장하는 것으로 만족했다."34 그리고 인간은 적당한 때와 장소를 정해 그것을 위반해 왔다. 성 금기는 처음 노동이 건설한 세계를 지켜내기 위해 탄생했다. 하지만 금기 대상은 너무나 쉽게 위반되기 때문에 금지된다. 그런 점에서 금기는 위반되기 위해 존재한다. 성 금기는 위반을 재촉하고 유혹한다. 위반을 부르지 않는 대상은 에로티즘과 무관하며, 강도 높은 에로티즘은 늘 금지 명령이 강하게 부과된 대상과 연계되어 있다는 점을 기억할 필요가 있다.

바타이유의 금기와 위반의 변증법은 마르셀 모스Marcel Mauss와 로제 까이와Roger Caillois의 선행 연구에 크게 의존하고 있다. 특히 까이와에 기대어 그는 원시인들의 시간을 세속적 시간과 신성의 시간으로 나눈다. 전자는 일상의 시간이자 노동의 시간이며 금기를 준수하는 시간이다. 반면 신성의 시간은 축제의 시간이고 금기 위반의 시간이다. 우리는 축제의 시공간에서 법과 금기를 의도적으로 위반한다. 디오니소스 제의와 같은 축제는 위반의 가치가 가장 분명하게 나타난 이벤트이다. 축제의 신성화된 자연과 신성화된 동물성은 통음난무의 탈일상적 행위들을 통해 폭력과 대화재의 시간을 불러왔다: "축제의 시간 동안 축제에 경이로운 색채, 신성한 색채를 부여하는 것은 다름 아닌 위반이다. 제신諸神들 중에서 디오니소스는 본질적으로 축제에 연결되어 있다."35 일상의 금기는 이후에 있을 위반을 위해 유지된다. 위반과 금

---

33 같은 책, 81쪽 참조.
34 같은 책, 78쪽.

기는 서로 외재적이거나 배타적이지 않고 오히려 서로를 내포하며 전제한다. 금기를 유지시키고 완성하는 것이 위반이라는 점에서 금기와 위반의 역설적 관계를 확인할 수 있다: "금기에 대한 언급이 불편한 이유는 금기 대상이 다양해서라기보다는 그것의 비논리성 때문이다. 금기에 대해서 말하다보면 같은 대상에 대한 반대 명제가 불가능하지 않다. 위반을 불허하는 금기란 없다. 어떤 때는 위반이 허용되며, 어떤 때는 위반이 처방전으로 제시되기조차 한다."36

하지만 모든 가치를 부정하고 심지어 죽음까지도 불사해야 하는 위반이 무제한적으로 허용될 수는 없다. 위반에는 규칙이 따르며, 그 순간에는 그것을 더욱 견고하게 지킬 필요가 제기된다. 놀이를 지속하기 위해서는 놀이의 규칙을 엄수해야 하는 것처럼 말이다. 어떤 의미에서는 "어떤 때, 거기까지, 그것이 가능하다"37를 명시한 것이 위반의 역할일 수도 있다. 그런 점에서 위반은 금기를 무시하는 것이 아니라 그런 체하는 것이다. 금기俗의 세계에 위반의 세계를 끌어들이는 것은 위반의 두려움을 몸소 체험하게 함으로써 금기를 강화하는 역설적 기능을 하는 셈이다.

그럼에도 위반이 일단 발화하면 그것을 진화하기가 쉽지 않다. 금기 위반의 신성한 시간에서 일상의 세속적 시간으로 돌아오기란 무척 어렵거니와 제한이나 경계가 무너지면 일종의 도미노처럼 번져 급기야 무한 폭력으로까지 이어지기 십상이기 때문이다. 인간은 온갖 수단들

---

35 같은 책, 65-66쪽. 바타이유의 『종교의 이론』에 나오는 대목도 경청할 만하다: "사물의 질서는 지속을 위해 삶을 억제하지만, 신성은 그것을 비등시키는 놀라운 폭발, 즉 폭력이다. 축제는 끊임없이 둑을 무너뜨리려 위협하며, 소모가 갖는 순수 광채의 전염적 충동을 생산 활동에 대립시킨다. 신성은 정확히 말해 나무를 태워 소진시키는 불길과도 같다. 축제는 사물의 대립으로서의 불길이며, 그래서 축제는 열과 빛을 분산시키면서 번지고, 불을 붙이며, 축제의 불길에 휩싸인 사물은 다시 불길이 되어 다른 것을 불붙이고, 앞뒤 없이 타오른다." George Bataille: 『어떻게 인간적 상황을 벗어날 것인가』(Theorie de la religion), 조한경 옮김, 문예출판사, 1999, 67쪽.
36 같은 책, 68쪽.
37 같은 책, 71쪽.

을 통해 행위의 경계를 정해둠으로써 폭력 충동을 제한할 수 있다고 자신한다. 하지만 그 한계가 무너지면 계획과 계산의 질서는 물러가고 불가능에 대한 도전과 무한정한 소비, 맹목적 극단에의 추구가 밀려든다. 알랭 아르노가 '어린아이의 왕국'으로 표현한 탈이성적 소모의 순간이 엄습하는 것이다. 이 순간에 이르면 범할 수 없는 금기란 존재하지 않으며 주체는 내적 충동의 명령에 따른다. 하지만 바타이유가 보기에 이러한 극한의 상황에서도 인간의 위반은 동물의 무절제와 다르다. 일상적인 금기에 도전하지만 위반이 그 너머로 나아가지는 않기 때문이다. 그런 의미에서 "위반이란 세속을 파괴하지 않은 채 저 너머 신성의 세계에 한번 뛰어드는 행위이다."38

바타이유에게 금기란 인간의 어떤 근본적인 감정의 결과이다. "금기의 부재는 동물성"39에 불과하다. 하지만 동물의 성행위와 에로티즘을 가르는 금기는 공포감을 불러일으키면서도 위반을 충동질할 수도 있다. 금지는 에로티즘의 장애임과 동시에 그에 대한 강력한 권유이기도 하다. 그렇기에 우리는 '소망한다, 내게 금지된 것을.' 한 마디로 에로티즘은 공포를 느끼면서도 그 두려운 존재를 향해 어디까지 살 수 있는지를 궁금해 하며 한계까지 가보는 것을 시도하는 것과 같다. 이는 두려움 속에서 부모가 하지 말라는 짓을 계속하는 어린 아이의 행위와 유사하다. 바타이유는 까이와의 말을 빌려 이러한 위반의 의미를 설명한다: "에로티즘은 본질적으로 엄청난 '관계 뒤집기'다. 거부된 자연은 다시 욕망되며, 그러다가 여건에 종속되면 다시 반전되고 .... 그래서 저주(=금기)에 의해 변형된 자연은 새로운 거부, 불복종, 반항의 충동(=위반)에 의해서만 접근이 가능하다."40

잘 알려져 있다시피 육신과 충동은 기독교적 금기의 공적公敵 1호였다: "성은 타락한 육체와 죄의식으로 뒤덮인 기독교 세계를 제외하

---

38 같은 책, 72쪽.
39 조르주 바타유:『에로티즘의 역사』, 25쪽.
40 같은 책, 82-83쪽.

고는 즉시 본래의 의미를 가질 수 없었고 의심의 여지없이 중요한 '표현의 행복'을 알 수도 없었다."41 그런 의미에서 육신과 욕망은 공포의 대상이기도 했다. 하지만 금기의 역설처럼, 공포심은 그것이 어떤 것이든 욕망과 관계한다. 가공할 공포와 치명적인 매혹을 동시에 안겨주는 '실재'의 주이상스야 말로 에로티즘의 비밀인 셈이다. 실제로 에로티즘은 공포심을 일으키는 금기를 제압하고자 하는 욕망이다. 더욱이 "우리의 의식은 위반을 즐기기 위해 금기를 지속시킨다"는 주장은 우리를 당혹스럽게 한다. 그렇지만 금기를 위반하는 즐거움은 그것을 넘어선다. 쾌락과 금기는 서로를 전제한다. 자연 혹은 동물성은 몰아내는 순간 되돌아온다. 하지만 귀환한 자연은 애초의 자연과 다르다: "일단 거부됐다가 욕구되는 자연은 동물적 자극에 내맡겨진 자연과도 다르며, 동물적 충동에 내맡겨진 자연과도 다르다."42 그것은 "어떤 저주에 의해 변형된 자연이며, 오직 거듭된 거부의 충동, 불복종의 충동, 반항의 충동에 의해서만 접근이 가능한 자연이다." 디오니소스교와 달리 기독교는 위반의 축제를 금지했다. 하지만 이러한 금기는 오히려 관능적 동요를 증폭시키는 요인으로 작용했다.

    금기의 준수는 에로티즘의 진실을 인식하는 데 걸림돌이 될 뿐이다. 하지만 어떤 행위에 금기의 틀이 드리우는 순간 그에 대한 위반의 욕구 역시 자라나기 마련이다. 바타이유는 사드Donatien Alphonse Francois Comte de Sade의 말을 빌려 이렇게 이야기한다: "아무 것도 방종을 억누를 수는 없다. 방종자의 욕망에 불을 지르고, 그 욕망을 다양하게 하려면, 그를 제한하는 방법보다 더 좋은 방법이 없다."43 물론 금기의 위반은 불안과 고뇌를 수반한다. 금기는 강력하게 우리를 옭아매고 있기 때문이다. 하지만 역겨울 정도로 거부되었던 것이, 아니 여전히 역

---

41 Michel Foucault, Rede über Überschreitung, in: Bianca Schulze, Die Erotik George Batailles in Theorie und Prosa, München : GRIN Verlag GmbH, 2002, S. 13.
42 조르주 바타유: 『에로티즘의 역사』, 조한경 옮김, 민음사, 1998, 104쪽.
43 조르주 바타유: 『에로티즘』, 조한경 옮김, 민음사, 1999, 52쪽.

겨운 것임에도 불구하고, 욕망되는 순간 에로티즘은 수면 위로 스멀스멀 모습을 드러낸다. 에로티즘은 그야말로 금기 위반이 가져다주는 기쁨이다. 위반성을 내포한다는 점에서 에로티즘은 비정상이라는 낙인을 안을 수밖에 없을 지도 모른다. 그러나 당장 바타이유가 에로티즘을 선동하는 것 같지는 않다. 이미 그것은 우리의 삶 속에 들어와 있는 내밀한 사태의 일부이기 때문이다. 다만 우리의 이성과 언어는 그것을 인정하고 있지 않을 뿐이다. 문제는 사태를 냉정하게 직시하고 그것에 드리워진 침묵의 사슬을 걷어내는 것이다. 바타이유는 에로티즘의 심연을 탐색하고자 할 뿐 그것을 설명하거나 정당화하려는 것은 아니다. 그런 점에서 바타이유는 리얼리스트라고 할 수 있다.

정리하자면 '금기'는 '내적 체험'을 가져오는 위반에 의해 존재하는 금기이다. 물론 금기의 위반 이후 자동적으로 새로운 세계가 열리는 것은 아니다. 문제는 에로틱한 순간의 체험이기 때문이다. 그것은 영원히 지속되는 일종의 낙원이 아니라 '순간'의 체험이다. 이는 일상의 금기 세계와 그것을 넘어서는 순간 생겨나는 '균열'과 '심연'을 통해 '주권성'에 가닿고자 하는 욕망이기도 하다.

4. 존재의 연속성과 죽음의 매혹

노동은 질서를 지향한다. 반면 성행위는 동요와 무너짐을 불러 오며 주체와 대상 사이의 경계를 허문다. 죽음 역시 주체가 패쇄적이고 개별적인 존재로 남는 것을 방해한다. 물속에서 죽으면 나는 물과 하나가 되고, 산 속에서 죽으면 나는 그것과 섞이는 것처럼. 에로티즘은 연속성을 향한 갈망이고 죽음은 그러한 연속성의 극한이다. 이는 에로티즘의 내적 체험을 통해 '나das Ich'라는 존재를 없애고 주체와 객체가 각각 비지非知와 미지未知로 치환되어 융합되는 순간의 경험이다. 연속성은 주체로서의 자기 자신을 소비하는 순간, 죽음의 순간에만 가능하다. 그리고 에로티즘의 길목에는 자기를 파괴하고 영원히 상대방과 하나가 되고 싶은 충동으로서 죽음의 유혹이 잠복하고 있다. 따라서 에로티즘과 죽음은 거울의 앞면과 뒷면이라 할 수 있다: "모든 에로티즘의 통일성은 자신에게로의 웅크림의 의지를 거부하는 데서 찾을 수 있다는 말이다. 에로티즘은 죽음에로의 문을 열어준다. 죽음은 개인적으로 존속하고 싶은 욕구를 부정할 수 있게 해준다."44 바타이유의 논지를 따라가보면, 에로티즘에는 육체와 규율의 이중적 죽음이 요구된다. 에로티즘의 절정에서 체험하는 이성적 자아의 상실과 금기의 위반으로 나타나는 규율의 죽음이 그것이다. 이러한 이중적 죽음을 통해 우리는 "인간이 자신을 상실함으로써 참여할 수 있는 총체성"45의 영역에 가 닿을 수 있는 것이다. 이곳은 존재 조건에 얽매인 '속俗'의 세계가 아니라 무한한 에너지와 격정이 요동치는 '성聖'의 세계이다. '속인俗人'인 우리는 일상과 이성의 한계로부터 벗어나 성의 세계로 나아가고자 욕망하는 동물이다46. 에로티즘은 희생('작은 죽음')에 의한 부활 혹은 일차적 죽음에 의한 새로운 탄생의 경험을 제공한다. 그 점에서 희생제의나 통과의례와 유사한 점을 찾을 수도 있다.

바타이유에게 에로티즘은 "죽음에 이르기까지 삶을 긍정하는 것"이다. 죽음의 체험을 통해 삶을 긍정한다는 역설이야말로 그것의 운명인 것이다. 에로티즘과 죽음의 관련성 인식에 실마리를 제공한 것은 '우물'이라는 라스꼬 동굴 깊숙한 곳에 그려진 벽화였다. 그 그림은 "죄악과 관련한, 성적 흥분과 관련한, 에로티즘과 관련한 죽음의 테마"47를 표현하고 있다. 바타이유에 의하면 라스꼬의 인류는 노동과 놀이, 예술을 통해 진정한 의미에서의 인류가 될 수 있었다. 동물성에서 벗어나 인류로 거듭나는 과정에서 노동이 결정적이었다. 하지만 노동은 놀이

44 같은 책, 24쪽.
45 같은 책, 166쪽.
46 "진정한 존재, <절대성>에 이르려는 욕망이 없다면 어떤 개인이든 어떠한 행위이든 그 자체로는 가치가 없으며, 오직 유용성이 있을 뿐이다." 조르주 바타유: 『에로티즘의 역사』, 조한경 옮김, 믿음사, 1998, 184쪽.
47 같은 책, 23쪽.

와 종교, 예술 탄생의 단초였을 뿐 그 자체가 동물성을 벗어나게 해준 것은 아니다. 오히려 인류는 금기를 알게 되고 이를 위반함으로써 동물성을 완전히 벗어버릴 수 있었다. 라스코 동굴의 이 그림은 선사인들이 금기를 알고 있었고, 금기와 위반이 한 쌍을 이루고 있음을 말해주고 있다. 바타이유의 그림 해설을 직접 들어보자.

"성기를 곧추 세운 채 무너져 가는 새의 얼굴을 한 남자의 이미지. 이 남자는 상처 입은 들소 앞에 누워 있다. 들소는 곧 죽을 듯한데, 그 남자 앞에서 끔찍하게도 내장을 쏟아내고 있다.

이 기상천외의 모호한 이미지는 그 시대의 아무 것도 그에 필적할 수 없는 감동적인 장면을 연출하고 있다. 넘어진 남자 아래쪽으로는 똑같은 터치로 그린, 가늘고 긴 막대기 위에 서 있는 새 한 마리가 우리의 얼을 완전히 빼 놓는다.

더 멀리 왼쪽으로는 코뿔소 한 마리가 멀어져 가는데, 이 코뿔소는 들소와 새-인간이 죽음의 그림자 속에서 결합되는 듯한 그 장면과 확실하게 연결되어 있지는 않다.

브뢰이유(Breuil) 신부가 가정한 것처럼, 코뿔소는 들소의 배를 뚫어놓은 후에 그 죽어가는 것들로부터 천천히 멀어지는 것일 수도 있으리라. 그러나 그림의 구성을 보면 상처는 분명 인간에게, 즉 죽어가는 남자가 던졌을 수도 있을 창 끝에 연유하고 있다. 그러므로 코뿔소는 영원히 설명할 수 없을지도 모를 그 주요 장면으로부터 독립적인 것으로 보인다."[48]

흔히 이 그림은 샤먼의 풍요제로 해석되어 왔다. 하지만 바타이유는 이러한 주술적·공리적 해석에 거리를 두면서 이 장면의 유희적·종교적 성격을 강조한다. 그가 보기에 이 그림은 동물살해라는 금기의 위반에 대한 속죄의식을 표현하고 있다. 그림의 주인공은 죽음을 연기

---

48 같은 책, 24쪽.

함으로써 들소의 죽음에 속죄하고 있다는 것이다. 나아가 발기된 남자의 성기는 공포와 유혹, 성과 죽음의 필연적 연관성을 말해준다. 우발적으로 찾아와 삶의 규칙적인 흐름과 정상적인 질서에 '단락'을 짓는 죽음은 고대인들에게도 공포요 '악마적' 영역이었다. 하지만 관능을 함축하고 있다는 점에 죽음의 역설이 존재한다.

바타이유에 의하면 동물의 삶에서 엿보이는 단순한 성적 활동은 에로티즘과 다르다. 기독교에 의해 '악마적'으로 규정된 에로티즘은 인간의 삶에서만 발견되기 때문이다. 기독교는 신성의 불순한 측면惡을 억압하고 순수한 측면만을 '善'으로 받아들였다. 절대자 '신'은 俗의 보호를 위해 악을 거세한 결과물이다. 하지만 바타이유가 보기에 '악마적'이라는 표현은 죽음과 에로티즘의 일치를 말하고 있으며, '저주'의 영역인 죽음의 인식이야말로 인간됨의 시작이었다. 죽음은 존재의 소멸과 사체의 부패를 의미한다. 죽음을 새로운 탄생의 계기로 미화함에도 불구하고, 우리는 죽음에 가공할 공포를 느낀다. 따라서 인간은 죽음에 저항하고 단죄하며 배척한다. 복잡한 상장례의 절차는 공포의 다른 표현이다. 산자는 죽은 자의 시체 앞에서 망자의 원한과 증오를 보며 장례식을 통해 그것을 진정시키고자 하는 것이다.

이렇듯 햇볕을 향해 팔을 뻗는 식물처럼 죽음을 피하고 그 흔적들을 지우려 하는 것은 인간의 욕망이다. 하지만 죽음과 생명은 필연적 관계를 맺고 있다. 고대인들 역시 그것을 의식하고 있었다. 아리스토텔레스 역시 생물은 죽음과 부패의 소산이라고 믿었다. 죽음은 새로운 탄생을 예고하며 그것이야말로 새로운 생성의 조건이다. 거대한 순환의 흐름에서 죽음과 탄생의 연쇄는 자연의 이치인 셈이다: "초식동물은 풀, 즉 식물을 먹는다. 그 초식동물은 다시 육식동물에게 먹힌다. 육식동물은 죽어서 하이에나와 벌레의 밥이 되는가 하면 썩어서 땅 속에 양분을 공급하기도 한다. 이 연쇄적인 변화의 차원에서 보자면, 많은 희생을 요구하는 것일수록 엄청나고도 완벽한 희생을 동시에 요구한다."[49] 포유동물보다 심한 낭비를 요구하는 동물은 없다. 그에게 "죽음은 다시 새로워진 생의 조건"50이다. 바타이유가 보기에 생명은 끊임없는 폭발의 연속이고, 한 존재의 폭발의 힘을 다하면 새로운 존재에 자리를 내준다. 새 생명의 '폭발의 불꽃놀이'는 이전 존재의 엄청난 에너지의 소비(소모)를 전제로 하는 것이다.

생식 본능과 죽음의 긴밀한 연관은 수컷 바다거북, 수거미와 수사마귀에서도 확인된다. 물론 인간은 성행위 시에 바로 죽지는 않는다. 육체적 죽음은 존재의 소멸을 의미하지만, 성적 폭력은 생명체로써의 존재 기반을 한 순간 전복시킬 뿐이다. 바타이유는 오르가즘에서의 황홀경을 '작은 죽음'이라 부른다. 절정의 순간 죽음을 연상시키는 단락과 파열이 찾아오기 때문이다. 그야 말로 에로티즘은 죽지 않으면서 죽음 저편으로 여행할 수 있는 죽음의 예행연습이다. '살면서 체험된 죽음'인 셈이다. 죽음을 생각할 때에도 에로티즘의 주이상스가 찾아오는 경우가 있다. 내면 깊은 곳에는 어떤 희열을 동반한 충동이 도사리고 있어 이것이 엄습할 때 우리는 '작은 죽음'을 동반하기도 하는 것이다. 바타이유에 의하면 우리의 의지와 상관없이 죽음의 그림자는 늘 드리워져 있다. 에로티즘의 충동은 죽음과 뫼비우스의 띠처럼 얽혀있는 것이다. "죽음과 친숙해지기 위해서는 죽음을 방탕의 개념에 결부시키는 방법보다 나은 방법이 없다"51는 사드Sade의 말 역시 그것을 역설하고 있다. "넘치는 관능 속에서 몸부림치며, 황홀하게 의식을 잃고, 마침내 심연으로 빠져"52들면서 우리는 죽음의 심연을 체험한다는 것이다.

그렇다면 문제는 죽음의 그림자를 피하지 말고 죽음 그 자체에 이르기까지 그것을 삶 안으로 껴안는 것이다. "비에 젖지 않는 유일한 방법은 물에 뛰어드는 방법뿐"인 것처럼 말이다. 에로티즘은 삶이 우

---

49 조르주 바타유:『에로티즘』, 조한경 옮김, 민음사, 1999, 65쪽.
50 조르주 바타유:『문학과 악』, 최윤정 옮김, 민음사, 1995, 34쪽.
51 조르주 바타유:『에로티즘』, 조한경 옮김, 민음사, 1999, 24쪽.
52 같은 책, 22쪽.

리에게 제공하지 못하는 죽음의 문턱으로 우리를 인도한다. 바타이유가 보기에 에로티즘은 죽음을 피하기 위한 방책이 아니라 죽음을 체험할 수 있는 계기를 제공한다. 고뇌를 수반하는 에로티즘은 심지어 죽음을 요구하기까지 한다. "거기에서 전에는 알지 못하던, 그리고 이해할 수 없던 에로티즘의 비결-에로티즘을 통하지 않고는 이를 수 없던 에로티즘의 비결-에로티즘을 통하지 않고는 이를 수 없는 에로티즘만의 비결-을 보기에 이른다."53 바타이유에게 에로티즘은 육체적으로 죽지 않고도 죽음 저 너머의 세계로 우리를 인도한다.

　기독교는 에로티즘과 죽음 모두에 '악마적'이라는 저주의 수사를 주었다. 그도 그럴 것이 성과 죽음은 삶의 지속을 욕망하는 노동의 세계에 역행하는 낭비의 의미를 갖기 때문이다. 즉 그것들은 모두 파괴나 폭력과 결부될 뿐만 아니라 이성과 노동, 효용성과 생산을 벗어나는 경험인 것이다. 에로티즘은 생식을 포함한 모든 '정상적인' 사회 활동에서 벗어나는 잉여 에너지의 소비 활동임과 동시에 그 자체를 목적으로 하는 광기 어린 욕망이다. 에로티즘은 열광, 착란, 광기 따위로 고조되며 축제, 제사나 향연, 놀이, 전쟁, 범죄 또는 예술, 종교성('聖')을 지향한다. 숭고한 예술이나 종교 세계는 물론이고 범죄나 폭력의 세계 등에도 에로티즘은 도사리고 있는 것이다: "폭력은 무서운 동시에 황홀한 것이다."54 라스꼬 동굴의 벽화를 비롯한 수많은 예술작품들, 고대 로마 콜로세움에서의 잔혹 이벤트나 능지처참의 구경꾼 등은 그것을 말해준다. 이는 저비용 고효율의 생산과 축적에 집착하는 자본주의자의 편협한 원리와 대립한다. 수단 방법을 가리지 않고 부를 늘리고자 하는 계산적인 태도를 바타이유는 '이성적'이라 부른다.

　반면 에로티즘의 성적 열병에 휩싸이면 전혀 다른 질서가 찾아든다. 그런 의미에서 에로티즘은 노동사회로부터의 이탈이라 할 수 있다. 희열의 카오스에 돌입하게 되면 타락과 멸망이 지척이다. 그리고 에로

---

53 같은 책, 24쪽.
54 같은 책, 55쪽.

티즘은 '소비'를 욕망한다. 바타이유에게 '소비'는 정상성의 잣대를 허물고 쓸데없는 것, 파괴적인 것, 사치와 탕진 등의 행위 속에서 '비정상적인' 행복을 느끼려는 태도와도 관련된다. 에로티즘이 전도된 세계, 죽음에 근접한 삶 등을 떠올리게 하는 것은 파괴와 죽음의 성분이 그 안에 깃들어 있기 때문이다: "위험은 일단 욕망을 마비시키곤 하지만, 위험의 위력이 약화되면 위험은 오히려 욕망을 부추길 뿐이다. 죽음이, 우리를 소멸하게 하고 마는 죽음이, 멀리에서 그림자처럼 비치지 않는다면 우리는 결코 극단적인 희열을 맛볼 수 없을 것이다."55

바타이유에게 에로티즘은 신성으로 가는 길이면서 천국의 내적 체험이다. 하지만 기독교에서 그것은 비생산성, 소모, 상실, 죽음 등과의 연관성으로 인해 악마의 표징이었다. 기독교의 역사는 가히 악마적인 것으로써의 에로티즘 잔혹사이기도 했다. "즉각적인 동시에 영원한 만족의 왕국"인 낙원은 사후세계에 있는 세계였고, 따라서 현실에서의 만족은 필사적인 억압의 대상이었다. 그러나 종교재판의 장구한 역사는 에로티즘 박멸의 불가능성을 반증한다: "기독교적 억압은 황량한 땅에서 이교도적 축제를 몰아내지 못한 것으로 보인다. 오히려 사탄의 경배는 고대 신의 경배를 대체했다. 악마에게서 '부활의 디오니소스 Dioisos redivivus'를 어려움 없이 인정할 수 있는 것은 바로 그런 이유 때문이다."56 바타이유는 기독교와 이성에 배제되었던 신성의 불순한 측면, 즉 악을 복권시킴으로써 인간의 정념passion에 목소리를 터주고자 한다.

5. 미美의 모독, 에로티즘

'미美'란 무엇인가? 무엇이 아름답고 무엇이 추한가? 이러한 질문에 명확한 답을 내놓기란 무척 어렵다. 저마다 미에 대한 생각과 기준

---

55 같은 책, 299쪽.
56 같은 책, 139쪽.

이 다르기 때문이다. 바타이유 역시 종래의 미학적 논의에서 벗어나 에로티즘의 관점에서 아름다움에 접근한다. 하지만 그는 주로 예술 작품이 아닌 신체, 특히 여체女體의 아름다움과 관련해서 논의를 펼친다57. 그는 몸의 미적 기준에 관한 한 개인차가 크지 않다는 전제에서 출발한다. 바타이유에 따르면 신체는 "동물의 아름다움을 감상하는 데 있어서뿐만 아니라, 인간의 아름다움을 감상하는 데 있어서도 가장 직접적으로 적용되는 기준"이고 "그 신체적 조건은 원칙적으로 젊음을 전제한다."58 물론 남성의 경우라고 해서 다르지 않다: "덜 분명한 것이기는 하지만, 남녀의 아름다움을 판별하는 데에 있어서 다른 요소가 작용하지 않는 것은 아니다. 그것은 바로 동물성이다. 인간은 동물적인 속성에서 멀 때 아름답다고 여겨진다." 그의 말대로라면 우리는 인간의 동물성을 혐오한다. 신체 기관들의 경우에도 물질적 속성이나 기능과 멀게 느껴질수록 아름답게 느껴진다. 특히 "자연의 하중이 밖으로 드러나지 않을 때, 여자의 아름다움은 돋보인다. […] 여자는 동물처럼 보이지 않을수록, 신체적, 생리적인 모습이 덜 드러날수록, 즉 현실에서 멀수록 더한 욕구의 대상이 된다."59

그러나 동물성이 에로티즘의 무조건적 장애물인 것은 아니다. 욕망이 극에 달할 때 우리는 동물성을 갈망하기도 하기 때문이다. 동물성

---

57 물론 이는 에로티즘 관련 저술들만을 염두에 두었을 때에만 해당된다. 그는 예술과 문학에 대해서도 많은 저술을 남겼기 때문이다. 하지만 그럼에도 여전히 놀이와 축제, 종교, 예술 등은 그의 미학을 관통하는 키워드들이다. 특히 위반은 그 모두의 공통된 특징이기도 하다. 이들은 모두 위반의 시간에 봉사할 수 있는 역능을 지니기 때문이다. 다음의 진술은 바타이유의 이러한 생각들을 압축적으로 보여준다: "본질적으로, 그리고 실제로 예술은 이러한 종교적 위반의 시간을 표현한다는 점이 우리에게 중요하다. […] 예술의 형태들은 언제나 축제에 기원을 두고 있었으며, 종교적인 축제는 모든 종류의 예술의 전개에 연계되어 있다. 축제와 무관한 독립적인 예술을 우리는 상상할 수 없다. 놀이는 어떤 점에서 노동의 규범에 대한 위반이다. 즉 예술과 놀이, 위반은 노동의 규칙을 지배하는 원칙들에 대한 부정의 움직임 속에서 뗄 수 없이 연결되어 있다."
58 같은 책, 158-159쪽.
59 같은 책, 159쪽.

을 내장한 부정적 아름다움은 욕망을 일깨우며 희열의 강밀도를 더 해주기도 하는 것이다: "만약 어떤 여자가 아주 끈끈하고 은밀한 동물성을 암시하거나 예고하지 않는다면, 그 여자는 욕망의 대상으로써 금방 가치를 상실하며, 더 이상 욕망을 불러일으키지 못하게 될 것이다. 아름답고 탐스러운 여자는 음부, 곧 동물성을 예고한다. 그 부분을 욕심내는 것은 본능이다."60 이는 성애를 향한 애정의 과정을 말하는 것이기도 하고 에로티즘의 이중성을 의미하기도 한다. 에로티즘은 이끌림과 반감, 이성과 정력, 사랑과 증오의 길항작용 속에서 작동한다. 살해의 잔인성을 부각하기 위해 어린양을 희생양으로 선택한 것도 유사한 이치이다. 바타이유에 따르면 만일 누군가 동물성과 거리가 먼 여자를 더 욕망할 경우 이는 그 여성과 관계할 때 드러나는 동물적 더러움이 더 큰 기쁨을 주기 때문이다. "애벌레가 알을 낳기 위하여 가장 아름다운 나뭇잎을 고르는 것과 마찬가지로, 사제는 가장 아름다운 기쁨에 저주를 내린다"61는 블레이크William Blaice의 글은 바타이유의 이런 생각을 뒷받침한다.

바타이유에 따르면 우리가 아름다움을 욕망하는 것은 그것을 더럽히기 위해서이다. 에로티즘은 숨겨진 부분을 드러내 그것을 모독하는 과정에서 맛보는 즐거움이다. 더럽힘과 무익한 상실, 비생산적 소비로서의 에로티즘: "아름다운 것에 대한 욕구는 아름다움 자체를 위해서가 아니라, 그것을 확실히 더럽힌 후에 오는 기쁨을 맛보기 위해서인 것이다."62 그는 레오나르도 다빈치Leonardo da Vinci의 말을 인용해 이를 뒷받침한다: "성행위에 사용되는 신체의 부분들과 성행위 자체는 어떻게나 추한지, 만약 그 행위를 하는 자들의 얼굴이 아름답지 않았다거나, 그 행위를 하는 자들이 예쁜 몸단장을 하지 않았다거나, 또는 그들에게 광적 충동이 없었다면 인간이라는 종은 자연에서 이미 사라

---

60 조르주 바타유: 『에로티즘의 역사』, 믿음사, 1999, 127쪽.
61 조르주 바타유: 『문학과 악』, 102쪽.
62 조르주 바타유: 『에로티즘』, 조한경 옮김, 믿음사, 1999, 160쪽.

지고 없었을 것이다"63 아름다운 얼굴과 몸은 그 뒤에 숨기고 있는 어떤 것 때문에 에로티즘의 대상이 된다. "에로티즘에서 중요한 것은 그 얼굴, 즉 아름다운 그 얼굴을 모독하는 일"이기 때문이다. 이처럼 여자의 미는 동물성과 함수관계에 있다. 추한 성기나 성행위에 의한 대비효과에 의해서조차도 차이가 드러나지 않는 여자는 남자에게 실망을 안겨준다. 더럽힐 것이 없는 매춘부는 에로티즘의 욕구를 불러일으키지 못한다. 그녀는 더 이상 더럽혀질 수 없기 때문이다: "에로티즘의 본질이 더럽히기인 한 에로티즘에서는 아름다움이 가장 중요하다. 에로티즘에서의 금기는 인간성이며, 에로티즘은 그것을 범하는 것이다. 인간성은 위반되고, 모독되고, 더럽혀진다. 아름다움이 크면 클수록 더럽힘의 의미는 그만큼 커진다."64

6. 에로티즘과 '소비'의 경제

우리는 노동과 문명의 굴레에서 벗어날 수는 없다. 인간을 인간으로 만들어 준 노동, 노동의 산물이자 그것을 보존하고자 하는 금기, 유용성과 계산, 이성과 기독교적 선, 신GOD의 논리는 현대인의 조건이기 때문이다. 하지만 우리는 에로스의 자장에서도 벗어날 수 없다. 우리는 에로티즘의 내적 체험을 통해 기계 부품과도 같은 삶에서 벗어날 수 있다. 그래서 바타이유는 노동과 에로스의 관계에 천착하면서 우리의 운명인 에로티즘에 드리운 암흑을 걷어내려 했다. 에로티즘은 '있는 그대로의 세계'이다. 그럼에도 우리는 거기에 온갖 저주 혹은 오해의 언어들을 퍼부었다. 바타이유에게 에로티즘은 당위가 아니라 현실이다. 물론 그의 언어가 모호하고 역설투성이며 황당하게 비칠 수도 있다. 이성의 언어로는 내밀한 '내적 체험'을 감당할 수 없었기 때문이

---

63 같은 책, 162쪽.
64 같은 책, 162쪽.

었겠지만 말이다. 그럼에도 그가 말하는 에로티즘은 우리 현실의 반쪽이다. 바타이유에 따르면 인간은 현실 속에서 불연속적 개체로 살 수밖에 없다. 주의할 점은 바타이유가 노동이나 문명의 폐기를 주장하는 것은 아니라는 것이다. 그는 다만 높은 곳에 위치해 있던 가치들을 끌어내려 낮은 곳, 즉 에로티즘과 수평적 차원에서 고려할 것을 요구한다. 위계의 해체가 문제인 것이다. 따라서 에로티즘을 높은 곳으로 끌어올리려는 것 역시 그의 의도는 아니다. 따라서 그의 에로티즘 담론은 높은 것을 모욕하고 격하함으로써 이성(노동)과 에로티즘聖·性을 수평적 차원에서 전체적으로 조망하는 가운데 인간을 총체적으로 사고하려는 것으로 해석될 수 있다.

바타이유가 보기에 '불연속성'의 고독 속에서 살아가는 인간은 에로티즘을 통해 존재의 연속성을 체험할 수 있었다. 연속성은 불연속적 개체가 주체의 감옥을 박차고 벗어난 상태이다. 서로에게 파고든 몸과 몸이 완전한 합일을 이루는 순간 몸과 몸의 경계, 자아와 자아의 장벽은 무너지고 연속성의 순간이 찾아든다는 것이다. 그런 의미에서 죽음과 폭력을 수반하는 '위반'은 궁극적 의미의 '소통'이기도 하다. 유사한 불연속적 존재들 사이에서 주체와 객체로써의 구분이 없어지고 하나로 어우러질 수 있는 순간의 체험이기 때문이다. 이는 언어를 통해 인식 가능한 것들을 주고받는 의미의 소통과는 차원을 달리한다. 비지와 미지의 영역인 성행위의 "어느 순간에 이르면 둘 다 와해되기에 이른다. 어떤 에로 행위든 에로 행위는 정상적 상태의 상대방-패쇄적 존재로서의 구조-을 파괴함을 원칙으로 삼고 있다."[65]

그래서 바타이유는 에로티즘 차원의 '강한 소통'과 언어와 이성을 통한 '약한 소통'을 구분하기도 했다. 강한 소통은 바타이유의 담론에 자주 등장하는 내적 체험, 연속성, 신성의 체험 등과 동일한 의미 계열을 형성한다. 나아가 에로티즘은 노동 지상권의 사회에서 문명의 소

---

[65] 조르주 바타유:『에로티즘』, 조한경 옮김, 민음사, 1999, 17쪽.

멸을 막을 수 있는 한 축이 될 수 있다. 간단하게 말하자면 바타이유는 에로티즘을 노동과 이성의 도구로 전락한 인간 사회를 성찰할 수 있는 거울로 본다. 나아가 그것은 금기 너머의 연속성의 세계를 체험할 수 있는 '성聖'의 세계로 나아가고자 하는 시도로 평가된다. 그것은 '주권성'을 욕망한다. 노동 기계의 도구나 부품으로 전락한 인간이 기계의 종속성에서 벗어나는 상태 말이다. 그런 점에서 에로티즘은 생산성의 강박관념에서 벗어날 수 있는 출구의 은유 혹은 대안적 사유의 단초이다. 그것은 금기, 즉 노동과 이성의 부정이기 때문이다. 일상적 수준에서 잉여 에너지를 즐겁게 소비할 수 있는 사회. '축재'가 아닌 '축제'와 '놀이'를 우리 일상 속으로 불러들이는 일이야말로 노동과 사물의 노예가 되어버린 '인간의 조건'을 벗어나기 위한 여러 출구 중 하나가 아닐까?!

우리의 총체적 삶은 성과 노동이라는 두 세계의 순환 속에서 이루어진다. 그런 점에서 바타이유는 죽음과 에로티즘을 노동과 이성이라는 단조로운 일원성의 서사로 환원하는 것에 반대한다. 노동과 의식만으로는 뼈와 살로 이루어진 인간의 세계를 설명할 수 없기 때문이다. 에로티즘 논의를 통해 "극심한 모순에 휩싸이지 않은 인간성은 인간성이라고 할 수 없다"[66]는 것을 보여준 점에서 우리는 바타이유의 의미를 찾을 수 있을 것이다. 이런 점에서 바타이유는 이성적 담론의 지휘를 받는 '제한경제', 나아가 효율성과 이윤의 논리를 강요하는 '기획사회'에 대한 비판을 담고 있다. 그는 성장과 생산의 강박관념에서 벗어나 과잉 에너지를 즐겁게 소비할 수 있는 대안 사회를 위해 '소비사회' 혹은 '일반경제'의 지평을 요구한다. 주체할 수 없는 생명력으로서의 에로티즘은 가슴과 열정을 경제적 계산법에 종속시키는 것을 거부하기 때문이다. 이는 『저주의 몫』의 주제이기도 하다. 바타이유에 따르면 유용성과 효율성의 규칙이 지배하는 삶은 늘 에로티즘의 위반을 통해 갱신되어야 하며, 노동으로 인한 에너지의 "과잉은 결손 작용을 통해

---

[66] 조르주 바타유:『에로티즘의 역사』, 민음사, 1998, 16쪽.

탕진되어야 한다."67

 이성에 가린 인간의 뒷모습으로 우리를 안내한 점에서 바타이유의 의의를 찾을 수 있을 것이다. 크리스테바Julia Kristeva 역시 에로티즘의 '체험'이 가져다주는 '또 다른 자유'에 주목한 바 있다. 그가 보기에 분명한 인과관계의 논리, 즉 이성을 믿고 기술과 문명의 발전을 거듭해 온 현대사회는 '세계화 시대', 즉 '자유주의'라는 명목 하에 생산과 소비를 통해 재화의 교환이 자유롭게 이루어지는 '자유' 경제의 원칙에 종속되어 있다. 그러나 프로이드의 '무의식'과 하이데거의 '사유'와 맥을 같이 하는 바타이유의 '체험'은 시장의 '자유'와 다른 차원의 자유를 보여준다고 한다. 이 새로운 차원의 자유는 인과 논리를 벗어나 타자를 향해 존재를 해방하고자 하는 이론적 파토스를 지닌다는 것이다.68 물론 바타이유의 에로티즘이 펼치는 문명비판이나 대안들은 새롭지는 않다. 비판이론이나 포스트주의 등에서도 이러한 사유의 흐름들을 쉽게 찾아볼 수 있기 때문이다. 하지만 이전 논의들과 비교를 해보면 에로티즘만의 고유한 특이성도 찾아볼 수 있다. 과도한 노동사회에 대한 비판과 분석 나아가 대안 사회의 구성을 위한 성, 축제, 놀이 등 에로티즘 담론의 역할을 생각해 볼 수 있을 것이다.

 하지만 킨제이나 프로이트의 에로티즘에 대한 그의 비판처럼 그의 에로티즘 담론 역시 추상화로 귀결될 위험성을 안고 있다. 사유의 놀이로서는 의미가 있고 존재와 사유의 총체성에 주목한 점을 평가할 수 있겠지만, 그의 논의가 우리에게 어떤 의미가 있을까 생각해보면 멈칫할 수밖에 없는 것이다. 물론 바타이유 자신 역시 에로티즘의 완전한 내적 체험이 불가능함을 인식하고 있었다. 에로티즘의 극한에 당도하려는, 즉 '성'과 '주권성'의 궁극적인 '한계-체험'은 이성으로 포착 불가능한 것을 붙잡겠다는 불가능한 시도인 것이다. 바타이유는 불가능 속에서 인간의 가능성을 모색한다는 점에서 '몽상가'로 평가받을 여지

---

67 조르주 바타유: 『저주의 몫』, 조한경 옮김, 문학동네, 2000, 63쪽.
68 Bianca Schulze: 앞의 책, S. 17.

가 다분하다. 하지만 그는 노동사회를 비판하고 현대인들의 존재론적 문제점들을 짚기 위해 에로티즘의 통로를 이용하고 있는 것으로 보인다. 그런 점에서 자본의 논리에 따라 노동과 성장을 향해서만 달려온 지금까지의 삶에 대한 반성의 계기로서는 의미가 있을 것이다. 이는 바타이유의 에로티즘과 소비의 경제를 겹쳐서 읽어야 할 이유이기도 하다. 물론 그가 추구하는 대안 역시 시대착오적이고 비현실적인 지점이 있다. 그리고 논리적 비약도 엿보인다. 이를테면 마셜 플랜에 대한 긍적적인 평가가 그렇다.

하지만 바타이유의 이론은 어떤 측면에서 인간의 조건을 규정짓는 금기와 이성에서 벗어나기 위한 '자유'를 향한 움직임일 뿐이다. 바타이유에게 자유는 늘 반항에 대한 개방적인 자세이며, 우리가 '선' 혹은 '정상'이라고 말하는 것은 굴복 혹은 복종에 지나지 않는다. 따라서 바타이유의 역설과 모순에 대해 이론적 파산을 선고하는 것은 섣부른 짓이 될 수 있다. 그의 논의들을 적극적 독서와 해석을 통해 유의미한 담론으로 구성하는 것은 우리들의 몫이다.

탈식민주의와 포스트탈식민주의의 정치적 가능성

1. 탈식민의 시대?!

지금 우리는 공식적으로 탈식민의 시대를 살고 있다. '식민시대colonial age'는 분명 종말을 고했으니 말이다. 사람들은 과거 식민지 지배 상태의 극복과 독립국가의 성취를 거론하며 지금을 '탈식민시대postcolonial age'로 규정한다. 하지만 탈식민주의postcolonialism는 식민주의colonialism의 극복에도 불구하고 식민주의적 잔재가 여전히 살아남아 있을 뿐만 아니라 강력한 영향력을 행사하고 있고 그 잔재들을 '뿌리부터' 성찰하고 극복하자고 주장한다. 'postcolonialism'이라는 용어의 접두어 'post'는 '이후after'와 '벗어남' 혹은 '너머beyond'의 이중적 의미를 지닌다. 식민주의 '이후'를 강조할 경우 '신식민주의neocolonialism'의 의미를 띠면서 식민주의 유산의 건재를 의미하는 개념으로 이해되고, 식민주의 '너머'를 강조할 경우 지금의 현실에 대한 비판적·실천적 지향성을 강조하게 된다. 어쨌든 '탈식민주의'는 탈식민화를 성취한 주권국의 외양을 확보했음에도 불구하고 문화적·심리적 식민 상황의 극복을 한 목소리로 요구한다. 즉 여전히 정치경제적 종속심화의 경향에 노출된 제3세계 국가들의 반식민 노력이 아직은 '미완의 기획'임을 강조하는 것이다.

이쯤에서 어떤 이들은 탈식민주의적 주장들에서 한 때 유행했던 '종속이론'의 아류 이론을 발견할지도 모르겠다. 하지만 종속이론은 정치, 경제, 사회, 문화 등의 지배관계를 다루면서 여전히 '지배-피지배'의 이분법적 구도를 고집하고 있다. 물론 탈식민주의 이론가들이 제국주의 국가들의 수탈과 억압의 차원이라든지 문화 제국주의론 등을 전면적으로 부인하는 것은 아니다. 그렇지만 그들은 지금의 식민주의 유산은 보다 은밀한 차원에서 진행되어왔고 그 잔재가 의식과 무의식을 통해 재생산되고 있음을 강조한다. 이들이 보기에 제국주의는 물질적 현상이기도 했지만 더욱 본질적으로는 문화적 과정이었다. 제국주의는 다양한 상징과 은유, 담론을 통해 식민지 지배자와 식민지 피지배자의 상상력을 자극하고 그것에 의해 강화된 시스템이었다는 것이다. 탈식민주의는 제국주의가 표방한 공식적 기록과 원칙들에 국한되었던 기존의 연구관행이 제국의 정치·경제적 이해관계의 추구에만 집중해왔음을 비판하고 제국이 관련자들에게 어떻게 상상되고 표상되었으며 경험되었는가를 다각도로 조명하고자 하는 이론적 기획이다. 그 결과 지배와 착취만의 서사가 아니라 식민 지배 이면의 '공모'와 '협력'의 서사를 발굴하는 성과를 거두기도 했다.

우리의 해방공간도 그랬지만 제국주의의 지배가 종식되고 새로운 국가들이 출현할 때면 늘 새로운 국가에 대한 열망과 더불어 과거 식민지 경험을 망각하려는 조급한 욕망이 수반된다. 식민주의 이후의 '기억상실amnesia'을 향한 강력한 충동은 "역사를 스스로 창안하려는 열망이나 새롭게 시작하려는 욕구"69의 산물이다. 하지만 이들 신생 독립국가들은 식민지의 유산에서 벗어나려는 성급한 시도를 하는 가운데 기만을 당하거나 실패를 경험해왔다. 그리고 그러한 좌절의 결과는 무척 가혹한 것이었다. 반민특위의 좌절이나 김구를 비롯한 우파 민족주의자들의 제거, 좌파들의 숙청 등과 더불어 나타난 이승만 정권과 그 이후의 억압적 권력들은 직·간접적으로 이 시기 식민주의의 청산 실패와 연관되어 있다. 탈식민주의는 "식민 직후의 신화화 효과를 갖는 기억상실에 대한 이론적 저항"70으로 읽을 수 있다. 왜냐하면 식민 과거를 다시 방문하여 기억하고 그것의 청산이 왜 실패할 수밖에 없었는지를 따져 물으려 하기 때문이다.

그러나 탈식민주의자들의 본래 관심은 단순히 과거를 기억하는 데

---

69 L. 간디: 『포스트식민주의란 무엇인가』, 이영욱 옮김, 현실문화연구, 2000, 23쪽.
70 같은 책, 30쪽.

있지 않다. 그들의 애초 목적은 식민지 억압을 가능케 한 '이데올로기적'・'담론적' 기원들을 추적하고 식민 권력에 대한 주체들(지배자뿐만 아니라 피지배자까지)의 다양한 욕망을 밝혀내는 것이었다. 탈식민주의자들에 따르면 제국의 정치경제적 억압과 수탈의 역사와 별도로 식민 담론은 서구 근대 담론의 역사와 맞먹을 정도로 오래된 이데올로기로서 식민주의의 이론적 토대를 놓았다. 이 지점에서 탈식민주의는 포스트모더니즘이나 포스트구조주의의 담론과 만난다. 푸코(사이드), 데리다(스피박), 라캉(바바) 등의 수용을 통해 탈식민주의는 서구의 근대 담론이 제국주의 혹은 식민주의와 암묵적인 공모상태에 있었음을 밝히기 위해 종래의 역사 서술이 무시해온 다양한 텍스트들의 이면을 '거슬러' 읽는다. 이로써 탈식민주의자들은 식민화의 과정이 의식적 '협력'의 과정뿐만 아니라 무의식적 '공모'의 과정을 통해 이루어졌음을 밝혀낸다. 식민주의적 억압을 추적하면서 상호적대적 관계 이외에도 지배자와 원주민 피지배자간의 상호욕망과 공모의 흔적을 밝혀낸 것은 기존의 '식민지 수탈론'이 지니고 있던 편향성 극복의 계기가 되기도 했다. 뿐만 아니라 '중심/주변'의 경계를 해체하고 전복하는 포스트구조주의의 전략은 탈식민주의에도 지대한 영향을 주어 인종과 계급에 대한 서구의 맹목성을 비판하고 다양한 하위주체들의 목소리에 귀를 기울이게 만든다. 우리 역시 그러한 인식에 힘입어 일제 공간의 문화사를 섬세하게 다시 쓸 수 있게 되었고, 지금의 '다문화 르네상스'를 맞이하게 되었다.

하지만 탈식민주의가 포스트구조주의와 접속하면서 얻은 것도 많지만 그에 못지않게 잃은 것도 많다. 식민지 풍경에 대한 흥미로운 묘사들을 통해 당시 대중들의 경험을 더 생생하게 접할 수 있고 식민지 일상에 대한 실감나는 시공간적 정보들을 얻을 수 있게 된 것, 그리고 지배와 협력의 은밀한 사태들에 관심을 갖게 된 데에는 탈식민주의의 공이 크다 할 수 있다. 하지만 그와 동시에 식민지 내부의 권력관계나 저항의 목소리들에는 상대적으로 소홀히 할 수밖에 없었던 것도 사실이다. 물론 이를 한국 탈식민주의 연구자들이나 비평가들의 탓으로만 돌릴 수는 없다. 왜냐하면 이미 서구의 탈식민주의자들의 이론에 담론주의적인 편향이 자리하고 있음이 분명하기 때문이다. 그들은 식민지 이후의 식민주의적 잔재들이 어떻게 확대 재생산되고 있고 그것이 어떻게 다문화 혹은 문화 상호공존의 토양을 잠식하고 있는지 '이론적으로' 훌륭하게(?) 규명하고 있지만 지적 유희 혹은 언어유희의 인상을 강하게 자아낸다. 거기에는 이라크전 등 미제국주의(?)를 비롯한 다양한 세력들이 빚어내고 있는 지구화 시대의 사회정치적 모순들, 신자유주의를 통해 재생산되는 개인과 국가 사이의 계급적 양극화 심화 현상이나 다문화의 상품화 현상 등에 대한 무관심이 자리하고 있다.

또한 우리는 탈식민주의를 통해 '민족' 혹은 '민족주의' 담론이 식민주의 담론과 닮은꼴일 수 있음을 통찰하게 되었다. 최근 일기 시작한 민족과 제국을 둘러싼 국내의 논쟁은 향후 대안적 비판이론과 실천을 구성하려는 이들에게도 시사해주는 바가 많다. 물론 민족뿐만이 아니라 계급 담론 안에도 식민주의적 억압이 되풀이될 수 있고 그것은 늘 경계의 대상이어야 한다는 것은 비판이론의 상식이다. 그러나 모든 맥락을 무시한 채 민족 개념이나 민족주의 운동의 억압성을 도출해 버리는 것은 오히려 역사왜곡일 뿐만 아니라 그와 관련한 논의를 차단해 버리는 결과를 가져올 수 있다. 이와 관련하여 인종과 민족, 성적 차이, 이질적 하위주체성을 강조하는 탈식민주의가 오히려 동일성 혹은 보편화의 유혹에 빠져 있지는 않은지 두고두고 고민해 볼 일이다.

2. 탈식민주의의 3총사: 사이드, 스피박, 바바

1) 사이드: 오리엔탈리즘

영Robert Young은 『백인 신화들 White Mythologies』을 통해 탈식민주의의 뿌리가 푸코나 데리다 등의 유럽 '고급이론'에 있다고 주장한다. 물론 제3세계 탈식민운동가였던 파농Franz Omar Fanon이나 간디 Mohandas Karamchand Gandhi가 탈식민주의의 형성에 준 영향을 감안했을 때 너무 지나친 지적이 아닌가 생각할 수도 있다. 하지만 탈식민주의가 하나의 이론으로 대접받게 된 것이 포스트구조주의의 수용과 관련된 것이었고, 주변부 국가들에서의 탈식민주의 열기 역시 그것을 포스트구조주의의 이론적 대안 내지 확장으로 승인했던 서구 중심부 국가들에서의 인기몰이에서 비롯된 측면이 있음은 분명한 사실이다. 여기서도 우리는 탈식민주의의 탈식민적 실천이 역설적으로 식민주의에 의탁하고 있는 것은 아닌가 하는 의문을 품게 된다. 하여튼 영의 말처럼 "서구 자체가 지닌 타자성과 이중성을 서구 내부에서 비판함으로써 '서구'라는 주체를 스스로 해체하는 작업이 탈구조주의라면, 그러한 작업의 배경을 서구 '바깥'으로 확장하여 '중심'과 '주변'의 인식론적 자리바꿈을 시도하는 담론이 바로 탈식민주의"[71]이다.

사이드Edward Said의 『오리엔탈리즘』은 푸코의 담론이론과 권력이론에 기대어 탈식민주의 논쟁의 포문을 열었다. 사이드는 모든 담론을 감싸고 있는 특수한 역사적, 문화적, 제도적 성향은 최종심급에서 지배 이데올로기와 정치적 요구에 의해 결정된다는 전제에서 출발한다. 그렇기 때문에 중요한 것은 "사상, 문화, 역사를 신시하게 연구하기 위해서는 이들의 배후에 있는 권력, 더 정확히 말해서 권력의 지형을 연구하는"[72] 것이다. 사이드는 푸코를 전유하여 권력이란 무엇이고 그것이 어떻게 행사되는가를 설명한다. 푸코는 『성의 역사』에서 '억압가설'에 근거한 권력 개념 대신 다양한 장소와 경로를 통해 행사되는 '비개인적인' 힘으로써의 권력 개념을 내세운 바 있다. 권력은 사회 전체를 관통하는 '편재적'(푸코에게 권력은 수직적인 속성을 지니는 것이 아니라 중심이 없는 밑으로부터 도처의 다양한 지점에서 발생한다) 관리 혹은 지배 시스템을 구성하고 이 시스템을 통해 주체를 훈육하고 개조하며 통제함으로써 주체가 권력의 대상으로 해당 사회 체제에 적응하도록 만드는 구조적인 힘이다. 푸코는 권력의 속성보다는 권력이

---

[71] S. Conrad: Jenseits des Eurozentrismus, Frankfurt/M. 2002, 78쪽 참조.
[72] B. 무어-길버트: 『탈식민주의! 저항에서 유희로』, 이경원 옮김, 한길사, 2001, 113쪽.

발생하는 방식에 주목하며 권력이 개별 주체들의 행위를 지배함으로써 그들을 종속시키는 방식을 밝혀내고자 했다.

사이드는 특히 '담론discourse'과 '권력'이 공모하여 현실을 생산한다고 하는 푸코의 주장에 주목한다. 푸코에게 담론은 지배계급(중심)이 피지배계급(주변)에게 특정한 지식과 규율을 강제함으로써 '진리'의 장을 구성하는 언술의 체계이다. 가령 푸코가 『광기와 비이성-고전주의 시대에서 광기의 역사』에서 밝히고 있는 것처럼 고전주의 시대 이후 서구 문화는 스스로 외부 혹은 타자와의 자의적 분할과 선별 및 배제의 과정을 통해 스스로를 구성하는 경계를 설정하고 특정한 지식 담론을 후원하는 제도적 실천과 인식 장치를 통해 권력을 행사해왔다. 가령 정상과 광기(비이성)의 경계를 통해 확고한 지위를 점한 이성과 과학(지식)은 질서의 담론으로서 권력을 행사하고 주체들을 선별하고 검사하며 분류하고 교정하는 유일한 잣대로 작용하였다. 이런 식으로 서구는 스스로의 이해관계에 따라 보편타당한 진리를 구성하고 그 진리에 의거하여 외부와 타자를 '자의적으로' 규정하고 서열화하는 가운데 권력을 공고히 해온 것이다. 이러한 주장은 오리엔탈리즘orientalism에 각인된 학문적 권력체계(지식권력)가 '실재의' 동양(타자)을 담론적 '오리엔트'로 변형하거나 대체한다는 사이드의 시각에 고스란히 반영된다.

사이드는 『오리엔탈리즘』에서 다양한 문화 속에 편재하고 있는 피지배민족에 대한 서구의 재현 형식들 배후에 작동하는 권력의 기원과 행태를 추적한다. 그럼으로써 상식의 모습으로 나타나는 피지배 인종이나 민족에 대한 표상들의 배후에는 지배 권력의 물질적 이해관계가 반영되어 있음을 밝혀낸다. 결국 그는 서구 백인종 중심의 인종차별과 식민주의가 제3세계와 유색인종을 타자로 규정해왔다는 것, 여기에는 서구를 '중심', '문명', '선', '빛', '성숙' 등으로 상상하고 이러한 판타지에 근거하여 타자를 '야만', '미개', '악', '어둠', '아이'로 규정해온 서구의 근대 담론이 결정적인 역할을 해왔다고 폭로한다. 사이드의 기본 전제는 '사심 없는' 지식의 추구란 불가능하다는 것이다. 왜냐하면 지식이 기대고 있는 문화 자체가 불균등한 권력관계에 노출되어 있으며 식민지의 언어, 관습, 종교를 포함한 모든 지식이 식민통치를 위해 사용되기 때문이다. 바로 '오리엔탈리즘'은 동양을 열등한 '타자'로 담론화함으로써 동양에 대한 서양의 헤게모니를 확립하는 기능을 해온 서구적 지식이고 식민주의의 이데올로기적 근거가 되었던 일련의 담론이다.

사이드에 따르면 오리엔탈리즘은 우선 고대 이래로 서양의 담론에 유통되고 있는 동양과 동양인에 대한 '일차적' 재현을 의미하는데, 이후 그러한 재현을 위해 동원된 비유는 동양에 대한 서양의 '지식'으로 구체화된다. 그리고 오리엔탈리즘은 또한 그러한 비유들을 표현하고 나타내는 스타일이다. 여기서 '스타일Style'이라는 말은 수사법이나 표현 형식이라기보다는 '정치적 입장이나 태도'와 관련된 개념이다.[73] 사이드가 오리엔탈리즘을 "동양을 지배하고 재구성하며 위압하기 위한 서양의 스타일"이라고 한 것 역시 이러한 태도를 지적한 것이다. 결국 그 스타일이란 특정한 지식 담론을 통해 "계몽주의시대 이후의 유럽문화가 정치적, 사회적, 군사적, 이데올로기적, 과학적으로, 또 상상력에 의해 동양을 관리하거나 심지어 동양을 생산하기도 한 경우의 그 거대한 조직적 규율-훈련"[74]에 깃든 태도를 의미하는 것이다. 끝으로 오리엔탈리즘은 '일차적' 재현을 정밀하게 다듬고 상상적 설명을 덧붙여 완결적 내러티브('스테레오타입stereotype')로 유포하는 학문적 체계와 문화적 제도를 의미한다. 서구는 이러한 오리엔탈리즘이라는 이데올로기적 제도적 틀을 통해 타자를 이해하고 타자에게 '적합한' 행동의 틀을 일러주는 기준으로 삼았다.

하지만 사이드는 '서양이 동양이라고 정의한 세계의 표상'인 오리엔탈리즘 담론이 동양에 대해 말해주는 바가 거의 없으며 서양이 상상

---

[73] 같은 책, 121쪽 참조.
[74] 박홍규: 『박홍규의 에드워드 사이드 읽기』, 우물이 있는 집, 2003, 49쪽.

적으로 구성해 낸 동양은 사실일 수도 있고 그렇지 않을 수도 있다고 주장한다. 그것은 다만 서양이 자신의 헤게모니적 지배 하에 들어온 공간과 주체들에 대해 그 스스로를 부과하는 노력이었을 뿐이기 때문이다. 즉 동양은 '서구에 비친 거울'일 뿐인 것이다. 서구인들은 비서구인들에 관한 모든 항목과 문화에 대해 철저하게 관찰하고 코드화하는 가운데 비서구사회에 대한 지식을 구성해내었다. 하지만 이는 서구인들 자신의 허구적 정체성을 구성하기 위한 시도이기도 하다. 서구의 '이성'이 스스로의 '외부'로서 '광기'를 날조하는 과정을 통해 형성된 것처럼, 서구 문화는 '은폐된 자기'이기도 한 동양을 날조함으로써 스스로의 힘과 권력을 획득할 수 있었다고 사이드는 주장한다. 영국이 인도에 대해 그랬던 것처럼, 일본 역시 식민지 조선의 지리, 문화, 풍습, 습관 등을 몇 권의 책과 방대한 문서로 집약하고 축소한 바 있다. 결국 제국의 식민지 정복은 지식의 정복이기도 했는데, 일본은 조선문화의 미신적 전근대성을 담론화하는 가운데 근대화된 일본의 우위성을 설파하고 조선 침략의 논리적 근거를 마련하고자 한 바 있다.

　　서구의 근대 오리엔탈리즘 역시 막대한 현지 조사를 벌이고 정밀한 학문적 분석을 행하는 가운데 자신의 권위를 '자연화naturalization'하고자 했다. 사이드가 보기에 나폴레옹의 이집트 원정은 근대 오리엔탈리즘의 시작을 알리는 사건이었다. 이집트를 통해 중동의 패권을 차지하려는 나폴레옹의 음모는 오리엔탈리스트들의 전문적인 지식의 지원이 있었기에 가능했다. 사이드는 나폴레옹 이후 오리엔탈리즘이라는 말에 근본적인 변화가 생겼다고 지적한다. 즉 그로 인해 오리엔탈리즘은 행정적인 개념이 되었고 인구통계, 경제학, 사회학 등의 여러 분과 학문에 필수적인 일부로 자리 잡는다는 것이다. 서구가 18세기에 고안된 규율-훈육 및 시험 등의 테크닉과 인간과학을 통해 진단·검사·조사·분류를 위한 경험적 방법론을 마련한 것처럼 그 시기에 근대 오리엔탈리즘의 역사적 일람표가 작성된다. 그리고 이러한 합리적인 일람표에 근거하여 동양에 대한 일종의 원형감시시설 혹은 원형감옥 Panopticon이 마련된다. 푸코의 말처럼 원형감옥 안에서 감시자인 식민

지배자는 유리한 조망권(특권과 힘)을 갖는다. 어느 각도에서든 죄수들을 관찰하고 감시할 수 있는 판옵티콘의 간수처럼, 식민지배자는 '과학적인' 식민 담론 덕분에 유리한 위치에서 식민지인들의 일거수일투족을 바라볼 수 있다. 자연스럽게 우월한 자리를 확보한 식민지배자들은 식민지에 대한 합리적인 일람표를 통해 효율적인 감시와 통제의 수단을 획득한다. 식민지인들은 식민지배자의 '응시gaze'에 노출되어 왜곡된 정체성을 갖게 되기도 한다.('옥시덴탈리즘Occidentalism') 사이드에 따르면 특히 제국주의 시대라 할 수 있는 19세기 말에 오면 오리엔탈리즘은 동양에 대한 학문적 규율-훈육의 응용기술로 되고 동양에 대한 온갖 관념들의 선별과 분류 과정을 거쳐 논리적 정합성을 갖추게 된다. 이는 인종차별이론의 생물학적 근거('우생학')와 간단하게 결합하여 사회적 다윈주의Social Darwinism로 나타난다. 이러한 프레임 속에서 동양은 후진적, 퇴행적, 비문명적, 미개적, 야만적, 정체적 등의 부정적 속성을 지니게 되고 비서구 인종과 민족들은 생물학적 결정론 속에 고정되고 만다.75

그러나 사이드가 오리엔탈리즘의 억압적 측면만을 고집하는 것은 아니다. 오리엔탈리즘도 나름의 생산성을 지니고 있거니와 중요한 것은 그것의 '부당한' 헤게모니, 즉 '지배 지식'으로써 오리엔탈리즘이 억압과 지배에 공모하는 그 고리를 끊는 것이다. "타인을 억압하거나 조작하지 않고 자유를 옹호하는 입장에 서서 다른 종류의 문화와 민족을 연구할 수 있는가?"76라는 물음은 사이드의 궁극적 지향이 어디에 있는지를 암시한다. 인종 내지 문화차별, 국수주의와 맹목적 애국주의, 종교적 광신주의에 대한 사이드의 일관된 비판은 바로 그러한 문제의식에서 비롯한다. 여타 탈식민주의자들처럼 사이드 역시 중심과 주변의 위계를 넘어서는 인종·국가·문화 간의 공존과 상생의 이념을 공유한다. 『문화와 제국주의』에서 드러나듯 다문화로 가기 위한 '소통'과

75 같은 책, 110쪽 참조.
76 같은 책, 109쪽.

'열림'의 자세는 사이드에게도 소중한 가치들이다. 살만 루시디Ahmed Salman Rushdie 사건 당시 표현의 자유라는 측면에서 그 작가를 옹호한 것도 이러한 인식에 근거한 것이거니와 "이슬람을 지키기 위해서는 민주주의적 자유도 파기해야 한다"[77]는 사고방식은 그의 세계주의적 태도와 배치되는 것이었기 때문이다.

하지만 '세계주의자' 사이드의 이상과 현실 사이에는 너무나 큰 간극이 자리하고 있다. 사이드에 대한 다양한 반론들도 이와 관련이 있다. 우선 오리엔탈리즘에 의해 구성된 동양이 '실재적' 동양의 객관적인 재현이 아니라 서구적 담론이 구성한 상상적 허구적 내러티브에 불과하다는 주장은 오리엔탈리즘적 재현과 무관하고 그에 선행하는 '진짜' 동양이 있다는 본질론적 오해를 부를 여지가 있다는 비판을 부를 수 있다. 또한 그는 '표충적 오리엔탈리즘'의 심층구조이면서 서구 권력의지의 표현인 '잠재적 오리엔탈리즘'의 중요성을 지적하는 가운데 다양한 국가적 전통 사이의 차이를 과소평가한다는 비판을 받기도 한다. 즉 그는 프랑스·영국·미국 등의 오리엔탈리즘 사이에 아무런 차이가 없는 것처럼 모두를 '묶어서' 사고하고 있다는 것이다. 하지만 "식민 담론 내부에서는 불연속성보다 연속성이 훨씬 강력하게 작용하며, 동양에 투사되는 오리엔탈리즘은 변함없는 일관성을 유지한다"[78]는 주장은 서구 지식 구조의 변화가 급격하고 불연속적이라는 푸코의 주장과도 배치되는 것이다. 시기별 국가별 오리엔탈리즘의 차이는 범위의 문제일 뿐이고 신념체계이자 분석 양식인 오리엔탈리즘이 발전한다는 것 자체가 이론적 모순이라고 보는 한 사이드는 적절한 답변을 제시할 수 있을 것으로 보이지 않는다. 마르크스주의의 오리엔탈리즘적 공모에 대한 사이드의 비판도 이와 관련이 있다. 마르크스·레닌·로자 룩셈부르크 등 제국주의에 대한 마르크스주의적 비판 전통에 대한 의도적인 침묵 내지 왜곡이 눈에 띄기 때문이다.

---

77 같은 책, 113쪽.
78 고부응 외:『탈식민주의: 이론과 쟁점』, 문학과지성사, 2003, 135쪽.

사이드의 이러한 구조주의적 태도는 지배질서와 그 재현체계에 대한 저항 가능성의 문제와 관련해서도 중요한 한계를 노정한다. 사이드 자신도 오리엔탈리즘 분석에서 지배적 재현 양식에 대한 저항의 역사가 누락되었음을 인정하고 자기에게 중요한 것은 피지배 민족에 대한 서구의 담론에 포커스를 맞추는 것이었을 뿐이라고 변명한다. 하지만 우리에게는 '침묵하는 타자'로서의 동양을 넘어 서구의 대화 상대로, 나아가서는 서구에 대한 대항적 담론으로서 자신을 내세우는 동양의 모습 역시 중요하다. 식민 담론의 획일적 논리를 비판하면서도 사이드 스스로 그러한 논리를 닮고 있는 것은 아닌가 하는 의심에 대해 사이드는 별 답을 주지 않는 것 같다. 그리고 오리엔탈리즘의 역사를 정복의 담론이나 지식과 재현을 통한 서구의 불변적 권력의지로만 설명할 수 없다는 비판도 경청할 필요가 있다. 거부와 욕망의 이중적 투영의 과정이 식민화의 과정에 작동하고 있었기 때문이다. 물론 '옥시덴탈리즘'이라는 개념을 통해 이러한 양가성이 부분적으로 해명되기는 하지만, 제국의 담론에 대한 내면화 과정의 탐색은 여전히 부족하다는 인식을 지울 수 없다. 이 점과 관련해서는 프란츠 파농이 더 시사해주는 바가 더 많다.

잘 알려져 있다시피 『문화와 제국주의』를 통해 사이드는 상호인정과 상호존중에 기초한 서구와 비서구의 화해가능성에 대한 비전을 제시한다. 서구가 식민지 팽창과 관련한 역사적 사실을 인정하고 세계자원의 공평한 재분배를 수용하며 비서구의 경우 공식적 탈식민화 과정이 수반했던 '비난의 정치학'을 지양해야 한다는 전제가 따르지만 말이다. 하지만 이는 당위적 요청으로써는 의미가 있겠지만 현실적으로는 공상에 불과할 뿐이다. 소통과 대화는 쌍방의 인정과 자세에 달려 있는 문제인데, 서구나 과거 제국의 경우 여전히 정치경제적·문화적 헤게모니를 포기할 가능성을 보여주지 않기 때문이다. 다른 탈식민주의자들에 의해 제3세계를 부정적이고 경멸적으로 폄하하고 전통적인 서구의 견해를 내면화한 작가로 비판받은 '갈색 피부의 영국인' 나이폴V.S. Naipaul을 긍정적으로 재평가하거나 서구의 정전이나 '이민

diaspora' 작가들에 비해 제3세계의 작품을 상대적으로 무시하는 사이드의 편향 역시 문제이다. 인도의 마르크스주의자 아마드Aijaz Ahmad의 지적처럼 사이드는 해방의 정치학과 연관된 제3세계 문화로부터 거리를 두고 이데올로기적 자율성과 미학적 거리를 중시하는 서구 문화에 관심을 갖는 가운데 오리엔탈리즘 특유의 날 선 현실비판마저 무화시켜버리는 것은 아닌가 의심을 받기도 한다. 물론 제3세계의 민족주의가 보여준 극단적인 폭력이나 제3세계 민족문화운동의 정치적 편향성에 대한 염려가 깔린 입장 변화이지만, 현실적이고 물질적인 갈등을 무시하고서 "정당한 차이를 인정하고 존중하며 정치적 현실에 안주하지 않는 진정한 공동문화"79의 수립이 가능할지는 의문이다.

이러한 문제점에도 불구하고 사이드의 오리엔탈리즘은 우리에게 유용한 바가 많다. 물론 박홍규의 지적처럼 우리의 근대화 과정은 다른 식민지들과 달리 더욱 복잡한 양태로 진행되어왔다는 점에서 더욱 섬세한 접근이 필요할 것이다. 우선 한국의 오리엔탈리즘은 일제의 담론 형성의 과정과 응용기술, 그리고 정치적 제도를 통해 형성된 것이었다. 그리고 해방 이후 남한에서의 미국의 헤게모니는 또 다른 방식과 형태로 오리엔탈리즘을 강화했다. 한국의 교육시스템과 대학의 아카데미즘 속에, 그리고 한국 대형교회들의 친미적 정치 행위들 속에 오리엔탈리즘은 여전히 살아있다. 우리의 시간표는 여전히 미국과 같은 제국을 향해 있고 우리의 시선은 결국 제국의 '응시'로부터 자유롭지 않다. 그런 점에서 사이드의 오리엔탈리즘은 여전히 우리에게 소중한 현실 인식의 프레임들 중 하나라고 할 수 있을 것이다.

2) 탈식민주의와 페미니즘: 스피박

탈식민주의와 페미니즘의 만남은 포스트구조주의와 페미니즘의 만남만큼 어색하다. 그도 그럴 것이 페미니즘은 주로 서구의 이론이고

---

79 B. 무어-길버트: 앞의 책, 135쪽.

그런 점에서 식민 현실의 이해에 별 도움이 되지 않을 것이라는 추측을 내어올 수 있기 때문이다. 하지만 지배적인 젠더·문화·인종의 위계를 전복하고자 하고 가부장적 식민적 권위가 구축하는 이항대립을 거부한다는 점에서 페미니즘·포스트구조주의·탈식민주의의 만남이 불가능한 것만도 아니다.

인도 출신의 탈식민주의자인 스피박Gayatri Spivak은 제국주의 담론 중에서 특히 젠더 문제에 관심을 갖는다. 역사적으로 식민주의는 인종이나 계급과 별도로 젠더와 밀접한 연관을 맺고 있다고 보기 때문이다. 여기에는 지금까지의 민족주의나 탈식민주의 이론이 주로 남성적인 본질을 강조해왔고 남성들의 목소리에만 귀를 기울여 왔다는 판단이 깔려 있다. 그러나 스피박 등의 탈식민주의 페미니스트들이 보기에 '인종의 정치학'에만 초점을 맞출 경우 식민지 여성이 겪는 '이중의 식민화'가 누락될 수밖에 없다. 그들은 '제3세계 여성'을 식민주의의 최대 희생자로 보는데, 왜냐하면 그 여성들은 제국주의 이데올로기는 물론이고 토착적 가부장제에 의해서도 잊혀진 존재들이기 때문이다. 가령 파농 등의 반제국주의적 민족주의 역시 여성들을 방치하거나 성적 은유를 통해 대상화("외세의 군홧발에 유린당한 내 순결한 누이 한반도여!") 하고 있다는 점에서 이들의 비판 대상이 된다. 탈식민주의 페미니스트들은 백인 남성 식민주의자-백인 여성-식민지인 남성-식민지인 여성 사이에서 이루어져왔고 여전히 반복되고 있는 여성차별의 서사를 중심으로 식민의 역사 혹은 제3세계의 현실을 '다시 쓰려고' 시도하는 셈이다.

스피박은 우선 탈식민주의적 분석이 (탈)식민주의적 문화의 다양성과 이질성을 철저하게 인식해야 한다는 전제에서 출발한다. 그래서 그녀는 에드워드 사이드의 『오리엔탈리즘』이 중동을 동양의 전형으로 인식하고 서구 오리엔탈리즘의 동질성을 주장한다고 비판한다. 더욱이 사이드에게는 피지배 민족과 관련한 논의가 없거나 그에 대해 획일적으로 사고하고 있지는 않은지 의문을 던진다. 인도가 동양 전체를 대표할 수 없다는 인식, 식민주의 구성체들 사이의 차이를 고려해야 하고 억압의 역사적 경험에도 다양한 편차가 있음을 인정해야 한다고 주장하는 점에서 사이드와의 차이를 읽을 수 있다. 또한 스피박에게는 서구에서 활동하는 디아스포라Diaspora적 주체와 제3세계의 탈식민 주체 사이의 차이나 갈등도 중요한 고려 대상이다. 이러한 차이와 갈등들은 '디아스포라'의 상이한 양상들과 국면들 사이에(가령 노예와 자발적 이주자들 사이에), 디아스포라적 집단들의 계급적 계층적 정체성 사이에도 존재한다. 탈식민적 주체들의 차이를 드러내고 그들의 목소리를 되살려 내려는 과정에서 스피박이 중점을 두는 부분은 '여성주체'를 독립적인 범주로 설정하여 젠더를 탈식민주의의 본격적인 의제로 끌어올리는 일이다.80

정치적인 면에 있어서도 식민주의의 역사를 중단 없는 연속적 억압과 착취의 서사로 보려는 사이드와 달리, 스피박은 역사를 복합적이고 다면적으로 보려 한다. 가령 제국주의의 파괴적 영향에 주목하면서도 그것의 '긍정적' 효과도 동시에 고려해야 한다는 주장이 그렇다.81 이는 식민지 수탈론을 넘어서 '시혜적 폭력'이나 '시혜적 침해'(혹은 '식민지근대화론')라는 차원까지 포괄하려는 그녀의 학문적 야심을 입증한다. 『문화와 제국주의』에서 서구의 급진 지식인들과 (과거) 식민지 피지배자 사이의 연대 가능성을 낙관적으로 타진하는 사이드에 비해 그러한 연대의 실제적 효과와 정치적 의미에 회의적 반응을 보이는 스피박은 더욱 현실주의자(?)처럼 보이는 것도 사실이다. 왜냐하면 서구의 자유주의적 휴머니즘이나 푸코 혹은 들뢰즈 등의 포스트주의적 '반휴머니즘' 모두 식민지 피지배자의 구원을 약속하던 과거의 제국주의적 서사를 되풀이하고 있다고 보기 때문이다. 제1세계의 페미니즘도 탈식민주의 페미니즘에는 별 도움이 되지 않는데, 제1세계의 아카데믹

---

80 L. Nader: Orientalism, Ocidentalism, and the Control of Women, in: Cultural Dynamics, Bd.2, 233-237쪽 참조.
81 같은 책, 231쪽.

한 페미니즘은 의도하지 않았겠지만 제3세계 여성 문제를 약화시킬 소지가 크기 때문이다.

비평가로서 스피박은 자신이 신식민주의적 서구에서 제3세계 출신으로 특권적 지위를 누리고 있음을 인정한다. 신식민주의 이데올로기의 생산을 담당하는 일터에서 일하는 자신이 어쩌면 서구 신식민주의와 '공모관계'에 있을지 모른다고 고백하는 대목에서는 그녀의 솔직한 반성적 비평 행위를 읽을 수 있다. 서구 급진주의자들과의 연대에 대한 회의적 시선에도 불구하고, 그녀는 데리다로부터 지대한 영향을 받았다. 그럼에도 그녀는 "나는 해체론자가 아니다"고 단언하며, 마르크스주의자가 아니라고 하면서 "마르크스의 틈새에서 일하는 사람"으로 자처한다. 푸코와 들뢰즈를 한 데 묶어 비판하면서도 스피박은 푸코를 끌어들여 식민지 하에서 피지배 민족과 영토가 '세계화worlding'하는 전형적 사례를 분석하기도 한다. 여기서 '세계화'란 지리학적 인종학적 '자리매김'을 통해 (인도 시르무르의) 현실이 (영국) 제국의 시각으로 재구성되는 과정이면서, 동시에 식민지인들로 하여금 세계를 이해하고 구성해왔던 고유의 방식을 (영국) 제국의 방식으로 대체하도록 '설득당하는' 과정이기도 하다. 이 지점에서는 사이드의 주장과도 만난다. 이처럼 스피박은 포스트주의(데리다와 푸코)・페미니즘・마르크스주의(특히 그람시) 사이를 부단히 분주하게 횡단하면서 나름의 복잡한 이론을 개진한다.

우선 『서발턴은 말할 수 있는가』는 스피박의 비평적 실천을 가장 잘 보여주는 논문으로 평가된다. 여기서 그녀는 그람시Antonio Gramsci의 용어인 '하위주체Subal-tern'의 목소리・경험・역사를 조명함으로써 식민주의 역사기술은 물론이고 제3세계 부르주아 (민족주의적) 역사기술에 의해서도 간과되어온 주변적 여성 주체의 위치를 복원하고자 한다. 특히 그녀는 제3세계 여성들이 영국 제국주의와 인도 가부장제라는 이중적 억압 하에서 경제적 불평등과 성적 종속의 이중고를 겪고 있으며 자신들의 처지를 말할 수 없는 상황에 주목한다. 하지만 하위주체인 제3세계 여성의 해방이라는 궁극적 목표를 설정하면서도 지배권력에 대한 실제적인 전복보다는 그것을 둘러싼 지배적 담론의 해체에 더욱 정성을 기울인다. 이는 그녀가 해체주의자인 데리다에 기댈 때부터 예상된 것이기도 하다. 스피박은 "푸코가 실제 역사, 실제 정치, 실제 사회 문제를 다루는 반면, 데리다는 접근하기 어렵고 난해하며 텍스트 중심적이다"[82]는 오해를 바로 잡고 "데리다의 이론 중 제1세계 바깥에 있는 사람들에게 장기적으로 유용하게 쓰일 수 있는 부분"을 보여주겠다고 장담하지만 말이다.

물론 스피박이 데리다의 해체론을 모두 받아들이는 것은 아니다. 그녀 나름으로 데리다의 해체 전략을 '소극적 비판'으로 규정하고, 데리다의 해체 작업이 텍스트의 표면적 논리나 의미를 일단 의심해보는 단계에 그치고 있음을 정확하게 짚어내기도 한다. 하지만 스피박이 보기에 데리다의 '버텨 읽기' 작업방식을 적극적으로 읽을 경우 소극적 비판을 넘어서는 '재배열reconstellation'과 '오용catachresis'까지 포함할 수 있다고 주장한다. '재배열'은 텍스트를 "자체의 고유한 콘텍스트에서 꺼내 낯선 논의의 장으로 집어넣는 것"이고 '오용'은 "개별적인 이미지나 생각, 수사적 전략 등을 원래의 서사로부터 떼어내어 새로운 의미의 장을 사용하는 것"[83]이다. 하지만 스피박이 보기에도 데리다의 이러한 이론적 '브리꼴라쥬Bricolage'의 전략은 정치적인 활용의 가능성이 그다지 크지 않다. 그래서 그녀는 해체론의 적극적 속성을 찾아내기 위해 데리다를 '오용'하기로 한다. 이로써 하나의 이론이나 텍스트가 일관된 논리와 타당한 권위를 지닌 서사로 자리 잡는 과정에서 억압되고 무시된 여성 하위주체의 목소리를 되살릴 수 있다고 스피박은 확신한다. 여기서 핵심은 지배적인-제국의 혹은 가부장적 민족주의적-담론에 의해 규정되고 부정되는 하위주체 목소리에 대한 '묵살의 여정'을 추적하는 것이다.

---

82 B. 무어-길버트: 앞의 책, 203쪽.
83 같은 책, 207쪽.

인도의 순장관습인 '사티Sati'의 희생자인 인도 과부여성suttee은 스피박이 말하는 하위주체의 한 예이다. 사티는 토착 엘리트(왕족)에 속하는 과부가 힌두교의 관습에 따라 죽은 남편의 시신을 화장하기 위해 쌓아올린 장작더미 속으로 몸을 던져 함께 죽는 잔인한 의식이다. 1929년 영국은 반여성적 야만적 악습으로부터 인도 여성을 해방시키기 위해 이 순장관습을 금지시켰다. 하지만 토착 민족주의자들은 여자들이 실제로 죽고 싶어 한다는 말로 이 전통의 지속을 고집하였다. 민족주의자들은 사티를 서구 문명으로부터 민족문화를 수호할 수 있는 최후의 보루로 여겼다. 영국 제국은 여성을 같은 종족의 야만적인 의식으로부터 보호함으로써 서구 사회의 우월감을 심어주려 했던 것이고, 민족주의자들은 자기를 희생하는 여성들의 순수함과 영웅적인 사랑을 낭만화하는 가운데 인도의 정신적 우월성을 확인받으려 했던 것이다. 스피박은 이러한 논란에서 여성 주체의 목소리가 사라지고 대상화되고 말았다고 주장한다.[84]

스피박의 이론은 특히 제3세계 저항담론이 정체성을 규정하고 비판적 주체를 재구성하는 가운데 지배담론의 형이상학적 본질론을 재생산할 수 있음을 경고한다. 데리다를 따라 그녀는 탈식민적 투쟁이 '정체성'·'소속'·'기원'에 대한 유혹에 빠지지 않기 위해서는 데리다의 '탈중심화된 주체' 개념을 적절하게 활용할 필요가 있다고 주장한다. 원래 주체라는 것은 타고나거나 주어지는 것이 아니라 '담론'에 의해 구성된 상상적 허구이기 때문이다. 스피박이 보기에 '인도인'이라는 용어 자체도 식민담론의 산물이며 서구에 의해 강요된 주체 구성의 구체적 역사를 보여준다. 또한 그녀는 한편으로 '순수한' 하위계층의 의식이 식민주의적 역사기술이나 부르주아 민족주의적 역사기술의 비판을 위해 필요한 생산적인 '이론적 허구'임을 인정하면서도 '끊임없는 삭제'의 대상으로 삼아야 하며 '보편적 진리'로 오인하지 말 것을 주문한다.

---

84 이향미:「탈식민주의와 여성주체」,『문예미학』, 문예미학회, 2002, 198-199쪽 참조.

하지만 우리는 여기서 스피박의 이론적 맹점을 확인하게 된다. 왜냐하면 그녀가 하위계층을 '이론적 허구'로 설명하게 되면 하위주체가 겪는 고통과 착취도 이론적 허구가 되어버리기 때문이다. 스피박은 "내가 시도하는 해석은 내가 비판하는 생산구조 바깥에 존재할 수 없다"[85]고 역설하지만, '이론적 허구'이자 '불가피한 방법론의 주체'일뿐인 그녀의 주체는 담론의 효과이자 해체 대상에 불과할 것이다.

그러나 스피박은 탈식민주체만이 탈식민성을 말할 수 있다는 입장도 일축한다. 그녀는 이론적으로 탈식민 주체가 서구에 의해 대변되고 있음에 공감을 하면서도 탈식민 주체가 자기 처지에 대해 더 나은 통찰을 가지란 법은 없다고 주장한다. 결과적으로 이는 '엘리트적' 서구 이론을 사용하여 탈식민주의와 하위계층의 문제를 분석하는 자신의 작업을 옹호하는 것이다. 하지만 제1세계 페미니즘이 제3세계 여성 하위주체를 대변할 수 없다는 주장에서는 어떤 오만이 느껴지기도 한다. 물론 '여성'이라는 보편적 범주만을 다루는 '국제적 페미니즘'의 서구 중심적 편향 여부를 의심하는 것은 정당한 일이지만 그럼에도 그것을 서구 선진국이 만든 그들만의 담론으로 규정해버리는 것은 또 다른 본질론이라는 비판을 불러올 여지가 있는 것이다. 또한 스피박은 '현실의' 제3세계 여성에 대한 인식론적 불투명성을 이상화하거나 본질화하고 있는 것은 아니냐는 비판에도 귀를 기울일 필요가 있다. 제3세계 여성이 서구적 분석 범주를 '늘' 넘어서는 의미와 경험을 지니고 있다고 해서 그들에게만 분석의 특권이 '자동적으로' 주어지는 것은 아니기 때문이다. 스피박은 서구 페미니즘의 다양한 의도들을 무의식적으로 동질화하는 가운데 "경계의 이쪽뿐만 아니라 저쪽에도 있을 수 있는 수많은 다른 이야기들의 가능성"[86]을 놓치고 마는 것이다.

---

85 B. 무어-길버트: 앞의 책, 216쪽.
86 L. 간디: 앞의 책, 112쪽.

3) 식민주의의 정신분석: 프란츠 파농과 호미 바바

인도 출신의 호미 바바Homi Bhabha는 탈식민주의와 정신분석학의 접점을 마련하고, 이를 통해 보다 고차원적인 탈식민주의 담론을 정초하려하는 사람이다. 하지만 그를 통해 파농과 사이드 등의 저항적 색채가 탈색됨으로써 탈식민주의가 일종의 지적 유희로 흐르고 만다는 비판을 받기도 한다. 바바는 '정치적 해방'에 열광하지 않는다. 스피박의 경우에도 중심부 국가에서 활동하면서 텍스트 분석에 치중한다거나 서구의 이론에 너무 과도하게 의존하고 있다거나 하는 비판을 받기도 하지만, 하위계층의 저항 가능성을 완전히 배제하지 않고 있다는 점에서 어느 정도 저항성을 인정받는다. 물론 스피박도 여전히 "착취당하는 주체는 여성 착취의 텍스트를 알 수도 없고 말할 수도 없다"고 하면서 자신과 같은 외부(하지만 제3세계 출신) 지식인의 개입을 전제로 하고 있지만 말이다. 그러나 사이드와 스피박, 바바의 탈식민주의 3총사 중 바바는 '저항담론'으로써의 탈식민주의를 '문화주의적 담론'으로 이동시키는 데 가장 적극적인 인물이라고 할 수 있다. 어찌 보면 이는 바바의 가능성이자 한계라고 할 수도 있다. 보다 많은 중심부에서 활동하는 지식인들에게 탈식민주의에 관심을 두게 해주는 측면, 즉 탈식민주의의 외연 확장의 여지를 제공한 인물이 바바일 수 있을 것이다. 그러나 식민주의의 극복이 여전히 정치적 과제와 얽혀 있는 우리로서는 정치적 해방, 경제적 불평등의 해소, 새로운 비판적 저항담론의 마련에 둔감한 바바가 문제적 이론가일 수밖에 없을 것이다.

알다시피 바바는 정체성의 형성 혹은 식민적 주체의 구성, 식민주체들의 심리적 정서, 무의식의 작용 등에 주로 관심을 가져왔다. 프로이트와 라캉은 바바 이론의 중심적 지주였다. 그러나 파농과의 연관성 역시 부인할 수 없다. 일찍이 파농은 5, 60년대 인종정신의학을 비판하고 인종차별과 식민주의의 무의식을 드러내고자 한 바 있기 때문이다. 프랑스의 식민지였던 마르티니크 출신인 파농은 식민지 교육을 철저하게 받으면서 프랑스가 자신의 모국임을 한 번도 의심한 적이 없는 사람이었다. 그래서 제2차 세계대전 당시 모국 프랑스군에 입대하여 나치즘과 싸워 무공훈장까지 받는다. 그러나 이 과정에서 격심한 인종차별을 경험하게 된다. 이후 그는 정신의학을 공부하고 자신이 경험한 인종차별을 바탕으로 『검은 피부 하얀 가면』이라는 박사논문을 쓰게 된다. 여기서 그가 보여주고자 한 것은 인종주의의 축을 통해 '의식적·무의식적으로' 작동하는 식민주의 이데올로기였다.

우선 파농이 보기에 인종주의는 개인의 심리적 현상이 아니라 한 사회의 정신상태mentality를 구성하는 일종의 문화적 프레임이며 다른 인종이나 민족, 즉 이질적 타자에 대한 체계화된 억압이다. 그러나 인종주의는 각 시대와 지역, 그리고 이데올로기적 요구에 따라 계속 변하기 때문에 그 양태와 전략을 파악하기가 쉽지 않다. 하지만 파농이 정신의학을 공부할 당시에는 인종정신의학ethnopsychiatry이 지배적인 담론이었다. 물론 프로이트의 고전 정신분석학은 주체성의 결정 요인으로 젠더와 섹슈얼리티에 주로 초점을 맞추기 때문에 인종주의로부터 자유로울 수 있었다. 하지만 파농이 보기에 고전 정신분석학은 인간들이 처한 문화적 역사적 조건을 무시하고 보편적인 용어로 심리와 무의식을 설명한다고 하면서 프로이트와 라캉 등의 초역사성 혹은 몰역사성을 비판한다. 프로이트주의는 유럽중심적이고 백인가족의 외디푸스 콤플렉스에나 적용될 수 있을까 식민지 주체에게는 별 도움이 되지 않는다고 본 것이다. 이를테면 가족 구조 내에서는 정상적인 성장을 겪은 흑인 아이가 식민지 사회에서 백인과의 접촉을 통해 식민주의적 트라우마를 경험했다 하더라도 유럽의 정신분석은 이에 대해 설명할 수 없다. 왜냐하면 그 외상은 시선과 치욕의 현실 속에서 경험한 것이기 때문이다. 흑인을 인간으로 보지 않고 신체적 정신적 폭력을 동원하여 비인간적인 상태로 몰아넣은 자의 시선에 굴복할 것을 강요당하는 치욕의 경험은 늘 백인과의 접촉이라는 외부적 현실과 연관된 것임에도 불구하고 유럽의 정신분석에는 이에 대한 고려가 누락되어 있다는 것이다.

파농은 마르티니크 흑인들이 백인과의 접촉을 통해 경험한 외상을 분석하면서 그것이 식민주의의 산물임에도 불구하고 인종정신의학이 식민주의의 현실을 무시한 채 인종을 중심으로 심리적 정신적 외상을 분석한 것을 비판한다. 즉 고전적 정신분석학이 사회문제를 인종에 고유한 것으로 취급하면서 '흑인성Blackness'을 병리화하고 있다는 것이다. 사실 프로이트나 라캉 등의 정신분석학이 인종문제를 이런 식으로 취급했는가는 진지하게 따져볼 일이다. 그러나 서구의 오랜 인종차별적 시선이 19세기말 진화론을 만나면서 과학의 지위를 부여받은 것에 주목할 필요가 있다. 우생학과 제국주의, 사회적 다윈주의의 공모 속에서 제국의 권위가 당연한 것으로 인정받은 것도 분명한 사실이기 때문이다. 파농이 정신분석학의 보편성을 강조하면서 인종 '특유의' 심리적 특성을 강조했던 마노니Octave Mannoni를 비판적으로 해부한 것도 이와 관련된 것이었다.

물론 마노니는 유럽인과 비유럽인의 차이를 명백한 것으로 단정 짓고 "식민지 피지배자의 체질적 열등성"[87]을 강조했던 이전의 '식민주의 심리학' 혹은 '인종심리학'과는 일정한 차이가 있었다. 왜냐하면 마노니는 처음으로 원주민의 심리 연구에서 식민지배의 요소를 고려하기 시작했고, 식민주의가 원주민을 '계몽'하려는 이타적 욕망에서 비롯된 것이 아님을 밝힌 인물이기 때문이다. 그가 보기에 식민지 지배자와 피지배자의 관계는 역동적인 것으로 이해해야 하고 게으르고 범죄적인 식민지 피지배자(타자)의 모습은 식민주의자의 투영과 불안의 구성물이다. 타자의 이미지는 자신의 상상적 정체성을 구성하기 위해 유럽 식민주체가 허구적으로 날조한 것이고, 이는 결국 식민지 피지배주체의 특성이라기보다는 자기 불안의 표식인 것이다. 피식민주체들은 식민주체들에게 이방인들이고 에일리언으로서 언제든 자신들을 잡아먹을 수 있는 존재들인 셈이다. 이로써 그는 식민지 피지배자뿐만 아니라 식민주의자의 심리적 동기 역시 고려의 대상으로 삼아야 한다고 주장

---

[87] 고부응 외: 앞의 책, 101쪽.

한다. 마노니는 인종심리학의 객관성을 거부하는 가운데 식민지에서 관찰자와 관찰되는 원주민의 관계가 일방적이지 않고 관찰하는 주체 역시 관찰되는 원주민에 대해 반응한다는 사실을 밝혀낸다. 마노니는 식민지에서의 이러한 양방향적 관계를 '식민상황'이라고 정의한다. '식민상황'을 고려할 경우 식민주의자의 경제적 이득과 착취뿐만 아니라 그가 피지배자와의 관계에서 얻는 심리적 만족이 시야에 들어올 것이라고 그는 생각한다.[88]

마노니의 정신분석은 식민상황을 "두 개의 전혀 다른 유형의 인격이 만나고 서로 반응하여 그 결과 원주민이 '식민화'되고 유럽인이 '식민지인'으로 되는 것"[89]으로 정의한다. 그에 따르면 인간에게는 보통 '열등 콤플렉스'와 '의존 콤플렉스'가 존재하는데, 원주민은 자신보다 우월한 존재에 열등감을 느끼기보다는 오히려 의존관계를 통해 열등감을 해소하고 안정감을 얻는다. 하지만 의존 콤플렉스에 의해 식민화되는 원주민과 달리 유럽인은 다른 종류의 콤플렉스에 의해 식민주의자가 된다. 마노니에 의하면 유아에게는 "인간 혐오적이거나 반사회적인 '인간 없는 세상의 매력'이라 부를 수 있는 특성"[90]이 존재한다. 무인도 탐험 소설의 주인공들처럼 식민지에서의 삶은 바로 "인간 없는 세계로 알지 못하게 이끌리는 자들, 즉 유아기적 이미지를 성인의 현실에 적응시키는 데 필요한 노력에 실패한 자들"[91]의 심리적 대치물에 불과하다. 나아가 셰익스피어의 『템페스트 The Tempest』에 등장하는 캘리번이 프로스페로의 무의식에서 창조된 상상적 인물이듯이, 원주민은 유럽인의 무의식적 상상적 인물을 대신하는 존재이며 유럽인은 이 존재에 자신의 사악한 의도를 투영한다.

결론적으로 마노니에 따르면 원주민은 의존의 필요성을 지니고 백

---

88 F. 파농: 『검은 피부 하얀 가면』, 이석호 옮김, 인간사랑, 1998, 61-63쪽 참조.
89 같은 책, 63쪽.
90 같은 책.
91 같은 책, 64쪽.

인의 도래를 기대했으며 심리적으로는 이미 식민화의 준비를 마친 상태였다. 그리고 그는 식민주의자 역시 '심리적으로' 식민화를 위한 준비를 마친 상태였으며 식민지에서 '지배를 향한 병리적 충동'을 현실화했을 뿐이라고 주장한다. 결국 원주민의 경우 백인과의 관계를 통해 의존 충동을 만족시키게 되고, 백인 역시 원주민에 대한 지배를 통해 자신의 지배 충동을 해소한다는 것이다. 마노니가 보기에 원주민의 반란은 억압으로 인한 것이 아니라 의존관계의 위기, 즉 '부모에게서 버림받는다는 두려움'에서 기인한다. 식민 지배자 부모들이 떠날 수도 있다는 사실에 대한 심리적 저항이 '아이들' 피지배자의 물리적 저항을 불러왔다는 것이다. 이러한 의존관계의 붕괴는 식민주의자들의 잠재된 인종차별주의를 부추기고 식민지인에 대한 적대적 분노로 이어진다. 그에 따르면 식민주의자의 분노는 반란자들의 신체적 외양이나 야수성 혹은 사악한 본능 때문이 아니라, 백인들이 흑인들의 저항을 자기들만의 특허인 '인간임'을 주장하며 자신들의 의지를 내세우는 것으로 오해하기 때문이다. 즉 원주민들이 식민주의자 자신들에 의해 투영된 그런 존재가 아니라 사유를 관철시키려는 실제의 '존재들'로 오인되는 순간, 유럽인들은 극도의 과민 반응을 보인다는 것이다.

하지만 파농이 보기에 표면적인 식민주의 비판에도 불구하고 마노니는 식민주의를 지배 충동을 가진 백인과 지배당하려는 욕구를 가진 원주민 모두를 만족시키는 호혜적 과정으로 보고 있다고 비판한다. 뿐만 아니라 마노니는 서구인과 비서구인의 이분법에 사로잡혀 유럽인의 경우 유아적 상황을 극복하고 "자신을 독립적이고, 자족적이며 비합리적 감성의 법칙이 아니라 이성의 법칙에 복종하는 것으로 보는 과학적 인간"으로 보고 있다고 평가한다. 나아가 파농은 마노니가 원주민의 열등 콤플렉스를 '식민상황'이라는 역사적 산물로 보지 않고 백인들과의 만남 이전부터 무의식적으로 존재한 것으로 간주하고 있다고 비판한다. 파농이 보기에 식민주의는 인종간의 정신적 차이의 '결과'가 아니라 "인종적 구분을 따른 정신적 차이를 만들어내고 주체를 파멸시켜 무가치한 것으로 만드는 '원인'"92이다. 열등 콤플렉스나 의존 콤플렉스를 식민주의 이전의 고유한 원주민의 심리적 특성으로 보는 가운데 마노니가 식민주의의 책임을 원주민과 소수 백인들의 책임으로 전가하고 있다고 파농은 비판한다.

하지만 파농은 자기부정과 열등의식이 본래부터 흑인에게 잠재된 것이 아니라 서구의 인종정신의학이 흑인에게 강요한 것이라고 주장한다. 그에 따르면 흑인으로 하여금 스스로를 열등한 인종이라고 불가항력적으로 의식하게 만듦으로써 흑인을 비정상적인 상태로 몰아넣은 것이 식민주의였음을 강조하면서 식민주의에 대한 저항은 영원불멸한 '타자'로 설정된 흑인을 '주체적 인간'으로 내세우는 데서 시작되어야 한다고 역설한다. 그리고 어떤 흑인이 백인이 되고 싶다는 욕망을 갖게 된 것도 열등 콤플렉스를 조장하는 사회, 즉 어떤 인종의 우월성을 선언하는 사회에 살고 있기 때문이라고 한다. 결국 사회경제적 현실이 문제라는 것이다. 파농은 흑인이 영원한 타자로 고착화되는 과정을 라캉의 '거울단계mirror stage'라는 개념으로 설명한다. 거울 단계의 주체가 거울 속에 비친 자신의 상상적 이미지를 모방함으로써 구성되듯이, 식민지 현실에서 흑인은 백인과의 '모방' 관계 속에서 흑인으로 된다는 것이다. 백인은 흑인에게 상상적인 거울이고 거울에 비친 모습을 자신의 모습으로 오인하는 과정을 통해 나는 그들과 같다는 의식을 갖게 되고, 반대로 자신들의 동족들에게는 일정한 거리를 두게 되는 것이다.

파농에 따르면 식민 현실에서 백인 세계는 정치경제적인 측면만이 아니라 언어·문화·신화·가치 등의 측면에서 주체 형성의 배타적 준거가 된다. 파농은 여기서 지배자의 언어, 주인의 언어에 대한 식민지인의 종속에 주목한다. 이를테면 자신의 문화적 기원을 박탈당한 식민지 민중은 문명국의 언어, 즉 식민모국의 문화를 경험하면서 자신의 흑인성 혹은 백인이 부여한 흑인의 원시성을 자체 폐기함으로써 백인

92 고부응 외: 앞의 책, 8쪽.

화하려는 경향을 띤다.93 그는 앙틸레스인들을 분석하면서 인간은 자신의 존재를 타자(백인)를 통해 인정받고자 한다는 점에서 인간이라고 진술한다. 타자에게 효과적인 인정을 얻지 못할 경우, 그 원주민의 행동을 주관하는 주체는 타인이 된다. 인간이 자신의 인간적 가치와 실재를 의존하는 대상은 바로 타자이고 그의 인정이기 때문이다. 그런데 파농이 보기에 타자의 인정에 대한 앙틸레스인들의 과도한 집착은 식민주의가 인간이 되는 모든 물질적 수단을 탈취했을 뿐만 아니라 원주민들에게 '인간'이라는 이름의 부여를 거부하기 때문이다.94 하지만 인간으로서 존재가치를 상실한 채 늘 타자(백인)에 의존하는 식민지 원주민은 백색신화의 신봉자이자 피해자이다.

파농은 『검은 피부 하얀 가면』을 통해 왜 흑인이 백색신화의 지배를 받게 되었는가를 캐묻는다. 결론은 인종차별에 대한 흑인들 자신의 반응이 식민주의를 공고화하고 있기 때문이라고 한다. 자신들이 열등하기 때문에 억압받을 수밖에 없다는 이데올로기로 인해 흑인의 저항은 무력해지고 그만큼 백인의 지배는 강화된다는 것이다(우리의 경우에도 정도의 차이는 있지만 일제강점기 이전의 수많은 지식인 담론에서 이를 확인할 수 있다. 윤치호, 장지연, 박은식 등의 근대화론, 최남선과 이광수 등의 민족개조론에 담긴 식민주의적 견해를 읽을 수 있다). 파농에게 진정한 탈식민화의 전제는 식민지 환경이 만들어낸 다양한 콤플렉스에서 벗어나는 것이다. 파농의 정신분석은 식민주의의 물리적 정신적 폭력으로 인해 식민지인들이 겪은 자기 소외와 분열을 분석하고 그것을 극복하는 대안 마련에 초점을 맞추고 있다. 바로 이러한 식민주의 현실에 대한 이해와 긴밀하게 연관되어 있기 때문에 그것은 늘 정치적인 성격을 지니게 된다.

그러나 호미 바바는 파농의 정치성을 탈색하는 가운데 그를 평가한다. 그가 보기에 파농의 공적은 "식민적 정체성의 비틀어진 양피지 속

93 F. 파농: 앞의 책, 5쪽.
94 같은 책, 266쪽.

에 새겨진 자아의 '타자성'을 해부"한 점에 있다. 그에 따르면 파농은 서구의 형이상학적 전통에서 주장되어온 '일원론적 역사 개념'과 '일원론적 인간 개념'을 해체하고, 개인의 정체성이 역사적 사회 속에서 실현될 수 있다는 유토피아적 세계관의 허구성을 파기했다. 결과적으로는 백인의 시선에 의해 2중 3중으로 '해체되고 탈구된' 흑인의 모습은 결과적으로 장차 회복되거나 실현되어야 할 '서구적 인성'의 허구성을 폭로하게 된다는 것이다. 그러나 바바는 하얀 가면을 벗어던지고 흑인의 정체성을 되찾아야 한다는 파농의 주장을 거부한다. 왜냐하면 정체성이라는 것은 "결코 선험적이거나 완성된 산물이 아니며 항상 '총체성'의 이미지를 향한 문제적인 접근의 과정"일 뿐 흑인에게는 회복될 과거에도 도래할 미래에도 온전히 통일된 정체성이란 존재하지 않기 때문이다. 그가 보기에 "정체성은 독창성이나 완전성 같은 개념을 부정해야만 존재할 수 있으며, 현실은 언제나 경계선상에서 인식될 수 있는 전위와 변별의 원칙에 의존한다."[95]

파농은 흑인이 타자(백인)와 대면해서 인간으로 인정받기를 원하고 이것이 식민화를 더욱 가속화한다고 주장했다. 하지만 바바는 이를 가능하지 않은 허구라고 단언한다. 왜냐하면 자아와 타자는 그들 각각의 정체성을 갖고 대면하는 것이 아니라 그들 각자가 분열된 존재라고 보기 때문이다. 바바에 따르면 자아뿐만 아니라 타자도 분열된 존재이고 그 역시 욕망과 결핍에 종속된 존재이다. 즉 피지배자만이 아니라 지배자 자신도 "과대망상증과 피해망상의 환상 사이에서 요동하면서 편집증적 동일시의 양가성에 사로잡혀 있다"는 것이다. 백인 식민지배자도 피지배자 앞에서 지배욕망과 더불어 두려움을 느끼는 분열적 존재가 되기 때문이다. 이를테면 검둥이가 '추워서' 떨고 있다. 하지만 여기서 백인은 검둥이의 '분노'를 상상한다. 이는 백인의 불안감, 불안에 대한 편집증의 증거인데, 바바는 백인의 이러한 분열적 정체성을 저항의 지점으로 파악한다. 그에 의하면 저항은 "반드시 저항적인 정치적

---

[95] B. 무어-길버트: 앞의 책, 276쪽.

의도의 행위가 아니며" 식민권력이 필연적으로 수반할 수밖에 없는 '양가성'의 효과이기 때문이다. 이렇게 되면 식민지 담론의 균열과 식민주의자의 자기분열의 흔적을 무의식적으로 흘려버리지 말고 그것을 간파하여 전략적으로 이용하는 것이 중요한 과제로 부상한다.

바바는 식민주의가 불안정한 심리적 토대, 즉 양가적이고 갈등적인 심리적 속성에 기반하고 있음을 입증하기 위해 식민주의적 담론의 스테레오타입을 분석한다. 바바는 식민담론의 완결된 스테레오타입이 지배자의 '감시하는 시선'이나 지배자 자아 개념의 견고함을 자동적으로 입증해 주는 것은 아니라고 주장한다. 오히려 확고해 보이는 식민담론은 지배 대상인 피식민 타자에 대해 모순된 심리적 반응을 드러냄으로써 식민 지배자의 정체성과 권위가 분열된 것이고 불안정한 토대에 서 있음을 스스로 폭로하는 것으로 본다. 식민담론은 피지배 민족의 정체성을 획일적으로 정형화하는 가운데 제국의 우월성을 보증 받으려 한다. 가령 '음탕한 터키인'이나 '고귀한 야만인', '게으른 조센징' 등은 대표적인 경우이다. 이러한 담론은 우생학이나 인종학 등의 학문적 담론의 협조 하에 과학으로 당연시되기도 한다. 그러나 바바가 보기에 식민담론의 스테레오타입화 과정에는 모순적 효과가 존재한다. 스테레오타입화는 서구인에 의해 '이미 알려져 있는 자명한 사실'이라고 상상된 것을 반복을 통해 끊임없이 재확인하는 과정이거니와, 이러한 반복 강박은 피식민 주체의 상상적 정체성이나 식민 지배자의 정체성 모두 불확실하고 나약한 것임을 반증하는 것인 셈이다. 라캉이 상징계의 근본적 불완전성을 이야기하듯, 바바 역시 스테레오타입의 유통이나 수사학적 힘이 대단할 것 같지만 '이미 알려져 있는 사실'이 피식민 주체에게 안정적으로 확실하게 내면화되지는 않을 것이라고 단언한다.[96]

바바는 자유주의적 제국주의자였던 J. S. 밀의 모순적 생애를 빌어 식민담론의 불완전성을 입증하려고 한다. 밀은 한편으로 제국의 중심

---

96 고부응 외: 앞의 책, 277쪽 참조.

부에서 개인의 자유와 민주주의적 권리의 확장을 위해 노력한 인물이다. 하지만 그는 동인도 회사의 폭정에 기여하면서 제국을 당연시한 인물이기도 하다. 19세기 영국 민족 담론-즉 제국 담론-의 근본적 균열은 "이 민족의 아버지이자 억압자가 되라. 정의와 불의를 동시에 행하라. 삼가면서 강탈하라"[97]라는 매콜리의 주장에서도 잘 나타난다. 계몽주의적 전통과 제국 담론의 공모관계, 즉 보편적 인간의 실현이나 문명화 사명 담론의 허구성이 여기서도 확인된다. 매콜리는 영국의 문화적 고결함-다른 제국들과 달리 '자유'에 기초해서 식민지를 경영한다는 전제하에서-을 줄기차게 부르짖지만, 폭력을 통해 인도에 평화와 발전을 가져오고 전제정치로 인도인을 해방시키는 모순된 과정으로 말미암아 그의 민주주의적 성향과 제국주의적 성향은 만성적 불안감과 균열을 드러낸다.

바바에 따르면 감시하는 지배자의 시선은 순간적으로 사각지대에 접어들면서 현실을 제대로 파악하지 못하는 불안정한 불능 상태에 빠져든다. 이러한 사각지대는 영국적인 것과 '영국화된 것'을 엄격하게 구분하는 모방 전략의 결과물이다. 식민지는 영국적인 것에 근접할 수도 있지만 같은 것이 되어서는 안 된다. 이러한 차이에 근거하여 식민지 지배자와 피지배자의 구분이 유지되며 식민통치가 가능해진다. 한편으로 식민담론은 피지배자에게 자비로운 제국이 제공하는 구원의 달콤한 경험을 맛보게 하고 지배자(제국)의 모습과 닮아가는 개량과 진보의 가능성을 열어놓는다. 하지만 애초에 식민담론은 지배자와 피지배자의 존재론적 차이('열등함')를 전제로 하고 있다. 결국 '모방'의 밑바탕에는 역설적 타협, 즉 "알아볼 만큼만 개량된 타자"를 원하는 제국(식민지배자)의 욕망이 자리하고 있다. 피식민적 타자는 차이(열등성)를 지닌 주체로서 "거의 똑같지만 아주 똑같지는 않은 존재"[98]이다. 식민 지배자는 늘 자기를 따르라고 하지만 비슷한 선에서 멈춰야지 완

---

97 박지향: 『제국주의』, 서울대학교 출판부, 2000, 170쪽.
98 B. 무어-길버트: 앞의 책, 284쪽.

전히 똑같아져서는 안 된다는 것을 분명히 한다. 이는 일제말기 '내선일체' 담론에서도 드러나는 사실이기도 하다. 이렇듯 제국은 식민지를 지배하기 위해 제국을 모방하도록 요구하면서도 차별화 전략을 통해 자신들의 우월성을 인식시켜 지배의 정당성을 확보한다. 이러한 '따라하기'와 '차별화'의 이중적 과정을 통해 피지배자는 '잡종' 혹은 '혼종'이 된다.

바바는 식민주의적 담론에서의 스테레오타입 혹은 '정형'의 작용을 분석하기 위해 프로이트의 물신物神, frtish개념을 끌어온다. 그는 스테레오타입과 식민 지배자의 관계를 물신과 물신숭배자의 관계로 설명하면서, 물신이 그런 것처럼 스테레오타입 역시 "'실제' 대상을 대체하는 환유적 구조로 이루어졌을 뿐만 아니라 완전 상충되는 감정과 태도를 표현하고 포섭하는 수단"이라고 주장한다. 바바가 보기에 "물신숭배란 전체성 또는 유사성에 대한 원초적 긍정과 결여 혹은 차이에서 야기되는 불안감 사이의 '유희' 내지 진자운동"[99]이다. 그에 따르면 스테레오타입적인 식민담론에서는 타자성을 재현함에 있어 인종적 문화적 차이를 인정하면서도 동시에 부인하는 이중성이 작용한다. 일차적 차원에서 식민지적 스테레오타입은 야만이나 야수성과 연결되어 있다. 하지만 식민담론은 물신화 차원에서 이를 인식함과 동시에 부인하게 된다. 다시 말해 백인은 신체적 차원에서 흑인과의 차이에 의해 생겨난 공포감을 물신화 과정 속에서 부인(인정하면서 동시에 부정하는)하면서 차이 없는 순수 단일성을 회복시킨다. 타자로서 식민지 피지배자를 일반화된 이미지로 장식하기 위해 차이를 억압하는 것이다. 바바에 의하면 이렇게 물신화된 스테레오타입은 식민지 피지배자에게 '하얗고 단일한 이상적 자아'에 대한 상상적인 환상을 주입한다. 물론 이러한 과정은 식민주의자나 식민지 피지배자 모두에게 일어난다. 스테레오타입화된 식민주의적 담론 덕분에 양자 모두는 하얗고 단일한 자아 이미지를 이상적인 것으로 인식하게 되는 것이다. 식민주의적 담론을 지식과 언어를

---

99 고부응 외: 앞의 책, 277쪽.

통한 권력 기구로 보는 점에서 우리는 푸코의 영향을 확인할 수 있다.[100]

바바에 따르면 식민 지배자의 이중적 분열 상태는 식민담론에서 끊임없는 갈등의 형태로 나타난다. 지배자에게 피지배자는 도무지 이해할 수 없는 존재(가령 '불가해한 동양인', '신비로운 동양'같은 스테레오타입)이면서도 지배자의 시선이 모조리 파악할 수 있다고 '상상'(착각·오인)하는 대상이기도 하다. 이렇게 보면 식민지배자의 눈에 비친 피지배자 역시 양가적인 존재인 셈이다. 식민주의적 담론은 피식민 주체에 대해 가치 있다고 여겨지는 스테레오타입 적인 지식을 생산함으로써 피식민 주체를 위한 공간을 만들어낸다. 지배 담론의 목적은 정복과 지배를 정당화하기 위해 피식민 주체를 열등한 종족으로 해석하도록 프레임을 각인시키는 것이다. 피식민지인은 제국에 동화되는 과정에서 이미 식민지배자와 유사한 닮은꼴인 "거의 같지만 완전히 똑같지 않은" 식민적 '흉내내기mimicry', 즉 '모방'을 행한다. 하지만 바바가 강조하려는 것은 단순히 자아와 타자, 주인과 하인, 자국문화와 타문화의 이질성이 아니다. 그에게 중요한 것은 '경계선상borderline' 혹은 '사이 속in-between' 공간, 즉 제3의 영역이다. 이 공간은 양가성과 잡종성hybridity의 공간으로서 탈식민적 저항의 영역이기도 하다. 물론 파농이 말하고 스피박이 일말의 가능성을 품은 해방·정의·자유 등과 같은 실제적인 저항은 아니지만 말이다.[101]

바바에 따르면 '모방'은 식민권력에 복종함으로써 그것을 강화하는 기능을 하기도 하지만 식민과 피식민의 차별성과 종속을 지워버리고 와해하는 기능을 하기도 한다. 이는 백인을 모방하려는 흑인의 충동을 "하얀 가면을 쓰고 자신의 정체성을 정당화하려는 행위"로 간주했던 파농과 비교했을 때 의외의 진술로 비쳐질 수 있다. 흉내내기 그리고 그 결과 획득된 '혼종성'이 저항의 무기라니?! 여기에는 식민지 피지배자가 지배자를 닮아가는 가운데 지배담론의 한 축인 자유와 저항의 담

---

100 S. Conrad: 앞의 책, 132-133쪽 참조.
101 같은 책, 136쪽 참조.

론까지 배우게 되고, 이러한 학습 결과 획득된 인식이 결국 제국을 향하게 될 것이라는 믿음을 깔고 있는 것으로 여겨진다. 바바는 피지배자가 지배자의 시선을 되돌려줄 수 있다고 보기 때문이다. 결론적으로 그에게 모방 혹은 혼종화는 "차별당하는 자의 시선이 권력의 주체에게로 되돌아가게 함으로써 지배의 전략을 역전시키는 전략의 한 형태"[102]이다. 바바에 따르면 양가성을 지니는 모호한 혼종화, 즉 모방의 저항성은 식민 이데올로기에 대한 왜곡된 전유에 의해 가능하다. 지배자 담론에 대한 비틀기로서 모방은 식민 이데올로기의 일방적 작동을 불가능하도록 교란함으로써 식민권력의 붕괴에 일조하리라고 보기 때문이다. 가령 영어 텍스트를 인도나 우리가 발음하거나 전달할 때 그 텍스트에 대한 왜곡된 전유가 발생할 수밖에 없는데 이는 일종의 제국 텍스트를 교란시키는 모방의 한 예를 보여주는 것으로 평가된다. 이처럼 바바는 문화적 혼성을 중시하는데, 이는 단일하고 통합적인 서구 정체성에 해체의 칼날을 들이댐으로써 하나의 저항방식이 될 수 있다고 해석 된다.

그러나 바바의 주장은 참으로 문제적이다. 그래서 그에 대한 비판도 만만치 않다. 굳이 바바가 아니더라도 우리는 민족이나 국가정체성, 문화가 항상 변화하며 혼성화의 결과물, 즉 잡종이라는 것을 안다. 하지만 그러한 혼성화의 공간이 긴장과 양가성을 수반하는 역동적 공간임을 인정하더라도, 그러한 변화에서 정치경제적 힘 관계라든지 당시의 사회적 콘텍스트가 중요한 요인임을 부정할 수 없다. 바바가 반복적으로 강조하는 분열성·불안정성·미결정성 등의 포스트주의적 속성들은 식민 상태를 지배와 종속의 일방적 관계가 아니라 지배자와 피지배자의 복잡한 상호관계에 기반한 것임을 보게 해준다. 그러나 상호관계의 강조 속에서 은연중에 가해자의 책임이 희석되고 일종의 연대책임론으로 나아갈 가능성은 없는지 물을 필요가 있다. 공모와 협력은 일부 피식민지 엘리트들의 몫은 아니었는지, 혹은 식민 상태에 대한

---

[102] B. 무어-길버트: 앞의 책, 306쪽.

민중들의 경험은 어떤 것이었는지가 누락될 위험이 있는 것이다. 물론 바바의 이론이 신식민지 하에서의 탈식민 이론에 기여한 바가 적지 않다. 그러나 그의 저항은 여전히 그리고 가장 악의적으로 '담론 안에 한계 지워진 저항'이 아닌가 하는 의문을 지울 수 없다.

바바의 한계들은 포스트주의적 담론들에 과도하게 의존하는 가운데 정작 탈식민의 주체와 (신)식민지의 현실이 정당하게 고려되지 않은 데서 기인한다. 물론 그 역시 탈식민주의 비평이 "역사의 형벌-종속, 억압, 이산, 추방-을 겪은 자들"에게서 나와야 함을 인정하지만 그것은 수사에 불과할 뿐이다. 정작 그는 바흐친Mikhail Bakhtin・라캉・바르트Roland Barthes・아렌트Hannah Arendt 등에 의존하면서 식민지의 현실을 누락시키고 마는 것이다. 물론 그러한 의존 자체가 문제될 것은 없다. 오히려 문제는 그러한 담론들이 가질 수 있는 현실 비판의 잠재력에 주목하기 보다는 주로 그것들을 텍스트 해체의 전략으로만 이용한다는 인상을 주는 데 있다. 중심부 이론에 대한 현실적 비판적 전유의 부재는 그가 주목하는 서구와 비서구 사이의 제3의 영역, 모방과 혼종화의 변증법적 잠재력을 오히려 까먹는 것은 아닌지 의문을 품게 한다. 이러한 바바의 한계는 모방의 주체인 피지배자가 지배자의 시선에 반응하지 않고 무시하는 행위 역시 반응(저항)하는 것만큼이나 식민적 권위를 약화시킬 수 있다고 주장하는 데서 더욱 분명하게 드러난다.

영은 바바의 경우 "식민지 지배자나 피지배자 모두가 과연 그러한 저항적 행위를 의식하고 있는지"가 분명하지 않고, 또 그가 주장하는 저항 방식들이 얼마나 "'타동사적'이거나 '자동사적'인지", 즉 얼마나 적극적이거나 소극적인지가 모호하다고 비판한다.[103] 이는 그가 포스트모던한 용어들을 정치적 의미와 무관하게 무비판적으로 끌어대고 있기 때문이다. 길버트의 경우에도 피지배자 내부로부터 표출되는 심리

---

103 L. Nader: 앞의 책, 78쪽 참조.

적 게릴라전을 전략적 실천으로 해석하는 바바에 대해 비판을 가한다. 특히 "분열되고 전위된 소문과 공포에 의존한다고 해서 역사적 행위가 덜 효과적인 것은 아니다"는 주장은 길버트가 보기에 "폭동 이전의 소문이 무장봉기만큼이나 인도의 영국인들을 위협했다"104고 주장하는 것과 동급의 발언이다. 또한 바바는 '모방'이 저항보다는 식민통치에 더 효과적인 전략이었음을 간과하고 있다고도 덧붙인다. 가령 『불가사의한 기호』에 등장하는 영국화된 인도인 아넌드 메세는 식민적 권위에 가장 잘 순응한 인물에 불과하다. 오히려 식민 담론에 '전복적인 질문'을 던지는 주체는 지배질서에 덜 동화된 농부들이다. 길버트의 말처럼 서구식 교육을 받은 '인도 순사'는 인도의 영국인들 사이에서 공포보다는 경멸과 조롱의 대상이었던 것이다. 마지막으로 바바는 모든 문화의 상호인정('오인')을 전제하는 가운데 동질적 초역사적 모델을 구축하고 있다. 그런 점에서 오히려 식민주의의 심리적 메커니즘은 물질적 역사적 불평등 권력관계에 기반하고 있다고 주장하는 파농이 더 현실적으로 비쳐지는 측면이 있다. 물론 지배자의 심리적 경험을 상대적으로 소홀히 하는 파농과 식민적 관계를 지배와 종속으로만 보는 기존 종족이론류의 견해를 보완해주는 장점이 있긴 하지만 말이다.

3. '포스트 탈식민주의'

지금까지 '탈식민주의의 3총사'로 불리는 사이드·스피박·바바를 중심으로 탈식민주의의 흐름을 거칠게 정리해보았다. 이를 통해 우리는 탈식민주의가 식민지에 나타나는 식민주의 현상을 분석하고 비판한다는 점만을 공유할 뿐 식민담론에 대한 접근 양상은 제각각이라는 사실을 직감할 수 있었다. 사실 이들 세 사람은 탈식민주의의 중요한 전기를 마련했을 뿐 이들의 주장이 탈식민주의의 전부는 아니다. 가령 캐나다·호주·

---

104 B. 무어-길버트: 앞의 책, 311쪽.

뉴질랜드와 같은 자치령에서의 식민 문제라든가 영문학내에서의 탈식민주의의 흐름, 미국 내 흑인들의 문제, 신자유주의 시대의 제국이나 민족주의의 문제 등 더욱 복잡한 문제들이 제기되고 있다. 이러한 흐름들은 탈식민주의의 이해를 더욱 어렵게 한다. 탈식민주의 이론의 역사는 이론의 세포분열을 통한 자기증식의 과정이었다고도 볼 수 있다. 결과적으로 탈식민주의는 정치경제적 상황에 집중되어 있던 식민주의 연구의 지평을 넓혔다. 덕분에 우리는 식민 상황이 심리적·이데올로기적·문화적으로도 중층결정되어 있음을 알게 되었다. 그리고 식민지 내의 내부 식민문제(공모와 협력의 서사), 식민지 여성들의 이중적 억압 등에 대해서도 중요한 인식을 얻게 되었다. 그리고 민족담론과 민족주의의 변질 가능성 혹은 억압 담론화의 위험을 경계해야 한다는 교훈도 '부분적으로는' 소중한 것이라 할 수 있다. 문화상호주의적 다문화주의에 대한 관심은 탈식민주의가 여타 포스트주의와 협력하여 일구어낸 가장 큰 성과라고 할 수 있다. 그것의 실현가능성 여부를 논외로 한다면 말이다.

그럼에도 불구하고 탈식민주의는 몇몇 중요한 비판에 직면하게 된다. 탈식민주의가 비판적 저항담론으로서 제대로 된 역할을 하자면 이러한 문제제기들에 대해 나름의 답을 찾아야 할 것이다. 우선 매클린턱Anne Mcclintock이나 쇼핫Ella Shohat같은 이는 '포스트코로니얼리즘' 용어의 정치적 모호성에 대해 이의를 제기한다. 우선 매클린턱은 '포스트콜로니얼리즘'이라는 용어가 은연중에 세계 역사를 식민지 이전-식민지 시대-식민지 이후로 구분하는 유럽 중심적 역사관을 반복하고 있다고 비판한다. 이러한 직선적이고 단선적인 역사관은 유럽의 식민주의를 세계사의 중심에 위치함으로써 제3세계의 복잡하고 다양한 역사를 유럽과의 만남으로 획일화할 가능성이 짙다는 것이다. 나아가 그는 포스트식민주의가 (신)식민적 억압에 대한 저항이 절실한 비서구지역의 정치적 실천을 희석시키면서 서구의 학문시장에서 포스트모더니즘의 성공을 등에 업고 유통되는 인기 문화상품에 불과하다고 지적한다. 쇼핫 역시 전지구적 자본주의 체제가 식민지 지배자와 피지배자의 구분을 어렵게 만들고 있고 서구의 포스트모더니즘이 문화다원주의의 논리로 서구 문화적 제국주의의 헤게모니를 은폐하고 있는 (신)식민적 현실에서, 더욱이 세계 각처의 원주민들의 삶의 공간인 이른바 '제4세계'가 제1세계의 다국적 기업과 제3세계의 민족국가에 의해 이중의 침탈을 겪고 있는 요즘의 현실에서, 포스트식민주의는 지금의 현실 상황을 구체적으로 설명할 수 없다고 비판한다.[105]

다른 비판자들 역시 전지구적인 신자유주의적 자본주의 체제가 '다국적' 혹은 '초국적'이라는 이름표를 달고 있는 상황에서 탈식민주의는 엄연히 존재하는 식민지 지배자와 피지배자의 불평등한 관계를 모호하게 만들고 있음을 지적한다. 비판적인 논자들은 탈식민주의가 포스트모더니즘과 은밀히 공모하여 '문화다원주의' 논리를 표방하고 있다고 공통적으로 비판한다. 이들이 보기에 '포스트콜로니얼리즘'이라는 용어는 주로 서구 학계에서 통용될 뿐 탈식민주의적 실천이 요구되는 지역들에서는 별로 사용되지 않고 있다. 이들은 그 원인을 탈식민주의의 정체성이 서구중심적 담론인 포스트주의들과의 불가분의 관계 속에서 형성되었기 때문이라고 지적한다. 그런 점에서 정치적 색채가 모호한 탈식민주의보다는 식민주의나 반식민주의, 신식민주의가 여전히 현실적 의미를 지닐 수 있다고 보는데, 적어도 이러한 명칭들은 억압적 현실에 대한 저항 가능성을 내포하고 있다고 판단하기 때문이다.

특히 인도의 마르크스주의자 아마드는 포스트모더니즘을 후기 자본주의의 문화적 논리로 보는 제임슨Fredric Jameson의 주장에 근거하여 탈식민주의에 대해 신랄한 비판을 가한다. 그가 보기에 "탈식민성이란 유럽과 그 방계인 북미의 바깥에서 생산되는 문학을 식민화하려는 포스트모더니즘의 쐐기"이고 탈식민주의는 "탈식민성의 조건에 관한 담론"[106]에 불과하다. 따라서 탈식민주의는 그 이론적 문화적 모태인 포스트모더니즘처럼 역사적 맥락에서 단절되고 정치적 급진성과 실천성을 상실한 채 언어유희만 일삼는 지극히 서구 중심적이고 부르주아적

---

105 고부응 외: 앞의 책, 7-15쪽 참조.
106 같은 책, 135쪽.

인 담론이라는 것이다. 그에 따르면 신자유주의 시대라고 하는 지금도 여전히 신식민적 헤게모니와 억압적 권력관계가 관철되고 있지만, 탈식민주의는 이러한 부당한 현실을 재생산하는 전지구적 정치경제적 현실에 무관심하며 오히려 "초국적 자본의 문화적 청구서에 배서背書해 주는"107 역할을 수행하고 있다.

더릭Arif Dirlik은 탈식민주의의 등장배경을 따져 묻는 데서 그것의 문제점을 짚어간다. 그가 보기에 탈식민주의의 등장은 과거의 3각 시스템 세계의 붕괴와 관련이 있다. 즉 2세계인 사회주의 세계가 붕괴하고 이후 제1세계와 제3세계가 전지구적 자본주의 시스템으로 통합되는 세계 질서 재편 과정에서 탈식민주의가 등장했음을 눈여겨보아야 한다는 것이다. 특히 그는 탈식민주의의 '탈역사성'을 비판하는데 그 원인을 역시 포스트모더니즘에 대한 그것의 의존성 속에서 본다. 국가와 민족, 민중 등 거대서사라면 무조건 알레르기 반응을 보이는 포스트모더니즘을 정신적 지주로 삼고 있기에 탈식민주의는 총체성이나 구조 개념을 거부하고 지역의 다양성과 차이('다문화')에만 주목함으로써 전지구적 자본주의의 구조적 모순에는 침묵으로 일관하고 있다는 것이다. 더릭 역시 이러한 한계 때문에 탈식민주의는 '담론 차원에서만' (신)식민주의를 비판하는 '문화주의' 경향으로 흐를 수밖에 없다고 비판한다. 이는 "자본주의적 관계가 빚어내는 불평등과 착취, 억압에 알리바이를 제공하는" 역할에 지나지 않는다.108

'탈민족의 시대'에 '민족'이나 '민족주의'에 대한 담론을 근대적 강박에 포획된 사례로 보는 탈식민주의의 태도에도 문제가 제기된다. 물론 '식민 직후'가 근본적으로 자기기만 상태에 빠져있다고 주장하는 튀니지의 혁명가 알베르 멤미Albert Memmi의 견해에도 귀를 기울일 필요는 있다. 그는 독립 혹은 해방 직후를 가시적인 자유의 장치들과 은폐되어 있는 부자유의 지속이라는 모순적인 상태로 규정한다. 정치적

---

107 L. Nader: 앞의 책, 79쪽.
108 고부응 외: 앞의 책, 138-139쪽 참조.

주권의 획득에도 불구하고 도래와 결별, 독립과 의존이라는 분열적 상태가 지속된다고 보는 것이다. 이는 식민화된 것들이 왜곡되어 존속하는 것을 지적하는 것인데, 이전의 식민적 가치들이 제대로 청산되지 못하고 형태만 달리한 채 계속되고 있다고 보기 때문이다.[109] 이러한 상황에서 "식민 과거라는 죽어있는 짐 속에 살아있는 지식과 행위의 또 다른 역사를 완전히 인식하는 것"[110]이 필요하다는 주장은 아무리 강조해도 지나치지 않을 것이다. 특히 해방 이후 민족주의라는 외양을 띠고 나타난 토착 부르주아 정권의 억압적 정치 행태가 식민주의의 그것과 닮았고 그들의 담론 역시 전도된 형태의 식민 담론에 다름 아니라는 지적도 새겨들을 만한 것이다. 그러나 이것이 민족주의라는 이름으로 행해진 모든 실천들을 동일시하는 근거가 될 수는 없다. 물론 민족담론의 폐쇄성과 억압성을 염려하는 사이드·스피박·바바의 입장이 이해가 안 되는 바는 아니지만, 서구 '탈민족' 담론을 잣대로 민족과 민족주의를 억압적 동일성 사유로 일반화하고 지금까지 그것이 감당해온 저항과 해방의 역할마저 부인하는 것은 문제가 있다. 오히려 이것이 동일시의 대표적 사례는 아닌가?! 이러한 시각은 제3세계 국가들 각각의 역사적 경험과 현실적 맥락을 무시한 처사이고 지금의 전지구적 현실을 고려하지 않는 것이기 때문이다. 서구 제국주의 담론이 기대고 있는 민족주의의 억압성과 제3세계 민족주의의 그것, 제3세계 내의 지배적 민족주의와 저항적 민족주의를 구별해서 보아야 하는 것 아닐까?!

물론 탈식민주의의 문제점을 지적하는 가운데 그것의 복잡한 주장과 결들을 무시한다는 비판이 제기될 수 있다. 비교적 짧은 시간이지만 탈식민주의는 자신에게 제기되는 비판들을 보완하며 재구성해온 역사가 있기 때문이다. 그리고 탈식민주의라는 거대한 우산 아래에는 서로 갈등하고 보완하는 수많은 담론들이 공존하고 있기도 하다. 그래서

---

109 L. 가디: 앞의 책, 20쪽 참조.
110 같은 책, 35쪽.

위와 같은 비판들을 비켜갈 수 있는 담론들도 있을 수 있다. 서구 담론에 대한 의존이라든가 차이에 대한 고려 자체는 흠이 될 수 없을 것이다. 탈민족주의를 민족주의에 갇히지 않고 전지구적 차원의 억압을 포착하려는 노력으로 봐 줄 수 있는 측면도 분명 존재한다. 그러나 얼마 안 되는 공부에도 불구하고 '지금 여기'의 국제 관계 속에서 발견되는 계급관계나 현실적 억압들에 대한 탈식민주의의 입장은 여전히 모호하다는 생각이 든다. 텍스트 분석이나 '담론 유희'에 과도하게 기대고 있기 때문일 것이다. 지금이야말로 탈식민주의자들은 '포스트 탈식민주의', 즉 '탈식민주의의 너머'를 고민함으로써 이론적 업그레이드를 고민해야 할 시점이라고 여겨진다. 궁극적인 답은 아니겠지만 우선 '천상의 논의를 지상으로' 끌어내리려 했던 마르크스의 패러다임 전환의 노력이 필요할 것이다.

4. 탈민족·다문화 시대의 한국?!

우리는 한국에서 포스트주의가 본격적으로 수입된 지 거의 20년을 맞고 있다. 그 사이 우리의 학계는 물론이고 사회의 각 분야는 포스트주의를 지배 담론으로 인정하고 그것의 소개에 집중적인 노력을 기울여 왔다. 하지만 그 사이 70, 80년대의 민족·민중 담론은 폐기 대상으로 간주되기도 하고 그 일부는 제도권의 품속으로 포섭되기도 했다. 어쨌든 90년대 이전에 대한 진지한 고민과 반성을 해보기도 전에 당시의 담론들은 철없던 시절의 맹목적 치기로 여겨진 측면이 있다. 그러한 상황에서 포스트주의적 담론들은 비판적 담론의 급진성을 회복하고자 하는 열망을 담고 있는 것으로 평가받기도 했다. 푸코·데리다·라캉·들뢰즈·네그리 등의 수용과정에는 사상적 전향으로만 치부할 수 없는 어떤 진정성이 자리하고 있다. 하지만 민족·민중 등의 거대담론과 탈근대의 담론이 제대로 만나 상호 대화하는 가운데 우리 현실에 대한 어떤 대안을 내어왔는가를 따져보면 실망을 하게 된다.

가령 한국 문학계를 예로 들어보자. 90년대 이후 한국 문학 연구자들은 탈근대 담론의 급진성을 인정하는 가운데 그것을 문학연구에 적용하고자 하는 다양한 시도를 해왔다. 이들은 근대성에 대한 근본적 성찰의 필요성에 절감하면서 근대의 복잡성과 양가성에 대해 보다 섬세한 접근을 요구했고 일정한 성과를 내어오기도 했다. 하지만 이들 연구물을 읽는 가운데 우리는 이들이 비판하고자 하는 근대(성)가 과연 무엇인가 하는 의문을 품게 된다. 혹 파란만장 복잡다단하게 얽혀 있는 한국의 근대 혹은 근대문학을 서구 근대의 모방이나 확장으로 재단하고 있는 것은 아닌가 하는 의구심을 품게 되는 것이다. 더불어 자본주의적 근대의 극복을 지향하는 비판적 담론으로서 탈근대 담론은 우리에게 무엇이어야 하는가에 대한 근본적인 반성의 과정이 얼마나 치열했는가 하는 질문도 은연중 생겨난다. 분명 포스트주의의 저변에는 민주주의와 자본주의적 근대에 대한 극복의 비전이 존재한다. 그 비전은 텍스트와 거시적 담론의 해체 무기, 사회와 작품을 복합적이고 다의적으로 바라보게 해주는 프레임으로서도 의미가 있지만 현실 분석의 틀로서 재구성될 수 있을 때 더욱 값진 이론이 될 수 있었을 것이다.

이는 탈식민주의의 경우에도 마찬가지다. 전적으로 그런 것은 아니지만 최근의 한국문학 연구 성과들은 분명 탈식민주의에 크게 기대고 있다. 특히 미시사나 일상사 연구, 대중문화에 대한 관심을 반영한 성과들 덕분에 한국문학뿐만 아니라 한국 사회의 복잡하고 다양한 결들을 추체험할 수 있게 되었다. 이는 문학 텍스트에 갇히지 말고 다양한 문화텍스트들에도 관심을 가져야 한다는 스피박이나 바바의 요구에도 부응하는 것이었다. 하지만 하정일의 지적처럼 이들 텍스트들은 개별적 개인이나 사적인 풍경들을 보여주기 위해 계급적 민족적 적대를 은폐하고 있다는 혐의를 안고 있다. 즉 소비자 개인의 집합인 대중의 이름으로 다양한 적대관계들이 지워져버린다는 것이다. 당시의 문화적 풍경들이 계급적으로 혹은 민족적으로 어떻게 분절/위계화되어 있고, 어떻게 균질화된 대중들을 창출하며, 나아가 대중들이 나름의 문화적 실천들을 통해 어떻게 식민지 자본주의에 포섭되거나 맞서는지 등에 대한 무관심은 한국 포스트주의 수용의 한 단면을 보여준다.111 결국 근대의 해체나 급진적 비판의 전망 자체가 결여되어 있음으로 해서 텍스트 중심주의라는 또 다른 문제를 양산하고 마는 것이다.

또한 여전히 우리 사회나 학계의 일각에서는 근대(성) 속의 파시즘을 경계해야 한다는 목소리가 높다. 분명 근대에는 억압의 측면이 존재하고 있다. 굳이 포스트주의를 들먹이지 않더라도 베버, 아도르노, 호르크하이머도 그것을 경고한 바 있다. 파시즘과 스탈린주의는 한 마디로 근대의 극한 내지 탈선이라 할 수 있다. 그러나 우리는 근대가 부정적 근대를 극복하려는 의지 또한 내장하고 있음을 기억할 필요가 있다. 그런 점에서 탈근대 담론은 이미 근대 담론 안에서 자라나온 것으로 볼 수도 있다. 문제는 한국의 포스트주의자들이 근대를 단수적 근대('서구적 근대')로 볼 뿐 그것의 양가적 역동성을 보지 못하고 있다는 것이다. 이 점은 민족 문제에서도 역시 마찬가지다. "민족사 쓰기는 결국 자기중심적으로 선별되고 꾸며진 역사"라는 신형기의 지적이나 민족이라는 '운명공동체적 단일성'에 의해 민중의 '다중적 정체성'이 부정되고 '민족 중심의 단일한 본질론적 정체성'에 모든 문제들이 복속되어 버릴 가능성을 지적하는 임지현의 지적에는 충분히 공감할만한 역사적 경험이 있다.112 과거 독재 권력의 우익 민족주의는 물론이고 좌파 민족주의에도 부정적인 측면이 존재했고 지금도 그렇기 때문이다. 하지만 민족주의를 야만 혹은 파시즘과 동일시하는 논리에는 지배이데올로기로서의 국가주의적 민족주의와 저항의 매개였던 민족주의를 동일시함으로써 민족 담론의 역동성 혹은 복잡한 결들을 놓치고 마는 것은 아닌가 하는 우려를 낳을 수도 있다.

아울러 탈식민주의나 포스트주의의 학문적 관심 때문은 아니겠지만 우리는 지금 '다문화' 열풍 시대에 살고 있다. 외국인 이주 노동자의

---

111 하정일: 「탈근대 담론과 새로운 본질주의」, 『민족문학사 연구』, 민족문학사학회, 2004, 23-24쪽 참조.
112 같은 책, 117쪽 참조.

한국 유입, 결혼 이주 여성들의 폭발적인 증가 이후 방송이나 신문은 다문화 시대를 준비해야 한다는 목소리를 높이고 있다. 정부나 지자체들은 이러한 흐름에 발맞추어 각종 이벤트를 열거나 준비 중이다. <미녀들의 수다>, <러브 인 아시아> 등과 같은 방송 프로그램들은 다문화의 유행 현상을 선도하고 있다. 3세계 이주민에 대한 편견, 차별, 동정 등의 자세를 교정하고 다양한 문화들의 상호공존을 인정해야 한다는 주장은 분명 진일보한 것으로 평가할 수 있다. 하지만 우리의 경우 '김치를 잘 담그는 효심 좋은 동남아 며느리 찾기', '농촌 총각 장가보내기' '하인스 워드'나 '다니엘 헤니' 같은 혼혈 성공 찾기 등에서 드러나듯 자민족 중심주의 패러다임에서 벗어나지 못하고 있는 실정이고 역시 돈 되는 소재를 찾아 부화뇌동하고 있는 상황이다. <미녀들의 수다>에 다른 나라 미녀들은 문화적 소통과 대화의 파트너라기보다는 관음증적 호기심의 대상으로 사물화 혹은 대상화되고 있는 실정이다. "미디어는 다문화주의라는 거대한 포장지를 앞세워 한국 사회의 '차이'를 조장하고 있다"[113]는 지적은 한국 사회 다문화주의의 정곡을 찌르고 있다.

'다문화주의multiculturalism'는 각 민족 혹은 인종들의 고유한 문화가 서로 대등하게 공존 하는 세계를 지향하는 이론적 기획으로써 탈식민주의의 기본적인 모토이기도 하다. 사이드의 경우 다문화주의는 "가장 강력한 형태의 해방과 계몽의 내러티브"인 동시에 "분리가 아니라 '통합'의 내러티브"[114]라고 자신 있게 주장하기도 한다. 원래 다문화라는 말은 미국이나 호주 같은 이주민들로 구성된 사회에서 오래전부터 논의된 주제이지만 현실적으로는 민족적, 인종적, 계급적 갈등과 차이들을 극복하지 못하고 있는 어려운 문제이기도 하다. 이질적 종교와 표현들의 충돌, 정복자 백인의 문화와 정복당한 원주민의 문화는 아직 동일한 지위와 가치의 문화로 인정받지 못하고 있기도 하다. 이러한

---

113 한겨레신문, 2007. 12. 13일자 기사.
114 E. 사이드: 『문화와 제국주의』, 김성곤 외 옮김, 창, 1995, 42쪽.

현실에서 문화간 열림과 소통이라는 다문화주의의 가치는 분명 일정한 긍정성을 지닌다. 원래 문화는 예로부터 다양성에 기초해 왔고 혼종성의 흔적을 가지고 있다. 다만 전통이라는 혹은 우월성이라는 프레임 속에서 문화들이 서열화 되거나 차별과 배제를 야기해왔을 뿐이다. 다문화주의는 이러한 과거에 대한 반성의 의미를 지님과 동시에 대화와 상생을 주장한다.

하지만 현실은 다문화주의의 비전을 배반하고 있다. 서구중심주의나 문화제국주의에 대한 의미 있는 비판으로서 다문화주의가 설득력을 얻기 위해서는 주변부로 내몰렸던 비서구 문화에 대한 진정한 복권이 따라야 한다. 하지만 전지구적 자본주의가 요구하는 문화 세계화가 기본적으로 초국적 문화산업이 강요하는 '문화상품'의 세계화에 불과한 상황에서 지금의 다문화주의는 이론적 공허함을 드러내고 만다. '월드 뮤직World Music'이나 서구 영화제에서 상을 받는 '토속적'인 비서구 영화들은 서구인들의 문화적 취향에 노출된 문화상품에 불과하다. 문화 다양성 혹은 문화 세계화 요구의 배후에는 분명 자본의 논리가 관철되고 있으며, 다문화적 상품들은 다문화에 대한 통찰의 계기를 마련하기보다는 온갖 문화 상품들의 현란한 진열장 속에 '얌전하게' 자리하고 있을 뿐이다. '문화다양성 협약'을 거부하는 미국 주도의 FTA가 통과된 마당에 과연 다문화주의의 비전이 실현될 수 있을까?! 하정일의 말처럼 "자본주의 세계체제가 그대로인 상태에서 과연 다문화적 세계의 건설이 가능할까?"[115] 정말이지 쉽지 않은 문제들이다.

---

115 하정일: 「복수의 근대와 민족문학」, 『민족문학사연구』, 민족문학사학회, 2000, 54쪽.

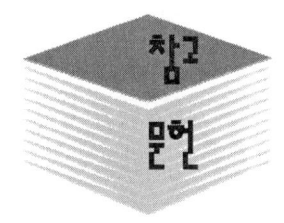

국내 저서

강영안: 『주체는 죽었는가』, 문예출판사, 1996.
고부응 외: 「탈식민주의:이론과 쟁점」, 문학과지성사, 2003.
김현/이회진: 「정치적 실천의 주체로서 프롤레타리아트와 다중」, 『시대와 철학』 제18권 2호, 한국철학사상연구회, 2007.
김 현: 「공백으로서의 부정성」, 『헤겔연구』 2호, 한국헤겔학회, 2009.
박지웅: 「들뢰즈와 가타리의 국가형태 리토르넬로: 맑스의 사회구성체론과의 비교를 중심으로」, 『경제학연구』, 53권, 한국경제학회, 2005.
박지향: 『제국주의』, 서울대학교 출판부, 2000.
박홍규: 『박홍규의 에드워드 사이드 읽기』, 우물이 있는 집, 2003.
안인용: 「신상 터는 놈, 털리는 놈, 막는 놈」, <한겨레 21>, 2011.05.03. 제859호.
양석원: 「욕망의 주체와 윤리적 행위」, 『안과밖』, 영미문학연구, 2001.
양종근: 「이데올로기와 실재계의 윤리」, 『신영어영문학』 34집, 신영어영문학회, 2006.
윤수종: 「네그리와 맑스 : 자율주의적 맑스주의」, 『지구화시대 맑스의 현재성 1』, 문화과학사, 2003.

윤수종: 「불혹의 프랑스 68 혁명, 아직도 젊다!」, 『월간 말』 2008 년 6월호.
윤수종: 「이탈리아의 아우토노미아 운동」, 『진보평론』 14호, 1996.
윤수종: 『안토니오 네그리: 맑스를 넘어선 맑스주의자』, 살림, 2005.
이정우 외: 『들뢰즈 사상의 분화』, 그린비, 2007.
이정우: 『천하나의 고원: 소수자 윤리학을 위하여』, 돌베게, 2008.
이진경 외: 『탈주의 공간을 위하여』, 푸른숲, 1997.
이진경: 「철학과 굴뚝청소부」, 새길, 1994.
이진경: 『노마디즘2』, humanist, 2002.
이향미: 『탈식민주의와 여성주체』, 『문예미학』, 문예미학회, 2002.
이현우: 『로쟈와 함께 읽는 지젝』, 자음과모음, 2011.
정혁현: 「지젝과 기독교」, 『제3시대 그리스도교연구소 탈향 강의 자료집』, 제3시대 그리스도교 연구소, 2008.
조정환: 『아우또노미아』, 갈무리, 2004.
조정환: 『지구제국』, 갈무리, 2002.
진명석: 「사건의 유물론과 비평의 문제」, 경북대학교 박사논문, 2004.
하정일: 「복수의 근대와 민족문학」, 『민족문학사연구』, 민족문학사학회, 2000.
하정일: 「탈민족 담론과 새로운 본질주의」, 『민족문학사 연구』, 민족문학사학회 2004.
하정일: 「탈근대 담론: 해체 혹은 폐허」, 『민족문학사 연구』, 민족문학사학회, 2007.
한국철학사상연구회(편): 『철학대사전』, 동녘, 1989.

국외 저서(번역본)

A. 네그리/ M. 하트: 『제국』, 윤수종 옮김, 이학사 2005.
A. 네그리/ M. 하트, 『다중』, 조정환 외 옮김, 세종서적, 2008
A. 바디우: 『사도 바울』, 현성환 옮김, 새물결, 2008.
A. 바디우: 『윤리학』, 이종영 옮김, 동문선, 2001.
B. 무어-길버트: 『탈식민주의! 저항에서 유희로』, 이경원 옮김, 한길사, 2001.
B. 시세르: 『프랑스 지성사 50년』, 유재석 옮김, 끌리오, 1998.
E. 사이드: 『문화와 제국주의』, 김성곤 외 옮김, 창, 1995.
E. 알트파터: 『자본주의의 종말』, 염정용 옮김, 동녘, 2008.
F. 가타리: 가타리: 『가타리가 실천하는 욕망과 혁명』, 윤수종 옮김, 문화과학사, 2004.
F. 파농: 『검은 피부 하얀 가면』, 이석호 옮김, 인간사랑, 1998.
G. 들뢰즈/F. 가타리: 『앙띠 오이디푸스』, 최명관 옮김, 민음사, 1998.
G. 들뢰즈: 『의미의 논리』, 이정우 옮김, 한길사, 1999.
G. 바타유: 『에로스의 눈물』, 유기환 옮김, 문학과 의식사, 2002.
G. 바타유: 『에로티즘』, 조한경 옮김, 민음사, 1999.
G. 바타유: 『어떻게 인간적 상황을 벗어날 것인가』, 조한경 옮김, 문예출판사, 1999.
G. 바타유: 『에로티즘의 역사』, 조한경 옮김, 민음사, 1998.
G. 바타유: 『저주의 몫』, 조한경 옮김, 문학동네, 2000
G. 바타유: 『문학과 악』, 최윤정 옮김, 민음사, 1995
G. 아감벤: 『남겨진 시간』, 강승훈 옮김, 코나투스 2008.
G. 카치아피카스: 『신좌파의 상상력』, 이재원 외 옮김, 이후, 1999.
G. 카치아피카스: 『정치의 전복』, 윤수종 옮김, 2000.
H. Marcuse: 『에로스와 문명』, 김인환 옮김, 나남출판, 1996.
H. Marcuse: 『위대한 拒否』, 유효종/전종덕 옮김, 광민사, 1990.

I. 파커: 『Žižek』, 이성민 옮김, 도서출판b, 2008.
J. 지글러: 『탐욕의 시대』, 양영란 옮김, 갈라파고스, 2008.
K. 마르크스/F. 엥겔스: 『독일 이데올로기』, 김대웅 옮김, 두레, 1989.
K. 마르크스: 『독일 이데올로기』, 『맑스 엥겔스 선집』, 박종철 출판사, 1991.
L. 간디: 『포스트식민주의란 무엇인가』, 이영욱 옮김, 현실문화연구, 2000.
L. 알튀세르: 『철학에 대하여』, 서관모 옮김, 동문선, 1997.
M. 하트: 『들뢰즈 사상의 진화』, 김상운 외 옮김, 갈무리, 2004.
N. 쏘번: 『들뢰즈 맑스주의』, 조정환 옮김, 갈무리, 2005.
N. 쏘번: 『들뢰즈 맑스주의』, 조정환 옮김, 갈무리, 2005.
P. Anderson: 『뉴레프트리뷰』, 서용순 외 옮김, 도서출판 길, 2009.
R. 보그: 『들뢰즈와 가타리』, 이정우 옮김, 새길, 1995.
R. 보그: 『들뢰즈와 문학』, 김승숙 옮김, 동문선, 2003.
R. 쎄넷: 『뉴캐피탈리즘』, 유병선 옮김, 위즈덤하우스, 2009.
S. Žižek: 「철학과 정신분석의 만남」, 『철학과 현실』, 2003년 가을호.
S. Žižek: 『HOW TO READ 라캉』, 박정수 옮김, 웅진지식하우스, 2007.
S. Žižek: 『시차적 관점』, 김서영 옮김, 마티, 2009.
S. Žižek: 『실재의 사막에 오신 것을 환영합니다』, 이현우 외 옮김, 자음과모음, 2011.
S. Žižek: 『지젝이 만난 레닌』, 정영목 옮김, 교양인, 2008.
S. Žižek: 『처음에는 비극으로 다음에는 희극으로』, 김성호 옮김, 창비, 2010.
S. Žižek: 『탈이데올로기 시대의 이데올로기』, 김상환 외 옮김, 철학과현실사, 2005.
S. Žižek: 『폭력이란 무엇인가』, 이현우 외 옮김, 난장이, 2011.
S. 지젝/V. I. 레닌: 『지젝이 만난 레닌』, 정영목 옮김, 교양인, 2008.

S. 지젝: 『까다로운 주체』, 이성민 옮김, 도서출판b, 2005.
S. 지젝: 『부정적인 것과 함께 머물기』, 이성민 옮김, 도서출판b, 2007.
S. 지젝: 『시차적 관점』, 김서영 옮김, 마티, 2009.
S. 지젝: 『이데올로기라는 숭고한 대상』, 이수련 옮김, 인간사랑, 2001.
S. 지젝: 『잃어버린 대의를 옹호하며』, 박정수 옮김, 그린비, 2009.
S. 지젝: 『처음에는 비극으로 다음에는 희극으로』, 김성호 옮김, 창비, 2010.
T. 마이어스: 『누가 슬라보예 지젝을 미워하는가』, 박정수 옮김, 앨피, 2005.
T. 이글턴: 『반대자의 초상』, 김지선 옮김, 이매진, 2011.
W. B. 어빈: 『욕망의 발견. 우리가 원하는 것을 우리가 왜 원하는가』, 윤희기 옮김, 까치글방, 2008.
W. Reich: 『파시즘의 대중심리』, 오세철/문형구 옮김, 현상과 인식, 1987.
W. Reich: 『파시즘의 대중심리』, 황선길 옮김, 그린비, 2006.
W. 벤야민: 『역사의 개념에 대하여, 폭력비판을 위하여, 초현실주의 외』, 최성만 옮김, 길, 2008.
마오쩌둥: 『마오쩌둥: 모순론・실천론』, 노승영 옮김, 프레시안북, 2009.

국외 저서

A. Kotsko: Žižek and Theology, New York 2008.
A. Kotsko: Zizek and Theology, T&T Clark, 2008.
A. Negri: Eine Revolte, die nicht endet. Von 1968 bis Genua. Dokumentarfilm, Berlin 1989.
Antonio Negri/Michael Hardt: Commonwealth, Belknap Press, 2009.
Bianca Schulze, Die Erotik George Batailles in Theorie und Prosa, München : GRIN Verlag GmbH, 2002.
Ch. Jäger: Gilles Deleuze: eine Einführung, Wilhelm Fink Verlag 1997.
Dominik Finkelde, Slavoj Žižek: Zwischen Lacan und Hegel, Wien, 2009.
F. Balke: Gilles Deleuze, Westdeutscher Verlag 1997.
F. Braudel: Die Geschichte der Zivilisation, München, 1971.
G. Deleuze/ F. Guattari: Anti-Ödipus, Suhrkamp 1991.
G. Deleuze/ F. Guattari: A Thousand Plateaus: Capitali-sm and Schizophrenia II, Trans. B. Massumi, Minnea-polis 1987
G. Deleuze/ F. Guattari: Kafka: Toward a Minor Litera-ture. Trans. Dana Polan. Minneapolis 1986.
G. Deleuze/ F. Guattari: Tausend Plateaus: Kapitalismus und Schizophrenie II, Berlin 1992.
D. Polan, Minneapolis 1986.
G. Deleuze/ F. Guattari: Tausend Plateaus: Kapitalismus und Schizophrenie II, Berlin 1992.
G. Deleuze: David Hume, Suhrkamp 1996.
G. Deleuze: Unterhandlungen, Suhrkamp 1993
G. Markus: Sigmund Freud. Die Biographie. Langen Mü-ller Verlag, München-Wien 2006.

참고문헌 375

H. Brunkhorst: 『Marcuse zur Einführung』, Junus Verl -ag, 1990.
H. Marcuse: 『Der eindimensionale Mensch』, Schriften Bd. 7, Suhrkamp Verlag, 1989.
H. Münkler: Biopolitik im Empire - Die Immanenz des Kapitalismus bei Michael Hardt und Antonio Negri, 2001.
H. S. Geretsried: Neomarxismus und Globalisierung. 'Em -pire, das Modell für eine neue Weltordnung' Globa -lisierungskritik bei Michael Hardt und Antonio Negri, Wintersemester 2008.
H. S. Geretsried: Neomarxismus und Globalisierung.'Em -pire', das Modell für eine neue Weltordnung? Globa -lisierungskritik bei Michael Hardt und Antonio Negri, Wintersemester 2008/09.
H. Schmidgen: Das Unbewuβte der Maschinen, Wilhelm Fink Verlag 1997.
I. Armburst: Kritische Theorie und Poststrukturalismus, Argument -Verlag 1999.
I. Zechner: Deleuze. Der Gesang des Werdens, Mü -nchen. 2003.
J. Dean: Žižek's Politics, New York 2006.
L. Nader: Orientalism, Ocidentalism, and the Control of Women, in: Cultural Dynamics, Bd.2.
K. Marx: Zur Kritik der Hegel'schen Rechts-Philosophie: Einleitung,
K. Marx/F. Engels: Gesamtausgabe, Bd. I /2, Berlin 1982.
M. Birkner/ R. Foltin: (Post-) Operaismus. Von der Ar -beiterautonomie zur Multitude, Stuttgart 2006.
M. Chalda: Das Universum des Gilles Deleuze, Alibri Ve -rlag 2000.
M. Chalda: Das Universum des Gilles Deleuze, Alibri Verlag 2000.
M. Inwood: Heidegger. Herder, Freiburg 1999.
M. Ott: Gilles Deleuze. Zur Einführung, Hamburg 2005.
N. Schmidt: Einführung zur Jacques Lacan, Suhrkamp 1991.
S. Conrad: Jenseits des Eurozentrismus, Frankfurt/M. 2002.
R. Butler: Slavoj Zizek zur Einführung, Hamburg: Junius 2006.

Rex Butler: Slavoj Zizek zur Einführung, Hamburg: Ju ⁻nius Verlag, 2006.
S. Freud: Die Traumbedeutung, Fischer Verlag 1982.
S. Zizek: Die Tücke des Subjekts, Frankfurt/M. 2001.
S. Žižek: On Belief, New York 2001.
S. Žižek: The Indivisible Remainder: An Essay on Sche ⁻lling and Related Matters, New York 1996.
S. Žižek: The Puppet and the Dwarf: The Perverse Core of Christianity, Cambridge 2003.
S. Žižek: The Sublime Object of Ideology, New York 1989.
S. Žižek: The Ticklish Subject: The Absent Center of Political Ontology, New York 1999.
S. Žižek: The Žižek Reader, Oxford 1999.
Slavoj Zizek: Occupy Wall Street: the wake-up call,

http://www.abc.net.au/unleashed/3496710.html(검색: 2011. 11. 24)
http://blog.daum.net/nalsee,
http://wallflower.egloos.com/
http://www.grundrisse.net/buchbesprechungen/michael_hardt_toni_negri.htm/
http://www.taz.de/1/leben/kuenste/artikel/1/der-verfuehrer-der-jugend/ ('Empire'als Theaterstück: Der Verführer der Jugend.)

찾아보기

(재)영토화	28
68혁명	110
가라타니 고진	195
가상계급	135
가타리	19
간극	178
감정노동	135
강노	22
강밀도	72
강요된 선택	272
강한 소통	326
개인심리학	288
개체발생	288
거대기계	44
거시정치	83
거울단계	353
경제결정론	168
계급투쟁	115
계약론	99
계통발생	288
고야	301
공격본능	282
공동성	133
공동의 것	140
공동의 부	137
공리계	44, 47, 62
공백	178, 183, 222
공산주의	245
공생애	210
공유	247
공집합	222
공통성	124
공통적인 것	61
공포정치	200
과잉억압	289
광기	192, 217, 300
괴물	260
교조적 마르크스주의	281
구성의 구도	62
구성적 권력	130
구조주의	22
구좌파	114
국가장치	75
군주층	127
권력의지	20, 158
귀족층	127
그람시	344
극우 포퓰리즘	270

금기	300	능산적 자연	21
급진적 정치학	266	니체	17, 20
기계	73	다르게-되기	61
기계론적	74	다문화주의	369, 370
기계적 배치	74, 77, 82	다수어	103
기계적 유물론	161	다수자	41, 50
기계적	74	다수자-이기	101
기관 없는 신체	78	다수적 주체Majorität	26
기술적 합리성	286, 296	다양체	73
기억상실	330	다중	123, 131
기업사회	46	다중지성	134
기표 제국주의	84	담론	334
기표체제	88, 89	대상 소타자	171
기호계	83	대타자	56, 166, 167, 169, 200
기호체제	87		
기획사회	326	대항-제국	124
나무Baum	27	더럭	364
나이	340	데리다	17, 271
내용실체	83	데카르트	17154, 178
내용형식	83	도구적 이성	55, 158
내재성	22, 72	도래할 민중	60, 102
내재성의 구도	77	도착	216, 219
내적 경험	303, 304	도착perversion	209
냉소주의적 주체	172	동양	339
네그리Antonio Negri	110	동일성 사유	180
노동 담론	300	되기	61
노동거부	116, 118	들뢰즈	19
노동사회	327	들뢰즈/가타리	18, 19, 44, 280
노동자주의	118	디아스포라	342
노동하는 인간	307	디오니소스 제의	311
노마드	70	디지털 격차	135
노마디즘	59, 70	디지털 노마드	70
노멘클라투라	204	라멜라	259
놀이하는 인간	307	라스꼬 동굴	316
누빔	187	라이히	29, 53

찾아보기

라캉	17, 24, 56, 165, 177, 212, 218
라캉주의 좌파	265
랑시에르	177
레닌	122, 178, 212, 253
레비스트로스	166
레오나르도 보프	209
로베스피에르	200
로자 룩셈부르크	113, 122
로제 까이와	311
로크	99
루소	99
루저	247
루터	208
리비도 경제학	281
리비도	290
리비도적 합리성	282
리좀	77
리좀Rhizom	27
리처드 도킨스	209
마르셀 모스	311
마르쿠제	29, 111, 280
마르크스	17, 20, 59, 212
마르크스주의	279
마법적 포획	42
마오쩌둥	202
맘몬	210
매끄러운 공간	46, 75, 96
매클린턱	363
메시아주의	214
메타 심리학	287
멱집합	222
명령어	85
모순	181
모스크바 공개재판	203
모택동	178
몰적	54, 123
몰적인 것	25
몰mole	82
무의식	158, 163
문화 제국주의론	329
문화연구	33
문화혁명	202
물자체	184, 306
미시 파시즘Mikrofaschismus	30
미시적 파시즘	23
미시정치	28, 83, 112
미시정치학	83
민족주의	332
민주층	127
믿음	225
바디우	177
바르트	360
바울	212
바타이유	111, 299
바틀비적	268
바흐친	360
반反기표적체제	88
반기표적 기호체제	96
발현몽	163
방법적 회의	156
배반	96
배치	73
백색신화	353
베버	308
베케트	253
벤야민	71, 212, 214
변증법	178
변증법적 유물론	195
보드리아르	300

보편 제국	129	사도	224, 271
보편공리	128	사도의 진리	266
복음	210, 224	사드	314
부르디외	300	사라지는 매개자	217, 220
부분대상	259	사랑	225, 273
부정성	182	사르트르	300
부정의 자기 관계성	179	사유하는 주체	157
부정의 자기관계	179	사이드	333
부정적 사유	282, 285	사적 인간	160
부정적 제스처	220	사티	345
분리	169	사회계약	99
분리의 윤리	167	사회심리학	288
분석가 담화	240	사회적 공장	115, 118
분열	167	사회적 노동자	115, 118
분열분석	25	사회적 다원주의	337, 349
분열증	53	사회적 유적 존재	160
분열증-흐름들	54	산 노동	118
분자	82	상대적 자율성	168
분자적 리좀 조직	122	상대적인 탈영토화	96
분자적인 것	25	상상계	187
불길한 수동성	196	상징계	24, 166, 178, 187
불연속성	325	상징화	190
불행 속에서의 도취감	285	상호-되기	61
브레즈네프	204	상호수동성	258
브레히트	261	상황 상태	221, 222
브르똥	300	상황	222
브리꼴라쥬	345	새로운 감성	292
블레이크	323	새로운 감수성	282
비난의 정치학	340	생각하는 인간	307
비물질 노동	124, 129, 134	생명정치	136
비생산적 소비	299	생물학적 결정론	287
비신체적 변환	86	생물학적 혁명	293
빌헬름 라이히	280	생물학주의	281
사건	71, 223	생상	20
사건의 유물론	73	생성/되기	71

생성	26, 72, 74
생체권력	136
선분	75
성 삼위일체	219
성	300
성본능	303
성좌	71
성좌Konstellation	25
성차 공식	223
세계시장	129
세계의 밤	179, 309
세계화	343
세속적 시간	311
셸링	214, 216
소비사회	326
소산적 자연	21
소수문학	103
소수어	103
소수자 운동	27
소수자	41, 50, 58, 62, 64, 75
소수자-되기	101, 105
소수자적 주체	23
소수적 주체Minorität	26
소수정치학	59
소쉬르	83
소외	167
소외의 윤리	167
소통 자본주의	179, 192
소피아	221
쇼핫	363
수브젝툼	153
수행원칙	289
순수 다수	222
스타일	335
스탈린	178
스피노자	20, 21, 53, 123
스피박	341
승화	25, 52
승화이론	25
시차	195
시혜적 폭력	343
식민담론	355
식민상황	350
식민시대	329
식민주의 심리학	350
식민주의	329
식민지 수탈론	331
식민지근대화론	343
신성의 시간	311
신식민주의	329
신적 폭력	200
신좌파	112
신체	22, 73
신체 없는 기관	50
신학적 유물론	220
실재	34, 157, 170
실재계	170, 179, 187
실재계의 윤리	167
실증주의	285
실천	160
실체	21
십자가	226
아감벤	177, 211
아도르노/호르크하이머	18
아도르노	71
아렌트	360
아리스토텔레스	306
아버지의 법	24, 56
아우토노미아 운동	116
악	300

안티고네	174, 227		외디푸스	166
알랭 바디우	211		외디푸스화	24
알랭 아르노	313		외밀함	218
알베르 멤미	365		외상	260
알튀세르	165, 194		외설	248
암적인 기관 없는 신체	80		외설적 초자아 보충물	236
압제적 포획	42		욕망	24
약한 소통	325		욕망기계	25
억압가설	334		욕망하는 기계들	74
억압적 국가장치	68		욕망하는 생산	25
언어 제국주의	84		우생학	349
언어정치학	83		원초적 아버지	262
언캐니	260		원형감옥	337
언표적 배치	82		위대한 거부	282, 286, 291
언플러깅	200, 235		위반	52, 300
에로스 본능	282, 288		유기화	79
에로스 효과	111		유다	230
에로티즘	299, 300		유대 담론	221
여성-되기	102		유대교	214
역능	61, 73, 74, 116, 123		유대주의	212
역사적유물론	214		유목적 방랑자 주체	27
열등 콤플렉스	350		유목적 주체	27
열반원칙	292		유목주의	79
영겁회귀	20		유적 존재	160
영구혁명	224		유토피아	273
영원	268		은총	225
영점	273		은총의 유물론	225
예속주체	45		응시	257
예속집단	58		응축	23
예술적 소외	285		의사 민주주의	45
예외상태	252		의존 콤플렉스	350
오리엔탈리즘	334		이데올로기의 종언	149
오용	345		이데올로기적 국가기구	168
오인	187		이데올로기적 국가장치	69
외디푸스 콤플렉스	56, 164, 165		이드	56, 164

찾아보기 383

이민	340	적대	174, 181
이웃	268	전前기표적체제	88
이종	299	전-기표체제	88
이종접합	299	전위당	122
이중의 식민화	341	전이	273
이질성	77	전쟁기계	27, 75, 97, 101
이차원적 사유	286	전체주의	197, 219
인종의 정치학	341	절대자	184
인종정신의학	348	절대적 부정성	178
일관성의 구도	61, 77	접속	25, 26, 69
일반경제	326	정신분석	17 24
일반경제학	300	정신분석학	178
일자	20, 71, 77, 132	정착적 삶	27
일자—者	48	정체성 정치	114
일차원적 사유	286	정치적인 것	177
일차원적 사회	283	제국	127
잉여	170	제임슨	364
자발성	113	제한경제	326
자발적 복종	282, 285, 290	조직화의 구도	77
자아-이상	257	좀비	46
자율운동	110, 113	좀비Zombie	41
자율주의	116	종교	300
자율주의자들	112	종교적 인간	307
자코뱅	201	종속이론	329
작은 이성	55	종속화	165, 168
작은 죽음	316, 319	주권성	308, 326
잠재몽	163	주이상스	230
잠재성	74	주인기표	211, 227
잠재적 오리엔탈리즘	338	주체	17
잡종성	359	주체의 죽음	149, 170
재배열	345	주체의죽음	17
재스민 혁명	245	주체화	165, 168
재연	19	주체화의 점	92
재코드화	47	죽은 노동	118
저주	299	죽음 충동	214

죽음	299, 300	케 보이	171
죽음본능	303	코기토	17, 156
죽음충동	220, 226	코드	81
중단으로서의 혁명	216	코뮤니즘	64, 123, 248
중층결정	168	코제브	180
증환	247	쾌락원칙	164, 288
지각 불가능한 것-되기	105	크리스테바	327
지고성	299	큰 이성	55
지젝	155, 169, 177, 211	키에르케고르	212
지층	81	킨제이	303
직접 행동	111	타나토스 본능	288
진리-사건	213, 219, 227	타자	166
진술 행위	271	탈근대	158
진정한 행위	192	탈기표적 체제	91
진화론	349	탈식민시대	329
집합	222	탈식민의 시대	329
집합적 배치	86	탈영토화	28, 44, 59
차이-생성	72	탈이데올로기	178
천재	271	탈정치	266, 270
초국적 주권	128	탈주	27, 82
초선형성	84	탈주선	25, 74
초월적 통각	178, 179, 184	탈출	140
초자아	55, 56, 164	탈코드화	28 44 47
초코드	47	탈퇴	140
초코드화	77, 84	텅 빈 기관 없는 신체	80
축제	311	토대	158
충실성	224	토마스 아퀴나스	154
치환	23	통제	31
침묵하는 타자	339	통제사회	46, 130, 136
카프카	104	트로츠키	102
칸토어	222	트론티	117
칸트	23, 158, 178	특이성	22, 25
캘빈	208	틈새	178
커플	95	파시즘	29
컨썰팅 국가	130	판타지	213

팔루스	24		해방적 이성	158
페리 앤더슨	69		허위욕구	284
페미니즘	341		헤겔	158, 177, 212
페터 슬로터다익	172		헤켈	18, 19
포스트구조주의	331		혁명적 폭력	200
포스트모더니즘	115, 331		현상계	185
포스트주의	17, 69, 176		현시	222
포스트코로니얼리즘	363		현실 기독교	212
포스트포드주의	44, 112		현실원칙	164, 288
포이에르바흐	159		호명	168
포획장치	100		호모 노마드	70
표상	19		호모 사케르	268
표층적 오리엔탈리즘	338		호모 에로터쿠스	308
표현실체	83		호미 바바	347
표현형식	83		홈 패인 공간	75, 96
푸코	17, 19		홉스	99
퓌시스	221		화용론	83
프랑크푸르트 학파	154, 281		환상 가로지르기	174
프랑크푸르트학파	158		환상	171
프로이트	17 20		횡단성	27
프로이트 마르크스주의	280		횡단적 생성	105
프로이트 좌파2	80		횡단적 접속	26
프로이트	111, 218		후(後)기표적체제	88
프롤레타리아	65, 162		후기표적 체제	91
프롤레타리아-되기	102		훈육	31
플라톤	19		휘포케이메논	153
하얀 가면	354		흉내내기	358
하위주체	344		흑인성	349
하이데거	155		히스테리	163
한계-체험	299, 327			